温铁军（后排左三），黄平（后排右二），刘健芝（前排左二），戴锦华（前排右一），薛翠（前排右三）

图1　2001年，印度喀拉拉邦农村调研

图2　2001年，印度喀拉拉邦，温铁军（左）与MP 帕拉梅斯瓦兰（M P Parameswaran）交流

温铁军（后排右三），刘健芝（后排左三），汪晖（后排左一），戴锦华（后排左六）

图3　2008年，委内瑞拉农村调研

图 4　2008 年，委内瑞拉加拉加斯，温铁军（左）与萨米尔·阿明（Samir Amin）交流

左起：汪晖，文诺·瑞纳（Vinod Raina），刘健芝，温铁军，陈昕

图 5　2011 年，参加塞内加尔世界社会论坛

温铁军（右三），黄钰书（右五）

图 6　2011 年 7 月 8 日，"全球化的成本与危机转嫁——发展中'新兴七国'客观经验比较研究"研讨会

刘健芝（前排右二），薛翠（前排右一），黄钰书（后排右三）

图7　2011年7月12日—15日，实地调研霍家沟村

温铁军（前排左三），汪晖（前排右二）

图8　2011年12月10日，新兴七国比较研究项目报告会

刘健芝（前排左七），温铁军（前排右三），戴锦华（前排右二）

图9　2011年12月12日—14日，第一届可持续实践南南论坛

刘健芝（后排左一）

图 10　2011 年，第一届南南论坛实地调研，华北路线：河南—河北

黄钰书（右二）

图 11　2011 年，第一届南南论坛实地调研，华东路线：上海—浙江

董筱丹（前排右三），薛翠（前排右二）

图 12　2011 年，第一届南南论坛实地调研，西南路线：重庆—成都—团

刘健芝（左二），薛翠（左一）

图 13　2011 年，第一届南南论坛实地调研，西南路线：重庆—成都二团

萨米尔·阿明（后排左一），刘健芝（前排左二），薛翠（第二排右三）

图 14　2012 年，第二届南南论坛实地调研，西安—襄樊—宜昌—重庆三峡

温铁军（前排左五），刘健芝（第二排右七），萨米尔·阿明（前排右四）

图 15　2012 年 12 月 8 日—10 日，可持续实践与乡村建设国际研讨会暨西南大学中国乡村建设学院成立

左起：刘健芝，萨米尔·阿明，黄钰书

图 16　2012 年 12 月 8 日—10 日，可持续实践与乡村建设国际研讨会

左起：温铁军，弗朗索瓦·浩达（Francois Houtart），萨米尔·阿明，刘健芝，戴锦华，陈昕

图 17　2013 年，在突尼斯世界社会论坛，举办中国专题论坛

弗朗索瓦·浩达（右二），刘健芝（右四），薛翠（左一）

图 18　2015 年，在突尼斯世界社会论坛，宣告全球大学成立

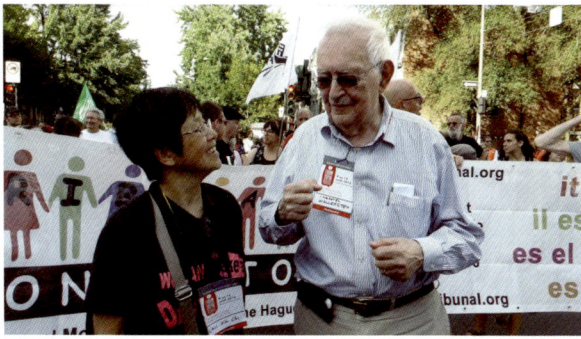

伊曼纽尔·沃勒斯坦（Immanuel Wallerstein）（右）与刘健芝

图 19　2016 年 8 月蒙特利尔世界社会论坛开幕游行

刘健芝（右二），戴锦华（右三），沃勒斯坦（左三），

沃勒斯坦妻子碧翠丝·沃勒斯坦（Beatrice Wallerstein）（左二）

图 20　2016 年 8 月，蒙特利尔世界社会论坛开幕游行

薛翠（左一）

图 21　2019 年，探访巴西圣灵州农民合作社

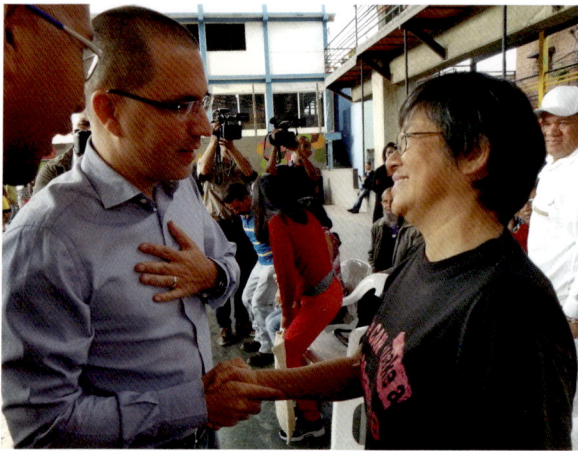

委内瑞拉人民政权外交部长豪尔赫·阿雷亚萨 (Jorge Arreaza)，刘健芝（右）

图 22　2020 年 1 月 8 日，委内瑞拉加拉加斯蜂巢公社 2021

刘健芝（右二），薛翠（右三），严晓辉（左三），何志雄（左二）

图 23　2020 年，探访委内瑞拉农户

刘健芝（前排右四），薛翠（前排左三）

图 24　2020 年 7 月 8 日—17 日，第七届南南论坛

全球化与国家竞争

新兴七国比较研究

温铁军 等／著

（温铁军 刘健芝 黄钰书 薛翠）

人民东方出版传媒

东方出版社

目 录

附　录

E7研究的宏观背景

"国仁文丛"（*Green Thesis*）总序

温铁军

因为有话要说，而且要说在我们团队近期系列出版物的前面，① 所以写总序。

我自 20 世纪 60 年代以来，从被动实践中的主动反思到 80 年代以来主动实践中的主动反思，经两个 11 年在不同试验区的历练，② 加之后来广泛开展国内外调查和区域比较研究，且已经过了知天命之年……自忖有从经验层次向理性高度升华的条件，便先要求自己努力做到自觉地"告别百年激进"，③ 遂有 21 世纪以来从发起社会大众参与改良、对"百年乡建"（Rural Reconstruction）之言行一致地接续，而渐趋达至"国仁"思想境界，亦即一般学人必须"削足"才能跟从制度"适履"，但只要纳入主流就碍难达到的"实践出真知"。

因此，我在 2016 年暑假从中国人民大学退休之际，要求为今后

① 这几年我们会有十几本书分别以不同作者、不同课题成果的名义问世。这些出版物都被要求做单独的"成果标识"。但我们实际上要做的仍然是这几十年的经验归纳总结和理论提升，"实事求是"地形成"去意识形态化"的话语体系。由此，就需要为这个分别标识的系列出版物做个总序。

② 参见即将出版的《温铁军自述——难得 5 个 11 年》（暂定名），其中对 20 世纪 80—90 年代在官方政策部门开展农村改革试验区及新世纪启动民间为主的新乡村建设试验区，两个 11 年的经历分别予以归纳。

③ 参见温铁军：《告别百年激进》，东方出版社 2016 年版。这是我 2004—2014 年这 10 年演讲录的上卷，主要是与全球化有关的宏大叙事和对宏观经济形势的分析，甫一出版即被书评人排在当月优选 10 本财经类著作的第一位。

几年的一系列出版物担纲作序，也主要是想明了指出"国仁文丛"何词何意，亦即：这个丛书是什么思路和内涵。

一、释义之意

"国"者，生民聚落之域也。"上下五千年"是中国人开口就露出来的文化自豪！就在于，人类四大文明古国除了中华文明得以历经无数朝代仍在延续之外，其他都在奴隶制时代以其与西方空间距离远近而次第败亡。由此看中国，唯其远在千山万水之隔的亚洲之东，尤与扩张奴隶制而强盛千年的西方相去甚远，且有万代众生勉力维护生于斯而逝于斯之域，"恭惟鞠养，岂敢毁伤"，兹有国有民，相得益彰。遂有国民文化悠久于国家存续之理，更有国家历史传承于国民行动之中。

"仁"者"爱人"，本源于"仁者二人也"。先民们既受惠于光风水土滋养哺育的东亚万年农业，又受制于资源环境只能聚落而居，久之则族群杂处，而需邻里守望、礼义相习，遂有乡土中国仁学礼教上下一致维系大一统的家国文化之说，于是天下道德文章唯大同书是尊。历史上每有"礼崩乐坏"，随之社会失序，必有"国之不国，无以为家"。是以，"克己复礼为仁"本为数千年立国之本，何以今人竟至于"纵己毁礼为恶"……致使梁漱溟痛感"自毁甚于他毁"的现代性为表、横贪纵欲为里之巨大制度成本肆无忌惮地向资源环境转嫁而至人类自身不可持续！

据此可知我们提出"国仁"思想之于文丛的内涵：

中国人历史性地身处三大气候带覆盖、差异显著的复杂资源地理环境下，只有以多元文化为基础的各类社会群体兼收并蓄、包容共生，才能实现并绵延中华文明数千年的历史性可持续。

这个我们每个人都身处其中的、在亚洲原住民大陆的万年农业文明中居于核心地位的"群体文化"内核，也被老子论述为"阴阳之为道也"，进而在漫长的文化演进中逐渐形成了极具包容性的、儒释道合一的体系。①

由是，在21世纪初重启中国乡村建设运动之后，我们团队试图把近代史上逐步从实践中清晰起来的乡建思想，寻源上溯地与先贤往圣之绝学做跨时空结合，归纳为人类在21世纪转向"生态文明"要承前启后的社会改良思想。②

是以，"道生万物，大德中庸。上善若水，大润民生。有道而立，大象无形。从之者众，大音希声"。③ 此乃百年改良思想指导下的乡村建设运动之真实写照。

基于这些长期实践中的批判性思考，我们团队认同的"国仁文丛"的图形标志，是出土的汉代画像砖上那个可与西方文明对照的、扭合在一起的蛇身双人——创造了饮食男女人之大欲的女娲，只有和用阴阳八卦作为思想工具"格物致知"了人类与自然界的伏羲有机地合为一体，才有人类社会自觉与大自然和谐共生的繁衍。蛇身双人的扭结表明在中国人传统思想中物质与精神的自然融合，既得益于多样性内在于群体文化规范而不必指人欲为

① 最近10年一直有海内外学者在研究乡建。国外有学者试图把中国乡建学者的思想上溯归元到孔子或老子，国内也有人问我到底偏重晏阳初还是梁漱溟，还有很多人不理解梁漱溟晚年由儒家而佛家的思想演变。其实，我们从来就是兼收并蓄。在儒释道合一的顶天立地和五洲四海的融会贯通之中形成乡建思想。因此，这些海外研究者的关注点对我们来说本来不是问题。

② 本文丛并非团队的全部思想成果，但在"国仁文丛"设计之前的成果没法再纳入进来，只好如此。

③ 这些年，我一直试图对承上启下的中国乡村建设运动中形成的国仁思想做归纳，遂借作序之机凝练成这段文言，意味着国仁追求的是一种"大道、大润、大象、大音"的思想境界。

"原罪"而出伊甸园；也不必非要构建某一个派别的绝对真理而人为地分裂成唯物与唯心这两个体系，制造出"二元对立结构"的对抗性矛盾。

此乃思想理论意义上的"国仁"之意。

行动纲领意义上的"国仁"，十多年前来源于英文的"green ground"。

我们搞乡村建设的人，是一批"不分左右翼、但分老中青"的海内外志愿者。① 大家潜移默化地受到"三生万物"道家哲学思想影响，而或多或少地关注我自 20 世纪 90 年代以来坚持的"三农"问题——农业社会万年传承之内因，也在于"三位一体"：在于农民的生产与家庭生计合为一体，在于农村的多元化经济与自然界的多样性合为一体，在于农业的经济过程与动植物的自然过程合为一体。

据此，我们长期强调的"三农"的三位一体，在万年农业之乡土社会中，本来一直如是。告别蒙昧进入文明以来的数千年中，乡村建设在这个以农业为基础繁衍生息的大国，历来是不言而喻之立国之本。

据此，我们长期强调的三位一体的"三农"，本是人类社会转向生态文明必须依赖的"正外部性"最大的领域，也是国家综合安全的最后载体。

中国近代史上最不堪的麻烦，就在于激进者们罔顾"三农"的正外部性，把城市资本追求现代化所积累的巨大"负外部性"代价向乡土中国倾倒！于是，我虽然清楚"三农"本属于三位一体，也曾经在 20 世纪 90 年代末期和 21 世纪第一个 10 年特别强调"三农

———————————

① 中国乡建运动之所以能够延续百年而生生不息，乃在于参与者大抵做到了思想和行动上都"去激进"，不照搬西方的左右翼搞的党同伐异。

问题农民为首"，主要是因为那个时期的形势严重地不利于农民这个世界上最大的弱势群体。实际上，也就是在做这种特别强调而遭遇各种利益集团排斥的困境中，我才渐行渐知地明白了前辈的牺牲精神。大凡关注底层民生的人，无论何种政治诉求、宗教情怀和文化旨趣，总难免因慈而悲、因悲而悯，在中国百年激进近现代史中，也就难免"悲剧意义"地、历史性地与晏阳初的悲天悯人①、梁漱溟的"妇人之仁"等，形成客观的承继关系。据此看，20 世纪初期的"乡建派学者"也许应该被归为中国最早的女性主义。② 我们作为继往开来的当代乡村建设参与者，有条件站在前辈肩上高屋建瓴、推陈出新，不仅要认清 20 世纪延续而来的中国"三农"困境，而且要了解 21 世纪被单极金融资本霸权强化了的全球化，及其向发展中国家转嫁巨大制度成本的制度体系。这个今人高于前人的全球视野，要求我们建立超越西方中心主义意识形态的世界观和宏大叙事的历史观，否则，难以引领当代乡村建设运动，遑论提升本土问题的分析能力。

从 2001 年中央主要领导人接受我们提出的"三农"问题这个难以纳入全球化的概念以来，即有一批志愿者着手复兴百年传承的"乡村建设"。部分年轻的乡建志愿者于 2003 年在距北京大约 300 公里之遥的河北翟城村开始了新时期乡建，一开始根本就没有外部资金投入和内部管理能力。因为这种以民间力量为主的社会运动无权

---

① 参阅温铁军：《三农问题与制度变迁》，中国经济出版社 2009 年版。记得一位学者型领导曾经语重心长地告诫我：农民在现代化的大潮中挣扎着下沉，就剩下两只手在水面乱抓。你的思想无所谓对错，只不过是被溺水者最后抓住的那根稻草，再怎么努力，也不过是落得跟着沉下去的结局……

② 乡建前辈学者梁漱溟因在 1953 年与毛泽东激辩合作化问题而被后者批为"妇人之仁"。据此，梁漱溟可以被认为是中国 20 世纪 50 年代的早期女性主义者。尽管在实事求是的态度面前，打上何种类别的标签并不重要，但如果这是当代学者们的本能偏好，也只好任由其是。

无钱，很大程度要靠热血青年们艰苦奋斗。那，年轻人激情四射地创了业，也激情四射地生了孩子，老辈们就得跟上支持和维护。十多年来，有一句低层次的话多次被我在低潮的时候重复：存在就是一切。只要我们在随处可见的排斥下仍然以另类的方式存活下去，就证明了方式的可持续。我们在最开始心里就觉着，应该给这个社会广泛参与的乡建运动将来可能形成的可持续生存系统，提出一个可以做国际交流的概念，一个符合21世纪生态文明需要的、大家可以共享的名号。于是就跟海外志愿者们商量，提出了这个英文概念"Green Ground"。若直译，就是"绿色大地"；若意译，则是"可持续基础"。如果把音译与意译结合起来考量，那就是"国仁"。有国有仁，方有国人国祚久长不衰。

从十多年来的乡建工作看，这三个意思都对路。

二、文丛之众

俗话说，三人为众。子曰："三人行，必有我师焉。择其善者而从之，其不善者而改之。"如此看文丛，乃众人为师是也。何况，我们在推进乡村建设之初就强调"去精英化"的大众民主。[1]

前几年，一直希望整个团队愿意理解我试图"让当代乡建成为历史"的愿望。尤其希望大家能够结合对近代史中任何主流都激进推行现代化的反思，主动地接续前辈学者上一个世纪之交开始的乡村建设改良运动，在实际工作中不断梳理经验教训。或可说，我"野心勃勃"地企图把我们在新的世纪之交启动的新乡建运动，纳入

---

① 关于精英专政与大众民主的分析，请参阅《人间思想第四辑：亚洲思想运动报告》，人间出版社2016年版，第2—19页。

百年乡建和社会改良史的脉络。诚然，能够理解这番苦心的人确实不多。①

这几年，我也确实算是把自己有限的资源最大化地发挥出来，"处心积虑"地安排乡建志愿者中有理论建设能力的人在获取学位之后分布到设有乡建中心或乡建学院的不同高校，尽可能在多个学科体系中形成跨领域的思想共同体。目前，我们在海内外十几个高校设有机构或合作单位，有数十个乡村基层的试点单位，能够自主地、有组织有配合地开展理论研究和教学培训工作，立足本土乡村建设的"话语体系"构建，已经有了丰硕成果。②

总之，我们不仅有条件对新世纪已经坚持了15年的"当代新乡建"做个总结，而且有能力形成对20世纪前辈乡村建设运动的继承发扬。

我们团队迄今所建构的主要理论创新可以表述为以下五点。

一是人类文明差异派生论：气候周期性变化与随之而来的资源环境条件改变对人类文明差异及演化客观上起决定作用。据此，人类文明在各个大陆演化的客观进程，至少在殖民化滥觞全球之前应

---

① 近年来，我不断在乡建团队中强调对乡建经验的归纳总结要尽可能提升到理性认识高度，并且要努力接续百年乡建历史，并带领团队申报了一批科研项目。那么，要完成科研任务，就要花费很多精力。对此，就有一些长期从事乡村基层工作，必须拿到项目经费才能维持单位生存，为此来不及形成理论偏好的同人难以接受，甚至有些意见相左之人表达了误解、批评。这本来不足为怪，对批评意见也不必辩解。总体上看，大乡建网络的各个单位还是积极配合的。但，考虑到这些批评说法将来可能会被人拿去当某些标题党的报道和粗俗研究者的资料，因此，我才不得不以总序的方式让相对客观些的解释在各个著述上都有起码的文字依据——尽管这些话只是简单地写在脚注中。

② 中国有中国人民大学、中国农业大学、国家行政学院、清华大学、重庆大学、华中科技大学、北京理工大学、上海大学、西南大学、福建农林大学、香港岭南大学。海外有英国舒马赫学院、美国康奈尔大学，近期正在形成合作的还有国际慢食协会的美食科技大学（意大利）等。

是多元化的，不是遵循在产业资本时代西方经典理论家提出的生产方式升级理论而展开的。这个理论有助于我们构建不同于主流的生态化历史观。

二是制度派生及其路径依赖理论：不同地理条件下的资源禀赋和要素条件，决定了近代全球化之前人类文明及制度的内生性与多元性，也决定了近代史上不同现代化的原始积累（东西方差异）途径，由此形成了不同的制度安排和体系结构，并构成其后制度变迁的路径依赖。这也成为我们开展国别比较和区域比较研究的重要理论工具。

三是成本递次转嫁论：自近代以来，在全球化所形成的世界体系中，核心国家和居于主导地位的群体不断通过向外转嫁制度成本而获取收益，得以完成资本原始积累、实现产业资本扩张和向金融资本跃升，广大发展中国家及底层民众则因不断被迫承受成本转嫁而深陷"低水平陷阱"难以自拔。当代全球化本质上是一个因不同利益取向而相互竞争的金融资本为主导、递次向外转嫁成本以维持金融资本寄生性生存的体系。在人类无节制的贪欲面前，最终承担代价转嫁的是"谈判缺位"的资源和生态环境，致有人类社会的不可持续之虞。

四是发展中国家外部性理论：第二次世界大战后绝大多数发展中国家都是通过与宗主国谈判形成主权，这可以看作一个"交易"。任何类型的交易都有信息不对称带来的风险，因转交交易范围之外的经济和社会承载而为外部性问题，任何信息单方垄断都在占有收益的同时对交易另一方做成本转嫁，由此发展中国家谈判形成主权必有负外部性，导致难以摆脱"依附"地位。但，越是一次性博弈则风险爆发造成谈判双方双输的可能性越大，发达国家在巧取豪夺巨大收益的同时，其风险也在同步深化和加剧。

五是乡土社会应对外部性的内部化理论：中国作为原住民人口大国中唯一完成工业化的国家，其比较经验恰恰在于有着几千年"内部化处理负外部性"的村社基础，其中的村社理性和政府理性构成中国的两大比较制度优势。但政府同样是人类制造出来但反过来统治人类自身的成本高昂的产物。遂有政府与资本相结合激进推进现代化之后的经济、社会、文化、资源、环境等负外向性问题，成为中国通往可持续的障碍，才有如此广泛的民众愿意参与进来，以期通过乡村建设使"三农"仍然作为中国危机"软着陆"的载体。

以上五点核心思想，主要体现于我们基于"本土化"和"国际化"两翼而展开的以下五个领域的研究工作中。

一是应对全球化的挑战。在资本主义三阶段——原始积累阶段、产业资本扩张阶段和金融资本阶段，核心国家/发达国家总是不断以新的方式向外转嫁制度成本，乃是全球化给广大发展中国家、给资源环境可持续带来的最大挑战。这个思想，在我们的主要课题研究中，作为全球宏观背景，都有所体现，也发表在我们关于全球资本化与制度致贫等一系列文章中。

二是发展中国家比较研究。团队与联合国开发计划署合作，构建了"南方国家知识分享网络"，开展了"新兴七国比较研究"和"南方陷阱"等发展中国家的深入研究。目前正在进行比较研究的新兴七国包括中国、土耳其、印度、印度尼西亚、巴西、委内瑞拉、南非。已经发表了有关文章和演讲，两部专著也在起草和修改之中。

三是国内区域比较研究。中国是个超大型国家，各区域的地理条件和人文环境差异极大，对各区域的发展经验进行研究、总结和归纳，是形成整体性的"中国经验"并建立"中国话语"的基础。

团队已经完成了苏南、岭南、重庆、杭州、广西左右江、苏州工业园区等不同地区的发展经验的分析。已经发表了多篇文章，形成的专著也获得多项国家级、省部级出版奖和科研奖。

四是国家安全研究。国家综合安全是当前面临"以国家为基本竞争单位的全球化"的最大挑战。基于国际比较和历史比较，团队研究表明了新中国通过土地革命建立政权与其利用"三农"内部化应对经济危机之间的相关关系——从历史经验看，新中国在其追求"工业化+城市化=现代化"的道路上，已经发生了九次经济危机，凡是能动员广大农村分担危机成本的，就能实现危机"软着陆"，否则就只能在城市"硬着陆"。团队正在开展的研究是以国家社科基金重大项目为依托，探讨如何从结构和机制上改善乡村治理以维护国家综合安全。

五是"三农"与"三治"研究。我们自提出"三农"问题并被中央领导人接受之后，用了十多年的时间来研究乡村"三治"问题（指县治/乡治/村治）。自20世纪80年代农村去组织化改革以来，作为经济基础的"三农"日益衰败，而作为上层建筑的"三治"成本不断上升，二者之间的错配乃至哲学意义上的冲突日益深化！其结果，不仅是农村爆发对抗性冲突，陷入严重的不可持续困境，还在生态环境、食品、文化等方面成为国家综合"不安全"的重要"贡献者"。比形成对问题的完整逻辑解释更难的，是我们如何打破这个"囚徒困境"。也因此，任何层面上的实践探索都难能可贵，即使最终被打上"失败"的标签，也不意味着这个堂吉诃德式的努力过程并不重要，更不意味着这个过程作为一种社会试验没有记录和研究价值。

综上，"大乡建"体系之中从事研究的团队成员众多，且来去自由，但混沌中自然有序，我认为团队在这五个领域的思想创新，在五个方面所做的去西方中心主义、去意识形态的理论探索，已经形成了"研究上顶天立地，交流上中西贯通"的蔚然大观。仅"国仁文丛"的写作者就有数十人，参与调研和在地实践者更无以计数，收入的文字从内容到形式都有创新性，且不拘一格。如果从我 20 世纪 80 年代就职于中央农研室做"农村改革试验区"的政策调研和国内外合作的理论研究算起，我们脚踏实地开展理论联系实际的科研实践活动已经数十年了。其间，团队获得了十多项国家级"纵向课题"和数十项"横向课题"，获得了十几项省部级以上国内奖及一项海外奖。在高校这个尚可用为"公器"的平台上，我们团队通过这些体现人民大学"实事求是"校训的研究和高校间的联合课题调研，已经带出来数百名学生，锻炼了一批能够深入基层调研，并且有过硬发表成果能力的人才，也推进了分散在各地城乡的试验区的工作水平。

由此看，当代大乡建由各自独立小单位组成，虽然看上去是各自为政的"四无"体系——"无总部、无领导、无纪律、无固定资金来源"，却能"聚是一团火、散是满天星"，做出了一般海外背景或企业出资的非政府组织"做不到、做不好、做起来也不长久"的事业。诚然，这谈不上是赞誉我们团队的治理结构，因为各单位难免时不时发生各种内部乱象。但，乡建参与者无论转型为 NGO（非政府组织）还是 NPO（非营利组织），都仍愿意留在大乡建之中，否则再怎么干得风生水起也难有靠自己的思想水平形成"带队伍"的能力！若然，则乡建改良事业得以百年传承的核心竞争力，恰在于"有思想创新，才能有人才培养，才有群体的骨干来带动事业"。君不见：20 世纪乡村建设大师辈出、试验点竟以千数，21 世纪新乡建则学者咸从、各界群众参与者更有数十万！

这就是大众广泛参与其中的另一种（alternative）社会历史……

由此看到：发展中国家为主的"世界社会论坛"（World Social Forum）打出的口号是"另一个世界是可能的"（another world is possible）；而在中国，我们不习惯提口号，而是用乡建人的负重前行，在大地上写下"另一个世界就在这里"（another world is here）。

人们说，20 年就是一代人。从 2001 年算起，我们发扬"启迪民智，开发民力"的前辈精神，在新世纪海内外资本纵情饕餮大快朵颐中勉力传承的"大乡建"，作为大众广泛参与的社会改良事业已经延续 15 年了！再坚持 5 年，就是一代人用热血书写的历史了。

作为长期志愿者，大家都辛苦，但也乐在其中！吾辈不求回报，但求国仁永续。唯愿百年来无数志士仁人投身其中的乡建事业，在中华文明的生生不息中一代代地传承下去。

以此为序，上慰先贤；立此存照，正本清源。

序　言

E7研究与南南论坛：探求南方的出路

刘健芝

一、缘起

1999 年，我在香港岭南大学教书，并担任亚洲学者交流中心（Asian Regional Exchange for New Alternatives，ARENA）主席，因亚洲金融危机，以及中国加入世界贸易组织等引发的世界变局，举办了一系列国际研讨会，探讨金融资本、经济危机、民众生计等。当时，我和岭南大学的同事，与时任《读书》编辑的汪晖、北京大学教授戴锦华等学者一起策划和翻译《另类视野：文化/社会研究译丛》，经由他们推荐，邀请时任农业部农村经济研究中心处长温铁军参会，谈论中国加入世界贸易组织对"三农"的影响。从此展开了一系列的合作。

2000 年开始，我参与了温铁军发起的新世纪乡村建设运动，最早在北京小汤山及草场地举办乡村建设培训班，接着在河北翟城村乡建，后来梁漱溟乡村建设中心成立，举办农民生态农业与合作社培训班，协助大学生支农、学农，助推打工之家歌颂劳动文艺价值，后来，小毛驴市民农园动员市民下乡，培育返乡青年，推动城乡融合，全国爱故乡运动掀起了新乡土文化潮流等。与此同时，我们组织调研团队，到世界各地，特别是亚洲、非洲、拉丁美洲，做田野调查，与当地专家学者交流访谈。自 2001 年开始，我们带领乡建骨干参加多届世界社会论坛（World Social Forum），与全球学术机构、民间组织、社会建设力量探讨世界局势与另类实践。我们也邀请国际专家学者与基层社区建设骨干到中国实地调研，加深了解中国乡土社会现状与发展。

2011 年春节，我与温铁军构思，团结发展中国家知识分子，在理论思考与实践经验层面深度合作，彰显南方国家人民的视角与立场。目标确立后，分头众筹，资金部分来自联合国发展计划署（中国）、中国人民大学可持续发展高等研究院、中国人民大学农业与农村发展学院、岭南大学群芳文化研究及发展部、西南大学中国乡村建设学院等，部分来自我们自己和朋友的个人捐赠。当时构思两个项目：一个是新兴七国（中国、土耳其、印度、印度尼西亚、巴西、委内瑞拉、南非）的国际比较研究（以下简称 E7 研究）；另一个是举办南南论坛。2011 年 12 月，七国的国别研究报告完成，在中国人民大学举行了报告会。

2015 年，我们在突尼斯世界社会论坛，正式宣布成立全球大学，200 多位创始成员来自世界各地，主要为南方国家与北方国家的进步知识分子与社会活动家，立足本土，放眼国际，推动南南合作。对"新兴七国"的关注，同时也是对亚非拉国家发展道路的审视。2020 年，E7 研究课题因应时局变化多番修改，最终完成书稿，南南论坛亦于同年 7 月举办了第七届。

即便 2011 年呈交了报告，但接下来的 9 年，研究团队依然参照伊曼纽尔·沃勒斯坦（Immanuel Wallerstein）的世界体系论（World-System Theory）与反体系运动（Anti-Systemic Movement），萨米尔·阿明（Samir Amin）"去依附"（De-linking）理论等，通过中外实地调查研究，持续观察、分析、比较新兴七国的发展，深入探讨全球南方遭遇西方危机打压的经验教训，并总结追求现代化的所谓"后发"国家的两难。

E7写作背景，正值代表民意的政党上台执政，拉丁美洲有左翼"粉红浪潮"，非洲数国也一样努力把土地矿产资源收归国有，尝试缩小社会财富的悬殊，改善百姓民生，也即阿明一直强调的南方本国人民掌握国家自然资源主权。阿明给出"新兴国家"的定义：

"一国唯有其目标是向内建构一个国内市场（而非目光朝外），并确立国家经济主权，才称得上是兴起中国家。要实现这个庞大复杂的目标，需要确立涉及经济生活所有面向的主权，尤其是需要保护粮食安全及主权的政策，以及本国自然资源主权，乃至有获取领土外的自然资源的能力。"①

我们研究的资源国巴西、委内瑞拉和南非，外贸出口依赖原材料输出，并从国际市场获得溢价，让政府有财政收入，实行各种社会福利政策。可惜，一时繁荣局面难以长久维持。一方面，原来侵占资源的核心国及跨国企业不甘罢手，阴谋、阳谋兼用，大举反扑，在巴西搞议会政变，扶持右翼上台；全面制裁委内瑞拉，策动傀儡夺权；在南非压制土改政策与践踏《劳工法》；另一方面，左翼执政者被溢价所诱惑，没有完成20世纪左翼政党未竟的土地革命，乃至发展本土民族工业的使命，因此，殖民时代遗留的单一经济制度依然没被动摇。

印度及印度尼西亚乃亚洲人口大国，农民占多数，在政治上取得独立后，大力发展工业化，至今正规经济与非正规经济并驾，产业经济难以形成积累。而且，其在全球产业链扮演代工角色，以出口工业为导向，服务海外市场，承接了核心国转移的产业资本所带来的两大问题：环境破坏与劳资冲突。民众面对困境，被迫起来斗争。1995—2015年，印度有31万农民自杀，而从2020年11月26日开始，30万农民组织起来，开着农用车与拖拉机挺进首都新德里，

---

① ［埃及］萨米尔·阿明著：《当代资本主义体系的内爆》，黄钰书译，《政治经济学评论》2013（3）。

抗议政府通过三项庇护大企业的《农业法》。巴西亚马逊森林被跨国企业砍伐后用来养牛与种大豆，当地原住民组成联盟进行收复失地的抗争；印度尼西亚森林一样被跨国企业大幅砍伐后种棕榈树，2020 年 10 月，印度尼西亚劳工上街游行，抗议政府漠视民意，草率且强行通过维护资本压榨劳动者权益的法律。

土耳其和中国经历了现代化建设时期，现在处于产业资本阶段，当下越发走向新自由主义金融化。土耳其纵容里外吃租经济野蛮生长，既让房地产霸占公共空间牟利，也让跨国金融资本击垮本币，使其汇价一路狂泻，致外资有机可乘，抄底本国资源。在中国滋生的靠吃租寄生的利益集团，也协助营造泡沫经济，埋下金融炸弹，甩给国家和民众的风险越来越大。2015—2016 年的股灾，乃深刻教训，全民辛苦劳作积攒的外汇储备，顷刻损失了 1/4。两年来中美贸易争端，乃至"新冷战"，无不说明西方金融集体帝国主义嗅到哪里有暴利，就集结高歌涌进，终极目标是洗劫人民财富。

回顾 E7 十年发展，因承受发达国家转嫁危机而跌宕起伏，但在重重困境下，E7 的底层民众并不缴械投降，也未屈从 1% 的跨国金融资本所缔造的世界而放弃尊严。我们看到民众自发组织，重建社区，从下而上推动确立人民对土地、工业、金融的主权，分享土地、工业、金融的三重收益。

二、南南共识

E7 研究与南南论坛，一是研究报告，一是论坛平台，两者相辅相成，建构南南精神，推动南南共识。

从第一届南南论坛开始，开宗明义，阐释南南精神，以可持续实践与多样化的生态文明为理念，立足发展中国家的经验与现实，促进世界另类实践广泛开展对话与交流，形成南南多元化合作方式，寻求全球化挑战下包容性可持续实践的新途径。

南方国家在摆脱殖民主义束缚和争取独立自主的发展道路方面，已经形成了丰富的经验和教训，我们需要收集、诠释与比较这些多样化的国别经验，不是为了证明以西方现代化为目标的发展主义理论体系的普遍意义，而是找出主流话语不能解释的、大量出现的困境与灾难；并且在开展南南国家合作的对话、交流中，努力探寻化解危机的途径，共同建设合理正义的新世界。

全球危机频频发生，生态灾难接踵而至，社会经济停滞不前，越来越多的人被推至悬崖边缘。上至国际机构出现巨大变动，下至普通民众缺乏赖以生存的洁净空气、水源与土地。当今全球危机环环相扣，盘根错节，威胁着人类可持续生存与地球可持续生态。有鉴于此，南方国家的思想家与行动者，尤其需要集思广益，群策群力，摸索理论与实践并重的解决良方，推动地域乃至全球范围的互相协作。首要下功夫的，是透过重读历史的真实经验，孕育创新力、构建新话语与新行动，突出行之有效的集体智慧。

南南论坛作为南南合作交流的平台，致力于推动生态与社会经济正义，发扬民间智慧。首先，记录平民社会形成民生基础的努力，重视能够维护公共财富、内部化处理外部性风险的互助社区，特别注重发掘与理解南方国家的本土经验，形成互相依存的关系网络。再者，促进寻求另类实践的不同组织与网络的互相交流，跨越国界，形成新世纪的历史主体，促进文化与社会变革，构建可持续世界。

第一届南南论坛的中外参会者宣告，共同推动《南南共识》（*South-South Consensus*）（2011），成为以后各届南南论坛的指导纲要：

"我们，首届南南论坛的各国代表，用简洁的话语，表达我们对于全球生态危机影响人类安全的深刻关注。首先，我们要申明南方国家关于生态文明'3 个 S'的基本主张：只有维护资源环境主权（Sovereignty）、加强南方国家的社会团结（Solidarity），才能促使世界回归以最基本的'可持续人类安全（Security）'为前提的生态文明。"

其次，我们要确立南方国家构建不同于金融资本全球化的话语权和制度文化的基本要求，批判不利于加强"3个S"的政治主张并揭露其背后的跨国资本利益集团。

再次，南方国家应该与北方国家中认同生态文明的社会群体结成广泛的联盟，共同反对威胁生态文明与人类安全的恶劣制度。

我们支持代表99%的民众"占领华尔街运动"及欧洲各国爆发的反对金融资本全球化的群众斗争！自觉与包括北方在内的、代表99%的最广大民众站在一起。

我们呼吁：南方国家联合起来，以"3个S"为基本原则，构建不同于金融资本帝国主义的"另一个世界"——人类与生态和谐共存的、更多包容性的、以多样化为内涵的生态文明。

表 1　E7 会议时间表

日期	研讨会	地点	会场
2011 年 7 月 8 日	全球化的成本与危机转嫁——发展中"新兴七国"客观经验比较研究	北京	中国人民大学
2011 年 7 月 9 日至 11 日	可持续发展比较研究国际研讨会	北京	中国人民大学
2011 年 7 月 12 日至 15 日	实地调研：山西平遥古城、永济农民协会、霍家沟村等		
2011 年 12 月 10 日	新兴七国比较研究项目报告会	北京	中国人民大学

表 2　七届南南论坛时间表

日期	论坛主题	地点	会场
2011 年 12 月 12 日至 4 日	第一届可持续实践南南论坛 *会前中国三线实地考察（12 月 5 日至 11 日） ● 华北：河南—河北 ● 华东：上海—浙江 ● 西南：重庆—成都一团 *会后中国西南实地考察（12 月 16 日至 21 日） ● 西南：重庆—成都二团	香港	岭南大学
2012 年 12 月 8 日至 10 日	第二届可持续实践与乡村建设国际研讨会暨西南大学中国乡村建设学院成立 *会前中国实地考察（11 月 29 日至 12 月 7 日） ● 西安—襄樊—宜昌—重庆三峡	重庆	西南大学
2016 年 7 月 23 日至 29 日	第三届南南论坛： 亚非拉的区域整合、"三农"问题与生态正义	香港	岭南大学
2017 年 7 月 4 日至 6 日	第四届南南论坛： 21 世纪亚洲民众运动：挑战与突围	香港	岭南大学
2018 年 6 月 13 日至 18 日	第五届南南论坛： 大同之道：理论与实践	香港	岭南大学
2019 年 6 月 24 日至 7 月 3 日	第六届南南论坛： 生态生计与社区建设	香港	岭南大学
2020 年 7 月 8 日至 17 日	第七届南南论坛： 气候变迁、全球危机与社区重建	香港	岭南大学（线上/线下）

自 2011 年 12 月主办第一届南南论坛起，我们已经成功举办了七届论坛，邀请来自世界各地的专家学者、社会实践者等近千人汇聚一堂，就人类文明、另类实践、生计民生、生态文明、可持续发展等议题进行深入的对话交流。2020 年，由于新冠肺炎疫情，第七届南南论坛采取线上线下并行方式，共设置了 30 个场次，50 个国家 150 位讲者、850 位参会者进行深入的思想理论交流。过往七届南南论坛的视频录像，可在岭南大学和全球大学网站上观看：

https://our-global-u.org/oguorg/en/the-first-south-south-forum-on-sustainability/

https://our-global-u.org/oguorg/en/the-second-south-south-forum-on-sustainability/

https://our-global-u.org/oguorg/en/the-third-south-south-forum-on-sustainability-july-2016/

https://our-global-u.org/oguorg/en/the-fourth-south-south-forum-on-sustainability-4-6-july-2017-2/

https://our-global-u.org/oguorg/en/the-fifth-south-south-forum-on-sustainability-june-2018/

https://our-global-u.org/oguorg/en/sixth-south-south-forum-on-sustainability-ssfs6/

https://our-global-u.org/oguorg/en/seventh-south-south-forum-on-sustainability-ssfs7/

本书乃研究团队长期调研与讨论的成果，团队分工如下：

温铁军、刘健芝立论与审定；黄钰书、薛翠执笔起草；董筱丹、逯浩、何志雄修改文字；谷莘、欧阳丽嫦处理行政事务；陈燕文、黄小媚、许统一、高俊、计晗、严晓辉、靳培云、温博、刘健青、张怡松、潘婷婷、李翘志等参与观点讨论、资料收集及案例整理等工作。

衷心感谢中外各国的学者、专家，为寻求南方的出路而尽力。

E7 国别研究团队成员：

中国：温铁军（组长，中国人民大学）、周立、陈传波、董筱丹（中国人民大学）、黄钰书（岭南大学）

土耳其：加里普·亚尔曼（组长，中东科技大学）、阿伊林·托帕尔·伊玛兹（中东科技大学）、赛尔敏·萨里卡（伊斯坦布尔大学）

印度：文诺·瑞纳（组长，全印度人民科学网）、阿米特·巴索莱（发展研究中心），T. 甘加达兰（全印度人民科学网）、艾林丹·班纳吉（安贝德卡尔大学）

印度尼西亚：梅林·奥伊·加迪纳（印度尼西亚大学）、尤利安·朱奈迪（斯里维查亚大学）、印拉·卢比斯（农民之路）、薛翠（西南大学）

巴西：保罗·中谷（组长，圣埃斯皮里图联邦大学）、罗热里奥·纳克·法莱罗斯（圣埃斯皮里图联邦大学）、内德·塞萨尔·瓦尔加斯（圣埃斯皮里图联邦大学）、保娜·纳布科（圣埃斯皮里图联邦大学）

委内瑞拉：何塞·菲利克斯·里瓦斯（组长，委内瑞拉前中央银行行长）、埃内斯托·雷韦罗（委内瑞拉国家石油公司）

南非：帕特里克·邦德（组长，南非西开普大学）、卡蒂嘉·谢尔菲（民间社会研究中心）、萨曼莎·哈格里夫斯（民间社会研究中心）

概　述

当代资本主义全球化竞争的参与者不是个体，而是国家。

不同国家在参与全球化竞争中客观地分处三类地位——核心、半边缘（半核心）、边缘，从而形成了"核心—半边缘—边缘"的依附结构，通过不平等交换和制度剥削，半边缘和边缘区域的利益不均等地向核心国家输送，在这一过程中，核心国家地位不断强化，边缘国家地位不断弱化。[①]

在以国家为基本单位的全球化竞争中，分处不同地位的三类国家盈亏不同：第一类是占据金融资本阶段主导地位的核心国，其之所以能够赢家"通吃"，乃在于占有收益却不支付成本；第二类是从属于核心国的制度体系、能够以战略伙伴名义"搭便车"的半核心国，在与核心国的战略利益基本一致的时候，其得以分享核心国的收益；第三类是以资源经济和实体经济为主的边缘国家，由于承载了转移过来的制度成本，其经常处于被"洗劫"状态，但不自知。于是，很多发展中国家在纳入这种全球化进程中，因盲从核心国"软实力"而导致内乱，有些成为所谓的"失败国家"。

本书简介了新兴七国（以中国、印度、巴西、南非4个长期研究对象为主，外加印度尼西亚、土耳其、委内瑞拉3个短期研究对象，简称E7）的经验教训，将上述国家既往的经验教训进行理论归纳，将其表述为从核心向边缘的"双重成本转嫁"过程。

把握这个规律，就会理解核心国金融霸权趋向于法西斯化是当

---

① ［美］伊曼纽尔·沃勒斯坦著：《世界体系分析》（*World - Systems Analysis: An introduction*），北卡罗来纳州：杜克大学出版社2004年版。

代人类社会最大的威胁：金融资本虚拟化扩张的核心国越是过度负债，越要借助"硬实力"、"软实力"和"巧实力"推动成本对外转嫁；为此不惜制造冲突，甚至发动战争。[1]

在全球化金融资本主义新阶段，核心国家因客观上占据着"经常账户逆差+资本账户顺差=资本输出获利"[2]的全球食物链最顶端，而得以在增发货币的同时增发债务，并且势必以增发的货币购买增发的债务。也因此，才成为双向度地推进虚拟资本过度扩张的最大金融经济体。与此同时，那些违背基本的市场价值观的所谓"负信用""负利率"等概念由此也成为金融霸权国家主流社会的当代流行语……

占有此类巨额收益的金融资本核心国，势必为了维持这种获取制度利益的地位而积极调整其币缘-地缘战略，推行全球体系制度重构，以便更顺利地向半边缘及边缘国家进行经济和政治两方面的双重成本转嫁，更大程度攫取全球经济成果。否则，核心国就无法维持过度泡沫化的虚拟资本主导的经济基础，以及其建之于过度负债基础之上的政治体制。

这是人类在资本主义历史阶段的宿命。对于核心国而言，这属于"生存还是死亡"的"哈姆雷特之问"。但对于边缘国家而言，则无疑只有衰败和死亡。

经济成本转嫁是指，通过国际货币及金融制度权，核心国家破

---

[1] 21世纪以来，核心国利用其霸权地位静悄悄地改变了世界经济的基本秩序：此前发展中国家背负债务的时候，债是必须还的，因为债务作为一种维护人类社会契约制度的基本信用关系，乃在于其必须"刚性支付"。但现在演变成发达国家承受更多债务之后，不仅公开发出其从来就不用还债的言论，而且还把债务转化为吸纳其大量增发流动性的可交易资产。

[2] 根据美国的国际收支平衡表来看，一方面美国有大量的贸易逆差，另一方面在资本流动上是顺差。因为美国有大量资本输出并获得最高的对外投资收益，但同时其他国家有更多的外汇储备和私人投资流入美国购买诸如美债、公司债券和股票等金融资产，这一进一出在资本流动方面美国是顺差。即使是在直接投资方面，2014年以后流入美国的也比美国输出的多。

除发展中的主权国家对金融资本流动的限制，把金融全球化的风险成本主要转移给非核心国家来承担，以此最大化自身的收益。由此，势必导致金融资本主义的结构性矛盾爆发而使全球经济进入下行周期，加上资本主义的结构性财富收入分配不平等，中下层群众日益不满，族群、宗教、区域冲突加剧，使社会动荡。全球不论何种体制下的何种政府，几乎都无可避免地面对经济、社会及政治的多重不稳定。而这些非核心国家的不稳定又恰好给了核心国难得的低成本介入机会——凭借意识形态化的教育文化、科研学术、法律服务、标准设立等多种软实力，以及伺机策动政治、宗教、民族、地缘等冲突的巧实力，来诱使边缘国家群众接受核心国的政治和文化，把斗争矛头转向本国制度，从而又增加了核心国家介入操控的条件……

诚然，核心国家高昂的政治及社会制度成本，使它更需要大量攫取全球的经济收益来维持本身的体系稳定性。但是，"二战"之后被核心国控制所形成的国际秩序及其为维护此国际秩序而建立的组织，不可能有应对单极霸权国家按照本国利益一意孤行的合法手段，也根本没有条件形成全球治理的有效经验。由此，核心国可以同时进行"政治的成本转嫁"，主要内容是利用币缘-地缘军事战略部署，加上各种巧实力、软实力的操作，颠覆被核心国视为妨碍自身战略利益的国家政权，或者使其"去国家化"。

此类"政治成本转嫁"的制度收益分外显著——竞争对手及非核心国家的政治及经济不稳定，一方面有利于核心国资本趁危机之际收购有价资产，另一方面更有利于吸引国际资本回流本国。而对非核心国家的去国家化之所以具有深远的战略意义，即在于以"自由民主"的名义，实质性地解除竞争国家调控经济及管制资本破坏性流动的能力；或在其国家资本还未具备竞争力时，打压其相对具有竞争力的国家资本，扼杀其长远国际竞争力。

据此，全球竞争之中广大民众遭遇的最惨痛教训，就是所谓的国家失败。而失败国家最尴尬的悲剧，就是其精英群体盲目"自毁"地推崇敌人，不仅自取其辱，也使芸芸众生苦不堪言……

发展中国家思想理论界越多接受核心国的"先进"制度文化及其意识形态化的人文社会科学体系，就越失去自主的"话语"能力。这也是美国政治家强烈反对美国高校的科学技术专业接受中国留学生，只允许他们进入人文社会科学领域学习美国制度和文化的原因。

由此可见，以往立足于"个体理性"的西方中心主义话语，既不适用于当代发展中国家解释本国参与全球化竞争中的利弊得失，也不适用于理解西化精英操控造成"国家失败"的教训，更无助于提升发展中国家形成重新构建制度权和话语权的竞争力。

本书主要研究分析核心国家美国近年的战略性调整，以及其对新兴国家的影响。

研究团队选取了七个具有代表性的新兴国家，在研究国别报告时归类为三组：

第一组是曾经有过"去依附"努力、相对来说自主性较强的，处于现代化建设时期的产业资本阶段、越发走向金融全球化的中国和土耳其；

第二组是存在于农村地区的、数量庞大且分布广泛的、组织化程度低的微观经济主体（非正规部门），且与高组织化程度的城市"正规经济"并驾为二元结构，致使产业经济难以完成资本原始积累形成规模竞争力的印度和印度尼西亚；

第三组是始终受制于殖民地时代"经济单一化"的历史因素，经济未能完成工业化、过分依赖原材料输出，面临国际经济下行周期严重冲击的后殖民化国家巴西、委内瑞拉和南非。

通过分析当前这七国各自的困难，可以粗略地反映大部分发展中国家的困境。

进入 21 世纪以来，中国在全球危机的积极应对之中，演化成为工业制成品总量最大的工业化国家。随之，即主动地从工业文明向生态文明的新时代做战略转型；并且，据此推出"区域整合""乡村振兴""扶贫攻坚"等一系列主要由国有企业操作的国家投资战略。诚然，中国若能切实贯彻体现人类自觉的生态化转型，则有可能走出一般发展中国家被动"依附"的困境。但中国这种靠"举国体制"才能奏效的转型努力，却被核心国当作试图挑战其全球霸权控制而遭遇到越来越复杂的国际国内制约，甚至不可避免地招致核心国家发起以"新冷战"为内涵的全面"围堵"……

人们在经验教训的总结中逐渐意识到，任何发展中国家要挣脱对核心国的依附，走出被动接受成本转嫁的发展陷阱，都必须加强多边关系及区域合作的共生协调；与此同时，力争形成发展中国家参与国际制度的构建权与维护自身利益的话语权，共同努力建设有利于发展中国家的包容、平等、互利发展的国际制度。

绪　论

一、"成本转嫁论"

21世纪以来的20年里，新兴国家经历了像"过山车"一样的大起大落！

对此种现象，形成于300年前的资本主义的陈旧知识体系及被其勾兑的舆论体系均无力解释。

我们不妨先看看21世纪的主要事件演化。

先是因2001年美国爆发"双重危机"——以"IT泡沫崩溃"为代表的新经济危机和以"911事件"为标志的政治危机——加强了这个核心国产业资本和金融资本的双重流出，遂使有条件容纳"外商直接投资"（FDI）的国家出现经济一度勃兴的局面，也就有了被西方跨国公司粗略归纳出来的概念——"新兴经济体"。

但好景不长，这些新兴经济体进入21世纪第二个10年以来，又随2008年核心国家爆发金融危机造成全球经济下滑而相继再度陷入停滞，甚至落入发展陷阱。

究其原因，发现其经验过程基本符合沃勒斯坦"世界体系论"①

---

① 美国著名社会学家及历史学家沃勒斯坦（Immanuel Wallerstein，1930—　）是当代世界体系理论（The Theory of World System）的始创者，他论述了资本主义世界经济体系，即现代世界体系的起源与发展的历程，分析了世界经济体系的结构特征"中心（Core）—半边缘（Semi-periphery）—边缘（Periphery）"：中心地区通过不平等的分工关系垄断有利的贸易通道，攫取最大的利润；边缘地区则提供廉价的劳动力和初级产品；而半边缘地带介于二者之间，既受中心地区控制，同时又可部分地控制边缘地带。参阅沃勒斯坦著：《现代世界体系》（第一、二、三、四卷），社会科学文献出版社2013年版。

给定的规律：核心国家的所谓的"比较制度优势"的实质内涵，就是核心国家顺畅地实现了在全球体系中向半边缘及边缘国家进行经济和政治的"双重"成本转嫁。

为此，我们尝试着把"微笑曲线"（图1）作为分析全球化成本转嫁的模型图，提出了"国家竞争的微笑曲线"，也可称为"国际分工产业链微笑曲线"①；用不同于西方理论的自主创新知识体系，来说明核心国金融资本主导竞争的全球化体系内制造产业国和资源出口国分别占据国际产业分工链上的不同位置，以及其承载核心国金融资本对外做双重成本转嫁的实际流程。②

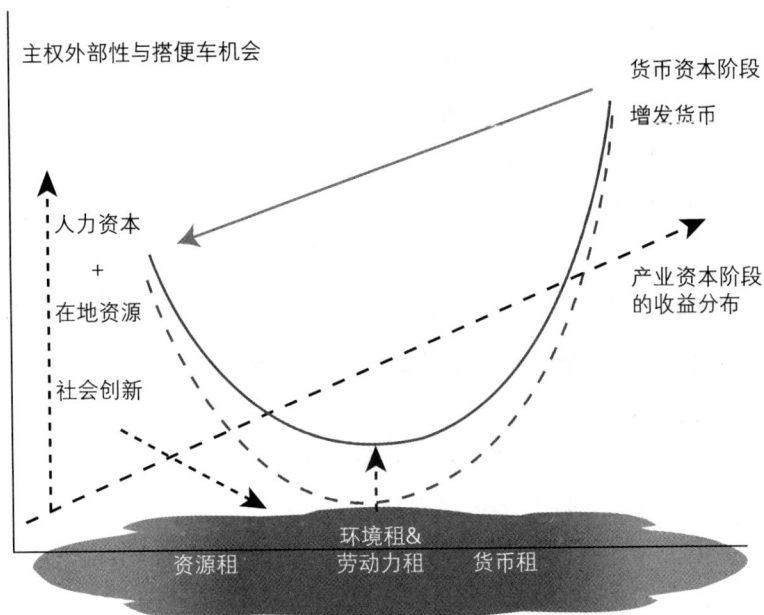

注：全球化危机在中国的软着陆，依赖于生态化整合，意味着资源环境和劳动力等"租金"在地化形成社会资本。

图1　金融资本阶段国家竞争的微笑曲线

① 本图由中国人民大学农业与农村发展学院董筱丹副教授制作。
② 在《国家竞争的微笑曲线》（温铁军等著，尚未出版）一书中的第二部分将对它们在不同阶段的处境做更详细说明。

图 1 表明全球化竞争中三种不同类型的国家收益。

一是右侧占据金融资本高端的核心国家，凭借虚拟资本扩张获取制度收益。

二是左侧占有资源主权的国家，得以借助资源价格短期抬升而获得"搭便车"收益；但资源被外部跨国公司掌控的国家，则只能承载主权"负外部性"的代价（资源市场的溢价收益被外部占有）。

三是处于底端的制造业实体经济国家承载了最大化的制度成本。由此，只能靠社会创新提升劳动力租、靠掌握资源主权获取环境租，同时把控国家货币主权获取货币租。这些租资源在图中之所以用暗色表示，在于这些潜在能力必须靠积极的制度安排才可以提升制造业国家在微笑曲线中的位势。

不过，在核心国家软实力的影响下，这些国家的学术研究者及媒体从业者往往缺乏独立的认知，经常将问题简单地归咎于自身国家的制度落后，比不上发达国家的先进制度。遂有"裴多菲悖论（自由啊自由，多少罪恶假汝之名而行）"的当代验证——种种以自由之名推动的配合核心国的地缘政治战略而开展的"颜色"革命、"花卉"运动，致使不少国家甚至出现长期政治混乱，无法建立稳定的社会治理环境，甚至发生血腥内战及国家瓦解，爆发大规模人道主义危机。

（一）全球危机与核心国家的双重成本转嫁

21 世纪以来，全球危机不断在核心国家内部爆发，被萨米尔·阿明称为"内爆"①。其中最值得关注的，是其金融化之经济成本对发展中国家转嫁的具体做法：2007 年美国爆发次贷危机并演化为 2008 年华尔街金融危机后，资本主义核心国相继陷入金融或债务危机，美国、日本，以及欧盟等先后启动多轮量化宽松政策

---

① ［埃及］萨米尔·阿明著：《当代资本主义体系的内爆》，黄钰书译，《政治经济学评论》2013（03）。

（QE），大量制造过剩流动性，一方面推高全球能源、原材料和粮食价格，"成功"地在贫困国家制造了通货膨胀诱发的"颜色革命"，同步向实体经济国家转嫁了经济危机的代价；另一方面，也确实在不断向外输出通货膨胀的同时，有效地实现了自身的低利率和低通胀。

当前，核心国家的政府和私人负债总量，已经超过全球 GDP 总量的两倍，西方国家金融机构的虚拟资本坏账，到 2016 年 7 月已经高达 550 万亿美元。西方分析家认为，德银、JP 摩根、花旗、高盛等金融机构可能引发金融"核爆炸"。[1] 这些西方投资公司的表述，从侧面印证了阿明提出的"内爆"论。

更为严重的是债务国与债权国地位的颠倒！

20 世纪核心国家对外输出产业资本，成为债权国的时候，都会要求接受西方产业转移的债务国做符合西方要求的"制度转轨"；但**当核心国家成为最大债务国之后，即把危机期间大规模增加对外负债的做法"常态化"，却绝对不会按照债权国的要求进行改制，甚至会反过来凭借其占据全球贸易结算货币和储备货币的地位把债务演变为资产交易，借此扩张资本市场而不再承担还债义务。**

这两个 21 世纪的逆"普世规律"的矛盾现象，警示着所有在西方软实力控制下痴迷于"看不见的手"的发展中国家利益群体：唯独占据国际制度权及金融-货币权优势高地的霸权国家，才能够创造人类经济史上前所未有的"奇迹"！

核心国家债务越高越扩张信用的做法，与其在 20 世纪后期强迫发展中国家作为债务国，必须服从债权国要求实行的放弃经济主权的"深化体制改革"、而且必须低价出售资源性资产来连本带息地用美元还债的做法完全相反。由此表明，"二战"以后被标榜的所谓的

---

① ［美］哈里·登特：《有毒资产引发的金融危机》（*Toxic Assets Made the Financial Crisis*），《经济与市场》2016-07-01。

"自由主义"国际秩序，已经被金融资本阶段的所谓"新自由主义"彻底颠覆！

核心国家之所以要利用金融全球化来大规模扩张债务，就在于其在"后冷战"时期形成的单极霸权，要依赖"三种借债"才能勉强维持：一是借债消费（借边缘国家的钱维持核心国的无度消费），二是借债投资（借边缘国家的钱来占有边缘国的资源和并购边缘国的产业），三是借债打仗（借边缘国家的钱增加核心国家的军备，挑起区域冲突）。

诚然，个别事先就收回了资源主权、得以借助资源价格上涨的"新兴国家"，一度得到"搭便车"的短期收益，也一度改善了本国福利；其他超大型实体经济国家也各自以其方式应对全球危机的冲击，暂时稳住了步伐。但这些新兴国家须臾不可忘记的是：国际制度权还是主要掌握在核心国手上。核心国家为了应对金融资本主义本质性矛盾所造成的全球危机，采取了与足球场上的"上帝之手"[①]等做法类似的多种措施。

这些手段并非针对解决金融资本主义的结构性矛盾，而是继续利用国际制度的不对称性，延续其优势，一方面从全球系统的半边缘及边缘地区更大规模地榨取庞大利润，另一方面则把维持制度的成本转嫁给非核心国。

尽管人们对其经济成本转嫁已经或多或少地有所认识，在其政治成本转嫁方面，依然有太多的含糊不清。

需要强调的是：当代全球化是以国家作为竞争单位的。据此可知，**政治成本转嫁主要表现为核心国家在边缘及半边缘地区以软实力和巧实力支持种种颜色革命为名义的战略性"去国家化"运动。**

[①]　1986年6月22日，在墨西哥世界杯1/4决赛阿根廷对阵英格兰的比赛上，马拉多纳用手把球攻入了英格兰的球门，并且裁判判定进球有效，这就是著名的"上帝之手"事件。后来把在足球比赛中用手将球打进，且被裁判误判有效的情况称为"上帝之手"。

其结果往往是，核心国家得以以低成本维护其币缘-地缘战略利益，而在西方中心主义意识形态控制下的被边缘化的国家参与全球化竞争，则纷纷遭遇"国家失败"，这些被边缘化的国家中只有少数既得利益集团，根据其对核心国家的贡献度分享了有限的利益，广大民众却承受着国破家亡、流离失所，甚至大量无辜平民付出了人身伤亡的巨大代价……

中国资深学者王小强曾经深刻地指出，发展中国家摆脱不了现代化三部曲的宿命：首先，改革开放带来物质生产高速增长，其后，因金融自由化带来货币经济繁荣昌盛，最后，承担外资抛空带来的金融危机。其实，外资抛空不只导致金融危机，更威胁国家政权和执政党的权威及执政地位。**"发达国家的金融危机，就是金融危机，顶多恶化成经济危机；发展中国家的金融危机，不仅仅是经济危机，而且经常递进成社会动乱、政权颠覆、国家分裂。"**①

当然，我们也要重视核心国家内部日益严重的阶级矛盾。

欧美乃至日韩等富裕社会内部财富分配日益两极化。西方社会科学曾经因为中产阶级的一度壮大，而质疑经典政治经济学中"阶级"（Class）的概念。但到现在，核心、半核心国家富裕社会却普遍出现了"去中产化"的情况，人口占少数的最富裕阶层不成比例地占有了本国大部分财富。我们称之为金融资本主义的制度不对称性（Institutional Asymmetry）。②

诚然，核心国的阶级矛盾虽然深化，却不一定以阶级斗争的形式表现出来。

一方面，国际制度的不对称性使核心国家从非核心国榨取巨额

---

① 王小强著：《投机赌博新经济》，香港：大风出版社 2007 年版。
② 对于这种制度不对称性，西方某些进步学者有现象性的描述，但鲜有探讨其深层金融资本主义制度性根源。参阅法国著名经济学家托马斯·皮凯蒂（Thomas Piketty）的《21 世纪资本论》（中信出版社 2014 年版）及美国哥伦比亚大学莎士奇亚·萨森（Saskia Sassen）教授的《大驱离：揭露 21 世纪全球经济的残酷真相》（*Expulsions：Brutality and Complexity in the Global Economy*）。

收益,这些收益回流核心国社会,无论其分配是多么不平均,中低层民众还是能分享一小部分。因此,大部分国民作为全球体系收益的分享者,还是支持参与国际竞争的金融资本主义国家制度;另一方面,意识形态机器(包括媒体、文化产业、学术界)极力掩盖阶级矛盾的结构性根源,纾缓阶级对立情绪,以致中下层民众对生活的不满情绪往往以种种身份政治(Identity Politics)① 的方式爆发出来,例如宗教或族群冲突、仇外等。右翼取向的民粹主义乃至法西斯主义在欧美日社会普遍有复兴之势,以致非建设性的激进政治在各地冒起……

凡此种种,金融资本主义制度是其深层根源。

新兴国家和一般发展中国家的处境不一样。虽然这些国家也有身份政治,但同样面对源于全球金融资本主义带来的失序时,社会矛盾往往直接表现为针对政府。其主要原因是,这些国家不能像核心国家那样一面赚取全球性制度收益,一面把危机向外转嫁。因此,**它们在国际竞争中享受的收益和承担的风险高度不对称,直接表现为内部社会矛盾。**

延伸阅读

1

核心朝边缘成本转嫁表征:非洲近年的社会冲突②

近年非洲的群体事件急升,自 2008 年华尔街金融海啸后趋势更明显,如图 2 所示。

---

① 身份政治指围绕某种特殊身份认同而进行的政治斗争,例如宗教信徒、民族、国家等。

② [英]帕特里克·邦德:《抗议世界经济论坛上难以置信的非洲正在崛起》,帕姆巴祖卡新闻 2019-08-09。

公众抗议数（基数100=2000）

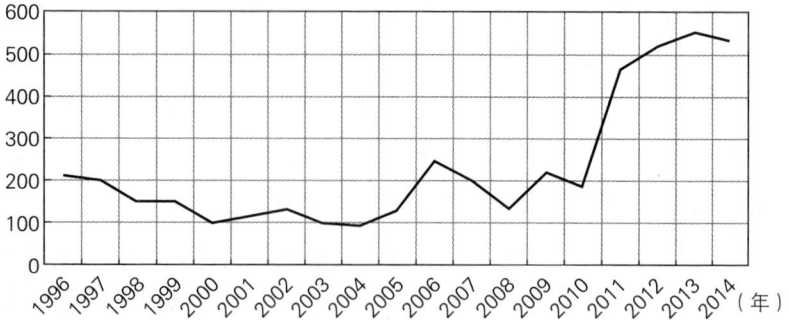

图2　非洲近年的群体事件

图3表明，群体事件的主要原因还是以经济性质为主，例如要求加薪、失业、工作条件、追讨工资等。

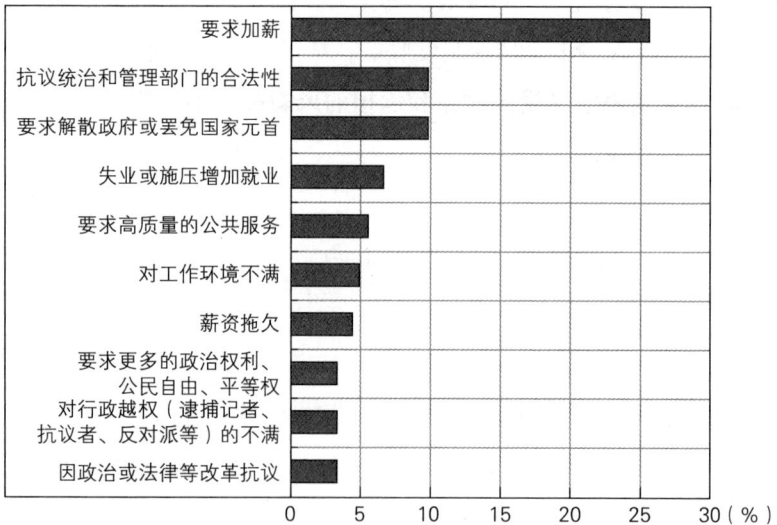

要求加薪

抗议统治和管理部门的合法性

要求解散政府或罢免国家元首

失业或施压增加就业

要求高质量的公共服务

对工作环境不满

薪资拖欠

要求更多的政治权利、公民自由、平等权

对行政越权（逮捕记者、抗议者、反对派等）的不满

因政治或法律等改革抗议

图3　2013年排名前十位的抗议动机

在核心国家意识形态软实力的影响下，边缘国家承担知识再生产责任的思想理论界及舆论领域中的信息生产者一般都缺乏认知深度，把问题简单归咎于本国的制度落后，遂有种种以自由之名推动的"颜色革命""花卉运动"，把经济及社会矛盾转化为政治矛盾。

延伸阅读

2

政治成本转嫁——美国低成本退出中东，祸延欧洲

2001年后，美国推行全球反恐战，直接出兵中东及中亚。近年美国国内推动了页岩气革命及建设北美天然气管道，基本实现本国能源供应独立（参阅附录《专题1　2007年次贷危机以来美国的阶段性战略调整》），中东地区对美国的地缘政治重要性下降，加上美国21世纪的地缘战略重心移往东亚，促使美国战略性撤出中东。但美国多年的单边主义令中东区域内分崩离析，当地极端恐怖主义横行，政局动荡，宗教派系对立，社会一片混乱。如果美国承担维持中东秩序的责任，则必然要负担庞大的军事及政治成本。然而，美国这次撤出中东，采取的不仅是低成本撤离，而且是焦土政策，包括策动圣战武装部队及伊斯兰国推翻利比亚卡扎菲政权及引爆叙利亚内

战①。这不仅不用承担撤出的政治成本，反过来还祸及欧洲，防止中东成为欧洲的势力范围，尤其是避免欧洲整合俄罗斯及中东，建立石油欧元（Petro Euro），使中东、北非及中亚成为泛地中海欧元区。与此同时，增加依赖中东能源的中国之成本，一石二鸟，同时打压欧元及人民币，维护美元的全球霸权（参阅附录《专题4　货币霸权战略冲突下欧元的困局》《专题5　美欧中战略关系分析（2015）》《专题8　中国人民币国际化的两个取向与两难困境》）。这也是核心国政治成本转嫁的经典例子。

---

① 中东问题专家、中情局前分析员雷厄姆·富勒（Graham Fuller）认为"美国是'ISIS'的主要创造者之一"。美国已经不是首次为本身的地缘战略利益而扶植恐怖分子或军事独裁政权了，例如两伊战争期间的伊拉克萨达姆·侯赛因政权。另一例子是20世纪70年代，阿富汗发生了废除高利贷和封建主义、提倡两性平等和妇女政治权利的本土自发革命，CIA支持来自保守部族的圣战者游击队，他们后来发展成为塔利班组织。再如，曾经是美国头号大敌的拉登基地组织，也是美国为了在阿富汗抗衡苏联而支持扶植起来的。拉登在20世纪80年代曾到访白宫并获里根总统接见，当时还被西方媒体称赞为自由战士、和平缔造者。2016年10月维基解密公布一批文件，显示美国为了推翻利比亚的卡扎菲政权及叙利亚的阿萨德政府，向基地组织及"伊斯兰国"提供各种援助，并组织策动恐怖主义集团进行推翻叙利亚政府的军事行动。（来源 http://www.thepoliticalinsider.com/wikileaks-confirms-hillary-sold-weapons-isis-drops-another-bombshell-breaking-news/）。虽然文件的真伪还具争议性，但美国支持该地区的反政府组织并供应军火千真万确，而这些武装组织又与"伊斯兰国"等极端恐怖主义组织有千丝万缕的关系。更有甚者，美国在中东世界最亲密的盟友沙特，多次被指责财务支援"伊斯兰国"，而且"ISIS"的主要财政来源是石油。可是，被国际广泛制裁的组织又是如何出售其控制的石油的呢？据报道，与以色列及美国仍然保持良好关系的土耳其，暗中协助"ISIS"销售石油。（汉娜·奥斯曼2016年12月9日报道）《每日邮件》报道，"维基解密从埃尔多安总统的继子那里收到57000封邮件，证明埃尔多安向"ISIS"走私石油的合作关系。另一方面，据《金融时报》报道，"ISIS"也向美国支持的叙利亚叛军控制地区供应石油。再者，仅以实际效果而论，这些极端军事组织鲜有针对美国在区内的盟友，其军事行动客观上往往服务于美国于区内的地缘战略利益。

另参阅陈章：《关于"美国扶植'伊斯兰国'"的证据考证（修订版）》，观察者网2015-11-21。

> 由此可见，政治成本转嫁不仅是核心朝向边缘，更会发生在核心内部的核心与次核心之间。

回顾历史，当前金融资本全球化蛊乱世界的局势，与"一战""二战"间法西斯主义兴起的背景高度相近，都是在高度金融化的资本主义体系爆发严重经济危机后，不同国家和地区的利益分歧和矛盾加剧，民众面对生存的焦虑凸显。在社会经济资源分配高度不平均的情况下，个别机会主义政客和背景复杂的组织别有用心地转移视线，挑起族群或宗教等矛盾，把下层社会的愤怒引向排外的血腥冲突。

20 世纪法西斯主义兴起后的惨痛历史人们还记忆犹新，可是对于当前全球因金融化而会再次导致"泛法西斯化"的严峻势头，大部分人却仍然缺少警觉性，更遑论直指其根源。

面对上述严峻形势，新兴国家社会各界尤其需要提高对核心国家主导的"金融全球化"的认知能力。因为在可预期的未来，仍然要不断承受全球无序的各种冲击，在艰难中摸索前进。

为此，本研究选取其中七个较具代表性的新兴国家：印度、巴西、土耳其、印度尼西亚、南非、委内瑞拉及中国（以下简称 E7）。它们的发展途径和模式，乃至于当前的处境，对于我们理解一般发展中国家的历史命运，具有深刻的参考意义。

（二）全球资本主义历史阶段分析

要深刻理解新兴国家，乃至全球大部分发展中国家当前的处境，必须把它们近百年来，为了摆脱贫穷奴役而追寻发展的路径，放回全球资本主义扩张的历史大背景中进行研究。若抽离全球历史背景去研究国家的制度选择，甚至比较制度之间的优劣，不仅有只见树木不见森林之弊，甚至容易落入高度意识形态化话语的窠臼。

全球资本主义发展至今共经历了三个主要历史阶段。

早在前资本主义的殖民化时期，西方列强通过大规模实施反人类的国家犯罪，在欧洲之外到处复制古希腊和古罗马的奴隶制。一方面奠定了西方进入工业文明的条件，另一方面也把人类社会改变成"三个世界"，随之派生了三类资本主义模式：一是殖民地宗主国的老欧洲演化成的"莱茵模式"；二是被殖民化的新大陆（南北美洲、大洋洲）演化成的"盎格鲁-撒克逊模式"；三是没有完成殖民化的亚洲原住民大陆演化成的"东亚模式"。①

在人类的资本主义历史上，这三个世界在资源环境和制度文化上都有显著区别，我们对不同经验都应该增加了解，但不可简单照搬。

1. 第一阶段：16 世纪末期至第一次世界大战

处于亚欧大陆边缘的欧洲通过向全球殖民扩张，既向外输出贫困人口，又占有资源产品借以完成资本主义原始积累；进而，殖民地瓜分演化为主要发生在欧洲的帝国主义战争，由此，欧洲成为世界中心。

殖民化之前的欧洲，负债累累、战乱频仍，为了应付内部危机，积极寻找通往东方的新贸易路线及开拓殖民地。欧洲人在新大陆的掠夺和开垦，以及开展更为血腥和残暴的奴隶制"三角贸易"，为欧洲本土诸国产业资本的急速发展奠定了良好的物质基础。欧洲社会虽然取得较大的进步，但这如同**恩格斯指出的：连工人阶级都因分享了殖民地收益而淡化了阶级意识**。于是，欧洲人虽然在其本土发展了少数人享有的平等、自由、民主等理念，却同时在其他大陆复兴了古希腊、古罗马所谓"弗里敦邦"时期的残酷奴隶制，对其他民族和国家进行无情的侵略和剥削，甚至大规模杀戮；即使在国内，也是奉行双重标准——"人生而平等"的前提是：白人基督徒，而且在很长时间里必须是男人才能享有权利。欧洲内部诸国之间的激烈竞争在欧洲大

---

① 此处关于三个资本主义世界划分，可参阅温铁军著：《告别百年激进：温铁军演讲录（2004—2014）》（上卷），东方出版社 2016 年版。

陆甚至世界各地引发了无数战争。20 世纪初，德国、日本等后起的帝国主义新秀积极扩张，英、法等老牌帝国为确保利益及延续本身的优势不断打压后起之秀，最终爆发第一次世界大战。

2. 第二阶段：20 世纪"一战"及"二战"后至 20 世纪 80 年代——民族独立运动中的反殖民主义与产业跨国转移

世界各地几百年来饱受殖民主义侵略压迫的民族，纷纷争取民族自主独立。资本主义核心国发现，在国外直接殖民的成本日益高昂；随着制造业的利润率下降，先发国也在寻求产业升级。而且为了降低劳工成本、纾缓阶级冲突、降低国内环境保护的压力，先发国乐于向在解殖运动（独立运动中的反殖民主义，以下简称解殖运动）中诞生的民族国家转移低端制造业。只要先发国能继续掌握核心技术，并确保国际货币金融及贸易制度有利于资本输出国（例如资本自由流动），就可以利用其优势，以低成本获得发展中国家的低廉劳动力及自然资源，并且把劳资冲突造成的社会不安，以及环境破坏等成本转嫁给发展中国家来承担。对此，我们归纳为"成本转嫁"理论[①]。

3. 第三阶段：20 世纪 90 年代至今——全球化阶段，核心先发国加速金融化

20 世纪 90 年代以来世界进入"后冷战"时期，一方面，在政治上苏联及东欧社会主义阵营解体，中国在以美国为首的西方制裁压力下奉行亲资本的制度转型；另一方面，在经济上，核心国家资本跨越了地缘及意识形态壁垒，在发展中国家赚取了巨额利润。

---

① 董筱丹、薛翠、兰永海、温铁军：《发达国家全球金融资本与现代化政体的双重危机》，《中共中央党校学报》2011 年第 15 卷第 6 期，第 82—85 页；董筱丹、薛翠、温铁军：《发达国家的双重危机及其对发展中国家的成本转嫁》，《红旗文稿》2011（21），第 4—9 页。

然而，这些利润回流，客观地促使资本主义核心地区加速金融深化，并多次催生形形色色的资产泡沫，不断引发金融危机。危机爆发后，核心国家利用其主要国际储备货币的地位，借由巨量货币增发来缓和流动性危机，而发展中国家则承受金融无序及资本大规模流出的风险。从昔日的赤裸殖民掠夺发展至今日的复杂金融化，成本转嫁的机制更上一层楼，核心国确保了其在国际货币—金融—贸易制度中的寻租地位。

本书提出的"国家竞争的微笑曲线"模型，可以用来说明这个历史过程。

以上是 E7 比较研究的宏观历史背景，属于大时段的历史划分。

本章集中讨论第三阶段。这一阶段又可以细分为三个时期。

20 世纪 90 年代至 2007 年："二战"之后，1944—1971 年的国际货币体制属于布雷顿森林体系；1971—2013 年可称为后"布雷顿森林体系"，其中，20 世纪 90 年代初，苏联阵营解体后的单极币缘-地缘政治格局为核心国家的急速金融化提供了便利。过去 20 年中，个别发展中国家在特定历史条件下得到一定程度的发展，被称为新兴国家；与此同时，核心国家凭借产业转移进行产业升级，朝向金融深化发展，最终引爆严重的全球金融危机。

2007—2013 年：核心国家经历金融及债务危机，一面做出制度调整，一面通过 QE 纾缓流动性危机，把金融化的风险成本转嫁给发展中国家。2013 年 10 月，核心国六方（1+5）货币协议的签订，标志着应对金融危机的制度调整初步完成。(参阅附录《专题 2　新核心同盟之一：核心区构建六方货币同盟》)

2014 年至今年：由于核心国家内部出现问题及面临新兴国家的挑战，20 世纪 90 年代初，"后冷战"以来的单极币缘-地缘政治体系难以为继。核心同盟完成制度调整、初步稳住阵脚后，便积极调整其全球地缘战略。2014 年以后，币缘-地缘政治格局出现法西斯化的变动，各地缘政治板块进行大规模重构，血腥的地区冲突和排外的民粹主义成为新常态。同时，新兴国家过去近 20 年的旧发展模式走到极限，E7之中，凡是紧跟西方新自由主义制度的"路径依赖"都显得难以为继，各自陷入调整的阵痛之中。

在这个金融资本为核心构建起来的新世界体系中，被边缘化的国家中只有中国可能成为唯一例外。作为实体经济规模世界第一的、具有完整产业结构的超大型大陆国家，其实体经济总量至少两倍于国内金融资本总量，并且主权货币不能自由兑换。加之东方国家有别于西方的举国体制，使中国相对而言既顶住了1997年亚洲金融危机带来的输入型通缩，又缓解了2008年华尔街金融海啸带来的输入型通胀。

由此来看，这个核心国主导的西方金融资本新体系要完成对世界的统治，就只有软硬兼施，对中国等新兴国家推行"去国家化"。这是21世纪西方金融危机连续发生之后中美战略利益冲突的一个具有本质性的内因。

以上是从历史时序切入所做的归纳。

二、新兴国家当前面临的全球大势分析

当前的世界局势，在三股巨大力量的碰撞中被重塑。

首先是两股互为表里关系的宏观政治经济力量。其内在深层动力为金融资本主义历史发展趋势自身，服从于金融资本**运动**的一般规律，**是为"里"；相应地，币缘战略及"后冷战"意识形态所派生的各种话语载体为其"表"，服务于边缘国家接受金融资本全球化的成本转嫁。**

美欧核心国经济结构日趋高度金融化，连带半边缘乃至新兴国家"被金融化"，人类资本主义历史由此进入金融资本主义阶段。这期间的虚拟化金融扩张造成金融资本全球过剩危机，进而引发币缘战略冲突①。这与产业资本阶段的资本增密造成工业化大生产的生产

---

① 参阅兰永海、贾林州、温铁军：《美元"币权"战略与中国之应对》，《世界经济与政治》2012（03），第121—137页、159—160页。

过剩危机进而引发地缘战略冲突，虽然在本质上是一样的，但是**金融资本阶段所导致的全球经济风险增加、经济涨落周期缩短、金融危机频繁加剧、社会及地域贫富悬殊分化等内生性制度成本和代价，却比产业资本阶段要沉重得多**。

在进行金融深化（虚拟化）的资本主义发展历史进程中，面对全球新形势，核心国为了巩固自身的利益而调整其币缘-地缘政治策略。此中的转变乃是西方主导的"后冷战"时期——1989—1991 年苏联及东欧社会主义阵营解体后——之最大的重构。大部分发展中国家在这个过程中只能被动应对，饱受经济、政治和社会动荡的冲击；个别新兴国家尝试主动回应挑战，开拓新的国际区域性合作关系，寻求发展空间。

接下来十数年的全球币缘-地缘格局，将在核心国与新兴国家的博弈碰撞中被重塑，但核心国在此场博弈中始终占据着硬件和软件方面的优势（包括军事力量、制度安排及意识形态软实力）。也因此，核心国家在这种"后冷战"时期，尤其需要借助意识形态软实力压制发展中国家的话语权和制度权，并且在挑起区域冲突之际，借用巧实力促进分化，甚至直接制造新兴国家及其他发展中国家动乱。

"后冷战意识形态"作为软实力，① 主要通过科学技术援助和制度转轨（改制）服务的输出，以及所谓人文社会科学领域的"现代教育"和"精英文化"等领域中似乎充满善意的合作交流，就足以海淫海盗地、威逼利诱地把握住新兴国家的知识集团，掌握以个体或小团体获利为内在目标而推进制度变革的思想理论体系。诚然，

---

① 自从 20 世纪 90 年代初期苏联东欧社会主义阵营解体之后，西方世界进入"后冷战"时期。凭借冷战意识形态取得胜利的有效经验，以美国为首的西方阵营转型为更多依赖"软实力"的"后冷战"意识形态——主要对中国和其他维持非西方制度的发展中国家在思想文化艺术教育等领域做殖民化的全面进攻。其主要战绩，即为发展中国家知识界和主流官员对西方制度体系的深度认同。

只有这些手段软硬配合，才能顺利转嫁金融资本主义核心国家的巨大制度成本。

上述两股力量互为表里关系。金融资本主义的历史发展为其本，"后冷战"意识形态包装的全球币缘-地缘战略格局的重构为其表。①

第三个**不可忽略的因素是自然力量**。全球气候变化加剧，各地持续出现极端天气，自然灾害频繁。再加上本来已日趋严重的全球资源制约，发展中国家特别是以原住民为主体的乡土社会将受到更严峻的冲击。

综观人类历史，气候变化一直是塑造文明的重要因素。只有到了西方殖民化大陆的盎格鲁-撒克逊模式为主导的现代化时期，人类才有了不可一世的想法，以为自己已经可以突破气候和自然的制约，无限度地扩张下去。事实上，气候变化及资源枯竭，将会成为全球最严峻的宏观刚性制约。这个因素的影响和冲击，势必愈益在社会、政治和经济的各个层面上猛烈呈现出来。

本书集中探讨前两股力量的互动。②

不可否认，资本主义通过顺利转嫁制度成本的金融资本阶段表现出其仍然具有巨大的自我调节及创造力。核心国家一直在进行内部制度创新及政策调整，来应对后进国特别是新兴国的挑战。可见，人类接下来要面对的，恐怕不是国际主流传统左翼思想所热衷想象的资本主义危机（crisis of capitalism），而是**新阶段的危机资本主义（crisis capitalism），即核心国家将持续不断借着危机向发展中国家转嫁金融深化的成本**。随着全球金融深化，种种危机（金融、债务、地区军事冲突、社会动荡、自然灾害等）势必成为新常态。

综上所述，我们认为当前的**"全球化危机"**不是国际社会的左翼

---

① 参阅温铁军、高俊、张俊娜：《中国对美双重输出格局及其新变化》，《经济理论与经济管理》2015（07）。

② 对于第三种力量——气候因素差异化影响，我们将会在下一本《南方陷阱》（暂定名）一书中更深入探讨。

力量发起的"反全球化运动"造成的；全球化解体是占据主导地位的核心国强力推进的，是其自身内在矛盾演化而导致的。

（一）世界格局重构，新兴国家面临巨大挑战

近年来，世界局势变化之快，规模之广泛，影响之深远，是自20世纪90年代苏东集团瓦解以来之最大变局。新兴国家面临巨大挑战，唯有把握当前金融资本主义发展的主要矛盾，方能正确理解过去40多年以来的全球发展史，包括新兴国家当下的困局。

2007—2008年华尔街爆发波及全球的金融危机以来，新兴国家以各自体制派生的应对方式承受着国际金融市场震荡的负外部性，反过来也检验了各自体制的有效性。因为，所有非核心国家面对的外部挑战具有同质性——新兴国家当前的困境源于金融资本阶段的"新核心"在地缘战略及制度两方面的演变。

1. 地缘战略重构

美国靠2008—2013年连续5年的多次QE制造金融资产再膨胀，向全世界乃至"99%"①的美国公民转嫁成本后，暂时性地纾解了美国国内金融部门的结构性危机，稳定了国内经济，并趁此时机在国内外进行了战略性调整。

美国从2008年金融危机以来，国内战略性调整的核心从过去近20年的急速财政膨胀转向相对策略性收缩（参阅附录《专题1 2007年次贷危机以来美国的阶段性战略调整》）。

---

① 2011年9月17日，近1000名示威者进入纽约金融中心华尔街示威，开启占领华尔街运动（Occupy Wall Street）。示威人士指出，美国金融危机根源于华尔街的贪婪、银行界的腐败和跨国企业干涉政治，现有制度偏袒极少数的权贵和富人，1%的富人占有世界的财富，并且剥削99%的民众。运动声明："最基本的事实就是我们99%的人不能再继续容忍1%人的贪婪与腐败"，为了"建立一个美好的社会，我们不需要华尔街，我们不需要政治家"。"我们就是那99%的人"（We are the 99%）成为占领华尔街运动最著名的政治口号。

延伸阅读

3

美国的战略收缩

有研究者指出，美国正由之前的扩张周期进入收缩周期。陈晓晨和徐以升认为，美国的收缩表现为全面的战略大转向，包括：

（1）不再像小布什时期那样不断增加军备，转而开始收缩；

（2）不再全面出击，而是进行军事战略调整，除亚太以外整体战线收缩；

（3）不再对盟国提供全方位的安全承诺，转而鼓励盟国自行承担义务；

（4）不再奉行贸易领域的全球主义，转而推进区域化的贸易投资协议；

（5）不再依赖进口能源，转向通过"页岩气革命"等，逐步实现西半球能源自给，进而向"能源独立"目标迈进；

（6）不再扩张赤字，转而推行财政相对收缩；

（7）不再通过货币政策为全球"输出增长"，转而实施强势美元政策，全球资金将回流美国。

参考资料：

陈晓晨、徐以升著：《美国大转向：美国如何迈向下一个十年》，中国经济出版社 2014 年版。

陈晓晨：《美国大转向、全球大失序与中东大乱局》，本文刊于 2015 年 11 月 27 日"秦朔朋友圈"微信公众号。

但是，我们在基本接受上述分析的大部分判断的同时，也认为不宜过度解读美国的战略性收缩。因为，美国的整体债务始终维持高水平。美国私人债务从 2009 年的高峰下降，至今仍维持在高水平，而与此同时，美国公债却高速增长。两者加起来，达到美国 GDP 的 300%（见图 4、图 5）。

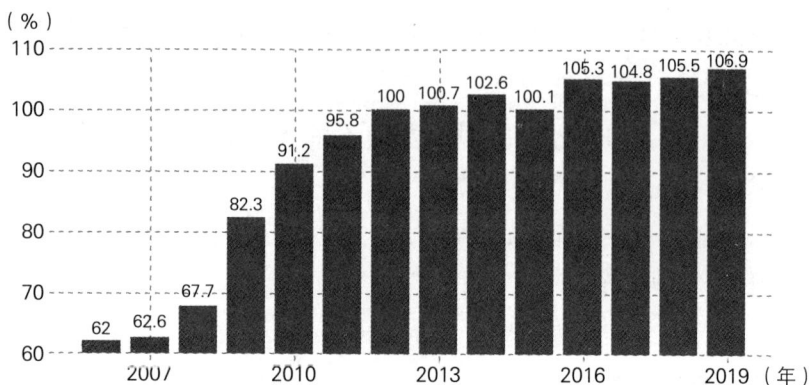

来源：全球经济指标数据网/美国公共债务局。

图 4　美国公债占 GDP 比重

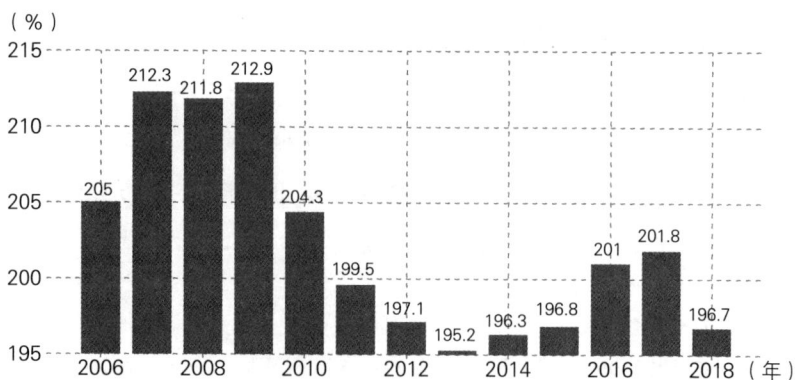

来源：全球经济指标数据网/经济合作与发展组织（OECD）。

图 5　美国私债占 GDP 比重

美国始终站在金融资本主义的顶峰，并且始终是全球金融深化的先锋，直至金融资本虚拟化扩张到最终发生"内爆"。由于**美国的债务不断攀升而必须增发货币、购买债券，因此，金融资本总有急**

速扩张的内在冲动。当然，这也是由金融追求流动性获利的本质所决定的。无论是美国的"再工业化"，还是暂时性的战略收缩，都只会为下一阶段的金融扩张铺路。美国要勉力维持住作为全球贸易结算和储备货币的国家政策及其巨大的金融利益，这决定了美国金融资本始终会是扩张性的，由此而势必派生出政治军事的扩张性——顺之者昌，逆之者亡。**而美国接下来数十年利益的关键，就是怎样对主要新兴经济体进行"美元化"。**

据此来看，核心国金融资本法西斯化乃是美元资本全球化的内在特征使然。

美国没有打算降低其在全球的影响力。它目前进行的策略性调整，一方面是为了配合在金融资本主义阶段以更低成本发挥其全球影响力（包括善用巧/软实力及金融制裁等国际制度性优势），另一方面是为了针对更大的长远利益目标——中国，而把主要海外军事力量集中部署在东亚。要掌握美国的新地缘战略，必须理解其金融资本主义新阶段的币缘战略。

近年美国在多条战线上展开重大的地缘策略调整部署：一方面，在亚洲延续 2012 年以来在区内拉拢形成"太平洋同盟圈"的策略，企图对至今仍然维持住了货币主权的中国进行孤立和围堵；另一方面，在欧洲则支持乌克兰的极右翼力量，引爆地区性严重军事冲突，把俄罗斯推向欧洲的对立面，破坏欧洲和俄罗斯建立战略性同盟的任何可能性，以确保美国对欧洲的主导权；再利用"伊斯兰国"在中东地区制造乱局，祸延欧洲，以此拖累欧洲的经济复苏，打压欧元。①

---

① 王建教授在《虚拟资本主义时代的首场世界性战争——第三次欧战猜想》（《战略与管理》2015 年 7/8 月号）一文中探讨了美欧因为货币霸权冲突而爆发战争的可能性。我们认为美欧直接发生军事冲突的机会不大。更大的可能性是目前这样，围绕欧洲利用代理人（例如"ISIS"、东欧的法西斯主义势力等）进行各种军事及政治颠覆活动，令欧洲陷入不稳，欧元受创，甚至欧盟解体。欧洲紧紧被限制在北约之内。

简言之，一面是通过打击俄罗斯来巩固其对旧大西洋同盟的领导权，并防止欧洲强大到足以挣脱美国的影响；另一面是打造新的太平洋同盟圈以孤立中国。

美国"二战"后的军事原则，就是确保其军力能同时在大西洋及太平洋两边打赢两场战争。据此，美国当前欧亚两边同时开展的"新冷战"模式，正是此军事原则在地缘政治上的反映。

恰恰因为在大西洋及太平洋两边同时打开战线，促使美国战略性退出因页岩气革命（参阅附录《专题1　2007年次贷危机以来美国的阶段性战略调整》）及能源独立政策而变得价值下降的中东地区，留下一个烂摊子，让依赖区内石油的欧洲及中国来面对。（从区内涌出逃避战火的难民，已经对欧洲造成沉重的负担，影响欧洲社会的稳定，甚至促使欧盟解体。2016年6月英国公投脱欧，其中脱欧阵营鼓动群众的主要煽动点之一即是欧洲的难民政策。）

2011年以前，全球地缘战略演变格局明显趋向三分之势：中、日、韩通过货币同盟整合亚洲；而欧洲则和俄罗斯联结；21世纪的地缘格局一旦朝此方向发展，美国就只能依托"北美自由贸易区"和欧、亚三足鼎立。这虽然利于世界平衡，却不利于其单极霸权地位。所以，无论重回亚太推行"再平衡"战略，还是扰乱欧洲，**美国的战略目标很清楚：防止全球地缘格局形成天下三分之稳态。为此必须压制打击中国，削弱欧洲**。

欧洲是欧元面世后美国过去十多年进行币缘战略打击的主要对象（参阅附录《专题4　货币霸权战略冲突下欧元的困局》）。而当人民币影响力开始上升，并意图成为地区性乃至全球性结算及储备货币时，美国当前打击的对象，则将无可避免地从欧元转向人民币（参阅附录《专题5　美欧中战略关系分析（2015）》）。

自然，美国更需防止欧洲和中国市场融合，例如批评欧洲各国加入中国倡议的亚洲基础设施投资银行（Asian Infrastructure Investment Bank，简称亚投行，AIIB），又越俎代庖警告欧盟不要给予中国"市场经济地位"（Market Economy Status）①。美国强烈反对的理由很简单，一旦全球第一和第三大经济体（也是第一和第二大国际贸易体）基于利益而结合，甚至可能建立某种货币同盟关系，则美国将更难打击欧元及崛起的人民币，美元的全球霸权或将不保。美国多年来的全球策略一直是"分而治之，逐个打击"。当对手有联合之势时，美国更需加强分别打击。

进入2017年，全球地缘局势又出现新转变。

特朗普靠高举民粹主义大旗当选美国总统，就任后立刻宣布退出之前美日金融资本集团积极推动的跨太平洋伙伴关系协定（TPP）②。再加上随着中国深水海军力量的发展，美国多年经营旨在围堵中国的岛链开始崩解。此时，美国借着朝鲜核危机而制造北亚紧张局势。在亚洲的另一边，随着俄罗斯高调直接军事介入，美国推翻叙利亚政权的地缘策略功败垂成，因此转而挑起中东地区主要盟友与伊朗之间的直接对抗，以什叶派及逊尼派之争为下一轮中东冲突的爆发主轴，并且把中东区内持续的军事和宗教冲突引向中国"一带一路"倡议沿路的中东及中亚地区。

全球局势千头万绪，但只要抓住最主要矛盾，问题的核心便水落石出：欧亚大陆乃至中东、非洲的和平大整合，是最根本动摇美元全球霸权而美国最不乐见之事。而中国的"一带一路"倡议，正是朝欧亚非大陆和平大整合的方向前进，恰恰是美元霸权的最大绊脚石。

明白这些背景，我们才能理解美国为什么冒着影响国内经济复苏势头之风险，也要部署退出QE，美联储资产缩表，并重新进入加息周期，引导三轮QE洪泄出去的资金，挟带实体经济的价值回流美

① 根据《金融时报》2015年12月28日报道，美国官员警告欧盟不要给予中国"市场经济地位"，称此举等于单方面解除欧洲对中国的贸易防御，欧盟可能因此难以抵御中国的低价商品倾销。

② 商人出身的特朗普试图以重商主义来维护美国的利益，这未必符合美国金融资本集团的利益。美国原有的精英阶层因此对特朗普口诛笔伐，并试图弹劾推倒他。

国市场。

据此来看，新兴国家将面临进入 21 世纪近 20 年来最大的挑战。

2. 国际制度转变

在资本主义的金融资本主义新阶段中，发达国家中的"核心国家"主导金融竞争的实质，是金融资本及其投机获利能力都向在全球具有垄断地位的"核心国家"的跨国公司集中，其金融利益集团组成的监管机构，通过大量的货币量化宽松政策，将资本以零利率投给机构投资人，使其以最低资金成本进入资本市场，占据能源、原材料和粮食期货及衍生品市场多空交易主导权，获得高收益。

核心国的跨国公司通过零利率美元的海外投资，确实已经占有了世界实体经济的高收益，例如投资或战略收购中国这样的实体经济国家的关键产业（中国现在 21 大类产业的 2/3 由外资控制）。其中的内在逻辑可以解释为，一方面，国内接受了通过国际贸易推高的基础商品价格，必然是高通胀的，导致企业成本上升；另一方面，应对输入型通胀导致国内资金价格也相应上升，进而竞争不过投资市场中的国外低价资金。[①]

反之，由主要金融集团组成的美联储如果部署退出 QE 并重启加息周期，亦同样会引发全球金融震荡，受其影响的首先是实体经济效益有所增长的新兴国家；2013 年年中，美联储放出 QE 结束风声，随后资本回流美国而在新兴市场国家出现金融市场动荡，国内中小投资者在股市中被外资操控的多空大战打败。这就是新兴国家演变为衰败国家的外因之一。

在金融危机频发、威胁性日增之际，核心国家向外转嫁成本必然提出相应的制度安排。金融海啸派生的美联储 QE 政策（以及欧

---

① 参阅温铁军、高俊、张俊娜：《中国对美双重输出格局及其新变化》，《经济理论与经济管理》2015（07）。

盟和日本相继推出 QE）最为实质性的后果，就是核心国家虚拟资本更大规模的扩张，于是全球的制度安排将向更利于全球化金融（尤其是高度虚拟化金融产物）的方向扩张及流动，加强虚拟经济对实体经济的控制。

例如，2020 年新冠肺炎疫情暴发破坏了供应链，连带造成全球化危机，美联储再度无限量 QE，资产负债表增加到 7 万亿美元[①]，大部分用于美联储直接购入美国各类负债；而获得资金的企业反身杀入股市，使得连续 4 次遭遇"熔断机制"的美国股市基本上"收复了失地"。

以下从核心内部地区，以及核心与半边缘的关系两方面来分析。

首先，在金融资本利益与地缘军事战略操作协同的大趋势下，美、日以及欧盟等为了推动其严重的金融危机向全球转嫁，进行了稳定核心国家金融市场的制度变革。2013 年 10 月 31 日，以美联储为核心的美国、欧盟、瑞士、英国、加拿大和日本等主要发达经济体的央行，宣布达成长期、无限、多边货币互换协议，构建核心国之间的流动性互换协作网络，**这标志着金融资本阶段"新核心"的形成**，也是全球化金融资本"作而不死"得以自我修复的一次重大制度调整。(参阅附录《专题 2 新核心同盟之一：核心区构建六方货币同盟》)

其次，金融资本核心国积极推动吸纳服从其地缘战略的"卫星国"及其他半边缘国，形成具有鲜明地缘政治背景的新贸易同盟。以 WTO 为代表的那种基于多边平等（起码原则上）的全球性贸易协议组织的发展，基本上已走到尽头。以 TPP（跨太平洋伙伴关系协定）、TTIP（跨大西洋贸易与投资伙伴关系协定）为代表的新贸易同盟兴起，其核心机制是解除非核心国家的金融与货币主权，甚至

---

① 参阅《美联储资产负债表首次突破 7 万亿！》，2020-03-05，http://finance.sina.com.cn/stock/usstock/c/2020-05-23/doc-iirczymk3076770.shtml。

"去国家化"，以方便核心国家的金融资本在境内外自由流动获取利益，并控制非核心国的实体资产。

"去国家化"是指核心国家利用国际制度安排、地缘战略和各种巧实力，削弱处于较弱势的主权国家（主要是发展中国家）的各种主权，包括以下三个方面：一是调控国内经济及监管外国资本的能力（经济主权）；二是通过国家信用赋权而获得铸币权收益及调控本国货币的能力（货币主权）；三是维持国内社会稳定的管治能力（政治主权）。

本书讨论的"去国家化"，主要指后殖民现象中的蚕食发展中国家主权。因此，发展中国家在发展经济的同时，也要防止威胁国家主权完整和政治安全的新帝国主义策略。

（二）美联储退出量化宽松并重启加息周期，引发环球金融震荡

延伸阅读

4

美联储退出量化宽松预期，
引发新兴国家货币汇率急挫

美联储是美国的金融资本家集团组建的服务于金融资本获利体系的私人机构，但是，这个代表金融资本利益集团的私人机构做出的决策，却由世界最强大的美国政府来贯彻执行，并依靠美国政府的硬实力和软实力迫使全球政府跟随。

华尔街金融海啸之后美联储决策的变化，直接影响全球经济乃至政治形势。

第一阶段：2013 年年中，美联储放出 QE 结束风声，新兴市场出现动荡。

第二阶段：2014 年 10 月美联储正式宣布结束 QE。在此之前，日本央行及欧洲央行已相继推出 QE。此时，美国已经向全球倾泻了超过 3.8 万亿美元的资金（见图 6）。

（百万美元）

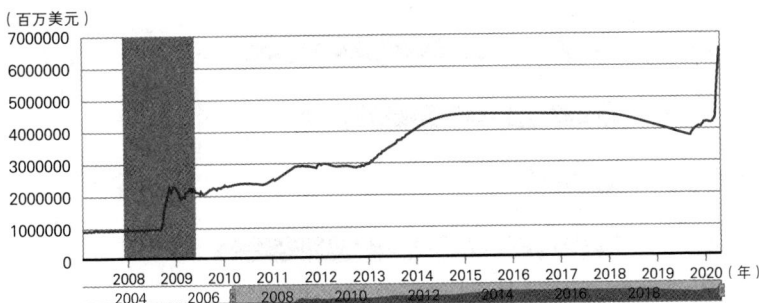

来源：美国联邦储备委员会。

注：阴影区表示美国经济衰退。可以看到，美联储资产负债表规模从 2008 年 9 月时的 9000 亿美元膨胀到了 2014 年 10 月的 4.5 万亿美元。

图 6　美联储资产负债表规模

此后，海外资金回流美国，美股大幅度上扬，直接带动美国 2014 年第四季度 GDP 增长幅度达到 5% 的历史性高度。

第三阶段：2015 年 12 月开始，美国重回加息周期，资金持续回流美国，新兴市场面临巨大冲击。

自 2013 年 5 月以来，市场对美联储退市的预期加剧。2013 年 6 月，美联储对外释放结束量化宽松的信号引发全球货币及金融震荡——国际资本大幅撤离新兴市场，美元再次走强，进入上升周期，引发了新兴市场动荡，包括货币贬值、资产价格下挫、经济增长放缓，甚至出现停滞和衰退等，进一步暴露了各国本身长期存在的结构性问题，社会矛盾被激化，有的国家和地区甚至出现持续的社会及政治动荡，如图 7 所示。其中，没有外汇管制或资本流动限制的国家受到的影响最为直接。据统计，美联储宣布结束量化宽松以来，全球有 50 多个国家出现不同程度的货币震荡。

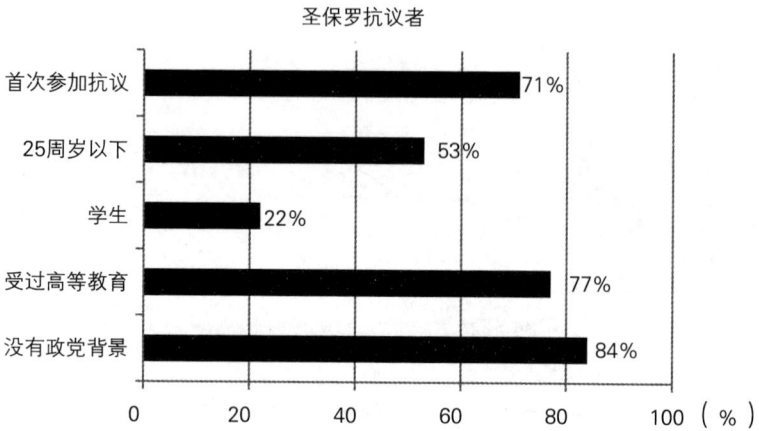

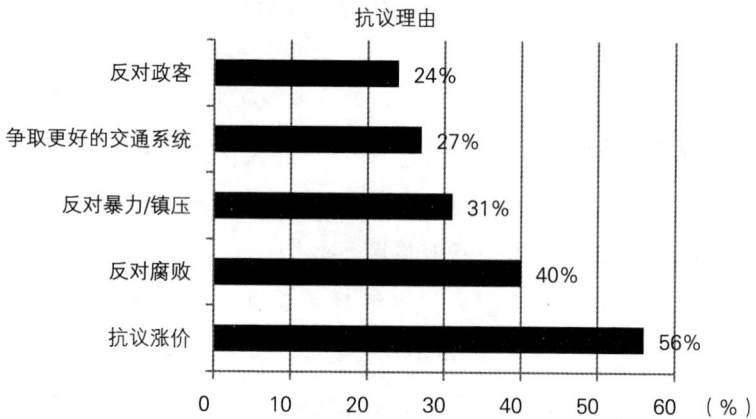

圣保罗抗议者

首次参加抗议	71%
25周岁以下	53%
学生	22%
受过高等教育	77%
没有政党背景	84%

0　20　40　60　80　100（%）

抗议理由

反对政客	24%
争取更好的交通系统	27%
反对暴力/镇压	31%
反对腐败	40%
抗议涨价	56%

0　10　20　30　40　50　60（%）

图 7　2013 年 6 月巴西各地超过 100 万群众上街示威

（10亿美元）

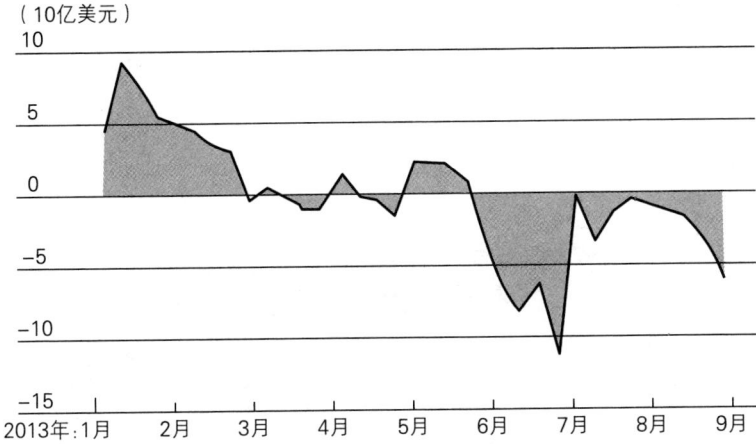

图8 自2013年5月，资金开始流出新兴市场

货币指数（美元）

注：2016年的低位较2009年低25%。

图9 JP摩根新兴市场货币指数

　　图10显示了2013年6月因QE结束预期而引发的金融震荡，这使本来便呈现疲态的新兴国家货币出现崩盘式下跌。2013年6月至2015年9月初，新兴七国货币兑美元的汇率都出现大幅下跌，巴西雷亚尔下跌约73%，土耳其里拉约55%、印度尼西亚盾约45%、南非兰特约34%、印度卢比约17%、中国人民币约5%；至于委内瑞拉，其官方牌价不反映实际情

况，2013 年 6 月的牌价约 1 美元兑 6.3 玻利瓦尔，其后，2014
年 3 月设立的 SICADII 市场牌价为 1：55，但实际黑市价可能
超过 1：600。

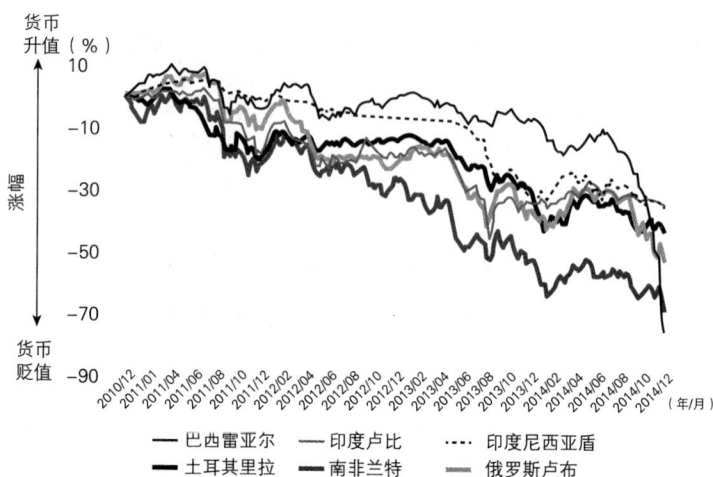

来源：http://blog.frontierstrategygroup.com/2014/12/fsgs-events-watch-extreme-
currency-volatility-2015/。

图 10　2013 年以来多数新兴国家货币大幅贬值（2010 年 10 月—2014 年 12 月）

我们在对七个新兴国家的国别比较研究中看到，除了中国恰在
2013 年完成政府换届，随即开始反腐败，因此相对缓解了金融资本
利益集团带来的压力，得以保住金融主权，而其他六个国家都在全
球金融战争中遭遇洗劫。巴西、印度、土耳其、南非和印度尼西亚
这些一度被跨国金融资本追捧的新兴之星，现在已经被国际金融集
团的分析者改称为"脆弱五国"（Fragile Five），如图 11 所示。

新兴国家除中国外，只有印度卢比对美元的跌幅相对温和，但
这也是临时加强管制的客观结果。其实，2013 年 6 月的环球新兴
市场危机中，印度的金融秩序还是面临很大的冲击。2013 年 5 月

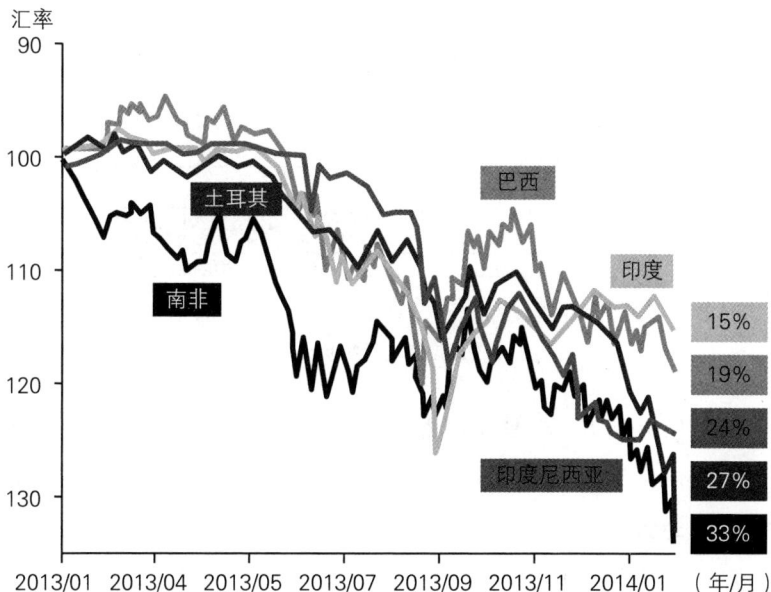

注：脆弱五国的本币汇率自 2013 年 5 月后大幅下跌。

图 11 脆弱五国货币兑换美元走势（2013—2014 年）

下旬至 8 月底，印度卢比兑美元已下挫超过 24%。因印度不仅高度依赖外资，而且存在巨额贸易赤字，很容易被国际资本做空，所以造成由币值急速贬值及资金外逃引发的国际收支危机。2013年 5 月至 9 月间就有约 120 亿美元资金撤出印度股票和债券市场。只不过，面对危机迅速恶化的巨大风险，印度官方当即采取了资本管制等一系列措施①，包括上调贵金属及部分商品的进口税率、禁止金币进口等②，这才避免了更大规模的金融震荡。

----

① 例如居民往海外汇款的限额从每财年 20 万美元削减至 7.5 万美元，同时将印度公司海外投资限额从净财富的 400% 降低至 100%。中国金融新闻网2013 年 8 月 17 日报道。

② 根据印度央行统计，约有 80% 的经常账赤字是因黄金进口造成的。《国际金融报》2013 年 8 月 14 日报道。

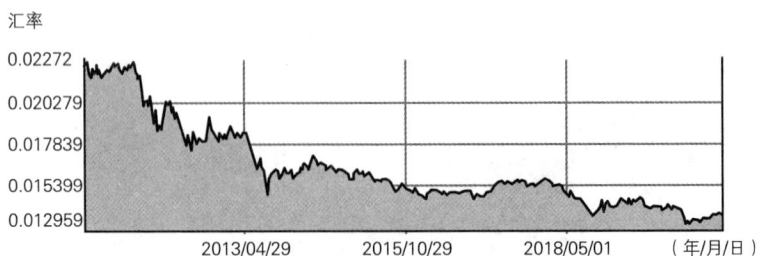

汇率

0.02272
0.020279
0.017839
0.015399
0.012959

2013/04/29   2015/10/29   2018/05/01   （年/月/日）

来源：https：//www.chartoasis.com/inr-usd-forex-chart-10-years-cop0/。

图 12　印度卢比兑换美元汇率

这个情况表明，**尽管印度近年官方的政策主调是解除金融管制的新自由主义，但在紧急关头，还是政府出手沿用资本管制措施，才稳住了局面。**

E7 中，只有中国的人民币在 2015 年 8 月"汇改"前保持了币值稳定。

究其原因，这仍然是中国坚持国家经济主权、坚持政府对金融资本跨境流动管控的结果。其中，**人民币非自由兑换是政府得以直接干预汇率和利率的制度前提，它既是中国有效实行宏观调控的制度条件，也是长期遭到西方国家强烈批判的所谓"中央集权"。**最令西方金融资本集团愤怒的是中国限制国际资本流通的管控制度。与此类似，西方"人权"话语的背后，更多的实质性含义是去国家化的"资本权"。

然而，中国金融高层及相关主管部门似乎没有看到 2013 年新兴国家遭遇金融危机的教训，在同一年推出资本市场对外资开放的所谓"深改"政策；随后，2015 年中国发生股市大幅度波动，约 20 万亿元资金蒸发；随之而来的是 2016 年资本大规模流出。这些相继发生的危机现象已经引起领导人的重视。

2013 年 12 月 18 日，美联储决定缩小 QE 规模，每月削减购债 100 亿美元，使购债规模降至每月 750 亿美元。之后，美联储明确提出将退出 QE，这掀起了国际资本撤离新兴市场、回流美国的新周期。

某些主流经济学家试图淡化美联储政策对新兴市场资本流出的影响。例如麻省理工学院斯隆管理学院的克里斯汀·福布斯（Kristin Forbes）认为，全球 GDP 增长及其不确定性是比美国利率及流动性影响更大的因素。[①] 但这很大程度上是循环论证，因为外资进出新兴市场，本身就是近年来影响全球 GDP 增长及其不确定性的重要因素。

过去数十年，国际宏观经济学理论的重要基础是蒙代尔三元悖论，即在资本自由流动、独立货币政策与固定汇率中，只能选择维持两项的三难困境（Trilemma）。但海伦妮·雷（Hélène Rey）的最新研究却指出，全球化金融周期实际上令三难选项压缩为两难：只有在资本账户受一定管制的条件下，一个国家才有可能维持独立的货币政策。[②] 当前，国际资本流动、资产价格及信贷增长存在一个全球性金融涨落周期。此周期与量度市场的不稳性及风险指数 VIX[③] 同步。有更大规模信贷流入的国家，其资本市场对全球周期更敏感。全球化金融周期并不与个别经济体的特殊宏观经济条件一致。雷教授的分析显示：**决定全球金融周期的最主要因素是核心国家的货币政策。这决定了国际金融体系中银行杠杆水平、资本流动及信贷增长等重要事项。只要资本可以自由跨境流动，不管该国是采用哪一种汇率制度，都不可能维持独立的货币政策。**

雷教授的实证研究结论，验证了我们多年以来在《八次危机》[④]

---

① ［美］克里斯汀·福布斯：《新兴市场的动荡：故事中缺少什么？》，2019-07-06，http://www.voxeu.org/article/understanding-emerging-market-turmoil。

② ［美］海伦妮·雷：《进退两难：全球金融周期与货币政策独立》，美国国家经济研究局（NBER）工作论文，2015 年 5 月，No. 21162。

③ VIX 指芝加哥交易所波动率指数（CBOE Volatility Index），量度标准普尔 500 指数期权的隐含波动性（implied volatility）。一般认为它有助于掌握未来市场波动性（即风险）的预期，因此也被称为恐慌指数。

④ 《八次危机：中国的真实经验（1949—2009）》（东方出版社 2013 年出版）是我们团队 1988 年发表《危机论》以来近 30 年的研究成果，主要归纳了中国宏观经济周期性危机的规律性表现。

及多份关于新兴国家的研究中的观察与分析，也说明了在核心国主导的全球化金融涨落动荡中新兴国家所面临的困境。

（三）新兴国家被动跟进的经济金融化与资金回流美国的挑战

值得关注的是，华尔街金融海啸引发全球危机之后，美、日以及欧盟等相继采取 QE 政策，促进金融资本的空前扩张，一方面构成了对新兴经济体前所未有的巨大挑战——发展中国家的经济普遍遭到国际金融资本绑架；另一方面也促使新兴经济体大多应对性地出现自身金融化进程的加快（或者说"被金融化"）现象，而严重侵蚀实体经济。

中国面临的严峻考验，不只是要应对国际资本借此做空，还要减少外贸盈余和过剩外资进入带动的国内货币超过实体经济需求量的"对冲增发"。这部分对冲的货币增量在华尔街金融海啸爆发之后，短期内即超过 20 万亿元人民币，占增发总量之比超过 80%，是国内金融过剩的重要原因。亦即，当对冲外汇的货币发行超过绝对比重的时候，表明国家主权货币的性质在客观上已经实现了重大改变。人们无法获知，在这种重大变化中的获利集团到底怎样发挥对宏观决策的内在作用，但至少应该看到，伴随金融市场化改革已经发生的"洗钱"风潮和大量资本外逃。对此应该警醒，若这时中国在核心国家压力下开放人民币自由汇兑，则势必发生对"做空中国"蓄谋已久的外资短期逐利性撤离和国内资本恐慌性抽逃，导致人民币灾难性贬值或国内金融市场剧烈动荡。

既往的教训是清晰的：资金撤出新兴市场的趋势自美联储部署结束 QE 两年以来没有改变。据英国《金融时报》报道，2015 年 8 月之前的 13 个月中，已有 1 万亿美元的资本流出新兴市场，差不多两倍于金融危机期间的资本流出。有投行的分析指出，截至 2015 年 7 月底的前 13 个月里，19 个最大新兴市场经济体的资本净流出总量达到 9402 亿美元，近乎两倍于 2008—2009 年金融危机期间三个季度共计 4800 亿美元的净流出量，而从 2009 年 7 月到 2014 年 6 月底，上述 19 个新兴市场的资本净流入总量达到 2 万亿美元。

简而言之，这个华尔街金融海啸之后的资本流向变化表明，E7 国家的双重困境的本源只有一个，那就是金融资本核心国借助推行金融自由化带动的危机成本转嫁：美国推出 QE 释放流动性，新兴国家随即发生海外资本大规模流入造成的通胀；美国结束 QE 提高利率，新兴国家随即发生资本大规模流出引发的本币贬值和资本市场被做空造成的财富损失。

国际货币基金组织（IMF）2015 年 6 月底公布，新兴国家的外汇储备在该年首季急跌 2220 亿美元，至 7.5 万亿美元，跌幅达 3%，为 2009 年首季以来最大跌幅。据推算，新兴国央行在 2015 年首季消耗约 2600 亿美元的外汇储备以抵抗外资的流出，外储之流失速度是华尔街金融海啸以来最快的。据估计，新兴国家在 2014 年第三季度至 2015 年首季共损失 5750 亿美元外储，连跌四季，为 20 年首见。国际投机资本也纷纷放出消息，认为新兴市场货币面临史上最糟糕的风暴。根据上面报道的数字计算，当时**滞留在新兴经济体的资金仍超过 1 万亿美元，还有能力进行大规模的做空操作**，故而其后在 2015 年 8 月 21 日的黑色星期五及接下来的黑色星期一，全球股市以预期美联储将重新启动加息周期作为触发点，出现大幅下挫，新兴市场所受的震荡更剧烈。

正当新兴市场为资金撤出而苦恼时，一直处于历史高位的美国股市，却因为资金回流预期而急速高涨，2013 年以来美汇亦同步上升。截至 2018 年第三季度美股已经延续 9 年牛市，成为历史第一。

2015 年，全球约有 5000 亿美元资金从新兴国家流向美国。

2015 年 12 月 16 日，美联储宣布基准利率调升 0.25%，结束 7 年的零利率时代。全球新兴国家货币随即受到冲击。例如，多年受金融危机困扰的阿根廷比索一夜之间暴跌了 41%。

英国《金融时报》报道援引 IMF 数据称："不计中国在内，2015

年新兴市场整体 GDP 增速仅有 1.92%，低于发达国家 1.98% 的整体
增速，这是 1999 年以来首次增速低于发达国家。考虑到新兴市场国
家的人口增长更快，若以人均 GDP 计，两大阵营经济体的差距更
大。数据反映出，新兴经济体国家不再逐渐趋近发达国家的经济水
平，而是越来越落后，2000—2014 年新兴市场的强劲增长可能只是
异常表现，这期间，中国超快速的工业化所激发的大宗商品'超级
周期'惠及多数新兴市场经济体，但可能是一次性的变化，新兴市
场将回归 20 世纪八九十年代经济增速落后于发达国家的常态。"[1] 如
图 13 所示。

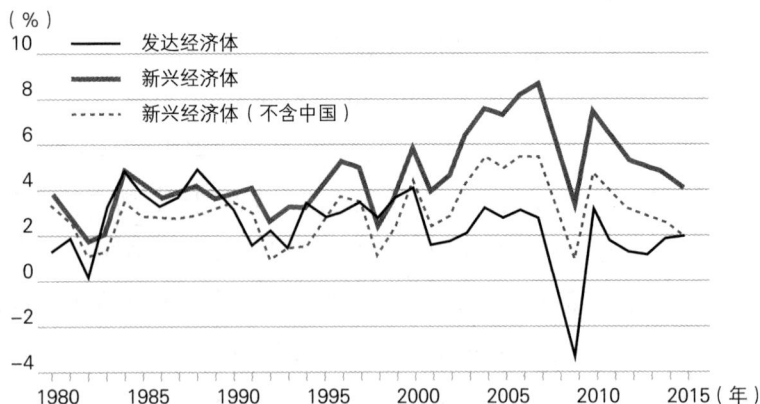

来源：国际货币基金组织，英国《金融时报》。

图 13 新兴经济体（不含中国）经济增速首次低于发达国家

换言之，处于边缘地位的发展中国家经过二十多年的努力追赶，
曾以为可以缩短与先进核心国的差距，结果在核心国家为了应对自
身危机而进行的一系列地缘-币权策略操作下，还是被打回了原形，
不仅在经济上依然深陷于依附性结构，还要应付由此引发的种种政
治及社会矛盾动荡。

---

① 参阅王维丹：《16 年来首次"落后"：除中国外新兴经济体增速低于发
达国家》，华尔街见闻 2016-02-26。

其中，**新兴七国大部分都被全球危机"打回原形"，不仅没有体现所谓西方提出的"新兴市场经济"概念，反而几乎都倒退回传统的"殖民地经济模式"——主要靠出卖资源维持生存——**贸易赤字和债务增加转化为国内暴力冲突的趋势愈演愈烈。

究其原因，依然是国际货币金融权及制度话语权掌握在核心国家手里。人们津津乐道的所谓"中等收入陷阱"只是表征，其实质仍然是国际制度权不对称下的"依附性陷阱"（dependence trap）。

回溯以美国为首的核心国家向边缘国家进行双重转嫁的历史过程，我们不难发现其中的规律，虽然部分结论还只是在经验层面上的归纳，但通过对新兴七国被双重转嫁并被动应对措施的回顾与分析，也足以说明发展中国家所面临的复杂困局。

三、新兴七国各自所受的冲击

新兴七国在以美国主导的全球资本主义金融化进程中，客观地分处于"核心—半边缘—边缘"结构的特定位置。为了更清楚地揭示新兴七国各自面对冲击的特殊性及其与各自所处产业发展阶段、经济社会结构和地缘关系的关联，本书同时采用了另一种分类方式，即根据各国之特殊性及条件将新兴七国分为以下三组。

第一组：中国及土耳其

将这两个国家归入一组的主要原因，是考虑到两国都曾经有过**国家资本主义①工业化的崛起时期**。两国自 20 世纪 60 年代以来发生周期性波动的情况也较为相似，也都在 80 年代开始接受新自由主

---

① 1957 年 7 月 9 日，毛泽东在夏季全国财经工作会议的一个文件上批语：中国现在的资本主义经济其绝大部分是在人民政府管理之下的，用各种形式和国营社会主义经济联系着的，并受工人监督的资本主义经济。这种资本主义经济已经不是普通的资本主义经济，而是一种特殊的资本主义经济，即新式的国家资本主义经济。它主要不是为了资本家的利润而存在，而是为了供应人民和国家的需要而存在。见《毛泽东选集》第五卷刊印。

义，推进制度转轨，此后外资大量流入，这些与金融危机的发生都有一定的相关性；近年也在遭遇全球大危机之后各自提出地缘战略，却都深深受控于西方几百年来驾轻就熟的地缘战略变化。

第二组：印度和印度尼西亚

将这两个国家归入一组，是基于两国都属于人口大国，但也都具有灰色就业占比很高、外债和贸易赤字严重的共性特征，并且，这两个国家内部都存在不同名义的武装冲突、恐怖主义袭击等威胁国家安全的不稳定因素——根据经济及和平研究所（Institute of Economics and Peace）编制的恐怖主义指数（Terrorism Index），印度所受的恐袭风险在 E7 中最高。印度尼西亚也曾经面临高风险，但近年已下降至中等水平。

第三组：巴西、委内瑞拉、南非

这三个国家都是因"后殖民主义"历史条件而造成严重"主权负外部性"的国家。巴西和委内瑞拉都属于陷入典型的拉美型"城市化陷阱"的国家——大城市贫民窟化+大宗农产品金融化（"贫困化+金融化"），这使得两国贫富分化更加恶化——食品和一般消费品都依靠进口，国内民众的生活必需品价格过高，下层社会劳动力的实际成本接近甚至超过发达国家，更大大高于中国、越南、泰国等依靠自给自足的小农村社经济实现危机软着陆的国家。从根源上看，巴西和南非的国民经济都始终残留和延续着昔日的依附型殖民地经济模式，由于土地及主要经济资源高度集中于占人口少数的前殖民者后裔及跨国资本手上，财富分配高度不公，社会矛盾势同干柴烈火，民间却缺乏有理论创新基础的自主话语解读。

需要补充说明的是，E7 中的巴西和印度尼西亚都兼具丰富的劳动力及自然资源等"比较优势"。巴西曾经在 20 世纪 60 年代进行"出口替代"，到 80 年代已建立了较完整的工业产业链；可是后来的自由化政策导致出现经济再回归第一产业的现象。印度尼西亚也曾经蕴藏丰富的石油及天然气，但目前石油产量已不及国内消耗量，目前主要依赖出口棕榈油，其热带雨林也是受到资本垂涎的珍贵资源，同时作为一个人口大国，制造业也是印度尼西亚产业结构的重要部分。

E7 之中，巴西、委内瑞拉、南非等自然资源丰富的国家，过去十多年搭乘了全球贸易扩张、全球市场对原材料需求旺盛的便车，一度获得了可观的资源出口收益，因 2008 年以来美国的宽松货币政策推升了国际原材料价格，也推高了出口资源的收益率，可谓资源输出型国家的黄金十年。但随着华尔街金融海啸，全球经济于 2009 年以后增长下滑，国际贸易额大幅度缩水，制造业出口国对原材料需求降低。而原材料价格下滑，造成从 2011 年起资源输出型国家的出口收益下降，国内消费需求也随之下降，这更加恶化了全球需求下降的局势，加剧了制造业国家的生产过剩危机。在这种恶性循环形成之际，2013 年后美国收缩货币政策，外资撤出新兴市场，成为压垮骆驼的最后一根稻草，曾经风光一时的以资源输出为命脉的国家，遂以各自不同的形式陷入危机中无法自拔。

第一部分

中国、土耳其、印度、印度尼西亚：全球格局重构下调整战略

导　言

随着以美国为首的国际秩序日渐动摇，全球格局正面临解体与重组的冲击，E7也在世界新的大变局中或被动或主动地调整各自的角色定位乃至战略方向，其国内的经济结构与社会关系也随之改变，从而面临着重大转型压力。我们将E7分为三组：第一组是中国与土耳其，俱在产业资本走向金融全球化的阶段中调整方向；第二组是印度与印度尼西亚，俱受制于正规与非正规经济部门并驾的二元结构，其产业经济难以完成资本的原始积累；第三组是巴西、委内瑞拉与南非，均始终陷入"单一"殖民地经济体系而无法自拔。

第一部分分析第一组——中国与土耳其，第二组——印度及印度尼西亚。

从1998年开始，中国已经出现类似于西方1929—1933年发生的产能过剩的潜在危机。中国的解决方法，也如同美国的罗斯福新政，利用政府国债投资，引导过剩的生产能力转向内陆建设，这个措施维持了中国15年的高增长。可是，仅仅用对内投资来缓解外向型经济的产能过剩，实际上是用长期产能过剩掩盖短期产能过剩，20年至今，长期过剩问题已经达到极限。并且，过去将大规模过剩产能转向基础设施建设需要大量征用资源，特别是征地，导致农村出现群体性事件，山区的基本建设还连带发生环境灾害。鉴于环境破坏日益严重，生产过剩愈加凸显，以后很难再沿用国债投资来转移生产过剩的发展模式。

与此同时，金融利益集团推动金融深化，更驱使资本析出异化于实体经济、进入投机部门。金融脱实向虚，对于并不具备全球货币金融霸权的中国来说无异于饮鸩止渴，终究会带来系统性风险。

因为人民币不是全球结算和储备货币，中国无法持续的吸引全球资本和利润回流，一旦资产泡沫膨胀越过明斯基时刻，必然发生金融内爆。

因此，中国正遭遇到旧路径产能过剩和往前发展金融化风险的两难困境，不得不探寻第三条道路。中国领导人明确宣告，中国未来将推动以国内大循环为主体的双循环战略，尤其乡村振兴作为国内大循环之压舱石，此乃非常重要的战略选择。

土耳其与中国一样，都曾经有过国家资本主义工业化的崛起时期。两国自20世纪60年代以来发生周期性波动的情况也较为相似，也都在20世纪80年代开始接受新自由主义推进制度转轨，此后外资大量流入与金融危机的发生都有一定的相关性。随着2014年美国退出QE和美联储加息、新兴市场国家整体陷于经济下滑，资本持续外逃，土耳其负债累累，货币贬值严重。只有把土耳其在东西方之间占有的特殊地缘政治位置纳入分析之中，方能全面理解土耳其的特殊状况。土耳其尽管加入了北约，但始终游离于西方核心圈。土耳其所处的中东这个"四战之地"，地缘环境错综复杂，局势瞬息万变。近年来，随着美国的衰弱和对中东地区掌控力度的弱化，土耳其面临内外重重危机，开始铤而走险，主动出击。

印度与印度尼西亚的农村微观经济主体（非正规部门）与城市"正规经济"并驾为二元结构，产业经济难以完成资本原始积累形成规模竞争力，工业化的发展难以突破限制。也就是说，在原有的美元金融霸权主导的全球政治经济秩序中，两国难以再有本质性的飞跃发展。

印度在没有完成工业化的情况下，却在新世纪出现对外服务业的超前发展。这个历史性机遇至少部分地源于美国IT泡沫崩溃危机，也由此使印度在新世纪与美国资本经济构成紧密的关系。大量外资的进入使印度金融市场在众新兴经济体中一枝独秀，与美国同步上扬。但以IT服务业为代表的印度正规经济部门只占国民经济的小部分，也只吸纳了小部分人口就业。严重依赖外部资本流入的印度，试图转向发展制造业缓解内部矛盾，但在选择和美国合作还是中国上表现出犹豫不决的态度。当下，究竟是加入中国主导的《区域全面经济伙伴关系协定》（RECP）还是美国主导的"印太战略"，前者意味着未来有希望也有困难，后者代表对过去的依赖，仍然有利益集团的惯性使然，所以印度徘徊不定。

作为同属西太平洋生产中心的另一个新兴国家印度尼西亚，一方面西方意识形态及制度体系不可能适用于这一由在数千个岛屿上高度分散的原住民组成的海洋国家，其地理条件和族群文化的多元化，客观上确实难以被西方模式的现代政治手段整合为"民族国家"，致使建国初期没有利用本土相对丰富的资源优势的客观条件"在地化"地完成国家工业化资本原始积累；另一方面，跟从核心国地缘战略、照搬西方意识形态导致外国资本大进大出，显然利于外资通过"资源资本化"来占有本地资源经济的收益，却并不构成在本地发展产业必需的资本积累。延宕到当代，也就势必在全球资本化的竞争中被边缘化。因而，在金融资本全球化以来爆发的1997年亚洲金融危机和2008年华尔街金融海啸中，印尼经济都受到了严重打击。但，新近印尼所在东盟与中、日、韩等达成RECP，中国和东盟彼此都是对方最大的贸易伙伴，关系越来越紧密，且看印尼在当前区域整合的机遇下能否形成工业积累。

总而言之，在全球格局面临大重组的情况下，E7各国都遭遇了原有发展路径的瓶颈，而各自调整战略方向。

第一章
中国：产能过剩下发展模式的转型与金融化的矛盾

要明白当前中国的处境，首先得看清楚中国与美国两国的战略关系正处于重大转变期。

一、全球币缘-地缘格局重构背景：美中解除耦合（US-China Decoupling）

2014 年开始，全球出现地缘及币缘政治格局的剧烈变动，这是自 20 世纪 90 年代苏联解体以来的最大变局。唯有明白核心国家的竞争战略，我们才能够理解当前世界错综复杂的局势，在纷乱无序中掌握事物发展的规律。

这个变动的核心环节之一就是中美正在解除过去 20 年的耦合关系。中国正在被美国推向战略对立面，并且被当作排名第一的战略竞争对手（如果还称不上敌人的话）强制性纳入"新冷战"，采取各种手段实行"去中国化"。

（一）全球结构性失衡与中美的耦合关系

过去 20 年被认为是全球化的黄金时期，是新兴国家经济急速增长的阶段。但这种繁荣的背后却是全球性的失衡。

首先是世纪之交国际贸易中美国与中国两大主要经济体经常账户的结构性失衡。[①] 通俗地说，**20 世纪末期，美国"产能不足"，长期靠中国的过剩产能填补**；与之相对应的是，美国金融资本流动性过剩长期填补中国投资中的资本投入不足。由此，一方面美国加快了金融化进程：越多贸易逆差，就带来越多资本顺差。另一方面，中国加快了全球化进程：越多贸易顺差，就带来越多对冲外汇增发的国内货币，甚至超过货币增量的 2/3——从主权货币向外储货币的实质性转化，因而被动纳入对美国金融化构成的"再依附"。由此带来恶性循环——只有不顾资源环境及社会代价而增加出口，才能维持外汇储备增加，维持基础的汇率（币值）稳定。

但中美共治这个被称为"G2"的所谓的经济互补关系，也由此埋下了因这种实质性的"双输"，而导致双方关系符合规律地走向对抗性矛盾的内因。

以美国为首的发达国家的货币宽松政策，带来以金融虚拟深化扩张为本质的财富效应，带动全球进入总需求旺盛的一个阶段。也就是在美国经济转型为金融资本主导的同期，一方面，"去工业化"客观上造成美国国内总供给不足；另一方面，在高度"亲资本"的新自由主义体制下，美国一般家庭的收入增长相对停滞，国内储蓄率极低，但低利率和金融衍生品的创新极大地刺激了居民的借贷消费。这种金融化派生的结果是美国消费品大量依赖进口，尤其是从中国进口，造成其经常项目连续出现巨额赤字，而且规模不断扩大，在 2007 年次贷危机前达到高峰。

相应地，与美国的经常项目失衡对应的，则是中国等新兴国家进出口在只能使用美元结算约束条件下积累了大量的贸易盈余。由

---

① 参阅赵巍华、徐以升著：《旧格局与新周期：全球金融周期下的中国经济》，中国友谊出版公司 2015 年版。

此，造成**中国国内的其他结构性失衡：内部需求不足、国内总供给过剩、居民高储蓄率与政府高负债并行**······除了资源环境与人文社会加剧恶化之外，其他失衡均与美国的失衡存在着一一对应的互补关系，如图 1-1 所示。

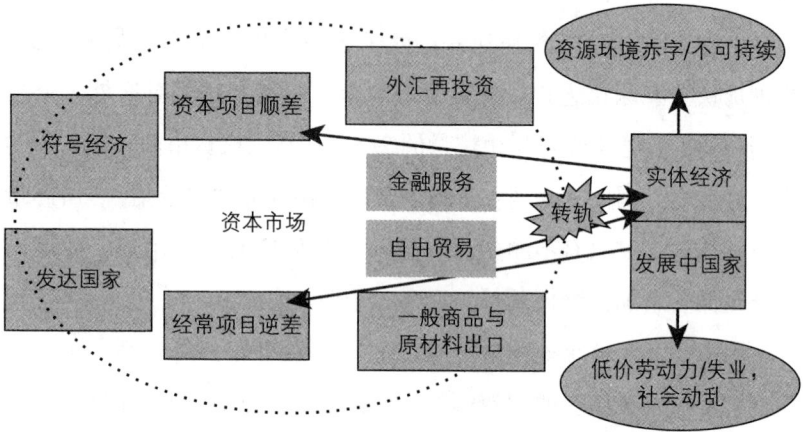

图 1-1　全球化时代发达国家与发展中实体经济国家的关系

中美的耦合关系由一组双货币同步扩张的资本循环连接起来。

其一，美国对中国的庞大贸易赤字使美元大量以外汇净收入的形式流入中国，而中国央行只能被动地接受商业银行的大量结汇，并相应投放大量基础货币支付外汇占款，遂使中国的基础货币供应被动地膨胀。造成的后果是，一方面，在加快中国经济的货币化进程的同时，造成通货膨胀压力；另一方面，央行资产负债表规模大幅扩张，埋下量化宽松政策连带投资扩张的隐忧。

其二，与此同时，中国所累积的美元外汇储备又在美国限制技术贸易的约束下大量回流，投入美国金融市场（债券市场），于是形成一个美元循环。中国美元储备回流使美国的市场流动性充裕，因而使得美国长期国债利率保持稳定。因此，尽管 2004 年 6 月至 2006 年 6 月美联储连续 17 次提高联邦基金目标利率，但直至 2007 年次贷危机爆发前，美国经济总需求下滑幅度仍然有限。①

其三，中国对美长期维持低价商品出口，既在需求方面抑制了美国本应发生的通货膨胀，又为大量美元储备回流、为美国的金融深化提供了基础条件。这些客观作用，成为 21 世纪中美战略接近的经济动因。

于是，2015 年，中国首次超过加拿大成为美国最大的贸易伙伴。**中美两国经济总量占全球 1/3、人口占世界 1/4、贸易总量占全球 1/5**，两者无疑是全球最重要的国际关系。

另一组方向相反的对应关系也许更值得关注：美国加速金融化，虚拟金融投资规模在股市、债市、期货市场等领域急速膨胀；而同一时期，中国却在实体资产和基本建设投资方面都形成了高增长态势。并且，这种官方推动内外投资增长拉动经济的做法，正在随着中国主导的"一带一路"合作倡议向周边国家和地区，乃至向非洲和拉丁美洲延展。

上述情况表明，在华尔街金融海啸爆发之前，尤其是 2002—2007 年全球化贸易的这段黄金时期，中美两大经济体在各自不同的结构性失衡条件下，客观上派生出了互补性耦合关系。

（二）中美解除耦合与中国金融化的矛盾

过去全球化贸易体系中的最重要的一个关系是以各自结构性失衡为基础的中美互补关系，不管中美怎样同床异梦，过去 20 年两国的双边关系实际上是一种耦合关系，以至西方媒体和学术界数年前炒作诸如中美共治、中美国（Chimerica）等掩盖实质关系的概念。中国国内也有官员和知识分子曾经对这种所谓的"中美大国新型战略伙伴关系"抱有幻想，极力主张要在美国的羽翼下继续发展利伯

---

① 参阅赵巍华、徐以升著：《旧格局与新周期：全球金融周期下的中国经济》，中国友谊出版公司 2015 年版，第 9 页。

维尔场经济和公民社会，但转眼间便成了泡影。

由于美国近年推动内部再平衡及战略性调整，中美之间的互补性逐渐减弱，美国市场复苏对中国制造业的溢出效应也已经大幅下降，留下中国的内部结构性失衡愈加严重。①

当前美国的战略性调整对全球格局最大的一项影响，就是美国强制把中国纳入"新冷战"，强行"硬脱钩"，结束过去十多年奇特的共生关系。中国虽然完全没有做好进入"新冷战"的准备，但仅从维护国家主权和稳定大局的角度出发，两国势必愈益疏离而分处于战略性对立面。

我们需要恶补的常识是："冷战"本质上是战争，是以不造成全面热战为底线，但最终必须"决出胜负"的战争，因而也就没有经济理性可言。这也是美国一方面通过支持各种涉及主权的"独"势力惑乱中国，另一方面则大规模调整军事部署并向中国周边增加战争压力的主要原因。

实际上，中美处在不同的发展层次，各自应对不同的危机，因而导致双方规律性地演化为对抗性矛盾。所谓规律，在于中国 2005 年碳排放超过美国成为世界第一，资源环境与食品安全等问题恶化，遂在 2007 年确立"生态文明"发展理念，试图在发展战略上做重大转型和在经济、社会、文化等多领域做出调整。而在同期的 2007—2008 年，美国爆发次贷危机和接踵而至的金融海啸，誓言"改变"的美国领导人也只能无可奈何地改变自己——放弃发展实体经济的初衷，转而把量化宽松政策造成的新增流动性再度连续地投向虚拟资本利益集团。

当然，中美解除耦合、转向"新冷战"，体现出对抗性矛盾的本质，对中国反思此前的发展模式确有警示作用。不论"去中国化"

---

① 参阅陈晓晨、徐以升著：《美国大转向：美国如何迈向下一个十年》，中国经济出版社 2014 年版；[法] 热拉尔·迪梅尼尔、多米尼克·莱维著：《大分化》，商务印书馆 2015 年版。

的措施如何演化，也不意味着美国会停止对中国像过去 10 年那样的双重成本转嫁，也不意味着中国不再对美国有利用价值。相反，美国越深化金融资本主义，金融虚拟化危机就越恶化，就越需要从包括中国在内的新兴国家榨取实体经济价值。简单而言，美国需要以其过剩金融资本全面进入中国实体经济，直接占有"资本化"的增量价值，就需要打击中国政府向本国金融资本的赋权机制，及时做空中国货币，或者强迫中国实现金融自由化以方便海外资本进出获利。

换言之，在此前的中美耦合阶段，美国的利益在于跨国企业在华投资赚取的庞大利润，并确保中国的外汇储备回流美债市场。当时跨国金融资本在中国"屯兵"，一方面赚取高额的利息差，另一方面希望通过逼迫人民币升值来赚取汇率差价获利撤出。但中国内地一直坚持货币是国家经济主权的核心，以及坚持不完全开放资本账户，令跨国资本的美梦落空，只能麇集于香港地区兴风作浪。与此同时，中国不仅在加速自主金融化，人民币也在通过不断地签订双边互换协定迈向区域性国际化。由此可见，中美在金融资本阶段的币缘战略上的确出现了重大对抗性矛盾。

在中美解除耦合的现阶段，美国的核心利益仍然是保证强势美元地位，力阻人民币发展成为与其占国际贸易份额相符的区域性国际结算及储备货币，防止某些区域加速"去美元化"。为此，美国一方面需要从货币及军事两面巩固自身的战略同盟，另一方面阻止中国与其他国家建立同盟关系。

与此同时，美国要防止中国内部乃至在国际形成以人民币定价的优质资产池，并不乐见人民币资产发展成为能与美元资产竞争的避险性资产。

由此来看，跨国金融投机资本的策略在此阶段也发生了改变，就是利用中国加速金融化过程中潜在的系统性风险，狙击人民币汇率，推波助澜，企图制造中国金融危机，希望 1997 年亚洲金融风暴式的危机以更大规模在中国爆发，这样不仅可以劫掠中国的外汇储备，还可以趁资产价格大幅下降，收购中国的优质资产。亦即，就是希望俄罗斯卢布危机在中国重现。此策略一旦成功，将会是近50年来对中国人民财富的最大劫掠。

所以，**美国符合官方与私人投机性资本的共同利益的策略，主要是敦促中国尽快开放资本账户及金融市场，解除对资本流动的控制；同时，在政治上让中国"去国家化"、政府失去调控经济的能力，最终使中国本来完全用人民币来推行本国实体产业和资源经济的自主"货币化"的经济过程，被美元或其他西方货币替代，不断地占有本来归属中国的"货币租"。**

也就是说，核心国只有先借助硬实力与软实力相结合的手段，对边缘国家实现"去国家化"，才能把这种"国家主权向本国货币赋权"形成的信用体系摧毁，才能彻底实现全球美元化与再殖民化。

明白这个大格局，就能更清楚地理解中国当前面临的挑战"前所未有"。

二、新中国成立以来的第十次危机
（第三次输入型危机）

当前中国正处于自1993年开始的大危机压力下加速全球化以来最关键的转折期，经济、社会、政治形势异常复杂。2015年夏天，在国内外金融利益集团夹攻下，国内发生多次股灾；人民币汇率内外两个市场逆向波动，造成外汇储备锐减；实体经济持续下滑的同时，资本出逃、就业下降……我们归纳为20世纪90年代以来的第三次输入型危机，并越来越多地表现出"金融资本无分内外"的全球化特征。

中国这种实体经济国家的当期危机并非某个国内因素孤立造成

的，不是内生性的，仍然很清晰地具有输入型危机特征。20世纪80年代以来，世界资本主义体系已经发生核心国家从产业资本阶段向金融资本阶段跃升，近年来在世界虚拟资本极度膨胀压力下，国际金融垄断资本愈益虚拟化，愈益体现出币缘战略军事化的趋势——军事强权与币缘战略结合，炮舰与货币双管齐下，不断地制造对实体经济和资源经济的具有明确指向性的多空投机，强制性地"剪羊毛"洗劫公共财富。

延伸阅读

5

剪羊毛

美国自20世纪70年代开始，利用美元的全球主要结算及储备货币地位，通过美元供应的膨胀收缩周期，从其他地区的经济体获取巨额利润，俗称"剪羊毛"。

具体机制为：

（1）美联储采取货币宽松政策，向美国金融市场，乃至全球提供流动性；

（2）新兴资产市场进入牛市，资产价格上升，出现资产泡沫；

（3）美联储结束货币宽松，并重新步入加息周期，吸引资金回流美国；

（4）资金撤出，新兴市场出现金融及经济危机，资产泡沫被挤破，资产价格大幅下挫，相对处于货币宽松的核心地区企业，利用较低的融资成本，在低位收购危机中的新兴市场优质资产。

美联储等于是世界的中央银行，向全球直接或间接提供流动性。但是，这种国际"公共品"不是廉价的。得益于美元流动性的国家堪称在经济上"吸毒成瘾"，总有一天要削肉断骨连本带利归还。

自20世纪70年代美元摆脱金本位以来，美国利用美元供应周期在其他地区制造危机并从中获利，主要制造了五次：

（1）美国在20世纪60年代至70年代初期强化冷战意识形态的同时，直接使用CIA（美国中央情报局）插手拉丁美洲国家政变，使其形成军事独裁，通过把控此类集权政府实现经济再殖民化，拉丁美洲国家依赖跨国公司大量借入以美元为主的外债。结果：1979年后美联储大幅提高利率，拉丁美洲国家相继爆发债务危机，一方面集权政府先后垮台，另一方面，接任的民选政府大都堕入债务陷阱。因此，无论拉丁美洲国家哪一党派执政，都不得不屈从于债权国的要求，虽然资源丰富却被跨国公司掌控，长期受困于殖民地留下的单一经济结构。

（2）美国20世纪70年代大量吸纳日本出口，同时从日本回流巨额美元，再通过1985年广场协议迫使日元一次性成倍升值。其后5年，日本虽然增加了海外投资，但国内也出现资产泡沫化。结果：1990年日本泡沫崩溃，"金融战败，GDP几乎零增长，由此进入失落的20年"，一定程度要靠海外投资汇回收益维持国内开支需要。

（3）美国20世纪90年代初期提出以国家资本私有化为主的休克疗法，促进俄罗斯经济实现市场化和自由化。结果：俄罗斯消费品短缺引发恶性通货膨胀，造成卢布百倍以上贬值，工业解体；从第二超级大国地位退回到一般发展中国家水平，以出售资源和军火为主。

日本及俄罗斯的两次危机发生的主要原因是，在美国的主导下，两国推动经济急速金融化，催生了资产泡沫，其货币供应膨胀有一定的内生性。美国在日俄的资产泡沫膨胀到一定程度时顺势挤破。

（4）美国在20世纪90年代初期苏东剧变之后，开放军事技术于民用，计算机为主的信息产业陡然兴起，拉动海外资金大量回到美国，亚洲新兴经济体的资产泡沫随之破灭。结果：1997年亚洲金融危机后，美国公司再乘机回到亚洲新兴国家抄底。①

（5）21世纪初，美国IT泡沫崩溃，连带形成房地产坏账和2007年次贷危机，接着在金融资本核心地区爆发金融危机以来，尤其是2008年以后美国连续实行三轮量化宽松后，中国等大量出口并由此输入美元流动性的新兴国家的经济迅速泡沫化。2013年美国的量化宽松结束，包括中国在内的新兴国家经济应声下滑，本币下跌，面临资产贬值冲击。2014年中国房地产大跌，2015年股市泡沫破裂，本币加快国际化的同时明显贬值。

美元通过利率调整在过去四十多年时间里，大致出现一个"十年走弱，六年走强"的周期（见图1-2），是为养肥羊继而剪羊毛的周期。但美联储的加息周期因为2007年的次贷危机而被迫延迟了，并且终于在2015年年底重新启动。

---

① 参阅董筱丹著：《再读苏南》，苏州大学出版社2015年版。

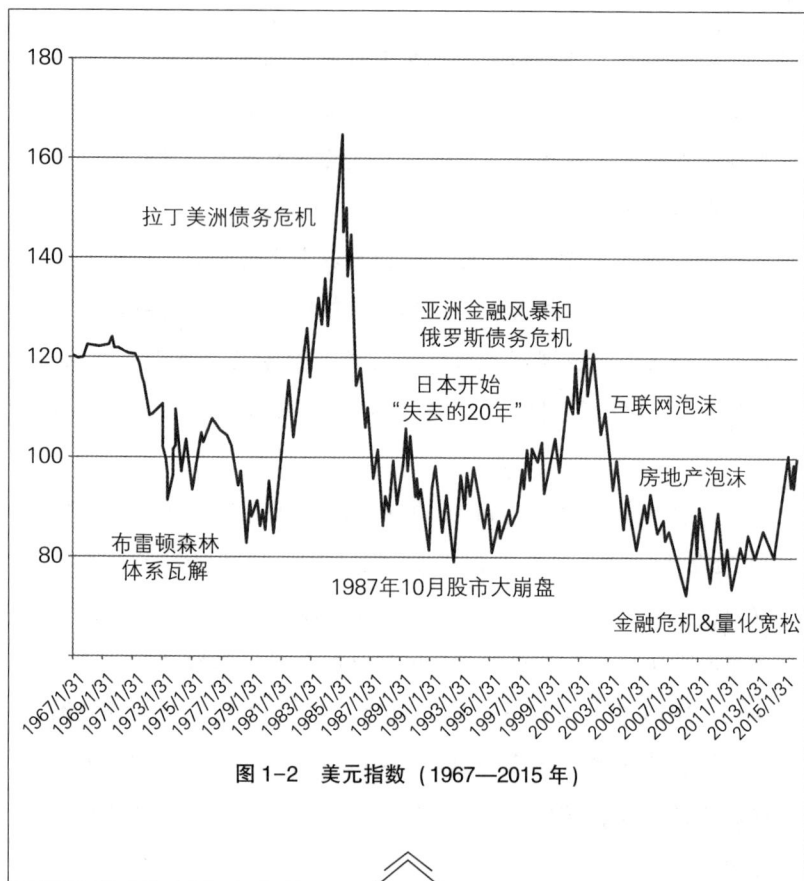

图 1-2　美元指数（1967—2015 年）

以上资料分析表明：核心国家金融资本集团法西斯化及其币缘战略军事化，已经有祸延全球之势。

中华人民共和国成立以来，已经发生了十次经济危机。如果做去意识形态化的分析，则毛泽东、邓小平、江泽民和胡锦涛等所有领导人任期内都曾遭遇危机，也都发生过数千万工业劳动力失业的情况。海外媒体对中国经济社会大量的负面报道，大都与危机代价有关，从具体现象上看，也同各国遭遇危机发生的社会矛盾冲突情况类似。

简而言之，20 世纪 50 年代初期遭遇的第一次危机，是双重因素造成的：一是从民国延续而来的长期通胀；二是新政权按照"新民主主义"发展战略鼓励私人资本的内生性代价。而20世纪60年代至90年代中期发生的六次危机，属于国内产业资本原始积累阶段国家资本经济的内生性结构性失衡；最终表现为1993—1994年中国面临财政赤字、外汇赤字、银行系统资本金赤字三重危机。

其后是以"软着陆"为名、顺周期紧缩为实的宏观调控，中国在城市失业增加、农民负担加重导致内需无力的压力下，全面朝向出口导向的"加工贸易型"经济发展策略，遂有这种过度依赖外需拉动的增长方式必然纳入全球化过程之中而遭遇到的三次危机，它们均可被归结为输入型危机。20世纪90年代中后期，中国加快融入全球化，随之遭遇1997年亚洲金融风暴。2001年12月，中国加入WTO，大量外资进入，使中国更深地融入国际分工及国际货币金融体系。中国融入全球化体系之后，1997—1998年、2008—2009年、2015年至今的三次危机，也都属于输入型危机。①

面对输入型危机，中国转而采取"逆周期做多"的宏观调控策略，更多地依靠增发国债，启动多轮基础投资拉动经济，以弥补出口下滑的影响，包括1999年的3.6万亿元的西部开发、2001年的2万亿—3万亿元重振东北老工业基地、2003年2万亿—3万亿元的中部崛起、2006年以来不断追加至今已超10万亿元的新农村建设，都属于国家投资战略；此外，还有2008年2万亿元地震灾后重建资金、2009年的4万亿元救市资金，以及2015年的扶贫攻坚和2017年的乡村振兴战略。

在出口及投资拉动下，美国IT泡沫崩溃的2002年到次贷危机的2007年，被普遍认为是中国高速发展且与美国战略接近的黄金时代。

---

① 参阅温铁军等著：《八次危机：中国的真实经验（1949—2009）》，东方出版社2013年版。

但这急速增长的背后，却是国际和国内的结构性失衡。

尤其是 2009 年全球危机爆发，美、日及欧洲相继推出量化宽松救市的时期，一方面是金融全球化进程中外资继续大规模流入，但外需却大幅度下降；另一方面，中国自 2011 年开始明显地出现了"去工业化"趋势，到 2014 年西方相继结束量化宽松政策之际，中国依赖外需的实体经济全面不景气；于是，以私人资本为主的外向型经济发生资金大量析出流入股市的情况，紧接着是 2015 年连续发生的股灾蒸发掉 20 多万亿元投资人的金融资产，遂有官方承认进入"经济下行期"，亦即本书指称的"第十次危机"发生。

这次危机在性质上类似于 1997 年亚洲金融危机造成外需下降引发的第一次生产过剩危机，因此，可被称为"第二次生产过剩危机"，同年则针对性地提出"工业供给侧改革"，要求"三去一降一补"；直到 2015 年股灾之后，才非正式地改称为"L 形经济下滑"。

在中国经济增长于 2015 年进入 L 形的"萧条阶段"后，官方此前提出的"供给侧改革"带有顺周期的作用，恰与 18 年前第一次生产过剩时强力推出的逆周期调控政策相对立。① 延宕一年多之后，当国家经济工作再以"新型城镇化"这种传统战略，以及"大众创业，万众创新"等名义试图改回到投资拉动时，却坠入 2017—2018年以来"中央增加投资+地方土地融资与企业联手推高房地产泡沫=社会过度负债"的债务金融陷阱之中。这种宏观调控的导向错误造成了严重的经济衰退，其付出的代价巨大。若比照西方 20 世纪 30年代第一次生产过剩危机引发的第二次世界大战，及"二战"后的60 年代第二次生产过剩危机同期的社会动乱，则中国第二次生产过剩危机代价"可期"；且 2018 年美国利用掌控制度权和话语权发起

---

① 供给侧改革在第一次生产过剩危机发生的时候就被提出过，只是当时正在使用增发国债、投资拉动策略，因此中央没有采取这类建议。

"新冷战"、强行推进"去中国化"，使局势更加不容乐观。

中国参与全球化带动增长是一方面，但被忽略的是另外一方面。

从1998年开始的长达20多年的投资拉动增长的过程中，中国的国债投资和国有大型企业相配合开展基础设施建设，不仅优化了一般制造业的竞争力，而且改变了20世纪90年代国家基础工业和装备工业下游市场发展"三来一补"的加工贸易阶段几乎被外资控制的局面。基本建设带动自主工业化的崛起，使中国成为综合产能世界最强的制造业大国，虽然在高端领域还未能赶上美德日等先发国家，但在某些领域已达领先水平，更重要的是成为世界上少数能建立一个供应链完整而有效率的工业体系的国家，这是中国国力的核心支柱，而中国的整体经济效益及全要素生产率也有显著提升。例如，2014年中国GDP首次突破10万亿美元，成为继美国后第二个GDP总量达10万亿美元的国家（不计欧盟），2015年以PPP（购买力平价法）计算的中国工业实际GDP已经是美国的两倍。

但若从成本看，中国过去数十年经济发展的沉重代价是自然环境的破坏，以及劳工福利缺失，所以有人说，中国沿海开发区这些年来的发展其实是靠吃"环境资源租"及"劳工福利租"得来的。其结果表现为"两大矛盾（严峻的生态环境矛盾及社会矛盾）"爆发，以及"四大失衡"——地域发展失衡、城乡差距、贫富分化及经济部门之间的失衡。

总之，中国2015年以来进入因外需全面下降引发的第二次生产过剩危机以来，遭遇产能与流动性双重过剩矛盾的冲击，并深陷于实体经济通缩及债务膨胀的流动性空转陷阱。

三、双重过剩条件下的发展极限

首先是产能过剩。从1998年开始，中国已经出现类似于西方

1929—1933 年发生的产能过剩的潜在危机。中国的解决方法也如同美国的罗斯福新政，利用政府国债投资，引导过剩的生产能力转向内陆基本建设。这项措施维持了中国 15 年的高增长。在此期间，尽管西方连续发生多次经济危机，比如 2001 年美国的 IT 泡沫破灭，同期发生的阿根廷经济危机，乃至美国后来 2007 年的次贷危机引发 2008 年华尔街金融海啸，又进而导致 2009 年全球大危机，以及 2010 年开始的欧债危机等。其间，中国之所以还能维持高增长，主要归因于不仅使用了"国家干预"这种"看得见的手"，而且还"坚持中国特色的社会主义"的优势搞应对危机的"举国体制"，这在西化的"主流"意识形态中属于严重的"政治不正确"。

诚然，仅仅用对内投资来缓解外向型经济的产能过剩，实际上是用长期产能过剩掩盖短期产能过剩；如今，长期过剩问题已经达到极限。并且，过去将大规模过剩产能转向基础设施建设需要大量征用资源，特别是征地，这导致农村出现了大量的群体性事件，山区的基本建设还连带发生了环境污染和自然灾害。

鉴于资源枯竭、环境破坏日益严重，生产过剩与债务负担问题愈加凸显，很多中国学者认为，以后很难再沿用国债投资来转移生产过剩的发展模式。经过 20 多年的全方位出口导向（所谓的全球化），中国当前的处境是：无论就外部环境还是内部条件而言，走了几十年的旧发展主义路径正面临极限。

仅就美国带领西方发起"去中国化"的外部环境而言，中国就不能像过去 20 多年那样依赖向美、欧、日输出商品来维持增长。

首先，美欧等经济体依然沿袭以信贷膨胀来达成制度寻租的路径依赖。

但是，一方面，日益虚拟化及具排斥性的经济模式难以创造足够的就业机会，来吸纳新就业人口及提供社会层级向上流动的机会，其表现为年轻人失业率高企，缺乏发展机会，以及社会两极化（去中产化、"下流化"，或称 M 形社会结构），结果贫富分化日益严重。这又造成恶性循环——中下层群众愈加依赖借贷维持生活，缺乏增加税收的条件下公债又日益膨胀，国家总体负债率持续上升，社会文化日渐激进，右翼政治得以利用民粹主义情绪高涨乃至推行法西斯化，**最终甚至有可能又再一次诉诸大规模战争来消耗过剩产能，同时替西方国家债务"撇账"。**

另一个现实是，以 WTO 为代表的那种多边全球化贸易已进入尾声，当前全球贸易增长率已显著下滑，靠出口拉动增长已无以为继。接下来登台的，应该是**以"区域一体化"为主导的全球产业链重构**。例如，美国与加拿大、墨西哥形成的自由贸易区；再如，美国原来积极推动、后来由日本接手的以 TPP 为代表的排他性区域贸易壁垒。

其次，全球生态环境亦达到资源再生可承载的极限。

人们难以继续像过去数十年那样，通过生产海量的消费品试图把全人类卷进全球化体系中。面对自然资源约束及制度扩张的极限，全球经济将进入低增长周期。与此同时，在产业链的低附加值端，中国面临越南等具有更低工资优势的发展中国家的追赶；而在高附加值端，除了个别少数领域外，还未能赶上美、德、日、韩等先发国。正是在这种恶化的外部条件下，中国迫切要进行内部结构调整，以形成"国内循环"。

2015 年，中国的顶层设计提出了"供给侧改革"的新说法[①]，其实质内涵（如提升供给侧的创新和效率及降低制度性成本等）与一直以来强调的各项改革目标其实没有多大差异。现在从西方经济学借来一个词，实际上是指出 1998 年以来沿用的以增量为主的"需

———————————

① 2015 年 11 月 10 日的中共中央财经领导小组第 11 次会议，国家主席习近平在会上表示："在适度扩大总需求的同时，着力加强供给侧结构性改革，着力提高供给体系质量和效率，增强经济持续增长动力。"

求侧"刺激经济措施的边际效用正在下降。① 据估计，2008 年华尔街金融海啸前，1 元人民币新增债务便能增加 1 元 GDP，而目前需要 4 元新增债务才可推动 1 元的 GDP 增长；传统的拉动经济的"三驾马车"（投资、出口、消费）均再难以扩张。扩大货币供应及以国债拉动投资已无以为继，出口增长率呈下降之势，消费也受收入分配结构性的约束，现在只能走优化结构的路子。

中国需要依据 2017 年确立的"发展的不平衡和不充分"的主要矛盾，从产业升级、产能整合等方面来优化经济结构，推进质量效益型的国内循环。对此，一方面应该投资于生态化乡村空间资源开发，以及 AI、5G 和大数据等新经济领域；另一方面加大投资于医疗教育、环境保护、可再生洁净能源、高新科技研发等公共物品领域，改善国民整体生活质量（不仅是货币收入增加）及促进社会福利，作为下一阶段可持续发展的新动力。

转型时期的问题错综复杂：如何扶植中小型企业的健康发展，创造就业机会，促进经济活力？如何防范金融化过程中资产泡沫的无序爆破？如何通过改革税制来改善社会财富分配？如何在保障粮食主权及安全的大战略前提下改善农民的生活？如何使作为核心发展策略的城镇化切实成为以人为中心的有机城乡整合，而不是简单地维持投资拉动经济的路径依赖？如何防止农村土地的商品化及金融化动摇农村土地作为中国社会稳定调节器的功能？如何避免地方政府债务过度膨胀？等等，不一而足。

不难理解，这条结构调整之路障碍重重，牵涉多方利益。

简言之，中国现阶段一方面需要加大力度保护环境，另一方面需要进行产业整合，压缩过剩产能。但那可能意味着失业率上升、地方税收下降，本来希望接收低端产业赶上国家发展步伐的贫困地

---

① 回顾中国的改革经验，这实际是暗示中国经济将面临硬着陆，由此加速进行新一轮的制度调整。参阅温铁军等著：《八次危机：中国的真实经验 (1949—2009)》，东方出版社 2013 年版。

区，最易受影响。

在这种内部两难的困境下，中国对于美联储缩表及重返加息周期更显敏感。

2013年6月市场上释放出美国量化宽松退出信号，银行体系顿时出现钱荒。政府本来清晰地表达了坚持利伯维尔场的政策取向——拒绝干预，但被现实压力所迫，结果还是依靠中国人民银行紧急干预向资本市场注入流动性来缓解；12月，美联储正式落实退出量化宽松，导致市场量化宽松削减恐慌（taper tantrum），触发资金撤离，致使钱荒升级，银行间流动性短缺愈趋紧张。随之中国的经济增长整体开始放缓，东北和西部部分区域甚至出现塌方式下滑，名义GDP增速和财政增速都出现了负增长。2016年，中国的经济增速滑落至自1990年以来的新低，官方称之为"新常态"，之后改为承认其为"L形下滑"，并进一步在2017年1月明确了不再用GDP增长率考核各级干部的新政策。

当然，调整过往片面追求GDP增长的模式本身不是坏事。2014年，中国平均劳动生产率比上年提高了7%，单位GDP能耗下降了4.8%，高新技术产业有较快速发展，这表明经济结构局部走向优化。但疲弱的经济使中国的内部结构性失衡日趋严重，生产领域的萧条与金融资产市场的泡沫化、传统制造业的困境与新型产业的崛起并存，东部地区基本保持繁荣，但部分缺乏转型条件的滞后地区，则陷入衰退的边缘。①

人口红利、制度红利、环境红利等，所有短期获益而未支付长期代价形成的红利都基本耗尽了。于是有人寄希望于再来一次全面土改。要知道，1950年的毛泽东和1980年的邓小平无论怎样评价，其共同点都是在遭遇到严重的经济危机时，给农民"平均分地"，主

---

① 参阅《2014年中国国民经济主要数据》，《经济日报》2015-01-20；刘元春、阎衍：《经济增速筑底关键期到来，今年面临四大深层次风险》，《中国证券报》2015-06-20。

要靠"革命红利"和"土改红利"支撑中央宏观调控,才缓解了那个时代的大危机……于是,2019年著名的中央"一号文件"确立了以"三变(资源变资产、资金变股金、村民变股东)"为手段来"重构新型集体经济"的政策,并且明确乡村振兴是应对全球化挑战的"压舱石"!

中国作为超大型"大陆国家",在此期间提出"一带一路"倡议,有两个可以预期的前景:其一,向沿"一带一路"的地区提供中国过剩但沿路国家缺少的产能;其二,推动人民币的区域性国际化,即期望有秩序释放人民币流动性,并打造优质的人民币资产。(参阅附录《专题5 美欧中战略关系分析(2015)》和《专题9 "一带一路"与亚投行的布局与挑战》)

除了已经延续近20年的产能过剩之外,中国还面临流动性过剩而引致债务膨胀、资产泡沫化、金融市场不稳等随着金融深化而出现的新时期问题。在房地产市场持续调整的同时,股票市场在政策带动下快速上扬,股票泡沫开始替换此前出现的房地产泡沫;另外,生产领域收益与金融收益背离,导致生产领域的萧条与股市泡沫并存。2013年6月,量化宽松退出的消息引发经济危机,由于中国具备较佳的基础条件及仍实施一定的资本项目管制,因此当时所受的冲击较其他新兴国家更温和,但真正的金融危机延后了两年,到2015年6月终于爆发。(参阅附录《专题6 中国2015年股灾背景及过程》)

四、去主权化的"对冲增发"造成金融膨胀 及"被金融化"

在资本主义跃升至金融资本阶段之后,任何边缘国家,只要纳入金融资本主导的全球化,就难免被卷入核心国的金融扩张进程。

中国不仅属于边缘国家中尚处于产业资本阶段的实体经济总量最大的国家,而且是在纳入金融全球化之中勉力维护本国货币主权的最大国家。于是，中国有两个加快"金融化"的机制：一方面是"主动地"推进本国经济的货币化，以本国主权向货币赋权，形成国内信用，来加快本国的经济资源和实体资产的货币深化，同时构建国内资本市场来吸纳不断增加的流动性；另一方面，在外资大量流入的同时，也只能"被动地"按照即期汇率对冲增发本币，导致"被金融化"内在地改变了主权货币性质，造成通货膨胀压力。

中国21世纪之初表现出的流动性过剩矛盾，主要源于过去长时间的外汇占款主导了基础货币供给机制。

延伸阅读

6

中国外汇占款机制

任何追求工业化的发展中国家，资本稀缺都是长期矛盾。

外汇对于中国曾经是宝贵的金融资源，直到21世纪第二个10年。1994年以前，整个外汇管理体系和汇率形成机制都比较紊乱——计划内价格与调剂市场、黑市价格的差价，特别是外汇调剂市场，是在一个特殊环境下，国内企业与金融机构进行交易的场外交易市场，不仅不联网，而且有价差。自1994年外汇体制改革后，中国开始实行强制性的银行结售汇制度：企业及单位的经常项目下的外汇收入，必须及时调回，并卖给国家外汇指定银行，建立全国统一的外汇市场体系。2012年4月16日，国家外汇管理局发文终结强制结售汇制度，并称强制结售汇制度作为外汇短缺时代的管理安排，对支持实体经济发展、维护国家经济金融安全发挥了重要作用。

1993 年中国面临三重危机（乃至之前数次的危机），以及 1997 年亚洲金融危机亚洲国家的困境，都巩固了积累外汇储备以防范风险的基本政策取向。1994 年实行汇率并轨，人民币汇率一次性下调超过 50%，促进了出口增长，加上中国经济的高速发展，外资大量涌入，外汇的供给开始大于需求。亚洲金融危机之后，为了规避外汇风险、维持金融体系稳定，货币当局实际上将人民币钉住美元，实行钉住汇率制。1994 年以来，中国国际收支维持双顺差，本币产生升值趋势。为了维持人民币钉住美元的汇率，央行必须在外汇市场上购入外汇。购入外汇而释放的本币就是外汇占款。外汇储备的增加直接导致了外汇占款的增加。

　　2001 年中国加入 WTO 以后，外汇占款成为基础货币供应的重要渠道。央行在外汇市场上处于被动的地位，不得不购入多余的外汇，外汇占款问题随之产生。具体机制为：国际收支顺差—国外净资产增加—外汇储备增加—外汇占款增加—基础货币增加—货币供应量增加。这个过程中货币供应的增加是被动的。

中国的外汇占款主导基础货币供给的时序简述如下。

2000 年及以前，基础货币供应主要通过内生渠道。

2001—2008 年，经常账户中贸易盈余的外汇占款高速增长，基础货币发行机制转为相对"外生"。

2009—2011 年，美联储通过量化宽松政策大规模增加流动性，造成全球流动性宽松，热钱流入各新兴国家，中国资本项目下也有大量热钱流入。2009 年央行外汇占款与基础货币的比值达到 121.6% 的历史高点。

2012 年后，美联储结束量化宽松带来的流动性边际宽松减弱，[1]新增外汇占款急速滑落。随之，2013 年美联储明确其量化宽松政策结束后，中国以外汇占款为主的货币投放机制再也无法满足经济对流动性的需求，成为实体经济通缩压力的一个来源。

中国人民银行"被动"地加快基础货币供给，已经造成人民银行资产负债规模和 M2 货币供应规模（2016 年 3 月末 144.6 万亿元人民币）均名列世界首位。在这种货币机制下，本应承担国家宏观调控职责的**中国人民银行，其利率政策在很大程度上被汇率政策"绑架"，陷入两难的被动局面**。面对涌入中国套息及等待人民币升值套利的热钱，如果中国人民银行降低利率，则可能加剧通胀压力；但如果经济过热，央行加息降温，则短期海外资本就会加速流入追求无风险套利。[2]

纳入金融全球化的中国之所以在 21 世纪遭遇宏观调控两难困局，主要是因为，中央政府本身的货币政策已经遭到庞大的外汇储备及囤积的热钱绑架。某时段内，跨国金融资本热钱大量屯积，一方面乘人民币升值的浪潮图利，另一方面赚取息差，低风险双重套利。不管是外汇储备增加还是热钱涌入，中国人民银行都需要相应增发本币，造成基础货币供给扩张。人民银行只好通过提高法定存款准备金率和发行央行票据等手段回笼商业银行流动性，结果市场可贷资金短缺，利率攀升，造成企业融资困难。[3]

由此发生过剩与短缺并存的尴尬：中国银行体系出现自身货币宽松，而一般非金融类企业，尤其是中小型企业面临的却是信贷紧缩。

---

① 参阅赵巍华、徐以升著：《旧格局与新周期：全球金融周期下的中国经济》，中国友谊出版公司 2015 年版，第三章。

② 参阅赵巍华、徐以升著：《旧格局与新周期：全球金融周期下的中国经济》，中国友谊出版公司 2015 年版，78 页。

③ 参阅佘云辉：《美国汇率武器，是刺刀还是原子弹？》，观察者网 2020-01-22。

而这一切，恰恰又是因为中国向美国双重输出廉价商品及廉价资金，才促成以最低制度成本获取最高制度收益的美元资本大举进军中国。这样被称颂的"新型大国战略合作关系"，确实是有利于美国金融资本的。其实际作用，使得本来应该供应中国企业的建设资金和流动资金，被大量转移到美国金融资本集团手里；反过来，再用中国送去的资金来收购中国的战略性资产，或者直接用于占领中国的市场。

金融资本全球化阶段西方主导的国际货币金融制度安排，被有些研究者称为"金融世界大战"。

中国在一段时期内"被动"增加基础货币供应量，客观上派生了以下效果。

1. 资产泡沫化

大幅推高银行体系可用资金规模，中国的流动性出现"系统性过剩"，创造了适宜固定资产投资增长的融资条件。宽松廉价的融资条件不仅为资金密集型的基础设施投资和房地产投资提供了资金支持，也通过资产价格升值预期、降低实际融资成本等机制拉动了固定资产的投资需求。[①]

诚然，宽松而低廉的融资条件也曾经起到推动制造业投资及发展的积极作用，但随着产能过剩的恶化及国际竞争的加剧，制造业的边际利润率下降，在某些领域甚至趋向于零，而且因为银行对实体资产抵押的偏好，制造业融资需求的优先性渐渐被替代，结果大量增发的货币供应集中流入房地产市场及股市等投机性部门，造成资产泡沫化。在2015年6月的峰值上，沪市和深市的规模达到10万亿美元（约为GDP的100%），综合市值让中国成为仅次于美国的

---

① 参阅赵巍华、徐以升著：《旧格局与新周期：全球金融周期下的中国经济》，中国友谊出版公司2015年版，第84页。

第二大股市。

另一边则是在土地财政背景下出现的房地产泡沫。1994 年的分税制改革造成"强中央、弱地方"的财政状况。从那时起，地方政府一般税收难以维持正常运作，于是地方政府从土地财政的膨胀，发展到土地债务平台的普遍化。其实质是，地方政府一次性出让 70 年土地使用权，从银行获得 70% 土地抵押贷款用于本地公共建设，而本届政府不对其债务承担责任。可见，房地产泡沫的背后是各利益集团分享超级地租而不顾后果。[①]

流动性过剩的同时伴随着流动性短缺，因投资拉动增长内生的不平衡，使某些较多承担国家宏观调控任务的部门（基础建设投资、房地产、国有企业等）享受信贷宽松，而消费乏力也使一般产能过剩的制造业面对信贷紧缩的情况。

2. 债务膨胀

2001 年以来，因为基础货币供给高速增长，银行体系信贷也随之扩张，即使是资金大量被长期建设项目占用也在所不惜。2000 年年底，金融机构人民币信贷余额为 9.9 万亿元，至 2014 年 7 月已达 78.02 万亿元，累计增长 688%，而同期名义 GDP 增长仅为 473%。[②]信贷膨胀率明显高于实体经济增长率。（参阅附录《专题 7 中国债务的四个层次》）

据估计，中国 2016 年总负债率为 342.7%，除去金融的实体总负债率刚刚超过 250%，10 年前的数字为 150%。与此同时，欧元区约为 270%，美国为 248%。

诚然，中国当前确实存在债务泡沫风险，降低杠杆率、防止企

---

① 据估算，2015 年政府及银行从房地产获得收入 47917 亿元，约占 6.4 万亿元收入的 75%。

② 参阅赵巍华、徐以升著：《旧格局与新周期：全球金融周期下的中国经济》，中国友谊出版公司 2015 年版，第 100 页。

业债务问题易演变成大规模危机，是当局需要审慎处理的问题，但中国相对很多出现债务问题的先发国家及新兴国家，还是有较高应对冲击的基础的。与一般资本主义国家不可比的因素是：中国社会主义制度下形成庞大的资源性资产未进入市场交易而留下巨大的货币化空间。据此来看，只要保持信用主权、依靠投资拉动增长，就会造成实物资产和金融资产的双增加，则债务作为分子就可能会缩小。

尽管如此，西方媒体以至投机者近来大肆渲染中国的债务问题，似乎为多年常唱不衰的"中国崩溃论"找到了一个新版本。IMF等国际组织多次警告中国要处理企业债务问题，否则中国经济有可能爆发系统性风险。

须知，美、欧、日应对次贷危机及欧债危机导致全球经济下滑的一个重大措施，就是政府直接出手救市，推出量化宽松，也就是美、欧、日的政府相继扩张货币信用。而照搬西方做法的发展中国家的教训是：国家调控经济和金融的能力缺失。国家信用做逆周期投资恰恰是处理经济危机的最关键因素。可是，当西方以强化国家调控经济功能来应对危机风险时，一方面呼吁中国处理债务风险，另一方面否定甚至提倡解除中国政府进行逆周期调控经济的主权能力——西方在这方面显然持有双重标准。

3. 金融深化改革

中国进行金融深化改革的动力，既有内源性的，也有外源性的。

中国在21世纪之初完成国家工业化，一方面出现产能过剩、工业的边际利润率下降的不利条件；另一方面，资本内在具有扩张及逐利的冲动，社会上累积的流动性不断增加，但缺乏导入投资产业的渠道。于是，便出现了金融部门追逐回报的强大动机下的"脱实向虚"。

因此，如果单从资本主义经济运作的一般规律看，中国自然具有从工业资本主义向金融资本主义发展的内源性动力。

但也不可忽视外源性的推动。实际上，2001 年以来，国际直接投资（FDI）及热钱涌入造成大量的贸易盈余，迫使中央银行以外汇占款形式注入的基础货币供给高速增长，超越实体经济增长的速率。尤其是 2008 年华尔街金融海啸派生量化宽松政策增加约 4 万亿美元、大量追逐短期回报的热钱涌入，再加上金融全球化的巨大压力及复杂国际形势，在某种意义上，中国过去十多年是处于迅速"被金融化"的状态中。

另外，中国内部的金融改革也在客观上催生了一个庞大的金融利益集团。

1998—2000 年，中国财政向不良资产占比在 30% 以上、濒临技术性破产的国有银行体系重新注资，同时剥离了全部坏账，交给国有资产公司处置。此后，经过十多年的金融改革，中国的金融业（银行、保险等）无论在资本规模还是盈利等方面均已名列世界前茅。进入 21 世纪第二个 10 年以来，金融部门实质上已经成为中国最大的利益集团，它们出于自身利益的诉求，要求中国加速金融深化改革，为此而大量借鉴美联储私人银行家机构的制度和政策。与之相对应的是，服务于国际金融资本利益、盛行于中国知识界和政策界的新自由主义精英集团同时推波助澜，倡议金融自由化，解除金融管制，大力推动金融深化改革。此外，为了推动剩余产能向外输出、人民币国际化等战略目标，相关经济部门也需要推动金融深化改革。

正如中国过去加入全球化，是以农业和其他弱势产业利益一度被边缘化为代价，由此，以吃租为实质的加工贸易全面地取代了多少还有自主性的一般贸易。中国名义上是全球制造业大国，实际上只是代工厂而已；一旦无租可吃，那些投机性的无根外资就迅疾流出，甩下污染、失业等包袱给地方政府。

同理，当前中国推动金融深化的利益集团因得天独厚而从之者众，正在重演上一轮产业资本加快全球化的戏码：资金从实体经济析出，进入投机市场，致使中国从东南沿海开始出现了"去工业化"的趋势。[①]

五、中国金字塔双稳态结构的变化趋势

西方资本主义在进入金融资本阶段之后，已经形成了倒金字塔结构，如图1-3所示。

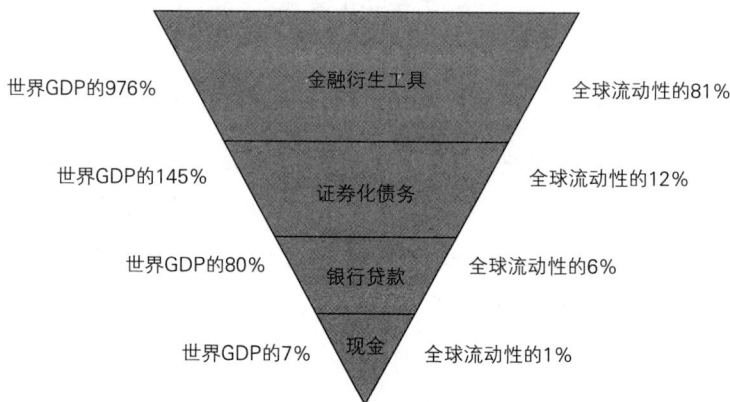

世界GDP的976%　金融衍生工具　全球流动性的81%

世界GDP的145%　证券化债务　全球流动性的12%

世界GDP的80%　银行贷款　全球流动性的6%

世界GDP的7%　现金　全球流动性的1%

来源：新纪元投资（Epoch Investment Partners），http://www.eipny.com/assets/graphs/liquidity-pyramid-global.gif。

图1-3　全球不稳之源：世界流动性倒金字塔

图1-3数据表明：全球流动性呈现倒金字塔形结构。现金等只占全球总流动性的1%，相当于世界GDP的7%；各种银行贷款占全球总流动性的6%，相当于世界GDP的80%；证券化债务占全球总流动性的12%，相当于世界GDP的145%；形形色色的金融衍生工

---

① 金融化的冲动源于资本的规律。马克思指出："以实在货币为起点和终点的流通形式G—G'，最明白地表示出资本主义生产的动机就是赚钱。生产过程只是为了赚钱而不可缺少的中间环节，只是为了赚钱而必须干的倒霉事。因此，一切资本主义生产方式的国家，都周期性地患一种狂想病，企图不用生产过程作媒介而赚到钱。"《资本论》第3卷第5篇第36章；《马克思恩格斯全集》第25卷，人民出版社1974年版。

具，占全球总流动性的 81%，包括期货、期权、掉期交易等，相当于全球 GDP 的 976%。

这种西方金融资本阶段客观形成的"头重脚轻"的倒金字塔结构，正是流动性泛滥下全球金融体系不稳定的根源，也是美国金融危机爆发之后"99% 占领华尔街运动"的起源。

相比之下，中国的社会及经济两个领域呈现双金字塔形的稳态结构。

在社会结构方面，1949 年中国农村全面推行了土地改革。全国大部分小农户都被平均分配到了一小块土地，实际上使得农民的社会属性成为小资产所有者，经济上则因地制宜地小规模分散且兼业化，成为中国保持生态文明的基础，同时也成为社会稳定秩序的基础。我们在《八次危机》中已经详细分析过中国成为产业资本第一大国也可归因于此：20 世纪 90 年代初，农户的剩余劳动力流向城市，寻求现金收入。小资产阶级家庭派生的农民工仍然具有与土地不可分割的财产关系属性，这使他们成为世界工业发展史上前所未有的最勤奋、低对抗性、高纪律性的制造业劳动力，为资本主义全球化贡献了最大化的制度红利。

同理，这是中国得以以低劳工成本参加全球化竞争的重要条件，也是中国社会面对现代化、城市化及全球化的负外部性危机时，可以通过内部化化解危机的基本条件。而即使在城市，也有很大比例的居民拥有自己的物业。这些占中国城乡总人口 60% 的小资产所有者，与一般发展中国家下层主要由赤贫群体组成不同，他们构成了中国社会稳态的长期基础。

在小资产所有者的下层社会之上是中等资产者，即相对散乱、缺乏自觉性的城市中产阶级，约占人口的 30%；而顶层是政治化的大型资本（主要成分是以国有企业为主体的国家资本）控制，这个群体估计占不到 10% 的人口。

与这个金字塔形社会结构对应的是金字塔形的经济结构，其特征是：中国首先是实体资产占到社会财富最大部分的制造业大国；

政府长期增加基本建设投资，实质性地力推实体资产增值，形成的作为社会财富底座的实体资产总值大约为 500 万亿元人民币；在此之上中央政府得以不断增发货币，形成的金融资产总值约 200 万亿元；以这 700 万亿元资产为基础，最上层的政府债务资产总量约 60 万亿元。据此来看，金融资产与债务合计占全部社会实体财富的比重约为 50%。这样看，中国已经构成一个具有相对稳态基础的经济金字塔结构。

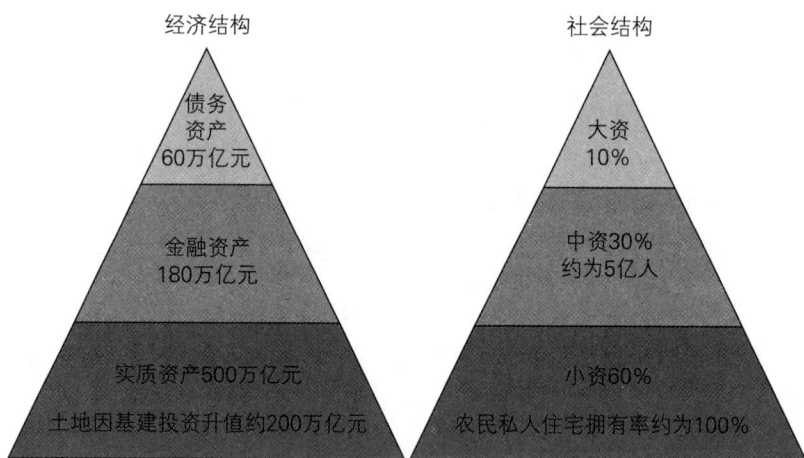

图 1-4 中国的金字塔形双稳态经济/社会结构

从这样的社会经济双金字塔稳态结构看，海外竞争对手如果不靠软实力或其他巧实力策略从内部瓦解，纯粹靠外部力量做空中国，很难得逞。

中国属于东亚稳态社会的一种类型。整个东亚不论何种意识形态全都完成了平均分地，即使遭遇严重危机也不会演化为社会动乱。例如，日本 1990 年以后虽然经历了 25 年的经济衰退，但仍保持了长期的社会稳定。这表明，东亚稳态结构和西方社会经济制度不一样。

金融（信贷）本来就是当代资本主义的核心，产业资本在一般市场条件下的形成离不开金融。当金融资产和债务跟实体资产还是呈金字塔式的比例结构时，工业资本主义还可以保持在一定程度的稳态中运行。但随着金融深化加速，一旦金融资产和债务过度膨胀，经济愈益虚拟化，最后变成倒金字塔形结构，金融危机爆发就是规律决定的必然结果。而一旦危机爆发，处于全球资本主义体系核心的金融发达国家可以利用全球化的种种金融制度安排，向核心国的中下层民众及半边缘、边缘国家转嫁成本。如果最终不能顺畅转嫁，则会诉诸战争，正如第二次世界大战源于无法解决第一次大战遗留的战争债务问题。

诚然，中国的产业资本主义发展到一定阶段时，本来无可避免地需要发展金融市场引导剩余的流动性，促进产业的优化。但随着中国的金融利益集团不断壮大，庞大的金融利益集团推动金融改革加速深化，拓展衍生工具市场，热衷于从各种核心国家照搬的"金融创新"，极力挣脱较合理的金字塔形比例约束，最终可能如同核心国家一样，金融异化于实体经济，甚至反过来绑架实体经济。这是从内部瓦解中国双稳态结构的潜在力量。

一般资本主义条件下的金融深化，是一种极少数人的现代化进程，需要压制"99%"（美国"占领华尔街运动"提出的口号）来维护其利益的现代化上层建筑，制度成本必然大增。综观西方金融发展的历史，金融化的过程总是与公共债务的急剧膨胀并行。**如果以政府债务为表征的上层建筑制度成本过度膨胀，变成倒金字塔结构，经济基础最终将无法承受，从而爆发危机**。

金融深化也必然触动财产关系。以中国的农村土地制度为例，中国农村传统的村社土地共享制度，一直是中国社会保持稳态的基础。当前有关土地流转的讨论，我们要保持清醒，在种种意识形态及经济理论包装之下，符合外部金融资本核心利益的政策就是推进农村土地的货币化、商品化及金融化。一旦财产关系改变，社会关系也会发生改变。如果改变这种农户与村社为两级产权主体的土地制度，农村势必失去过往数十年作为社会稳定器的作用。换句话说：只要允许目前金融深化改革的趋势向农村蔓延，中国的社会及经济双金字塔稳态结构，将不复存在。

六、中国当前的输入型危机分析

进入 21 世纪之后的中国金融资本甫一形成，就经历着重大的历史性演变。金融资本追求流动性获利的共性特征，是中国当前连续发生输入型危机的制度基础；但同时，其作为主权国家，凭借政治强权向信用体系赋权形成的资本力量，也是国家逆周期宏观调控的主要手段。

这看似对立的性质，反映出中国金融资本的内生性矛盾。

上一轮发生于 1997 年的亚洲金融危机引发中央政府针对国有银行强制推行的市场化改革，是中国金融资本成为独立的资本力量的催生剂。中国改革界的主流一直以美为师，由此在银行商业化改制之初就推行美国当代"混业经营"模式。中央政府从 1998 年开始着手银行与财政脱钩的商业化改制，2008 年完成四大国有银行上市融资的股份化改制，这 10 年间的两大改制措施，恰恰都有外部金融危机作为背景。虽然中国基本具备了参与金融全球化竞争的制度条件，但 1997 年亚洲金融危机和 2008 年华尔街金融海啸对于向来以美国新自由主义金融体制为榜样的精英群体而言，不啻"浪遏飞舟"——西方连续发生金融危机的事实客观上阻遏了被精英群体主导的激进改制。

无论主观意愿如何，"形势比人强"。在 2008 年华尔街金融海啸造成 2009 年全球危机爆发以后，在外需陡然大幅度下降直接导致外向型实体产业凋敝的影响下，中国金融资本也不可避免地逐渐产生异化于实体产业的趋势。尽管中央政府仍然强调"银行服务于实体经济"，但在 4 万亿救市资金大规模投放的背景下，货币信贷增速远高于 GDP 增速，工业增加值与 M2 及社会融资总量增长出现背离。

究其原因，尽管增加的信贷资金大部分进入国有企业承担的大型基础设施建设，由此使中国成为全球危机中维持世界增长的"发动机"；但也有批评指出，救市投资没有带动中小企业为主体的实体经济的扩张，大量获得融资的非金融企业放弃收益低的基础产业，通过开展信贷、理财等业务进入金融行业。[①]

进而，从 2011 年国内房地产企业利润下滑，开始大规模转向西方模式的金融资本经济，房地产基金纷纷转战保险业、互联网金融等虚拟经济领域；同期，国内影子银行盛行，投机性金融市场快速扩展。近几年来，加快异化转型的金融资本集团与代表其利益的有关部门大力推出"融资融券"、金融期货、场外融资等一系列利于衍生品发展的交易工具。配合这个金融异化实体趋势的官方部门，也于 2015 年 4 月新推出几项股指和做空机制，这为海内外金融资本联手做空中国经济，制造了难得的历史性的机会。[②] 在内外配合下，中国股市在 2015 年 6—8 月开始大跌。(参阅《专题 6　中国 2015 年股灾背景及过程》)

客观来讲，中国 2015 年多次发生的股灾和汇率波动，是中国金融资本纳入全球化进程中的第一场正在演化之中的、具有金融资本阶段特性的多空大战。尽管从表面上看，这只是中国官方资本做多与私人资本做空之间发生的一场对决。

(一) 资本项目局部开放

近年，中国的资本市场已经敞开半边，这恰巧给予了海内外金融资本集团这些年梦寐以求的做空中国、借机抄底的历史性机会。

---

① 参阅陈道富：《我国货币金融与实体经济割裂的现状与原因》，《发展研究》2013（10）。

② 参阅温铁军、薛翠、杜洁：《金融资本"无祖国"与做空中国图谋》，《中国投资》，2015（9）；另参阅温铁军等著：《居危思危：国家安全与乡村治理》，东方出版社 2016 年版第 69—74 页。

中国作为全球最大的工业化国家，势必是原材料和能源最大进口国，也就在客观上造成国内难以抑制的通货膨胀，间接造成国内利率上涨、融资成本上升，[①] 内在地压迫实体经济的利润空间，促使制造业衰落。如果这个外向型经济结构被其内在的客观规律约束，则反过来又使得国内各地方政府和民间资本大都渴求派生于核心国家量化宽松和零利率政策大量制造出来的"廉价外资"，也由此势必派生出大批对新自由主义金融制度几乎如痴如醉的拥趸。

于是，从2008年华尔街金融海啸导致量化宽松政策实施以来，中国本来需要勉力维护的主权币制实质性地被外储币制渐进抵消，对外开放资本市场成为国内新兴资产阶级众口一词的改革呼声。回顾历史，法国国王路易十六曾向呼吁宪政改革的资产阶级妥协而推行了"路易十六改革"[②]。人们不该轻易忘记2015年股市下跌前那些金融全球化加速的一系列举措：为了方便外资进入中国资本市场演变出的沪港通和深港通、QFII（合格的境外机构投资者）和RQFII（人民币合格境外投资者）大扩容、A股纳入国际指数、上海自由贸易区率先向海外金融资本全方位开放等。

随之，沿海甚至内地中心城市也紧跟上海步伐，跃跃欲试。而多空大战的机会和条件，正是由这些资本项目开放带来的。其实，这些所谓的资本项目对外开放，都与沿海地区强烈要求在体制上实现"去中央化"（de-centralization）有关，即要求中央让渡对外资进

---

① 何正全：《美国量化宽松货币政策对中国通货膨胀的影响分析》，《财经科学》2012-10。

② 路易十六（Louis XVI），法国波旁王朝的国王，于1774—1792年在位，法国大革命爆发后，1793年被送上断头台。路易十六开明善治，曾被国民称为"贤王路易"。18世纪80年代，英法自由贸易对法国工商业造成巨大冲击，加上当时的自然灾害，坚持"德治"的法国债台高筑，一方面下层社会民不聊生，同时城市工业受到冲击，危机压力下的资产阶级将矛头指向政府，随即自行召开三级会议要求宪政改革。在上层利益僵持的情况下，苦不堪言的下层贫民和失业流民率先发起了暴动。路易十六改革失败的原因，后人认为是其协调贵族和资产阶级利益的时候过于向资产阶级妥协，没有顾及更广大的贫民。

出管制的权力，以便由地方政府直接对接廉价外资。但是，**中国的体制特色是对国家安全承担无限责任的只有中央政府，地方政府不承担最终还债的责任，等于是在迎接外国资本的过程中享受机会利益，却把风险向上传递给中央政府。**[①]

据此来看，2015 年 6 月开始的股市连续暴跌及其后人民币离岸汇率波动只是"扳机"，那不过是蝴蝶扇动翅膀——只要有人启动了某一个做空操作，便足以引起风暴。

为了防止股灾失控，中央政府动用大量国家财政资金，直接注资国有企业入市"做多"，抗衡内外投机资本"做空"力量。据估计，中国政府共动用近 1400 亿美元以避免股市出现崩盘式下挫。而有业内人士估计，包括社保、证金公司和其他入市机构投资者在内，救市资金达到 2 万亿—3 万亿元人民币的水平。

但稳住阵脚后，中国的各类金融精英们还是没能反思，仍然顺从金融资本规律推动进一步金融深化。

股市大跌发生之时，2015 年 8 月 31 日，四大财金部门（证监会、财政部、国资委、银监会）联合发布《关于鼓励上市公司兼并重组、现金分红及回购股份的通知》，主要内容是通过各种方式进一步深化改革、简政放权，大力推进上市公司并购重组；积极鼓励上市公司现金分红；支持上市公司回购股份，创新支付工具和融资方式；通过并购贷款、境内外银团贷款等方式支持上市公司实行跨国并购。市场人士对此普遍欢迎，认为可以提升资本市场效率和活力。

这份通知的基调是在危机中进一步推动金融深化。会议强调国企改革需"做强做优做大""优化企业管理"，强调防止国资流失。从某一角度来看，它符合中央全面深化改革领导小组早前在 2015 年 6 月 5 日通过的两个国企改革先导性文件的精神。央企的兼并重组可

---

① 温铁军、计晗、张俊娜：《中央风险与地方竞争》，《国家行政学院学报》2015（04）。

能朝着两个维度来进行：第一是针对外向型央企，通过兼并重组提升国际竞争力；第二是针对内向型央企，兼并重组将有助于这些央企压缩过剩的产能，应对过度竞争的恶性环境，从而集中做大。这本身是有积极意义的。但从另一角度来看，在危机时刻，这无疑是拿出央企最优质的资产向私人资本群体让利，并明确鼓励现金分红以增加股票市场的回报率。这也可以被看成是金融利益集团利用这次危机倒逼加速金融深化改革的一次胜利。

诚然，生产过剩压力下把社会累积的剩余流动性有序引入股票证券市场，以改善企业的融资条件，促进实体经济发展，这个策略从应对危机本身而言是必需的，否则无处可去的资金便会有冲动涌入房地产市场，造成物业资产泡沫，引发严重的社会问题。其中关键是如何防范金融利益集团绑架策略。

而在股票市场稍为喘定之际，中国在 2015 年 8 月 11 日进行了震动全球市场的汇率改革。

延伸阅读

7

人民币 "811 汇改"

2013 年 6 月美联储退市预期曾触发新兴国家货币大跌。日本安倍经济学的弱日元政策，加上日本央行及欧洲央行接力美国竞相推行量化宽松，实际上全球已进入货币战争的年代。两年以来，亚洲货币除钉住美元的港元以外，在过去一年都表现疲弱。人民币兑日元在 2015 年 8 月前一年已累计升值逾80%。而过去一年，人民币兑一篮子全球货币经通货膨胀因素调整后升值近 15%。人民币汇率实质上在某种程度上已偏离中国经济的基本面。

2015 年 8 月 11 日，中国人民银行调整人民币中间价形成机制，将中间价下调 1.9%，并且承诺采用更加市场化的汇率定价机制，使人币汇率更能反映实际经济基本面，引导人民币有秩序贬值。其后，人民币汇价便出现 10 年以来最大、最急的贬值潮，触动全球市场。自 811 汇改后，人民币贬值压力大增，此后多番出现离岸人民币汇率大幅下跌后又反弹的情况（见图 1-5）。

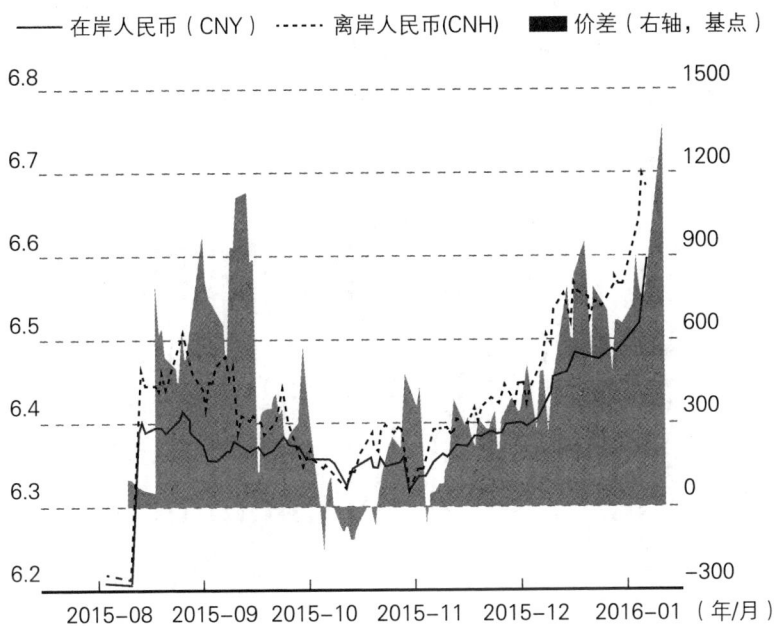

图 1-5　境内外人民币汇率价差破纪录

市场普遍认为是中国的货币当局多番利用不同的市场操作，防止人民币汇率急速下滑。这种不寻常波动也反映了国际对冲基金有做空人民币谋利的企图及部署。直至 2015 年年底，离岸人民币全年累计下跌 5.3%，在岸人民币全年则累计下跌 4.5%，为 1994 年以来最大跌幅。811 汇改后一年间，人民币由高位已下跌 8%。

自 2015 年 8 月 11 日人民币汇改以来，央行通过多种市场操作以维持人民币汇率稳定，仅 2015 年 8 月中国的外汇储备就下降了 939 亿美元。[①]

据估计，由 2015 年 8 月启动汇改至 2016 年 3 月底，为了支持人民币汇率，中国共出售逾 4800 亿美元的外汇资产。外汇储备从 2014 年 6 月接近 4 万亿美元的峰值大幅下降至 2016 年 4 月底的 3.22 万亿美元。中国社会科学院研究员张明指出，2015 年 11 月至 2016 年 1 月最近 3 个月内，每个月的外汇储备缩水规模接近 1000 亿美元，其中绝大部分被用于干预外汇市场。[②]

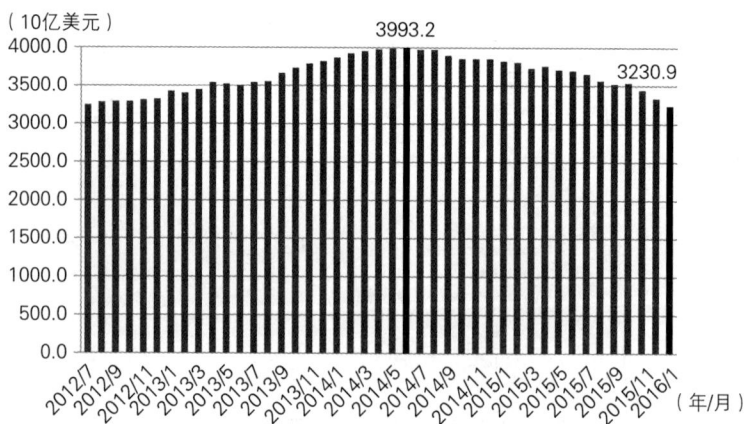

图 1-6　汇率维稳的代价

---

①　央行 2015 年 9 月 7 日公布数据，中国外汇储备 8 月下降了 939 亿美元，8 月底中国外汇储备余额为 3.56 万亿美元。央行发言人表示**外汇储备的下降在很大程度上反映为境内其他主体持有外汇资产的增加**。参阅《中国人民银行新闻发言人就远期售汇宏观审慎管理有关问题答记者问》，中国人民银行官网 2015-09-08。

②　张明：《近期中国究竟消耗了多少外汇储备？》，2019-05-02，http://zhangming1977.blog.sohu.com/321294564.html。

人民币贬值加速了本来的资金外流趋势。另一个隐忧是**国内的富裕阶层开始抛售人民币买入美元**等外币，或者在海外购置产业，**把资产美元化**或外币化。调整人民币中间价形成机制后，中国国内汇市每天都有 300 亿到 400 亿美元的外汇交易。其后外电引述消息指出，中国政府大举抛售美债，金额估计 1060 亿美元，以缓和人民币过度贬值的压力，也可能是为了应付汇市大量的人民币兑换美元需求。资金以正规及非正规方式流出的情况趋于严重。某些报道甚至指 2016 年 1 月至 9 月间，大陆地区的资金非正常流失高达 21400 亿元人民币。虽然此数字准确性目前缺乏实证，但资金以非正规方式大量流失的情况令人关注。这方面俄罗斯的教训可为佐证：俄罗斯危机恶化的其中一个原因，正是国内资产权贵阶层大量向国外转移资产。

E7 比较研究表明，越是借助国家赋权于信用体系形成高度"去在地化"的金融资产阶层，越是异化于本国大多数人民的根本利益，而不会自发地对本土社会、国家和民族怀抱忠诚，除非受制于严格和有效的制度约束。历史已经一次又一次印证，金融化财产关系中起决定作用的"流动性获利"特质，决定了金融化资产拥有者内生性地跟从金融全球化的意识形态，这是金融资本主义阶段的规律。任何新兴国家的政治家若是以为不断向"先富"起来的金融资产阶层让利，就可以吸引他们留下来同舟共济，是不切实际的幻想。这个历史教训值得人们深切反思。

究其原因，在于金融资本的特性之一即依靠流动性获利。故而，作为最具有"非在地化"的资本形式，在资本运动中必然体现出"金融资本无国界"的特征，这也是全球金融资本共同的制度要求。因此，金融资本，不管是国内资本还是国外资本，对于在地化的民族国家都没有"忠诚"可言，其"亲和感"的对象只能是金融资本主义核心地位的国家或地区，即全球化金融资本流动的核心，例如美国或美国操控的伦敦、东京。

在一定程度上，金融资本全球化的意识形态就是新自由主义①。近年来中国的顶层设计所提倡的深化金融改革，在政策解读过程中常被某些部门和部分学者曲解为新自由主义政策思路，试图背离国家核心经济主权性质而跟从货币霸权国家的金融帝国主义，甚至反对"在地化"情感认同的爱国主义和民族主义。

相对于19世纪到20世纪旧的产业资本阶段的帝国主义"老三性"（寄生性、腐朽性和垂死性）②，**当代的金融资本更具有"新三性"：流动性、短期性、集中性**。其中，流动性获利是金融资本的第一大特点，其他两个特性是派生的。因为追求流动性获利，就必然有短期性的、集中性的进入和退出。只有追求流动性才能实现资本获利，所以它希望全球都没有国界；同样，除了认同以军事力量维持货币及金融霸权的核心国，金融资本家也是无祖国的。据此，**当代的新金融帝国主义也是"非在地化的"**，它并不需要占领其他国家的国土，而是货币霸权国通过各种地缘政治操作及巧实力，弱化目标国的主权，以极大化核心国的币缘-地缘利益。

马克思主义把无产阶级定义为唯一的自觉阶级，在于他提出的"无产阶级只有解放全人类才能最后解放无产阶级自己"。这就是所谓的"工人阶级无祖国"。但工人阶级没有实现"工人阶级无祖国"

---

① 所谓新自由主义，本是20世纪80年代西方产业资本外移、金融资本崛起，促使停滞于产业资本阶段的苏联东欧国家解体的冷战意识形态；在"后冷战"时期则已经实质性地演变为推动金融资本全球化的"新保守主义"。

② 旧式帝国主义是一个国家夺取其他国家的领土，占有其资源，奴役被占领土国家的人民，建立经济及政治霸权，从而凌驾于别国之上。帝国主义可能衍生出殖民主义、军国主义、法西斯主义。列宁在1916年发表《帝国主义》，从经济观点较有系统地探讨了帝国主义，他的结论是：帝国主义政策多在资本主义国家被实施，而且只有资本主义国家才有基础实行帝国主义，帝国主义是垄断的、寄生的、腐朽的、垂死的资本主义。

的国际主义理想①，因为产业资本和工人群体大部分是"在地化的"，产业资本的收益需要通过国家进行二次分配。因此，世界大战爆发在资本主义国家之间，并且以摧毁他国产业资本与工人群体最集中的工业城市为战争内容。20世纪60年代以来，有100多个殖民地附属国取得了独立，其中绝大部分由民族解放运动组织成立了国家。而且新生的发展中国家以承接产业转移的国家工业化为奋斗目标，自然更强化了各种形式的民族资本主义。

20世纪是资本主义工业化向世界蔓延的历史。其客观经验表明：只要是产业资本在地化发展，就不再有工人阶级单独追求国际主义的条件，尽管左翼运动和进步知识分子仍然把《国际歌》作为某种倾向表达……

相反，在21世纪的金融资本主导全球金融化的历史阶段，投机资本可以注册在开曼群岛②、巴哈马群岛，可以注册在任何一个低税制的小国，资本家并不在乎祖国在哪儿。或许可以借马克思的话改成我们的说法：金融资本集团只有完成对全世界的掠夺，才能最终消灭金融家自己！据此，似乎只有金融资本真正在追求以金融自由

---

① 马克思和恩格斯在《共产党宣言》第二章中写道："工人没有祖国。决不能剥夺他们没有的东西。"《马克思和恩格斯选集》第2卷，人民出版社1972年版，第270页。以及列宁："革命阶级在反动的战争中不能不希望本国政府失败，不能不看到本国政府在军事上的失败会使它更易于被推翻。"《社会主义与战争（俄国社会民主工党对战争的态度）》，《列宁选集》第2卷，人民出版社1972年版，第683页。

② 开曼群岛（Cayman Islands）是英国在西加勒比群岛的一块海外属地，面积约264平方公里，是著名的离岸金融中心和"避税天堂"，和英属维尔京群岛、百慕大并称为三大离岸注册地。全世界最大的25家银行都在开曼群岛设有子公司或分支机构，每年平均约有4300家公司在此注册成立，全球700多家银行在开曼群岛都有分支机构。据报道：现在香港的上市公司中，有近半均在开曼群岛注册，2013年在香港上市的公司，有724家于开曼群岛注册，详见ht-tp://hk.apple.nextmedia.com/news/art/20150110/18997932。

化为目标的"世界主义",① 它们的意识形态正是以"去国家化"为主要内涵的新自由主义。

(二) 金融资本主义的最终内爆崩溃②

尽管秉持西方新自由主义思想的人对中国 2015 年以来股市连续下跌幸灾乐祸，但其实，"金融资本因异化于实体经济而无祖国"这个现象跟自由主义抑或极权主义也无关，只是金融资本阶段由不分国籍的海内外金融资本家操纵的多空战役的一个历史片段。

中国有些私人资本参与做空，和个别违背中央政府做多意图的国企管理层沆瀣一气，其实都是资本集团的利益代表或参与者，在本质上与海外投机资本并无差别，都不过是根据金融资本主义的逻辑，在资本市场上做"顺周期"操作而无任何良心之不安。

对此，人们应该客观理性地看待国家资本及其有关部门直接出手做多。无论成败，那也只是中国这个历史上通过"剥夺剥夺者"的暴力革命形成的，因而应该对全民承担无限责任的政府尽了其本应尽到的"逆周期调节"责任。

今天更为客观地看，中国 2015 年发生的股市暴跌是 20 世纪 90 年代以来一系列新自由主义政策不断深化所带来的结果。既然这种主流政策选择符合金融全球化，也理所当然地使得国际金融资本集团终于得到了历史性的做空中国的机会。显然，中国怨天尤人的股民们还要在嗟叹之余努力提高分析能力，才能理解出卖耶稣的犹大就在身边——"堡垒是最容易从内部攻破的"，外部的索罗斯们的作

---

① 对此，马克思早有洞见："货币发展为世界货币，商品所有者也就发展为世界主义者。人们彼此间的世界主义的关系最初不过是他们作为商品所有者的关系。商品就其本身来说是超越一切宗教、政治、民族和语言的限制的。"《政治经济学批判》，《马克思恩格斯全集》，人民出版社，1962 年，第 13 卷，第 142 页。

② [埃及] 萨米尔·阿明：《当代资本主义体系的内爆》，黄钰书译，《政治经济学评论》2013（03）。

用，远不如中国内部的"邯郸学步"大赛的组织者们。

不过，**中国单一执政党制的上层建筑确实能在关键时刻直接反作用于经济基础**。

2013 年新一届领导班子成立之际，中国共产党开始强力反贪，屡破贪腐大案，震撼全国。可见国家审计、监察和金融资本管理部门对占据 70%金融资产的国有资本尚能加强约束。由此可知，**这个过去每次遇到危机都强制推行国家逆周期调控、致使某些利益集团受损的、能够"集中力量办大事"的政治体制，既是中国应对核心国金融资本虚拟化扩张的"比较制度优势"，也是西方软实力及其长期操控的中国学术界攻击的最重要的目标。**

如果 2015 年这一次中国的证券金融监管部门不紧急采取措施，那意味着当股灾全面爆发的时候，就给了国际金融资本集团和国内金融资本集团一次极佳的通过做空来抄底的机会，那将会让中国的实体经济部门输得更加惨烈。这些年通过压低劳工福利、破坏资源环境所积累的实体经济的那点财富，将会先被打压得一钱不值，然后外部资本再一拥而入抄底优质资产。这就像俄罗斯 1991 年施行的在西方思想指导下的"500 天私有化计划"的深化改革新政策，造成本币坍塌、产业崩溃。

延伸阅读

8

苏联改革中的"500 天计划"

1990 年，由戈尔巴乔夫和叶利钦等组织撰写的《向市场经济过渡——构想与纲领》一书出版后，被报纸《民主俄罗斯》摘录为《国家向市场关系过渡的 500 天纲领》一文，也简称"500 天计划"。计划指出：迄今人类尚未找到任何比市场经济更有效的经济形式，要在从 1990 年 10 月 1 日起始的 500 天之内，通过各种"非常"政策措施，彻底改变苏联国民经济的基础和结构，转向市场经济，实质是转向资本主义经济，计划以自由化、稳定化和私有化为主要内容。这种方式，后被称为"休克疗法"式激进转轨方式。

激进改革的结果是接连不断的金融经济危机，20 世纪 90 年代卢布大幅贬值。国家资产被外国资本及本土新兴资产阶层廉价收购，积累多年的国家财富被洗劫一空。这个曾经拥有世上最强大重工业产能的国家，其后产业崩溃，出现去工业化情况。国民福利乃至人均寿命及人口大幅下滑。据笔者当年对苏东国家政治改革连带金融解体的实地调查，那是一次政治金融双重做空之后的经济洗劫。

对此，俄罗斯精英事后做了现象的归纳。时任俄罗斯财政部第一副部长的乌留卡耶夫根据 1991 年年底苏联解体时十分严峻的社会经济情况，得出的结论是："俄罗斯的经济改革政策不是由改革家的理论思维确定的，而是由通货膨胀危机、支付危机和体制危机并发决定的，这些危机在外部表现为生产的急剧衰退。"

参考资料：[俄] Л. Я. 科萨尔斯等著：《俄罗斯：转型时期的经济与社会》，石天等译，经济科学出版社 2000 年版，第 26—27 页。

整理：逯浩

金融资本如此反复洗劫实体经济，对于金融资本短期来看或许会有好处，但是从长期看，**当金融资本把所有的实体经济都金融化的时候，最终将因为多空大战不能继续做下去而导致自身的崩溃，那它自身也就走向了灭亡**。因此，马克思主义在提出基本规律的时候早就预见到，当资本主义发展到金融资本阶段的时候，就会因金融资本自身的寄生性，而使得它必然是腐朽的、垂死的。[①]

　　在 2016 年之后的美国，地产商出身的"非典型"政治家以或明或暗地代表"铁锈带"和"99%占领华尔街运动"的"形左实右"诉求参选获胜，成为具有哲学上"否定之否定"意义的标志性事件，随之发生的是这个核心国的战略陡然朝着恢复实体经济转向。在没有新的意识形态解释之前，人们似乎只能理解为从符合金融资本利益的新自由主义转向符合产业资本复兴需要的"新民粹主义"！不管西方中心主义的话语体系对此是否有理论解释，这种急转弯却是在被全世界最强大的政治军事机器推进着！于是，无论原来跟从新自由主义的盟友还是来自外部阵营暗通款曲的"战略竞争对手"，都不可能在思想和行动上适应急转弯。

　　若据此看新兴国家在 21 世纪第二个 10 年中遭遇的困境，则会发现与本研究做的三组分类有明显的相关性。**须知，这个金融资本通吃的世界已经越来越走向"全球竞劣"**。最终出现的，是不能遏制贪欲的人类的"多输"结局。

1. 币缘战略博弈下金融战争的风险

　　综合前述两大分析：全球币缘战略及中国内部金融深化所引发的潜在系统性风险上升，中国即将面对一次**外部地缘战略强力打压及内部经济危机同步发生的高概率风险**。不仅本书做此分析，在当前的全球币缘战略博弈的大棋盘上，不少分析者也指出中国面临金融战争爆发的可能性。

　　金融战争是全球金融资本主义发展至一定阶段的特殊国家冲突形式。

---

　　① 参阅 [美] 沃勒斯坦等著：《资本主义还有未来吗?》，徐曦白译，社会科学文献出版社 2014 年版，第一章。

控制国际金融及货币制度权的核心国家，需要占有在实体经济中积累利润的"边缘国家"的收益，才能维持金融资本集团的全球统治地位；这种榨取外部收益的特性，导致其势必利用软实力瓦解他国维护金融主权的制度体系，以及采取各种金融手段打击实体经济为主的目标国。例如，利用各种金融衍生工具，集中攻击目标国的金融市场和货币汇率，使其陷入金融及经济危机；或者挑起地区军事冲突，令资金大量撤出；甚至可以以各种理由直接进行金融制裁。其目的是攻击目标国的经济及金融体系，最终削弱其整体国力，达致不战而胜的效果。

此外，**金融战争的背后，也必然需要硬实力——军事战略的配合**。

假设这个前提：美国的核心利益是美元霸权，为了维护美元霸权，美国必然对任何有潜力挑战美元的货币进行"币缘－地缘"战略打击，不管是20多年前的日元、马克，还是十多年以来的欧元乃至接下来的人民币。那么，E7各国唯有中国在2015年之前一直在软实力屡战屡败之困境中仍然勉强地坚持货币主权！

由此，在2015年金融体系深化改革前，美国还不大可能像对付日本那般，只用一道《广场协议》便能使中国乖乖地自行金融切腹。据此来看，中国的阿喀琉斯之踵，就是随着内部金融深化及人民币国际化而加速推进的资本项目开放。[①]

但美国的软实力进攻，一向是被硬实力所派生的……

美国军事上与政治上"重返亚太战略"，军事干预南海岛礁纷争，多种手段扶持"台独""港独"，以及西部民族地区的分离主义运动等，都对中国造成巨大压力。采用硬实力贯彻国家战略的收获

---

① 古希腊神话中的阿喀琉斯因幼时被母亲提着脚踵浸入神水而有"金刚不坏之身"，唯其脚踵未被浸水而最终死于脚踵被刺。中国即使在20世纪90年代激进推行新自由主义政策的时候，也只是放开一般贸易的自由竞争而坚持资本项下的国家控制。到2013年新一届领导班子上台，才确定了人民币自由兑换和资本市场对外资开放的时间表。

之一，就是 2015 年第 7 轮中美战略与经济对话达成 70 多项成果。其中最重要的是：

①推进自由浮动汇率，加快推进由市场决定的汇率制度；

②资本项目开放，中方承诺增进外国金融服务公司和投资者对其资本市场的参与，特别是开放债券市场；

③降低美资对华投资收购的限制；

④允许外资评级机构发布对地方政府债券的评级。

众所周知，全球金融评级服务由几家西方公司垄断，并且它们在美国次贷危机中表现出了为了利益纷争不断不专业和不诚信嘴脸，其本身就已经是信用破产的状态，甚至理应被追究法律责任。可是今天它们还控制全球的金融评级，赚取庞大利润。**中国容许外资评级机构发布对地方政府债券的评级，等于让外国人操控本国的融资成本**。当条件配合时，只要这些评级机构下调对中国的评级，国内的地方融资成本就会大幅增加，甚至直接引发债务危机象征的国家信用危机。

在美国把主要军力投向中国周边、造成战云密布的环境下，2016 年 6 月的第 8 轮中美战略与经济对话，中国首次决定给予美国 2500 亿元人民币的 RQFII 额度，该额度仅次于此前中国香港的 2700 亿元。目前，中国总共提供 RQFII 额度 1.21 万亿元，遍及 16 个国家及地区。据报道，中国人民银行更计划下一步在美国设立人民币清算行。虽然 RQFII 有利于人民币国际化的制度进程，但一次性给予美国额度之大，明显期望以给予利益的方式来拉拢战略伙伴关系。

但这也是双刃剑，实际上给予了国际资本协同做空中国金融市场的条件。

也许中国的经济决策者有必要更多了解本书对新兴七国（E7）国家纳入全球化的教训的研究。如果不清醒认清中美正在解除耦合关系的重大币缘-地缘变动现实，还在一厢情愿地憧憬所谓的中美大国新型战略合作关系，以为单方面向美国为首的国际资本开放让利，便可以成为平等的合作伙伴，那无异于给对方送上武器，再引颈待戮。

在 E7 比较研究中，我们吸取 2015 年中国股市的教训，认为金融管理部门应该加强防范金融风险。而对资本流动的适度管制是最有效的工具之一。假设国际金融资本成功多方配合做空中国的金融市场，引发股市、银行和信托等领域的全面信用危机，中国央行在救市的过程中大量消耗外汇储备，外资撤出及国内富裕阶层把资产美元化并且转移到国外，便会同步爆发国际兑付危机。那么，接下来中国别无选择。国际资本一方面可以趁低廉价格吸纳中国有价值的资产，另一方面美国可以根据《中美投资协定》要求中国变卖最有价值的国有资产进行偿付，并且进一步瓦解中国的经济主权。① 如果中国因内部发生重大变革而拒绝履约，作为全球金融制度安排制定者的美国，便可以启动它近年操作完备化的最低成本、最大杀伤力武器——金融制裁，② 更不用说能源及粮食禁运等其他贸易制裁武器。

一旦中国经济元气大伤，若不选择屈服，就只能面对最后的战争。如此来看，中国人似乎亟须同仇敌忾地唱响国歌"中华民族到了最危险的时候"……

2. 国家金融安全机制

市场经济条件下资本逐利本性驱动的金融深化，必然引发潜在的系统性风险上升。自 2007—2008 年经济大危机后，全球金融资本

---

① 参阅张庭宾、余云辉：《比股灾可怕十倍：中国决不能退让的两大金融底线》，2015-07-06，http://www.wyzxwk.com/Article/jingji/2015/07/347213.html。

② 参阅徐以升、马鑫著：《金融制裁：美国新型全球不对称权力》，中国经济出版社 2015 年版。

主义的内生系统风险一直维持在高水平。

全球金融资本主义发展借助 IT 业的技术创新，到 21 世纪之初已经达到前所未有的高度，全球金融体系的系统性风险居高不下！因此，如何防范内外金融风险伤害国民经济，对每一个国家来说都是巨大挑战，尤其是对在国际金融制度权下处于相对较不利位置的发展中国家来说。

其中，以 E7 为代表的不甘沦为附庸的新兴国家，不得不面对外部地缘战略的强力打压，以及内部经济危机同步发生的高概率风险。

经历了早前盲目急促的金融自由化所带来的恶果，中国的政策顶层近年似乎开始痛定思痛，几次强调金融安全是国家安全的基石。有关部门遂展开大规模反腐斗争，清理财经部门。2017 年 4 月 25 日，中共中央政治局工作会议把金融安全上升至国家安全的最高层面。7 月 14 日中国设立金融稳定发展委员会，领导金融安全工作。监管当局也要严防国内资本外流到美国的泡沫资产市场接盘。2019 年明确提出"金融供给侧改革"之后，又在 2020 年以中国共产党中央纪律检查委员会的名义，在对"违纪"的银行高管通报处理的官方文件中，首次把"不执行中央关于银行服务实体经济的政策"作为处罚的依据。

国家综合管理金融风险的能力，将会是影响这一轮新冠肺炎疫情破坏全球供应链，造成产业大转移中的国家竞争力的重要因素。

3. 金融化加速与去工业化的综合性危机

20 世纪后期，除了东亚的日、韩和新加坡等尚能维持部分关键设备制造业之外，西方资本主义国家的产业资本相继大规模转移到包括 E7 在内的发展中国家。进入 21 世纪以来，美国、欧洲的金融资本，主导国家危机爆发的主要表现是股灾、本币大幅度贬值或债务违约……中国这种产业资本占据主导地位的国家爆发危机，主要表现是企业倒闭、工人失业①；但中国近期在产业资本向金融资本升级阶段，则有综合性危机的多种表现。

我们在 2013 年出版的《八次危机》里已详细分析过，1997 年和 2008 年中国经历了两次严重的输入型危机，都是因为中央政府仍然维持着"集中力量办大事"的举国体制，加之"城乡二元结构"体制下的农村还能发挥作为劳动力蓄水池的作用，再配合其他应对措施，产业资本集中的城市因此没有爆发大规模危机。

但在 21 世纪第二个 10 年再次遭遇输入型经济危机之际，虽然中国于 2017 年启动了"乡村振兴战略"来应对，却发现过去实现软着陆的经验未必还能奏效。因为，经历 30 多年的城市化进程，通过"撤村并镇"占用大量农村建设用地，特别是 2013 年开始的急速城市化，以及 2014 年确定全面深改促进农村土地和劳动力等资源要素的日趋商品化，农村作为综合性社会稳定器的作用已大为削弱。2015 年的这一次对外开放资本市场为诱因的输入型危机直接造成 2016 年经济增速下滑，而如果"去工业化"造成的大批失业人员再也不可能回流已经被城市化破坏的乡村，那就意味着有可能发生内生叠加外生因素的综合性危机的硬着陆，恶化本已严重混乱的社会局面。如何化解新中国成立以来第十次综合性危机，是当前最严峻的考验。

4. 农业对国家应对危机的基础性作用

任何一个民族，必须有自足的或至少能维持基本粮食安全的农业生产力和完整工业体系，才算是真正独立自主的民族。只是在 20 世纪 80 年代美国向金融资本阶段升级，改为按照市场交换计算增加值的 GDP 统计体系之后，那些维持传统农业并且有功于全球资源环

---

① 不少经营困难的企业较早前已开始靠借新债来偿还旧债，现在甚至进入靠借新债来还利息及发工资的阶段。这个趋势持续恶化的话，有可能爆发企业倒闭潮。

境可持续的国家，才因农业很少直接入市交换，而无一例外地在GDP竞争中落败，被认定为"贫困国家"。

但若从既往教训看，若忽略了农业对国家安全的基础作用，无论一时的GDP增长多么耀眼，也可能只是南柯一梦，最终都只会落得依附他国任人宰割的下场。

综观历史，任何一个曾经主导国际秩序的大国，都必须兼备强大农业生产力、先进工业能力及货币权，缺一不可。无论是荷兰、英国，还是当前的美国，都不例外。这本来是稍为研读历史便明白的常识，如果读了一些根据金融意识形态而编修的"先进"教科书，以为经济是线性发展过程，发展工业就要牺牲农业，然后发展金融服务业便可以放弃工业，却无视美、欧、日这些最先进、高度金融化的国家，不惜花费大量的财政补贴保护本土农业的简单事实，那就只能是脱离实际的空想主义。

那么，谁最乐意推进这些"先进"教育在世界上的广泛传播呢？正是在"后冷战"阶段就已经把握住单极霸权的核心国家——不仅始终坚持直接补贴来保护本国的强大农业生产力和高科技工业体系，而且可以利用增发货币及其背后的金融霸权去操纵大宗农产品期货投机，以资本优势及价格竞争来瓦解他国的农业和农产品加工工业，最终得以使用粮食武器威胁他国主权。

中国用了几代人的血和汗，总算解决了温饱问题，不仅农村接近于实现小康社会，而且是世界上少数拥有完整产业体系的国家。据此来看，目前中国综合国力的根本支柱，不是那数万亿美元外汇储备，也不是一下子可以吹胀，然后一下子又可以被戳破的金融资产，而恰恰是基本农产品能够相对自给的农业和相对完整的工业体系。

七、中国面临重大战略选择

"危机"，中文字义本来就是危中自有机。而英语的 crisis，其希

腊语字源为 κρίσις，意谓"分歧点""选择"。我们多年来提出危机论，并非为了吸引目光而危言耸听，而是坚持政治经济学的规律，揭示经济现象的周期性，更重要的是提醒世人，每次一个国家面临危机时，其实都是面临发展路径策略的抉择。

中国古代哲人老子强调"反者道之动"，影响着一代又一代的政治家。进入 21 世纪的中国正在自觉推进向生态文明的战略转型：在成为国际直接投资最高，并由此进入高增长的 2003 年，提出了"放弃单纯追求 GDP"，确立了"科学发展观"；在仍然维持着高速增长的 2007 年提出生态文明的发展理念，并且在 2006 年确立了资源节约和环境友好的"两型经济"发展目标；2012 年换届之后新一届政府进一步确立生态文明发展战略；2015 年明确强调深化生态文明改革的政策；2017 年确立了有助于生态文明转型的"乡村振兴战略"……这些步骤表明中国已经确立了 21 世纪向生态文明转型的发展目标。

但在上百年的产业资本阶段已经形成了老的利益集团，在 21 世纪金融资本异化于实体经济的过程中也正在形成新的利益集团。这些利益集团不仅同坚持马克思主义与中国发展有机结合思想的执政当局，而且与社会公众之间都有着不同的利益诉求，也各自有利用新媒体及理论界的利益表达方式，因此，当前中国仍然面临两种发展策略或称经济领域的"两条路线"的选择。

第一条路线是深入贯彻两届政府明确提出的真正意义的生态文明发展战略。

中国如果对生态文明发展战略做出统筹协调，则需要针对复杂的利益集团形成各个不同层次的有效利益协调机制。产业资本内生性地要求标准化的规模经济，其与生态文明的矛盾在于后者的核心是人类与自然的多样性可持续。后者在发展战略上的内涵，首先是全面发展多功能的生态农业，在维护生态资源可持续的条件下改善小农生产和生活，维持中国社会的土地制度稳定基础，保障粮食主权，保证国民能享用安全的农作物；其次则是保护完整的工业体系，并按照生态文明思想下的产业政策加以优化升级。

承接这套生态文明战略的载体，是以人为本的新型城乡整合；而非有关部门几十年坚持的把"产业集群"叠加在城市带上的反生态方式。

中国虽然建立了一套完整的工业体系，但无疑付出了极大的生态环境及国民福利代价。这套完整的工业生产体系究竟是为了把污染留在国内，然后把商品输送到外国供人消费，还是服务于整体国民福祉？

中国必须大力保育生态环境，优化产能及产业结构，提升国民的整体生活水平（不仅是增加现金收入，还包括环境、医疗、教育、文化等），共享发展成果。而从生产环节征税向财产税为主的税制改革，无疑是其中的关键环节。虽然应该扭转过往在"亲资本"年代制定、倾向资本利益、由雇员劳动者主要承担税负的财税体制及名目繁多的行政收费制度，但这显然会遇到新资产阶级的强烈反抗。另一方面，则应该创造有利于实体经济发展及保护生态资源的税收环境，并大幅增加资产持有、转移的税负，使资产性收益不过分高于产业平均收益率，以免资本过度集中，流向寻租性及投机性的金融化项目。

至于金融，它的功能本来是为了创造流动性及调动剩余流动性以服务于实体产业的发展、促进技术的研发，以及保持商品和服务从生产至消费过程的资本循环的畅通。它应该是吸引价值投资者（value investors）的低调、沉闷的功能化金融，永远不能喧宾夺主，成为只吸引非短期投机者（short-term speculators）的泡沫化的、以流动性获利为目的的虚拟化金融。然而，对这种传统功能的制度维护，显然与正在要求扩大金融开放的利益集团构成了冲突。

于是，第二条路线恐怕是推行占据主流话语权地位的既得利益群体所要求的全面金融化。

2003 年国际直接投资带动中国外向型经济高增长，外汇同步增加促进人民币对冲增发，这使得中国金融资本在最近 10 年间高速扩张，在总量上可与美元和欧元形成三足鼎立之势。这时候，若中国也按照核心国家向金融资本阶段跃升的"现代化"经验来走，则进一步的发展策略就是加速金融衍生品的发展，靠资源资本化和价值虚拟化使金融资产价值急速膨胀。诚然，从核心国家走向"现代化"的过程，往往都会吸引一般中小投资者在高位时进场，变成实质上形同赌场的不平等零和金融博弈。并且，金融资本寄生于城市化核心地带的"中央商务区（CBD）"，资本高度集中，时刻伺机以短期炒作实现流动性获利，使得大城市产生的 GDP 增量最多。这也是很多城市政府热衷发展"总部经济"的内因。

有些金融机构增加朝向农村的流动性释放——推动"资本下乡"，其中不少资本是投机性的。其不是为了发展稳态、多功能的生态农业和新乡村建设，而是把农村土地货币化、金融化，并据此占有空间生态资源的资本化收益。

本来，资本主义从产业资本主义朝向金融资本主义发展，源于资本逐利的强大冲动，这是资本运动的规律。中国国内的金融资本利益，期望打造优质的金融资产池，并开放金融市场吸引国际资金流入，其中具有庞大的潜在利益期待。但在中国的金融资产真正发展成为优质的国际避险资产之前，如何防范因为激进的金融化及资本市场过度自由开放而爆发内生及输入型的系统金融风险，最终祸及整体国民经济？如何避免未见金融资本所渴望之利而反见一般百姓所受之害？这是金融精英必须向国民郑重说明的关键问题。

在当前新冠肺炎疫情促使全球化处于解体的十字路口上，中国的高层决策者需要顶住国内外金融利益集团的强大压力，按照既定战略选择，真正走向生态文明为内涵的"中华民族伟大复兴"。经过 2012—2013 年全球危机深化，新兴七国大部分堕入"发展陷阱"，导致全球需求显著下降之后，中国领导人于 2013 年把生态文明确立为国家重大战略，2017 年提出把生态文明转型与乡村振兴战略结合起来，这是近百年来追求中国模式的现代化的又一重大历史抉择。

本研究的理论创新，就在于强调核心国金融资本恶性扩张的"双重成本转嫁"主导了 E7 各国危机的演化。其中较特殊的现象是：全球危机之下 E7 各国相继堕入"发展陷阱"之际，唯有中国仍然保持贸易盈余和外资进入"双重增加"，同期造成国内货币大规模"对冲增发"，而迅速向金融资本经济跃升！由此可能演化为以下两种情形。一方面，中国作为人口众多的超大型国家，因坚持金融主权而得以在自己国家范围容许金融资本异化于实体经济，这是与没有条件实现资本市场和外汇兑换管制的其他六国的体制最大的不同，但也构成了通胀基础。所以，在美国 2018 年发起贸易战、2019 年公开把中国作为排名第一的对手而发起"新冷战"、2020 年借助疫情推行"去中国化"的打击下，一旦外资逆转为净流出，就必然引发中国金融危机。另一方面，更为吊诡的是，本来就只"善谋内事"而不善于金融资本国际竞争的财经高官们，在内心对美国主导金融秩序认同的情况下，却反过来被这种制度牵着鼻子走向中美金融资本对撞！

好在，中国早在 2013 年就确立了朝向生态文明的重大转型，2017 年确立了支撑生态文明转型的乡村振兴，2019 年推出金融供给侧改革，2020 年遭遇"去中国化"，则提出"国内经济循环"的对策。这些堪称未雨绸缪的大政方针，都有助于中国应对全球化解体这一前所未有的巨大挑战。

第二章
土耳其：地缘格局重构中的"土耳其症候"

当美国借助新冠肺炎疫情暴发破坏全球供应链的历史时机发起"新冷战"，老调重弹地提出冷战时期的"一个世界两个体系"之际，大多数非核心国家不得不选边站。由此，我们在本章中提出"土耳其症候群"（Turkey Syndrome）①的尴尬，对于任何试图被接纳为"半核心"或"半边缘"国家而言，都如同人们本来就知道"不能拔着自己的头发离开地球"那样值得反思……

西方媒体将土耳其长期面临的经济状况归纳为"土耳其症候群"，这有助于我们理解该国在全球化经济分工中由特定角色所决定的经济现象。但我们认为，只有把土耳其在东西方之间占有的特殊地缘政治位置分析纳入"症候群"之中，方能全面理解土耳其的特殊状况。在一定程度上，土耳其的经验教训更多归因于地缘政治。**"得也地缘，失也地缘"，这就是"土耳其症候群"原因的概括性表述**。图2-1则形象地、直接地说明了土耳其所遭遇的尴尬。

土耳其地跨欧亚大陆、扼守北方国家南下地中海的战略要冲。作为综合国力曾经很强的伊斯兰国家之一，土耳其原本在第一次世

---

① "土耳其症候群"是西方媒体对于土耳其长期面临的经济状况的描述：高度依赖外国投资拉动经济，对国际投资环境高度敏感，虽然因特殊地缘战略位置而有外国资本流入，但因长期贸易逆差及经常账户赤字，导致外债攀升，出现资产泡沫，因而造成币值及金融体系不稳定，面临外国投资突然大规模撤出之风险隐患。

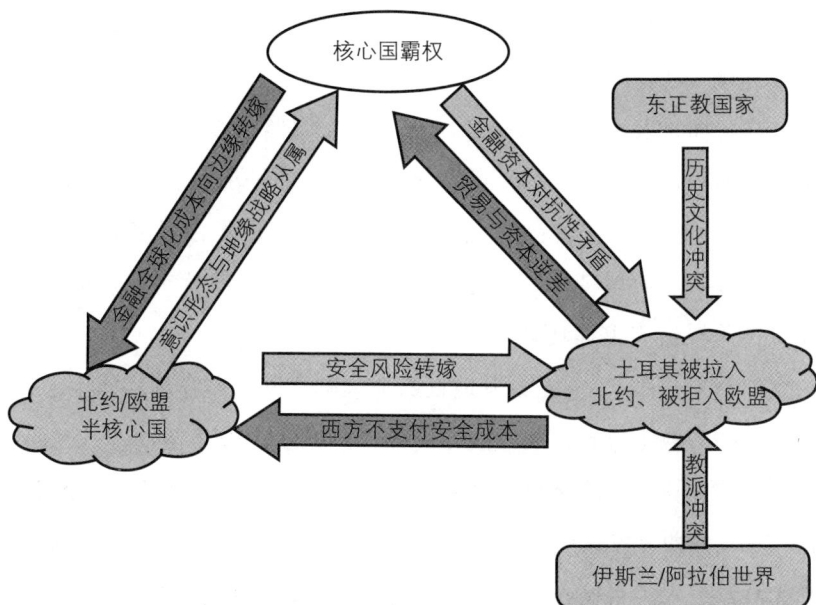

图 2-1 地缘政治、宗教文化与土耳其发展的多元悖论

界大战之后的 20 世纪 20 年代以来就开始推进西方化……按理说，**历经近百年从精神到物质的全面西化改革，核心国主导的西方早就应该认可其梦寐以求的半核心国地位，但实际上，土耳其却被核心国及其战略性从属的半核心地区的西方国家一致"排异"。**

于是，土耳其虽然拼尽身家，但至今在"核心—半边缘—边缘"的依附性结构中，也只是"半北约+0 欧盟"的次级半边缘地位。

这个次级半边缘的尴尬国家，与 20 世纪 90 年代苏联东欧解体之后的那些国家类似，只不过被"后冷战"意识形态包装成甘饴美味，使那里的主流们自欺欺人地强调为"享受"新制度。唯有曾经同处于核心地位的俄罗斯人不甘食其残羹冷炙，遂于 21 世纪做再度奋起之"悲剧性"的努力……

实际上，**土耳其之所以被西方当作地缘战略要冲和前沿，根本原因是大力推进西方化改革使其"四面受敌"**：其与欧洲之间还隔着被西方势力人为地边缘化了的斯拉夫东正教地区；其与美国构建的亲美伊斯兰国家之间，也隔着被西方势力先培植后抛弃的边缘化的宗教极端主义和不同教派冲突地区。

这一带的复杂宗教族群文化被冷战意识形态长期浸淫，再叠加大国分割控制的地缘政治环境，导致土耳其的经济发展与国家安全，目前正面临"东西"两难、回归伊斯兰世界更难的"多元悖论"。其在产业资本阶段或多或少地还算能够占据的地缘优势，反而在金融资本阶段造成土耳其的发展停滞。

"二战"后，土耳其以其地处欧亚大陆之间、扼守苏联南下通道这种独特的地缘位置，成为西方世界不可或缺的战略盟友。一方面，其因为重要的地缘战略价值被纳入北约，长期得到美欧的军事援助，国内也按照西方模式推行多党制议会民主；但另一方面，却遭遇**欧洲对土耳其进入"半核心国家"的双重标准：军事利用，经济排斥**——无论怎样认同或照搬西方体制，仍因国家政治中的宗教内涵和历史文化等方面的差异而不被认为是欧洲国家，也不被允许加入欧盟。

从 20 世纪 80 年代开始，土耳其也与中国一样，与经过初步工业化势必融入国际贸易、接受西方产业资本转移的"转轨国家"类似，改变以往发展国有企业的方针，在推行私有化改制的同时朝外向型经济转变；并且，在经历 21 世纪初的严重金融危机后，2002 年上台的正义与发展党（AKP）加快推行新自由主义改革，其主要内容仍然为将国有资产私有化，这使土耳其赢得国际投资者的青睐。

但这比其他国家外资流入造成短期资产价格提升效应的情况更差，因为土耳其是遭遇金融危机、资产价格下跌的时候推进私有化，只能短期得到外资流入带来的资本账户盈余，却并未带来所期望的经济活力提升，反而加剧了国民收入分配失衡①，经济发展动力始终摆脱不了金融泡沫化，发展的基础难以稳固。

---

① 参阅田文林著：《困顿与突围：变化世界中的中东政治》，社会科学文献出版社 2016 年版，第 185—197 页。

2007 年美国"次贷危机"引发 2008 年华尔街金融海啸以来，海外需求持续下降，幅员相对狭小的土耳其难以转为内需拉动，于是经济增速放缓，增长陷入停滞。

以下各方面可以说明土耳其当前经济的脆弱性。

一、国际收支经常账户及贸易持续赤字

土耳其数十年来一直录得贸易赤字，如图 2-1 所示，在 2000 年推动新自由主义改革以后更加恶化，这说明其私有化引进外资的经济改革并没有加强本国产业的生产力。尤其是中东国家在美国实行量化宽松政策时期，连续向历史期货市场注入过大流动性，造成价格暴涨，并且因食品短缺而导致"颜色革命"和内部战乱以来，大量难民涌入，不仅恶化了财政及贸易赤字，而且使其长期化。

图 2-2 表明，土耳其的国际收支经常账户在 2001 年美国 IT 泡沫崩溃危机之后的 2002 年开始形成逆差，2004 年以后逐渐恶化，2009 年全球危机导致欧洲债务危机，2011 年土耳其国际收支经常账户逆差触底。换言之，即便私有化改革当期吸引了国际资金流入，

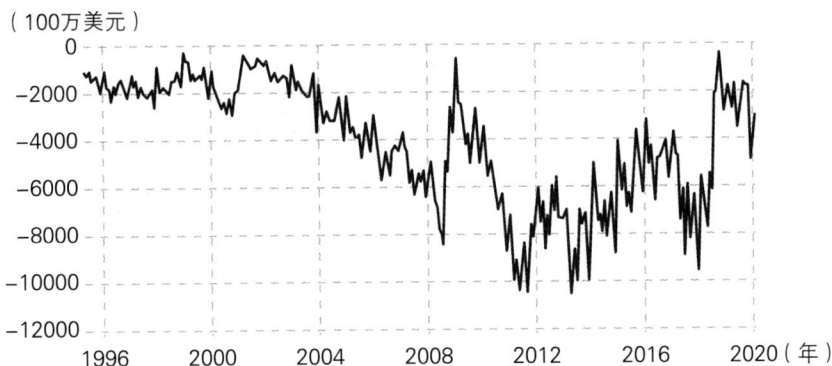

来源：全球经济指标数据网/土耳其统计局。

图2-2　土耳其贸易差额（1995—2020 年）

其主要目的是"抄底"获利,但总体而言土耳其十多年来是持续处于资金流失状态的。

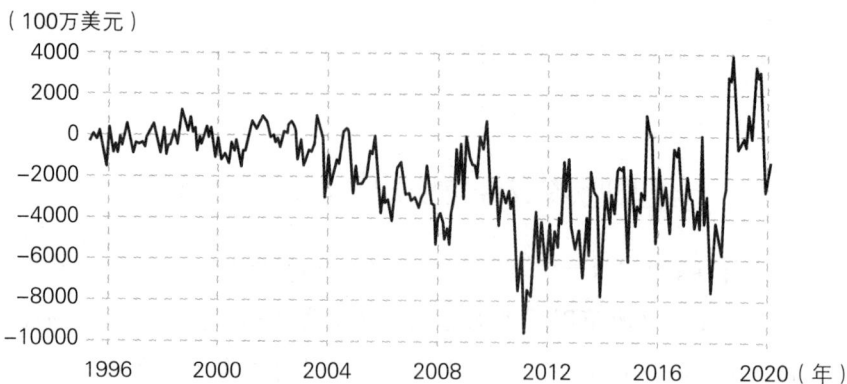

（100万美元）

来源:全球经济指标数据网/土耳其中央银行。

图2-3　土耳其经常账户（1995—2020年）

图2-4中数据表明,土耳其的经常账户逆差在2011年曾经达到GDP的8.9%的规模。贸易差额及经常账户都常年处于赤字的外向型经济对本国的经济必然存在长期的负面影响。

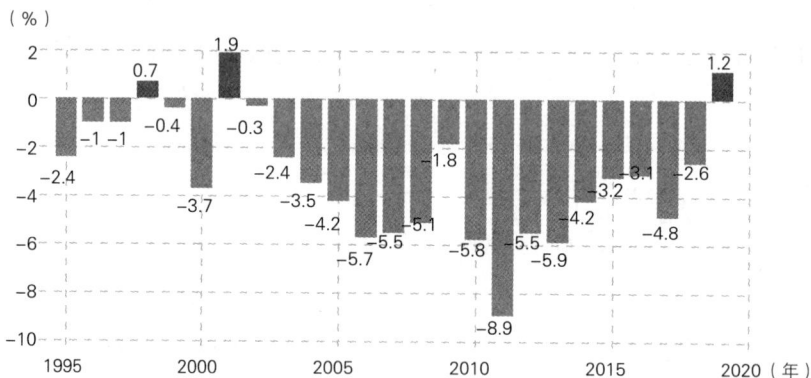

（%）

来源:全球经济指标数据网/土耳其中央银行。

图2-4　土耳其经常账户占GDP比例

图2-5中,2013年土耳其的经常项目赤字与GDP的比值为6.8%,几乎3倍于巴西、2倍于印度尼西亚,为新兴七国之冠,紧

随其后的是南非、印度。

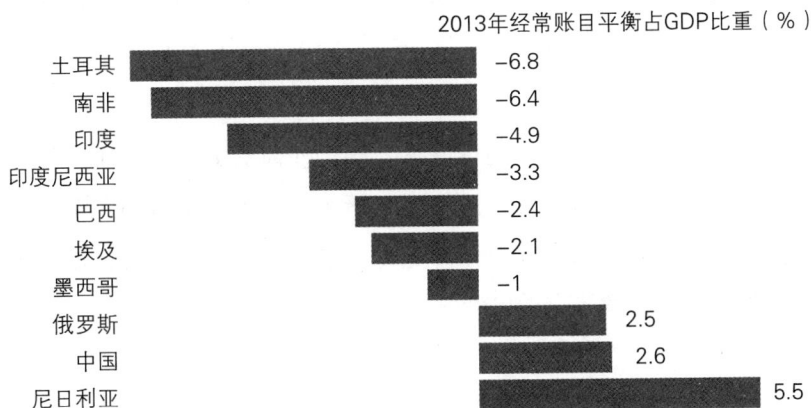

图 2-5　新兴国家 2013 年经常账户平衡与 GDP 比

来源：Quartz | qz.com；IMF 估算。

事实上，近年新兴七国中只有中国和拥有丰富石油及农业资源的委内瑞拉及印度尼西亚录得较长期的持续外贸盈余。

通过新兴七国的比较研究，我们认识到以下全球化背景下国家竞争的规律：

只要存在长期贸易逆差，就会形成巨大外债。并且，无论是私人的还是官方的外债，都势必转化为国家财政赤字和通货膨胀，对本国主权货币及与核心国家过剩资金交易的汇率构成负面影响。在这种情况下，只要该国接受新自由主义意识形态和金融全球化的制度要求，放弃对资本流动的管制，就必然遭遇热钱投机做空的金融危机。

土耳其的经验教训，恰好验证了我们在新兴七国研究中总结出的这个规律。

二、外债持续攀升

理解土耳其长期录得贸易及资本账户双赤字的成因，就不难明白该国近年的困境其实与很多陷入发展陷阱的边缘国家相似。具体来说，就是高度依赖外债——经济发展高度依赖外国投资，以致累积的外债数额持续攀升。换言之，内生资本缺乏拉动国内经济增长的能力。

在对外贸易长期赤字的情况下，偿还外债资金筹措困难，偿付外债本息压力将不断增大，如图2-6所示。除了用本国的资源和资产抵债之外，只有请求债权国减免债务或债务展期；为此，债务国就得按照债权国的要求做出诸多让步。

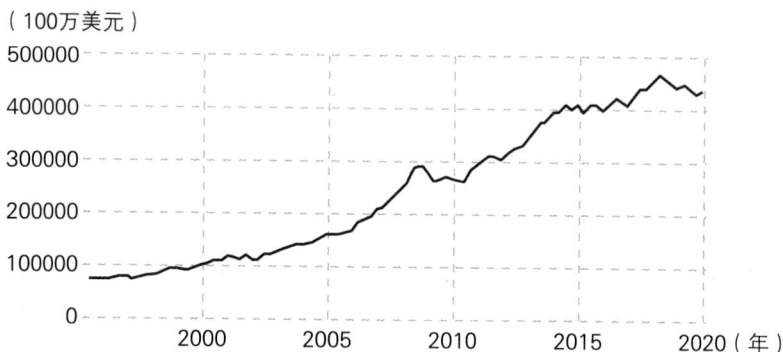

（100万美元）

来源：全球经济指标数据网/土耳其财政部。

图2-6　土耳其外债（1995—2020年）

但这只是一般情况。截然相反的是，美国作为最大政治强权维护的核心国，其对外的国际债务往往是依靠全球霸权的军事实力和操控金融规则而得到无限展期，或者通过汇率操控而达到实质性的免除。这也是美国之外的任何国家都不可能照搬美国"先进"制度的内在原因。

三、外国直接投资与土耳其的外资依赖

经历2001—2002年的多重经济危机后，土耳其以外国直接投资形式注入的流动性在华尔街金融海啸前达到历史高峰，如图2-7所示，主要是跨国公司借助土耳其推进私有化开展并购投资。2008 年欧美核心国出现金融及债务危机后，外国直接投资总量曾经急降，其后美国量化宽松政策令国际游资充斥，加上海湾资金补充，流入土耳其的外资问题再次增加。但总体上呈下降趋势。

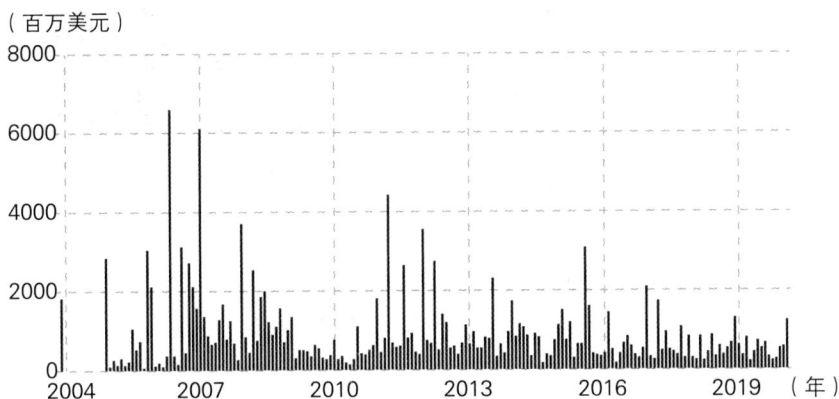

来源：全球经济指标数据网/土耳其中央银行。

图 2-7　土耳其国际直接投资

　　从外国直接投资对象更替的路径上看，前期靠私有化拉动外资带动经济增长的动能耗尽后，随着外商直接投资下降，主要投入的板块从之前的制造业转向基础建设及房地产，而近年土耳其的经济增长主要得益于后者。

　　如图 2-8 所示，2003—2014 年的 12 年间，外资公司数量增长 7 倍多；进入土耳其的外国直接投资总额已经是过去 80 年总和的近 10 倍。

　　21 世纪之初外资大规模进入土耳其的客观背景与中国一样，主要是 2001 年以美国为首的西方发生以 IT 泡沫崩溃为标志的新经济危机之后，大量产业资本寻求避险流出西方国家，转而投入适合外资，并且基础设施条件好的发展中国家。土耳其得益于其地处欧亚交界之地缘优势和要素价格大幅度低于欧洲工业化地区的比较制度优势，因而有大量外资进入的现象。

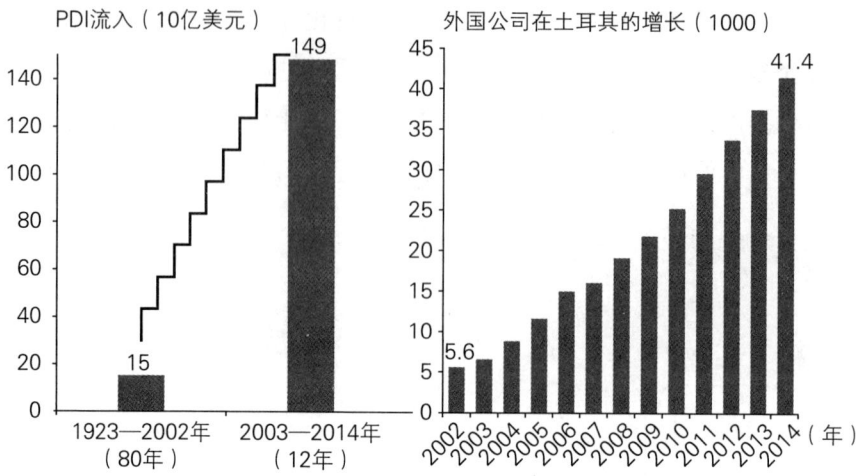

注：土耳其改善投资环境使其成为吸引外国直接投资的磁铁。

图2-8　土耳其引进的国际直接投资

不过，西方产业资本转移到投资条件适宜的发展中国家，一般都会使接受国的产业经济有短期增长，促使其精英集团把外资流入造成的增长当作政绩。于是，在这种粗俗政治倾向及为其服务的庸俗化意识形态的共同作用下，社会主流几乎一面倒地亲外资。

四、"热钱流入—基础建设拉动" 的增长模式成强弩之末

这种外国投资加速发展中国家纳入全球经济一体化的同时，也必然使之随经济危机周期的全球化而出现大起大落：受2007年美国"次贷危机"和2008年华尔街金融海啸的影响，2009年全球需求明显下降，直接影响接受西方资本形成本国产业的国家——土耳其跟中国的情况相似，都出现了因外需下降造成的经济增长乏力，随之在土耳其国内演变成经济危机。

据此来看，土耳其的经济发展之路一直跌宕起伏，如坐过山车般大起大落，大量外国直接投资涌入，并未使土耳其形成稳健的增长模式，如图2-9所示。

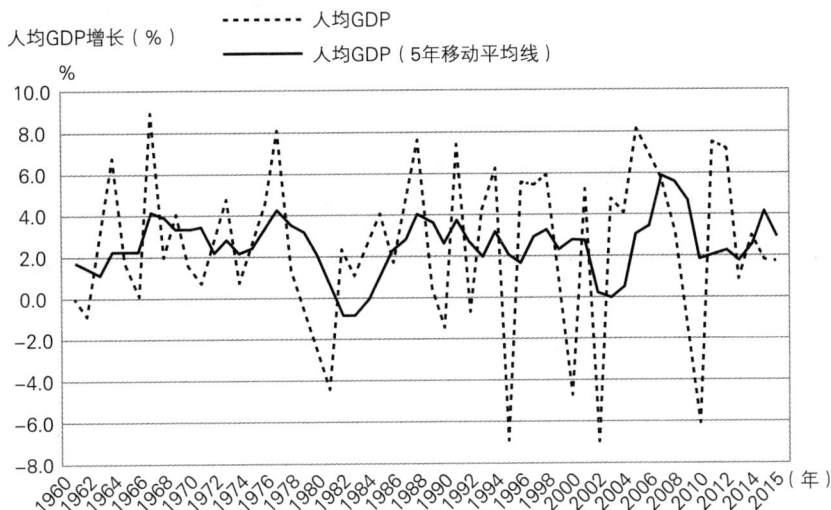

来源：土耳其统计局/土耳其发展部。

图2-9 土耳其的人均GDP增长率

图2-10 中曲线表明，土耳其高度依赖外资及外债的外向型经济缺乏内生发展动力，人均 GDP 增长率跌破 0 值的年份分别是1994（-4.67%）、1999（-3.39%）、2001（-5.96%）、2008—2009（-4.70%），与欧美核心国爆发的危机有很强的关联性。

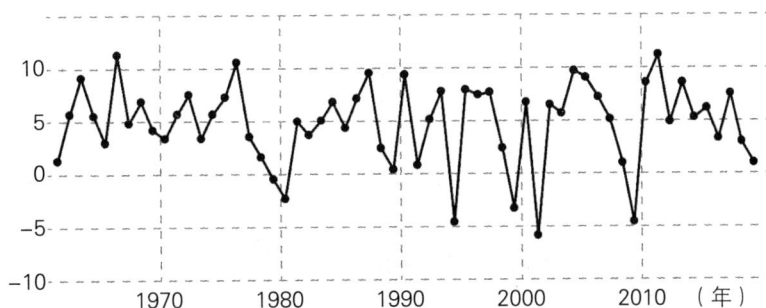

来源：https://www.macrotrends.net/countries/TUR/turkey/gdp-growth-rate。

图2-10 土耳其 GDP 年增长率（1961—2020 年）

土耳其的经济高度依赖外部资本流入，推动经济增长的基础不稳固。2008年华尔街金融海啸相继爆发，因外部资本流入减少，土耳其国内经济出现大幅收缩。其后虽然依靠波斯湾地区资金补充、私人消费（基于信贷膨胀），以及政府在基础建设和房地产领域的公共开支的拉动，经济增长曾经大幅反弹，但当前已缺乏新动力，只能主要依靠发展动力亦趋于耗尽的固定投资拉动经济增长（见图2-11和图2-12）。

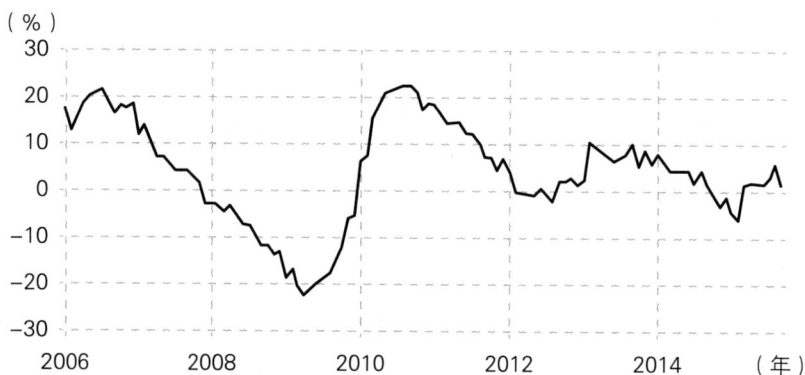

来源：全球经济指标数据网/欧盟统计局。

图2-11　土耳其建筑部门产出指数

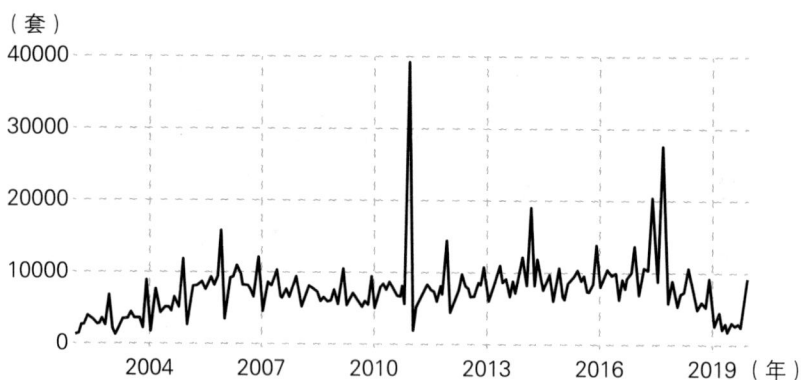

来源：全球经济指标数据网/土耳其中央银行。

图2-12　土耳其房屋开工率

如图 2-13 所示，"二战"后土耳其急速城市化。目前土耳其的城市化率已达欧洲先进国家的水平（2014 年土耳其城市化率为72%，德国为75%）。事实上，国土面积狭小的国家投资空间有限，很难长期靠基础设施建设和房地产投资维持增长。这也是土耳其在达到72%的城市化率后，经济发展的内部动力"换挡"并后劲不足、日渐衰微的原因之一。

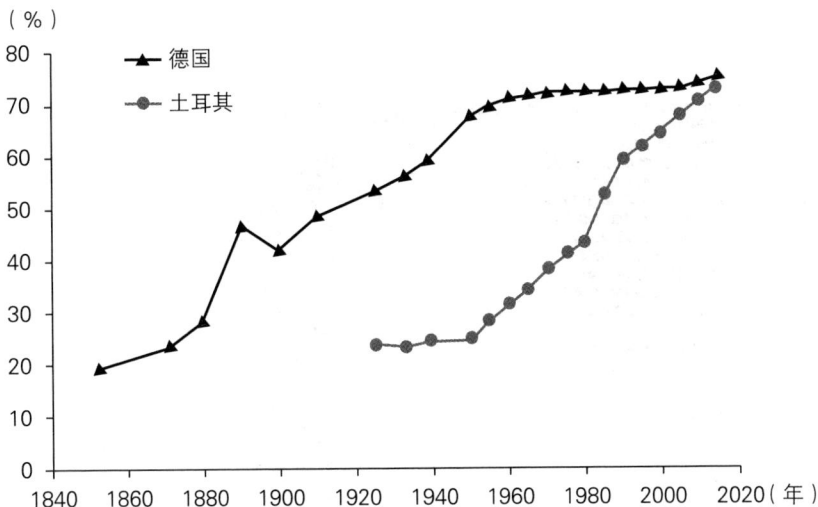

来源：《赫里耶特日报》（*Hürriyet Daily News*）官网。

图 2-13　土耳其与德国城市化率比较

五、"土耳其症候"

土耳其的发展不仅过度依赖外来投资，而且未在外资流入、收益有所增加的高增长时期有意识地形成良性产业结构，也没有像中国那样借助国家干预培养出有效的内部发展动力。因此，土耳其的外资撤出风险是新兴七国中最高的。持续多年的贸易逆差及经常项目赤字、外债不断攀升、经济泡沫化，形成"土耳其症候"。

土耳其"二战"之后开始的多年的工业化努力，曾经建立了较好的工业基础，但近年土耳其拉动经济增长的模式不是强化及提升其工业产能，而是倾向于金融化主导的资本累积（这一点也与中国类似），导致土耳其经济具有泡沫化的性质。

《经济学人》制定的新兴市场资本冻结指数包括经常账户、外债、信贷增长、Chinn-Ito 金融开放度等因素，反映了新兴市场的资本流出风险。

图 2-14 揭示了 E7 各国的风险变化。

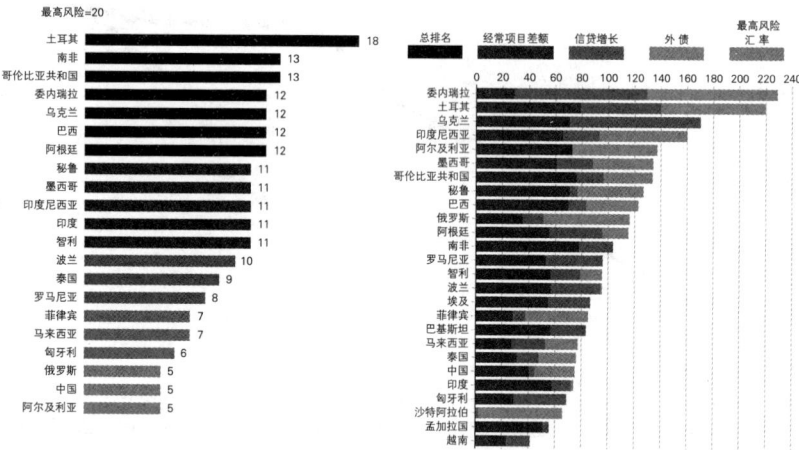

来源：英国《经济学人》官网。

注：左图 12 以上属高风险、7—11 属中等风险、6 以下属低风险。右图 2014 年更改了指数算法，300 为最高风险值。

图 2-14　新兴市场资本冻结指数（2012 年、2014 年）

根据这一指数，在 2012 年和 2013 年，土耳其面对资本突然撤出的风险乃新兴市场之最（2014 年才被处于严重政治经济危机的委内瑞拉超越），新兴七国中的其余六国，南非、巴西、委内瑞拉处于危险区，印度尼西亚和印度均属中等风险，唯有中国为低风险。直到 2014 年，印度才降至低风险（注意：此指数并没有把社会矛盾冲突的因素纳入考虑）。

六、排斥性发展导致社会矛盾

2013 年 5 月美联储试探性地释放结束量化宽松的信号，引发全球新兴国家经济的剧烈震荡，也激发各国积累已久的社会矛盾。2013 年 6 月，土耳其出现剧烈的社会冲突，伊斯坦布尔政府计划发展塔克西姆广场及盖兹公园、兴建购物中心成为此次事件的导火索。①

塔克西姆广场的所在地又称独立大道，是土耳其独立运动的象征性地标，因近年土耳其靠扩张基础建设及地产项目来维持经济增长，故而伊斯坦布尔市区多处进行拆迁重建，遂引发了千名抗议群众的游行示威，并演变为与镇暴警察的对峙和冲突。这场社会运动也是群众对政府多年来一直推动新自由主义而刻意对民族国家去政治化的反弹，但当即遭到当局铁腕镇压，造成多人死亡，并且在驱散群众时使用越南战争时用的橙烟，致使多人单目永久失明。为此，同年 12 月，全国多个城市又爆发针对政府贪腐丑闻的示威，致使政局持续动荡。

社会矛盾爆发的背后原因是土耳其的发展困局。

与中国在 20 世纪 80 年代开始市场化改革带来多次输入型的周期性经济危机的情况相类似，土耳其 1989 年以来的自由化改革，导致其 20 世纪 90 年代经济急剧波动。经历 1994 年、1998 年两次危机后，在 2000 年 1 月—2001 年 2 月爆发双重危机——国际收支平衡危机及银行体系危机。严重经济危机导致政治动荡，土耳其遂被迫接受 IMF 和世界银行主导的结构性改革。

自 1999 年和 2001 年的严重经济危机以来，土耳其靠私有化及金融自由化吸引热钱流入，推动并非就业导向的经济增长（就业率

---

① ［土耳其］加利普·亚尔曼：《从盖兹抵抗到现象：土耳其政治格局的轮廓》（*From Gezi Resistance to the Present: The Contours of the Turkish Political Landscape*），http://taksimdayanisma.org/?lang=en。

仅占劳动力的 44% 左右，官方失业率在 9%—10%，青年失业率约 17%），并推行公共财富私有化的结构改革，以此催生投资甚至投机机会以吸引国际资本持续流入，但同时造成国民收入分配不平衡的问题。

田文林指出："在推行新自由主义政策第一阶段的 13 年里 （1984—1997 年），土耳其 GDP 增长 125.8%，人均收入增长 60.6%。但接下来的 12 年中，国民收入增长 38.3%，人均收入只增长 9.6%，年均增长不足 1%。换言之，近 30 年来，土耳其经济是 '有增长无发展'，经济数量看似增加，实际人均收入却在急剧下降。"[1] 而这一点，对于采取私有化导向的经济制度转轨的国家而言，是共性特征。

人均收入增长乏力的同时，也出现了严重的收入分配不平衡问题，两极分化明显。根据瑞士信贷《2014 年全球财富报告》，土耳其最富有的人口占全国总人口的 10%，所占全国财富比例竟高达 77.7%，财富分配不均程度全球仅次于俄罗斯（见表 2-1）。

表 2-1　2000—2014 年各国最富有的 10% 人口占全国财富比例及变化幅度

国家/地区	最富有的 10% 人口占全国财富比例	2000 年至 2014 年间变化幅度	国家/地区	最富有的 10% 人口占全国财富比例	2000 年至 2014 年间变化幅度
俄罗斯	84.80%	7.70%	墨西哥	64.40%	−4.50%
土耳其	77.70%	11%	中国大陆	64.00%	15.40%
中国香港	77.50%	11.90%	奥地利	63.80%	0.80%
印度尼西亚	77.20%	6%	波兰	62.80%	−7.10%
菲律宾	76.00%	−3.00%	韩国	62.80%	9.60%

---

① 参阅田文林著：《土耳其经济私有化的后果及教训启示》，观察者网 2016-06-03。

（续表）

国家/地区	最富有的10%人口占全国财富比例	2000年至2014年间变化幅度	国家/地区	最富有的10%人口占全国财富比例	2000年至2014年间变化幅度
泰国	75.00%	0.60%	中国台湾	62.00%	7.70%
美国	74.60%	0.00%	德国	61.70%	-2.20%
印度	74.00%	8.10%	阿联酋	60.40%	1.30%
秘鲁	73.30%	0.00%	新加坡	59.60%	-6.40%
巴西	73.30%	3.90%	爱尔兰	58.50%	0.30%
埃及	73.30%	12.30%	葡萄牙	58.30%	0.50%
瑞士	71.90%	-1.50%	新西兰	57.00%	-5.30%
马来西亚	71.80%	-5.20%	加拿大	57.00%	-4.50%
阿根廷	71.80%	8.70%	希腊	56.10%	1.30%
南非	71.70%	-0.50%	西班牙	55.60%	1.50%
智利	68.90%	1.30%	荷兰	54.80%	-0.40%
瑞典	68.60%	-1.10%	芬兰	54.50%	-0.50%
丹麦	67.50%	-1.40%	英国	54.10%	2.60%
捷克	67.30%	4.60%	法国	53.10%	-3.30%
以色列	67.30%	4.90%	意大利	51.50%	-1.10%
沙特阿拉伯	66.40%	-6.90%	澳大利亚	51.10%	0.00%
挪威	65.80%	-1.20%	日本	48.50%	-2.50%
哥伦比亚	65.20%	-4.20%	比利时	47.20%	-0.30%

来源：瑞士信贷2014年全球财富报告，观察者网。

　　表2-1的数据显示的新兴七国的排序为土耳其、印度尼西亚、印度、巴西、南非、中国（缺少委内瑞拉数据）。任何国家可以有不同制度和维护那些制度的不同意识形态，但只要社会财富分配失衡严重，富者益富、贫者益贫，就势必成为社会动荡之源。

七、从凯末尔主义到新奥斯曼主义

2002 年上台执政的正义与发展党政府一方面因推行新自由主义改革而获得西方的称许及外国投资者的青睐，但另一方面，带有保守主义民粹色彩的新政府调整了土耳其过往亲欧美的外交政策，转向奉行多边主义，加强与伊斯兰世界乃至俄罗斯的关系，因而引起传统西方盟友的不满。

"脱亚入欧，加入欧盟，成为一个现代化的欧洲国家"，这曾经是土耳其凯末尔主义者的目标。但欧盟对这个伊斯兰邻居始终抱持文化排异的态度，在欧盟成员身份上设置障碍。虽然土耳其人不满，但**不可能改变在同一地区诞生的两种单一神祇的宗教政治对立**。随着欧盟发展停滞及陷入债务危机，土耳其近年不再热衷于加入欧元区。

正义与发展党（AKP）倡议意识形态身份认同，尝试使土耳其从多年追求"现代化/欧洲化"的凯末尔主义转向拥抱昔日**作为一个幅员广阔的伊斯兰东方帝国文化价值的新奥斯曼主义**，期待挣脱长年作为北约和欧洲的地缘战略前线的角色，成为自主的区内主导性势力。[①]

土耳其这个无奈之中的战略转向，对欧亚非三大洲交界处本来就复杂的地缘政治格局，造成巨大不确定性和大国介入的机会。

延伸阅读

9

奥斯曼帝国与现代欧洲

第一次世界大战瓦解了两个历史悠久而组成复杂的帝国——

---

① 参阅盘古智库课题组：《大选之际看土耳其——历史遗产、地缘政治及与中国的相关性》，2015-06-06。

奥匈帝国及奥斯曼帝国，改写了东欧及西亚广大地区的政治版图，其余波一直影响整个 20 世纪的地缘政治。

延续了 600 多年的奥斯曼帝国，在全盛时期是一个覆盖西亚、欧洲东部、阿拉伯半岛、北非乃至延伸到中亚的庞大帝国。在欧洲陷于黑暗中世纪的时期，奥斯曼帝国曾经因垄断了西欧及亚洲之间的贸易而致富，由此带来商业的繁荣，高度发达的科学和文明曾经领先欧洲。虽然伊斯兰的奥斯曼与基督教欧洲长时间处于对立或竞争状态，奥斯曼帝国被视为欧洲势力的边缘，但奥斯曼帝国也是欧洲各国没有全面开拓海上通道之前因国际贸易而不得不接纳的重要政权；在某些时期，因欧洲内部复杂的政治及军事斗争，而与不同欧洲国家建立同盟关系。实际上奥斯曼帝国与欧洲各国共同塑造了近代欧洲历史。

17 世纪，欧洲借助航海大发现推行殖民化、占有海外巨大收益时，奥斯曼帝国的发展却开始停滞，并因无力与新崛起的欧洲争夺势力范围而走向衰落。1839 年的坦齐马特（改革）法令开启了帝国的漫长现代化进程，但 19 世纪欧洲民族主义的兴起也推动了奥斯曼帝国的解体。20 世纪初，帝国逐步失去巴尔干地区的领地，可以说是第一次世界大战的前奏。

第一次世界大战结束后，奥斯曼帝国正式解体，在昔日横跨欧亚非三大洲的大帝国的土地上建立的国家多达 40 个。欧洲列强瓜分奥斯曼帝国剩余部分的企图，引发了土耳其独立战争（1919—1923 年）。苏丹被废除并驱逐，土耳其成为一个世俗化民主政体国家，继续推动现代化，并试图融入欧洲。

整理：黄钰书

八、土耳其近年试图扩张地缘影响力

由于美国近年的地缘战略调整造成近年区内政治形势急剧转变，再加上持续的严重军事冲突，土耳其的外交政策变得模糊，引起西方阵营"是否正在失去土耳其"的质疑。

在此之前，土耳其在区内的地缘定位是很清晰的，就是作为美欧与伊斯兰世界的中间人，居中发挥影响力，而不是明显地倒向一边。土耳其前外相达乌特奥卢曾经为土耳其的外交策略制定了五项原则：

①强调民主制度与国家安全是相互促进的，民主制是土耳其拥有的软实力；

②与邻国的"零问题政策"（zero problem policy）；

③不仅与临近地区发展关系，还要与更远的地区发展关系；

④坚持多维度的外交政策，强调互补性而非竞争；

⑤实践有节奏的外交（rhythmic diplomacy），即强调对重要国际组织及其活动的参与，并在其中建立和强化土耳其的影响力。[①]

任何党派的土耳其政治家都明白，土耳其的影响力始终在于其扼守俄罗斯南下地中海的通道，而这与霸权国家的战略利益密切相关。**这种对西方世界的特殊地缘战略价值，使土耳其不可能只看本国实际利益而不顾西方的好恶**。例如，土耳其一度有意采购中国的导弹防卫系统，最终因为美国的压力而取消了。

但这几年随着区内地缘格局遽变，区内的地缘政治形势变得更加复杂险峻。土耳其对于众多国际问题的立场都引起不少争议，以致有评论称土耳其外交已从"零问题"变成"零朋友"。也许是因为新自由主义改革造成国内贫富悬殊、社会撕裂，政局日渐不安，需要点燃民族主义情绪转移国内视线，所以土耳其执政党放弃立国

---

① 参阅盘古智库课题组，《大选之际看土耳其——历史遗产、地缘政治及与中国的相关性》，2015-06-06。

以来的凯末尔主义，转而提出新奥斯曼主义，大有复兴昔日奥斯曼帝国在广泛西亚地区具有影响力的宏图，成为地区霸权。粉碎 2016 年政变企图后，土耳其总统埃尔多安在国内进行政治大清洗①，与西方的关系更为紧张，也因此只能转而加强与俄罗斯的关系。

延伸阅读

10

土耳其近年积极介入地区冲突

美国耗费 5 万亿美元，仍然无法在军事上稳住中东，最终只能撤出伊拉克和阿富汗。撤出前后，美国改变策略，在中东实行焦土政策。凡是无法在军事及政治上控制的国家，都必须颠覆其政权，引爆地区战争。于是美国、以色列扶植"ISIS"等伊斯兰激进恐怖主义军事组织或反政府力量，接连引发了利比亚、也门、叙利亚等国的人道主义灾难，难民危机波及欧洲，也间接削弱了欧盟及欧元的力量。

美国的焦土政策虽然取得成效，令欧洲陷入分裂危机，但在对付什叶派国家上，却功败垂成。美国给予叙利亚反政府武

---

① 2016 年 7 月 15 日，土耳其主要城市再次爆发军事政变，政变以失败告终。据估计有 270—350 名士兵在冲突中丧生，179 名平民死亡，2185 人受伤。总统埃尔多安指责是流亡美国的教士葛兰（Fethullah Gülen）背后策动政变，并谴责美国提供庇护。但葛兰否认与事件有关。其后有 15846 名士兵及司法人员被扣押，其中 8133 人被正式拘捕。另外 48222 名政府官员及雇员被暂时停职（包括多名官方将领、2700 名法官及 15000 名教师）。3 家新闻社、16 个电视台、23 条电台频道、45 份报章、15 本杂志及 29 个出版社被勒令关闭，有评论认为总统借机进行政治清洗。土耳其政府指责美国 CIA 及退休美国将军背后支持政变，也令两国关系紧张。其后土耳其国内爆发多起恐怖袭击，多名平民伤亡。2016 年 11 月又拘捕 12 名亲库尔德的国会议员。https://en.wikipedia.org/wiki/2016_ Turkish_ coup_ d%27%C3%A9tat_ attempt。

装力量武器及金钱的支持①，包括"ISIS"等（美国表面上空袭"ISIS"，实际上是为反叙利亚政府武装力量提供空中掩护）。可是叙利亚是俄罗斯在中东的盟友，也是俄罗斯海军可以利用地中海军事基地的重要地缘战略据点。俄罗斯决定强势军事介入，并随后稳住了局势，令叙利亚反政府武装节节败退。美国新总统特朗普最后只得决定取消已投入近10亿美元的中央情报局颠覆叙利亚政府计划②。

土耳其对叙利亚问题的立场也出现重大转变。在叙利亚内战初期，土耳其以其一贯北约成员的身份，忠诚地作为美国区内军事行动的后勤，甚至不惧击落俄罗斯战机。但随着受美国支持的库尔德武装力量在伊拉克内战及叙利亚内战中不断成长壮大，库尔德建国运动的呼声也日益高涨，这直接损害了土耳其及伊拉克等国家的领土完整，触动了其核心利益。

当年大英帝国撤出中东时，划定各方势力使他们互相制衡，以便有机会介入继续发挥影响力。在英国的地缘谋划中，库尔德人成为牺牲者，他们不仅无法建立自己的民族国家，其传统民族活动领地甚至被数国瓜分。美国入侵造成伊拉克分裂的结果是，伊拉克北部实际上已经成为一个被库尔德人控制石油且高度自治的地区。库尔德问题一直是土耳其内政中最紧张

---

① 美国在南斯拉夫战争和第二次海湾战争中好用的"捏造罪证指控以合理化入侵"策略，在这次叙利亚内战中更上一层楼。叙利亚激进武装组织编导了白头盔（White Helmet）等伪宣传战，伪造叙利亚政府违反人道、使用生物武器的所谓罪证，并且在国际媒体之间博得同情。

② ［美］马克·马泽蒂，亚当·戈德曼，米歇尔·施密特：《10亿美元中央情报局颠覆叙利亚政府秘密计划的突然破产背后》（Behind the Sudden Death of a $1 Billion Secret CIA War in Syria），《纽约时报》2017-08-03。

的部分。土耳其在叙利亚内战初期，趁国际社会打击伊斯兰国之声势，对境内的库德尔人进行打击。[①] 与美国关系变得紧张后，土耳其转而与叙利亚和俄罗斯联手，加上伊拉克，合作打击区内库尔德独立运动武装力量。

美国在叙利亚功败垂成，转而挑拨逊尼派与什叶派国家之间的矛盾。美国总统特朗普 2017 年 5 月访问中东期间，沙特阿拉伯承诺向美国采购 1000 亿美元军备。接下来便发生了海湾国家与卡塔尔断交风波。卡塔尔是一个国土面积很小的国家，除了容许美国建立军事基地之外，一直与中东的各种力量皆保持良好关系，面面俱到，谁都不得罪。尽管如此，以沙特阿拉伯和阿联酋为首的逊尼派国家也无法容忍，以支持恐怖主义组织及与伊朗关系等罪名，和卡塔尔断绝外交关系，逼迫卡塔尔必须选择站边。

如此一来，**美国和以色列背后支持的逊尼派国家与以伊朗为首背后有俄罗斯支持的什叶派国家，剑拔弩张**，有可能成为中东爆发地区大战的引火线。

在凯末尔主义影响下，土耳其立国以来一直是最西化、世俗化及多元化的伊斯兰国家之一，无须在逊尼及什叶两派之间选边站。在这次海湾国家风波中，土耳其高调支持卡塔尔，并声称一旦卡塔尔受威胁，愿意提供军事援助。有评论指出，土耳其高调介入中东冲突的原因是需要卡塔尔加强投资。

整理：黄钰书

---

① Juan Cole, "Turkey's New 'War on Terror' Mainly Targeting Kurds", *Informed Comment*, 26 July 15.

其实，土耳其的外交取向出现"向东转"也早有先兆，并且有现实的考虑。2008 年经济危机后，高度依赖外资的土耳其需要来自波斯湾乃至俄罗斯等"东方"国家的资金来补充减少的欧美资金。

如图 2-15 所示，2014 年 1—9 月，俄罗斯投资位列土耳其外资的第三，沙特阿拉伯也超越美国，波斯湾地区的投资基金加重在土耳其的投资。

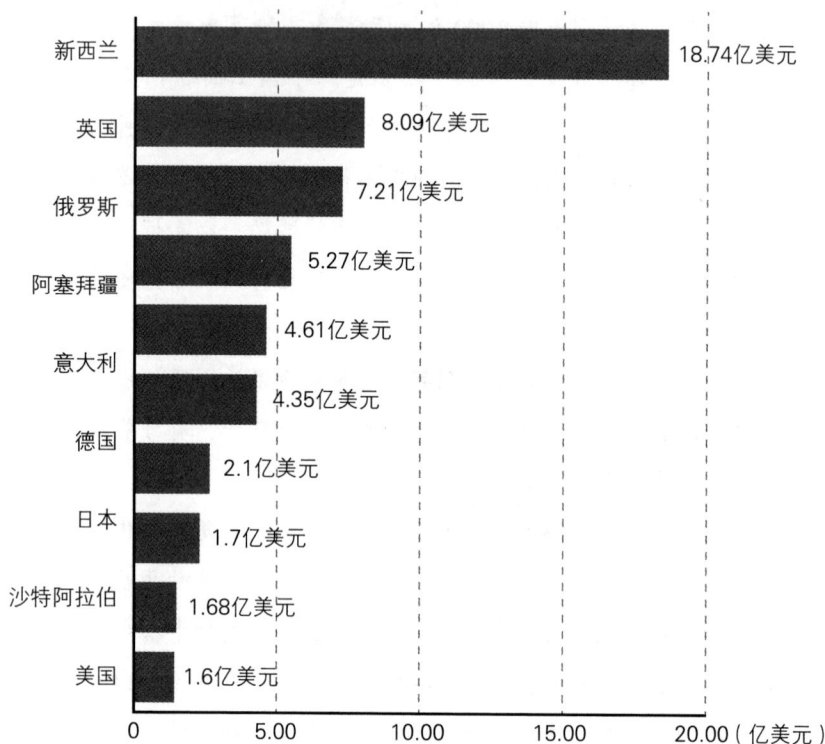

来源：土耳其中央银行。

注：仅为主权资本流入。

图 2-15 土耳其十大投资国（2014 年 1—9 月）

基于上述种种原因，土耳其有动机要摆脱北约，以及作为美国地缘战略前哨的定位，转而积极介入中东地区，试图发挥其地区霸权影响力。

不过，新奥斯曼主义虽然有复兴昔日奥斯曼帝国在西亚广泛地区具有影响力的宏图，但土耳其本身的国力无法支撑其成为这样一个"准超级大国"。

建立一个政教分离、现代化的民主政体是凯末尔主义的重要目标。但正义与发展党趋向民粹主义的新奥斯曼主义，在区内混乱的局势中愈益卷入民族主义及以宗教教派为名的军事冲突，使土耳其当前陷于非常复杂的地缘冲突局面，甚至土耳其有可能成为区内的火药库，国内的政治及社会冲突也愈益紧张。

九、锐意成为区内能源枢纽

近年作为一个高度依赖石油进口的国家，土耳其积极图谋，发展成区内的能源枢纽，利用北约东扩与俄罗斯的矛盾，以及区域冲突对北线油气管道的负面影响，力争成为欧洲能源供应通道上的重要枢纽。

如图 2-16 所示，土耳其高度依赖进口能源，并成为贸易赤字的重要部分，尤其是 2008—2014 年，美联储量化宽松导致国际石油价格猛涨，让依赖能源进口的土耳其经常项目赤字雪上加霜。

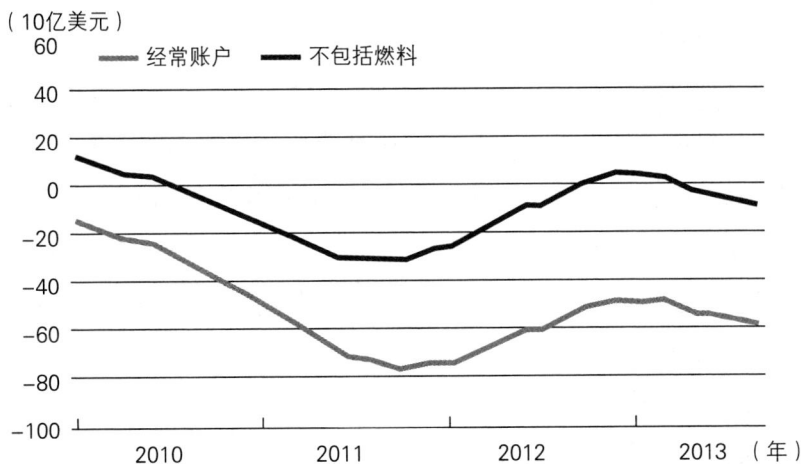

（10亿美元）

来源：哈佛和 IMF。

图 2-16　土耳其日益严重的经常项目赤字

近年来，土耳其一直争取成为欧洲两大能源管道的连接枢纽。数年前，俄罗斯曾经计划打造一条跨巴尔干管道（Trans-Balkan Pipeline，TBP），把俄罗斯的天然气经巴尔干半岛输往南欧。但随着乌克兰危机的爆发，此计划进度目前不明朗。相反，欧洲的石油巨擘正积极打造一条接通欧洲及阿塞拜疆里海天然气田的南方天然气走廊（The Southern Gas Corridor，SGC）。这不仅是世界上最复杂的天然气管道——延绵3500公里、横跨多国、牵涉以英国石油公司为首的多个投资方共计450亿美元的总投资额，而且也是在地缘政治关系上最复杂的建设项目，因涉及里海"突厥走廊"多个国家，而成为以所谓"大突厥主义"作为民族主义内涵的土耳其借机整合周边伊斯兰教地区的历史性机遇。

构想中，连接欧洲的管道网分别为经巴尔干半岛直达德国的纳布科管道，以及经希腊和阿尔巴尼亚连接意大利的跨亚得里亚海管道（Trans-Adriatic Pipeline，TAP）[①]。计划中，这两条管道都经过土耳其的跨安纳托利亚管道（Trans Anatolian Pipeline，TANAP）。目前，以英国石油（BP）为首的多家欧洲石油公司已组成集团，推动TAP计划。

这两个计划的地缘政治意义很清晰，就是要摆脱欧洲对俄罗斯天然气的依赖。

计划中的南方天然气走廊（见图2-17）由连串庞大的基础建设工程组成，把里海的天然气，还可能包括哈萨克斯坦的石油，通过复杂的管道网络最终输送至欧洲。这项庞大计划的第一部分是阿塞拜疆和格鲁吉亚的南高加索管道（South Caucasus Pipeline），然后经过土耳其的跨安纳托利亚管道，再连接上分别送往南欧及东欧的管道网。

---

① TAP投资项目的股份组成：英国石油（BP）20%，阿塞拜疆国家石油（SOCAR）20%，挪威国家石油（Statoil）20%，比利时天然气（Fluxys）19%，西班牙天然气（Enagás）16%，瑞士公用事业公司（Axpo）5%。

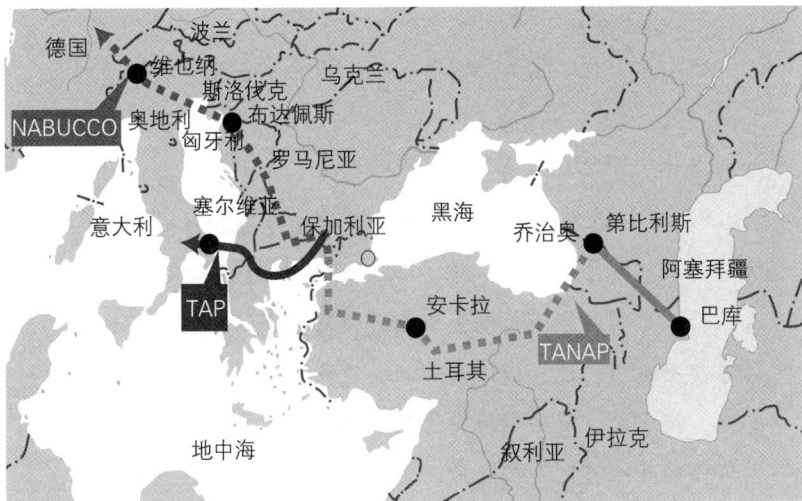

来源：http://www.hurriyetdailynews.com/italy-greece-welcome-selection-of-tap-gas-%20route.aspx?pageID=238&nID=49620&NewsCatID=348。

图 2-17 计划中的南方天然气走廊

无论是石油、天然气管道，还是铁路、高速公路，**任何跨国乃至跨大陆的人员及物流运输通道，都涉及庞大的地缘政治风险，也必然导致复杂的强权博弈**。对此，作为第一次世界大战爆发的深层原因的柏林—巴格达铁路计划，是很好的可借鉴的历史案例。

延伸阅读

11

铁路与海权、陆权的斗争

19世纪末20世纪初，后起的帝国主义强权德国（普鲁士）基本上是陆权国家。正因为面对英法等海洋大国，德意志统一成一个帝国的首项重要举措正是建立皇家海军。这跟陆上强权沙皇俄国的彼得大帝向西迁都，在滨海的一片沼泽地上建立圣彼得堡，梦想建立强大海权，道理一样。

塔勒布（Nassim N. Taleb）认为第一次世界大战是意料之外的"黑天鹅"事件，但只要研究资本主义的发展，就不难理解"一战"是必然发生的事情。

"一战"爆发的深层原因是德国计划修建柏林—巴格达铁路。如果铁路修成开始运作，德国就可以连接西亚的贸易通道，接入广阔的中亚大陆，下面再接通波斯湾，避开英法控制的苏伊士运河，连接德国在非洲的殖民地，并打开通往亚洲的海路。换言之，英法对地中海的控制权形同虚设。理论上，德国可以因此比英国更快速地动员大量兵力至远东，这将改变当时全球的帝国强权势力格局。当时一位评论家说："据说拿破仑指出：'安特普在一个大陆强权手上，英国会感到有如一支手枪指向英伦海岸。'那么，如果巴格达和波斯湾在德国（或其他强权）手上，英国将感到有如一支42厘米口径的火炮指向印度。"①

19世纪英国的麦金德提出欧亚非大陆岛的概念，认为区内如果出现一个能整合欧亚非运输通道和经贸的强权，便足以称霸世界。但在实际操作上，还是要配合大陆岛沿岸的海运。

陆权只是相对海权的纯理念，实际上，要挑战海权，必然是依托陆权的海运条带与大陆纵深相结合。

英国两手准备，一边和德国签好关于柏林—巴格达铁路的协议，迫使德国承认南美索不达米亚和波斯的中部及南部是英国-波斯公司的专属利益范围②，但转眼便爆发了"一战"。

---

① 参阅［美］莫里斯·贾斯特罗著：《战争与巴格达铁路》，第97页。

② JeffReed, "Following the Tracks to War—Britain, Germany and the Berlin-Baghdad Railway", http://oilpro.com/post/4759/following-the-tracks-to-war-britain-germany--the-berlin-baghdad-railwa.

154

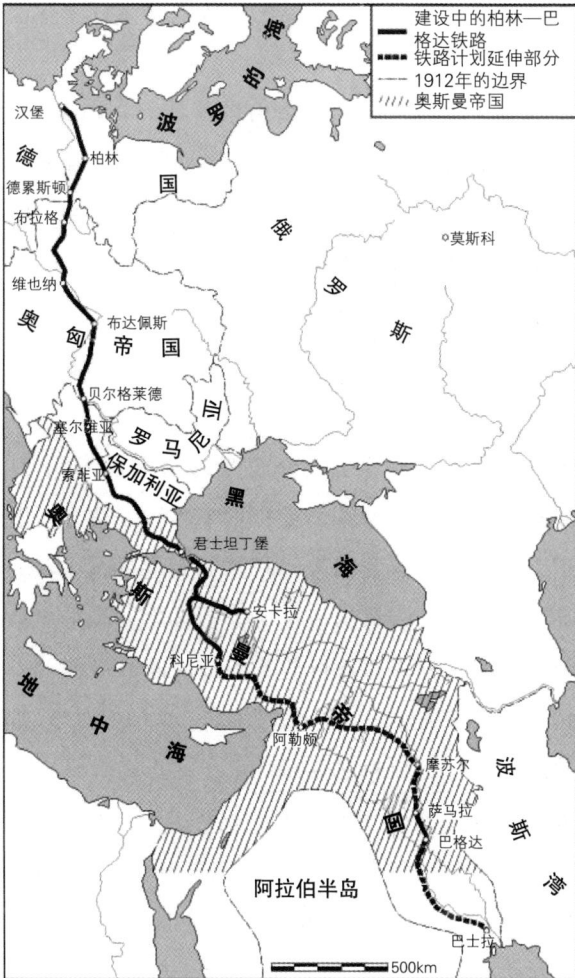

来源：http://www.archaeoplan.com/Div01.htm。

图 2-18 德国"一战"前构想的柏林—巴格达铁路

"一战"本来不是德国挑起的。教科书上，"一战"爆发的导火索是奥匈帝国皇储斐迪南大公被塞尔维亚青年加夫里若·普林西普枪杀，最初打起来的是奥匈帝国和塞尔维亚。德国因自己的利益盘算而参战，奥匈帝国是其盟友，而当时中东地区是奥斯曼帝国的势力范围。柏林—巴格达铁路正好穿越这两个没落帝国的势力圈。

英法参战主要针对德国，理由很清楚。德国是后起之秀，在世界版图上抢殖民地，处处受制于英法，但当时大英帝国实力已经走下坡路，法国也在1871年战败于普鲁士。这两个老牌帝国明白，必须在德国变得过于强大之前扼杀它。1903年，英法签订谅解协议，中止双方在摩洛哥、埃及和苏丹等地的利益冲突，大有同仇敌忾、剑指德国之势。后来新晋帝国俄国也加入英法阵营。

本来中东没有什么利益，但发现石油后就不同了。从20世纪初开始，石油成为世界工业和军事的核心动力。当时的主要产油国是美国，所以美国可以一跃成为第一大工业产能国。波斯在英国势力内，如果德国接通了巴格达，获得中东地区的石油资源，便肯定能成为足以超越英法的欧洲强权。

英国一边打压德国，另一边策动阿拉伯人反抗奥斯曼帝国，时势造就了阿拉伯的罗伦斯这个传奇历史人物。英国还扶植了扼伊拉克入波斯湾咽喉的科威特。19世纪末欧洲强权争霸遗留下的问题，一直影响到20世纪末的地缘政治。

1919年签订的《凡尔赛和约》剥夺了德国对柏林—巴格达铁路的所有产权。①

整理：黄钰书

---

① 20世纪上半叶，两次世界大战打垮了德国和日本的帝国梦想，但造就了20世纪下半叶两个附庸并支撑美国海权战略的工业强国。在21世纪核心国金融霸权控制全球的体制框架内，如果德国这个代表莱茵文化的国家还算半核心的话，日本这个被西方"去主权"的国家无论怎样自我西方化，也仍然只是半边缘地位；当然，日本也得以借辅助美国控制东亚，而得到在美国势力范围内分享能源原材料和产品市场的好处。

　　远隔重洋的美国，在土耳其的战略调整中举足轻重。美国自"二战"以来长期称霸地中海沿岸，多年来单边主义的中东政策造成区内一片混乱，引爆永无休止的军事冲突。但近年美国国内的页岩油革命降低了其对中东地区的石油依赖（参阅《专题 1　2007 年次贷危机以来美国的阶段性战略调整》），促使美国做出退出中东、重返亚太的地缘战略重大调整。

　　美国对于中东地区的考虑，是如何在撤出后防止它被收纳成欧洲后院，**防止美国在区内影响力下降后导致区内石油结算与美元"脱钩"，出现石油欧元甚至石油人民币**。可以说，美国日后的中东政策愈来愈趋向破坏性。换句话说，美国越是低成本退出中近东，遗留的麻烦就越大，或称"成本转移"就越大。

　　在资本主义进入 21 世纪初期的金融资本阶段，泡沫化虚拟金融资本的恶性竞争中的主要矛盾仍然发生在美元和欧元两大集团之间。[①]

　　不可能参与金融资本全球竞争的大多数发展中国家，只能承载金融资本恶性竞争造成的危机代价转嫁，也就必然处于边缘化状态。只有像土耳其这样少数处于大国地缘战略关键点、占据绝对重要的位置的，才有可能成为所谓的"半边缘"国家。**历经近百年的努力才达到半边缘地位的土耳其，为了升级到半核心，而可能变成美国在区内针对俄罗斯和伊朗的棋子。**

　　不管怎样，"绝对重要"的土耳其长期是个地缘政治中难以稳定的变量。

　　土耳其一方面仍然是西方世界面对俄罗斯和伊朗的重要地缘政治部署，另一方面也在寄希望于"陆权战略"走出去的中国推动的

---

　　①　目前的情况正在发生变化，随着中国资本的快速崛起及人民币日益国际化，自 2018 年中美贸易争端以来，美国越来越明确地将中国作为最大的战略竞争对手甚至是战略敌人，不惜发动针对中国的"新冷战"。中国已然成为当前全球金融资本阶段主要矛盾的非主要方面。

"一带一路"倡议上占据了一个重要的地理位置①，再加上它锐意成为区内的能源枢纽，土耳其未来的发展仍如"二战"后70年来一样，与其特殊地缘战略位置密不可分。

如同奥斯曼帝国因扼守欧亚贸易通道而崛起一样，土耳其未来的发展仍取决于其能否强化对于欧亚非的地缘战略价值。

诚然，上述欧亚大陆上多个21世纪重大战略调整的项目被提出，意味着土耳其可以稳定地通吃各方的地缘收益：从过去扼守黑海到地中海的通道，相当于卡住俄罗斯的脖子；到今后扼守陆上能源通道和"一带一路"客货运输通道，相当于卡住欧洲能源及对东亚贸易的脖子，土耳其的地缘战略地位肯定明显增强。任何世界性大国的崛起，都不可以忽视这个既有历史上的突厥之梦，又有当代伊斯兰复兴之梦的富有挑战性的国家。

但是，一方面土耳其本身的经济结构缺乏国际竞争力，在21世纪的金融资本全球竞争形势下，不可能是一个被核心国认可的稳定的参与者。但另一方面，土耳其又有位居欧亚通道咽喉的战略地位，在面对错综复杂、日益险峻的地缘政治形势之际，有得天独厚、左右逢源的优势，进而难免抱有锐意成为地区强权的宏图。何况，21世纪以来，大国战略重组内生地具有极大的不确定性风险，土耳其将要在不可能与任何一方结盟的多面需求中寻找微妙的平衡。

十、中土两国比较

中国和土耳其这两个有悠久历史的国家，都曾经在西方列强逼迫下衰落，从而焦急追求现代化及工业化之路，也曾经有过基于民族主义的国家资本主义工业化的崛起时期，20世纪60年代以来也发

---

① 2015年6月29日签署的亚洲基础设施投资银行机构章程里，不计中国，土耳其的股权排第十位。

生过类似的周期性波动，而且都在 20 世纪 80 年代开始接受新自由主义，推进制度转轨。此后，外资大量流入转为外债，接上国际金融资本流动的洪流，并与金融危机的发生有相关性。

中土两国为了吸引外资，都在 21 世纪推动了改革。不同之处在于，中国是产业资本大国，虽然有 20 世纪 90 年代的"抓大放小"、21 世纪第一个 10 年的股改和第二个 10 年的混改，国有产业资本和金融资本仍然占绝对比重。

近年，在遭遇全球大危机之后，不论是中国"一带一路"合作倡议，还是土耳其的欧亚能源管道，都深深受控于西方把控的地缘战略。

全球化大趋势之下，中土两国最大不同有以下两点：

一是陆权竞争的态势不同。中国是主权相对完整的原住民大陆和最大原住民人口国家，历史上中华文明得以延续的客观条件是幅员辽阔、战略纵深广大；土耳其则可被戏称为欧亚之间的"擦脚垫"，历史上就战乱频仍、冲突不断；在奥斯曼帝国解体之后就是主权半依附、半边缘的地位，且因半岛形地理位置而客观上派生出的、没有可能构建战略纵深的次区域国家。

二是中国对国有经济的集中管理被称为"举国体制"，可在遭遇危机时抑制住微观企业利益做逆周期的宏观调控。恰是在这一点上，任何放任外资自由流动的"金融无边疆"的 E7 都不可比。[1]

进一步比较中国的"一带一路"合作倡议和土耳其的能源通道战略，则不难发现：土耳其锐意成为欧洲绕开俄罗斯的新的能源通道；中国则为了突破美国精心建立的太平洋战略包围圈，以及绕过霍尔木兹海峡、印度洋、马六甲海峡这条掌握在他人手上的能源海运生命线，而锐意打造向欧洲和非洲联通的大陆桥战略。这两个国

---

[1] 中国至今仍然维持中央政府对金融资本相对有效的控制，关键经济部门仍然是国有制。

家的"锐意"进取，具有内在的相似性……

如果，位于亚洲大陆东西两端的这两个国家的战略意图能够实现，则似乎应验100年前英国人麦金德提出的世界岛及欧亚心脏地带的理论。虽然亚欧大陆借此能在21世纪重新成为世界中心，但第一次世界大战之前，德国试图通过修建欧亚铁路来改变英法地缘控制，而成为列强战争导火索的教训，仍要注意。

第三章
印度崛起之路：从超前金融化转向
发展制造产业

高度外向的印度金融体系曾在 2008 年华尔街金融海啸受到重创，但其特殊的二元体制中存在庞大的非正规经济，因此，尽管正规部门受影响，但主要由非正规经济支撑的大部分人还是照常生活，没有受到冲击。也因此，当美国量化宽松释放出来的游资寻找高回报率的投资机会时，印度金融市场迅速复苏。尤其是当中国的经济增速放缓时，印度被国际媒体看作将从中国手中接棒的高速增长发动机。大量外资进入使印度金融市场在众新兴经济体中一枝独秀，与美国同步上扬。但以 IT 服务业为代表的印度正规经济部门只占国民经济的小部分，也只吸纳小部分人口就业。

印度要打造长远稳健的发展基础，必须发展制造业，为大部分人口提供发展机会。可是印度的各种制度，包括成本高昂的政治体制、低效贪腐的官僚体系、土地制度、种姓制度等，均成为发展的绊脚石。印度当然需要改革，但过于急功近利的改革步伐又会引起社会的不稳，以及传统既得利益集团的反弹。超前金融化形势岌岌可危。民粹主义政党面对国内矛盾，会有动机煽动民族主义，并推动扩张性的地缘战略，期望在区域的地缘政治中取得好处。如此一来，便如火中取栗，稍有不慎，就会引爆区域性地缘冲突。

一、印度体制的基本特性

印度在意识形态上号称"世界第一民主大国",在官方政治体制上与西方世界一致——发达国家上层建筑的机构和制度,印度几乎都有。但同时,客观上印度也是世界"第一贫困大国"和即将超过中国的第一人口大国。

这两方面的特征,内含两个相关性很高、难以用西方理论解释却与中国相似的基本矛盾。①

(一) 两个基本矛盾

其一是"二元对立的基本体制矛盾":发展中国家经济基础领域的收益太低,不可能支付发达国家模式的高成本上层建筑。并且,越是少数精英群体在与西方制度接轨中获取利益,越是构成与生存在民间社会中大多数人难以弥合的内部张力。由此导致**少数人接受的官方正规制度与大多数人生存其中的民间非规范制度的二元对立的基本体制矛盾**。

其二是"人口资源关系紧张的基本国情矛盾":人口与资源之间的关系高度紧张,在国内资源不足以支撑快速增长的人口需求不可逆的压力下,只有依赖外部资源和产品输入,由此造成**长期贸易逆差、长期内外负债、长期财政赤字等三个长期赤字为特征的宏观约束趋紧**。诚然,这**都是基本国情矛盾造成的**,但也都极大阻碍着国家追求工业化的战略目标。

在西方凭借船坚炮利海权竞争推进资本主义的历史阶段,印度得益于南亚次大陆直插印度洋而具有扼守欧亚大通道的地缘优势,具有不容任何国家忽视的特殊战略地位。无论在早期西方殖民化时

---

① 温铁军在《中国农村经济经济制度研究》(中国经济出版社 2000 年版)一书中详细描述了中国的这两个基本矛盾。

代、西方发起的两次世界大战之后的双寡头分割世界的冷战时代、
还是当代核心国金融资本霸权掌控世界的"新冷战"时代……这种
特殊地位都有利于本属于"半边缘"的印度，因被核心国家竭力纳
入结盟关系，而使其精英群体的文化认同升级到"半核心"。

但国内资源有限、环境承载力低、制度效率更低，这些因素对
工业化必需的资本原始积累的内外部约束明显，因此，印度很难自
主地通过中国式的"自力更生、艰苦奋斗"完成自我原始积累而成
为工业化国家，那么，它客观上只能依靠外资。

根据官方发布的 GDP 结构，印度 GDP 中工业仅占 27%，服务
业占 59%，农业占 14%。劳动人口分布中：20% 是工业，31% 是服
务业，49% 是农业。总体上来说，印度自 2000 年以来，服务业增加
值占 GDP 的比重呈较快上升趋势，近几年来逐渐放缓；农业和工业
增加值占 GDP 的比重则呈缓慢下降趋势。

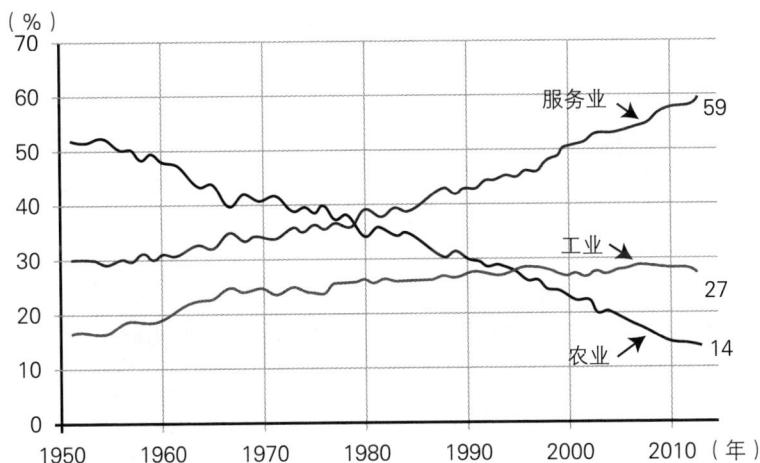

来源：印度经济百科。

图 3-1　1950—2012 年印度各部门占 GDP 之比

这种 GDP 结构与劳动人口分布高度脱节的情况，说明了占近一
半人口的农民从事着仅仅自给自足的自然经济；更进一步分析，则

服务业人口中，亦仅有小部分受雇于现代正规部门。如果仅看服务业占 GDP 比重，则印度容易被同样以服务业为主的西方先进国家视为同类。

印度这种服务业超过绝对比重的产业结构在 E7 中绝无仅有，由此被西方认为是有望拉动全球经济增长的"明日之星"。英国《金融时报》旗下数据服务机构 FDI Markets 的研究显示，2015 年上半年，印度共吸引外商直接投资约 310 亿美元，领先于中国的 280 亿美元和美国的 270 亿美元。按资本性支出数额估算，印度一跃成为全球最大绿地投资目的地。[①]

(二) 印度的两次战略机遇

印度得到第一次战略性发展机遇是因为冷战时期美苏对立。

"二战"后，圣雄甘地领导下的印度经过长期反抗殖民统治的"非暴力不合作运动"，在 1947 年成为独立的主权国家。随即，印度**公开确立社会主义发展目标，由此得到苏联在工业化建设方面的战略性援助**，除了设立资本密集的工厂企业之外，印度的科学技术和军队装备也得益于苏联援助。

但苏联"南下暖水"的百年战略目标，却在 20 世纪 80 年代深陷于阿富汗战争泥淖之中，没有与对印度的援助同步实现……此后，20 世纪 90 年代初苏联解体，不能再继续投资，其援助印度工业化形成的企业大部分陷入困境。印度遂全面实施了自由化改革，20 世纪

---

① 2014 年，印度政府放宽保险业的直接投资持股上限，从 26% 升至 49%。其后在推动"印度制造"后，再有 25 个部门进一步放宽吸引外资的条件。但是根据不同机构发布的统计数据来看，此种说法存在较大争议。比如，联合国贸易和发展会议发布的《2015 年度全球投资趋势报告》显示中国（大陆）的外国直接投资达到了 1360 亿美元，印度外国直接投资仅为 440 亿美元；而中国国家统计局的数据显示中国 2015 年上半年的外国直接投资金额为 680 亿美元，而《金融时报》只以 280 亿美元来作为计算报告中的数据。

后半叶苏联援助时期形成的国有经济被全面改制。[1]

1. 非正规经济成为印度经济支柱

这次改革以后的一个时期里，自由化的制度成本显化，大量进口能源和原材料，但出口不足的印度发生经常账户和资本账户"双逆差"，从而导致政府财政严重匮乏，既没有能力像诺贝尔奖得主印度裔美国经济学家阿玛蒂亚·森（Amartya Sen）所呼吁的那样，通过投资医疗、减贫等措施来推动发展，也没有能力像中国那样大规模增发国债投资用于交通、电力、能源、水利等基础设施建设。因此，尽管拥有庞大低技术劳动人口，但没有条件通过发展一般正规制造业来创造就业机会以吸纳劳动力；相反，印度主要依赖非正规经济部门吸纳非正规就业。

瑞士信贷（Credit Suisse）在 2013 年 7 月发表的一份研究报告[2]指出，印度84%的非农业工人属于非正规的"灰色就业"。对此，有印度学者指出：在正规部门就业的劳动力为 8%—10%，主要集中在沿海大城市的产业园区；另外，90%以上的印度人则属于"灰色就业"，其中包括15%的黑色就业。印度的 GDP 有一半是由非正规部门贡献的（仅次于撒哈拉以南非洲的55%）。

这些非正规就业劳动力缺乏基本劳动保障，雇主也不可能向政府缴纳社会保障资金来构建国家社保体制。报告还指出，尽管近年印度企业的数量快速增长，但企业所雇用的正规就业劳动力数量有下降之势。

---

① 印度同中国相比，都属于发展中的人口大国。印度在 20 世纪 40 年代建立独立主权国家的时间比中国略早两年，90 年代推行改革的时间比中国略晚两年；按理说，其与中国的发展水平应该没有很大差别，但两国经济差距却逐渐变大。做喇叭口状拉开的年份是 1969 年，那时中国仍在"文化大革命"时期。

② Neelkanth Mishra & Ravi Shankar, "India's better half: The informal economy", *Credit Suisse*, 09 July 2013.

符合西方要求的现代制度体系在印度只创造了大约覆盖10%人口的劳动力就业，这是值得反思的。

表3-1　印度非正规与正规就业人数　　（单位：百万）①

部门	非正规部门		正规部门	
	1990—2000 年	2004—2005 年	1990—2000 年	2004—2005 年
农村	277.13	315.08	23.63	27.99
城市	65.51	79.82	30.50	34.58
总计	342.64	394.90	54.13	62.57

由于这个近13亿人口的国家的大多数人处于"灰色地带"，而且并不进入西方模式的市场经济，遂有印度分散小经济为主体的民族资本主义内生性的"现代化悖论"。据此可理解，为何已经在发展中国家畅行无阻的好莱坞文化、可口可乐、沃尔玛，在印度都步履维艰。

2. 印度的第二次战略发展机遇

这个历史性机遇是在21世纪出现对外服务业超前发展，这至少部分地源于美国IT泡沫崩溃危机，也由此使印度在21世纪与美国经济构成紧密联系。

苏联于1991年解体。3年之后，美国支付大量军费形成的高技术研发成果度过保密期，开始转向民用开发，随即1994年大量IT企业诞生，并且吸引海外资金回流。这一方面造成1997年以东亚加工贸易为主的国家遭遇由资本流出演化而成的金融风暴；另一方面，这些追逐搭便车收益的回流资本催生了美国本土IT业的巨大泡沫，且于2000—2001年发生"新经济"崩溃。接着，这场爆发在美国的

---

① 奈克：《印度的非正规部门和非正规工人》（*Informal Sector and Informal Workers in India*），www.iariw.org。

危机迫使 IT 业及其相关产业投资外溢，这样才能匹配得到廉价的人力资本。也就是借助泡沫崩溃前已经投下的转化为沉淀成本的基础设施建设（如跨洋电缆），寻找海外"要素价格低谷"，才能维持 IT 业在危机打击下的生存。这时候，在中学阶段就普遍使用英语教育的印度成为西方 IT 产业外包发展的首选地，于是，印度过去十多年的发展主要靠向海外提供廉价 IT、医药、财务、咨询行业劳动力等，以及与海外需求相关的服务性行业。

客观地说，第三产业超前并不是印度对发展战略做出主动选择的结果。

3. 西方资本流入会是印度的第三次战略机遇吗？

2008 年华尔街金融海啸以来，美国、欧洲、日本相继在金融危机之中实行量化宽松政策，向全球输出巨额流动性。这个时期，外国低息资金大量涌入包括印度在内的任何有成长性的新兴国家，一方面确实令印度金融体系流动性增加，近年来印度国内经济出现"回暖"征兆；但另一方面，这种经济的"回暖"在很大程度上基于信贷膨胀，包括房贷、私人消费借贷及基础建设投资，而并没有改变印度的传统部门占比过高的基本结构。

一般而言，这种增长应基于对前景发展充满信心，但印度的产业结构和就业结构本身表明其并不具备稳健发展的基础，其金融市场伴随西方货币政策的变化，会出现短期资本增减变化，既可以大量流入，也可以大量流出。例如 2008 年华尔街金融海啸时，孟买股市敏感指数在 10 个月内下跌了 70%。2013 年美国媒体做了退出量化宽松政策的分析，立刻引发印度外资流出连带本币贬值。

E7 比较研究发现，在西方金融危机及其救市政策造成的波动中，除了中国因未完全开放资本市场而幸免于难，巴西、委内瑞拉、印度尼西亚、南非等国，都在外资自由进出本国资本市场的制度条件下遭遇金融危机的严重打击。

然而，我们也要看到，**印度作为金融对外开放的国家，虽然也遭遇外资流出造成的资本市场波动，但至今仍然维持相对稳定**。对此，需要进一步探究。我们推测可能与印度的传统部门及占人数总数 50% 以上的贫困人口不在资本流动造成的资产价格与汇率波动影响范围之内有关，毕竟对于以小农经济或非正规就业贫困人口占社会主体的国家而言，资本短期跨境流动对他们的生活不会造成更差的结果。

同时也应该看到，**为占 90% 的人口提供就业的非正规部门，恰恰为印度的经济提供了基于二元结构的危机缓冲条件**。这类似于中国农村的农户和村社经济成为危机软着陆的载体。

囿于新自由主义话语体系，在城乡二元结构体制下的印度尽管出现资本经济的较高增长，但很难惠及"灰色地带"的乡村和贫困人口。印度贫困率的官方数据约为 27%，民间则认为在 50% 以上；若取中间值则约为 1/3。于是有人说，印度一个国家的贫困人口就比整个非洲多……

从图 3-2 可见，首先，印度 2000 年以来的 10 年间净附加值组成中利润急速增长，其次是非薪金性的酬金大幅增长，工资增长相对缓慢。这进一步说明了印度增长模式的缺陷。过去十多年企业利用廉价的外国资金，靠垄断土地及矿产等稀缺资源来推高公司股价，私营企业共欠外债近 2000 亿美元；卢比币值下跌更加重了企业偿债的利息负担。2013 年 5 月至 8 月期间，卢比币值下挫近 25%，2013 年 9 月跌至 1 美元兑 68.27 卢比的历史低位，至 2015 年中还在 1 美元兑 65 卢比的水平徘徊。

印度的经济增长速率在 2010 年达到峰值后便明显下降。2013 年 6 月美联储表达收紧量化宽松政策的信息，引发市场对美联储缩减货币刺激规模的恐慌（Taper Tantrum），外国投资者急忙从印度的债券和股票市场上撤出资金，引发卢比大幅度贬值等危机，从而引发海外对印度经济增长的脆弱性的普遍担忧。同期，社会两极分化加剧

（10万卢比）

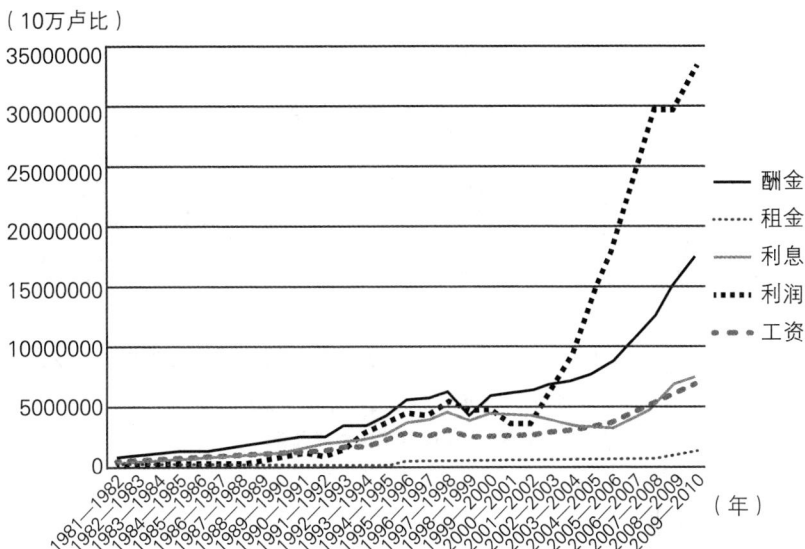

图3-2　净增加值构成①

也致使族群和宗教冲突、暴力犯罪和贪腐等各种问题纷至沓来。②

　　与此同时，印度的 GDP 增长在 2016 年之后放缓，并且，在华尔街金融海啸后呈现大幅涨落，如图 3-3 所示。

　　根据印度中央统计局公布的数据，受益于算法调整，2014 年四季度印度 GDP 跟 2013 年同期相比增长了 8.4%，成为仅次于中国的推动增长国家。2016 年前 3 个月，印度的 GDP 按年平均增长 7.9%，不仅仍然维持在较高水平，而且显著超过中国约 6% 的增长率，一跃成为世界第一的高增长国家。

　　2016 年年末，当《福布斯》杂志发布的报告显示印度的 GDP 总量已经超过英国时，印度媒体用骄傲的语气宣布："这是 150 年来首次

----

　　①　[美]钱德拉塞卡：《脆弱的基础：自由化后的外资和增长》，《社会科学家》2013 年 1—2 月刊。
　　②　参阅梅新育：《印度腐败的悲剧与反腐的闹剧》，《大象之殇》第六章，中国发展出版社 2015 年版。

（％）

来源：全球经济指标数据网/印度统计和计划执行部（MOSPI）。

图 3-3　印度 GDP 年增长率

印度经济超越了殖民时期的英国宗主国。"① 据《印度时报》2016 年
12 月 20 日报道，印度内政部国务部长基伦·里吉朱（Kiren Rijiju）
当天在个人推特（Twitter）上发表推文称，印度已经超越英国，成为
继美国、中国、日本和德国之后，GDP 全球排名第 5 位的国家。

　　印度的 GDP 增长在 2013 年后突然大幅反弹，乃得益于新的算
法调整，主要是估算制造业的增长。②。新的统计算法在印度学术界
引起了很大争议，很多学者指出数值因此被严重高估了。

　　尽管如此，最大问题其实并不在这里，而是正规的 GDP 统计本
来就很难准确反映印度的真实情况。此前，课题组在农村地区调查
时发现，乡村基层的主管干部报不出本村的主要数据，甚至连最起
码的本村人口和土地有多少都说不清楚；入户调查时，即便户主本
人也说不清楚自己及家庭的实际收入。这也许因为，支撑印度接近
13 亿人口规模经济结构的，是民间社会存在一个巨大的、维持百姓
民生的非正规部门。

---

　　① 据《福布斯》杂志报道，2016 年英国 GDP 为 1.87 万亿英镑，换算成
美元（0.81 英镑约合 1 美元）约为 2.29 万亿美元；2016 年印度 GDP 为 153 万
亿卢比，换算成美元（66.6 印度卢比约合 1 美元）为 2.3 万亿美元。

　　② 在新算法下，2013—2014 年的 GDP 增长从 4.7% 上调至 6.6%。

二、二元结构：非正规灰色经济的双刃剑作用

印度经济的**二元结构**中，非正规部门（灰色经济）难以纳入 GDP 统计，估计占印度经济总量的 50%，而其就业占不同行业劳动力总数的比重见表 3-2。

表 3-2　印度非正规就业劳动力在不同行业所占百分比（%）

行业 ＼ 时间	1990—2000 年	2004—2005 年
农业	97.70	97.65
采矿	40.55	33.74
制造业	70.19	71.20
电力	8.35	6.59
建筑	73.66	75.58
贸易	93.64	95.54
酒店	88.30	86.72
运输	71.42	75.93
金融	21.91	25.70
房地产	75.66	70.74
管理	7.66	0.90
教育	27.04	26.88
医疗卫生	42.85	44.18
社区工作	86.82	88.20
家务等	81.58	98.72
总计	86.36	86.32

来源：奈克《印度的非正规部门和非正规工人》（*Informal Sector and Informal Workers in India*），www.iariw.org。

如表 3-2 所示，印度的正规就业只集中在国有部门、资本密集产业或特殊专业。另有近 90% 人口非正规就业。

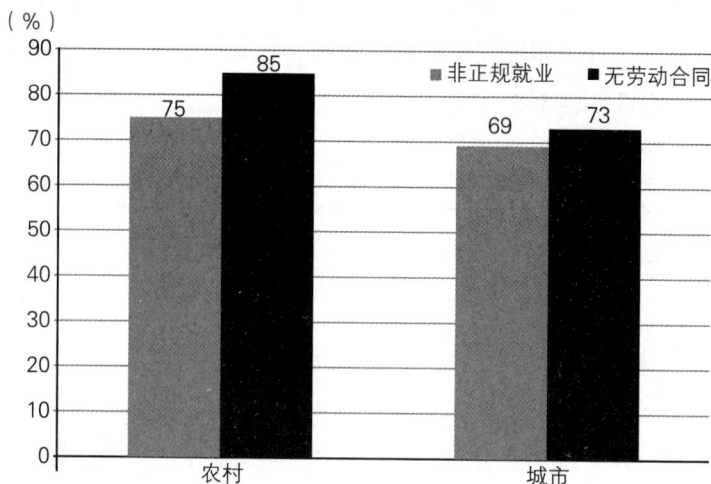

来源：http://www.thehindu.com/opinion/columns/Chandrasekhar/indias-informal-economy/article6375902.ece。

图 3-4　印度劳动力（作物种植以外）中"弹性"雇佣所占比例（2011—2012 年）

此种情况，在客观上根源于印度官方承接的西方高成本上层建筑和跟从西方意识形态造成的恶性循环：西方模式的**正规制度越是规范，其相对于民间的分散小经济而言制度成本就越高，就越促使大量劳动人口进入非正规经济；反过来，也就越不可能实现官方正规制度的有效治理**。

此外，这种非正规部门比重过大的情况，客观上**决定了任何类型的外国产业资本仅靠官方的规范法律进入印度市场是行不通的**。[①]因为，任何外资企业都需要按照印度政府颁布的、符合西方要求的法制体系规范运作，但那都难以跟印度无处不在的、高度分散的、

---

① 参阅温铁军等：《印度非正规经济的"潜规则"及外资在印度的六个困难》，课题调研报告 2013-09-10，中国人民大学可持续发展高等研究院/西南大学中国乡村建设学院联合科研团队。

与政府统计体系几乎无关的小经济做制度成本竞争。

非正规经济除了造成巨大的制度成本壁垒外，还对国内的经济和社会具有难以替代的保护作用，这与亚洲这个原住民大陆上的其他国家类似——**无论宣称何种政治体制，奉行何种宗教文化，遭遇经济危机之际，都是依靠治理成本最低的传统乡土社会来承载现代化危机的代价，实现城市产业资本的"软着陆"。**

据此，印度灰色经济的实际作用是，绝大部分城镇劳动力人口生活在贫民窟，那里的非正规就业劳动力只能维持低消费，也就客观上降低了少数正规部门就业人口的生活成本，反过来就**淡化了正规部门经济波动对民生经济和民间社会的实际影响。**

综上，印度经济 21 世纪之初得以在美国 IT 泡沫崩溃之际逆势接盘，发展服务西方的现代第三产业，现在也没有随西方金融资本造成的全球危机而发生严重衰退，主要因为印度经济和政治相对稳定的基础，在于民间庞大的灰色经济吸纳就业，以及在于民族产业资本占据主导地位。

基于上述原因，人们不难理解为什么包括阿玛蒂亚·森在内的西方理论家的政策建议在印度不可能贯彻。大部分海外研究者若只根据官方发布的正规经济部门的数据和媒体的事件炒作来做分析，并以此为依据对印度进行解读，则大多不足为凭。

（一）印度特色的民族资本主义

在 1852 年被英国占领之前，印度是一个高度分散的、有几百种语言、几百个小邦国麇集的地理概念，民族主义是在本地资产阶级的去殖民化斗争中作为意识形态工具使用的。1947 年，印度通过甘地主义的民族资产阶级的"非暴力不合作运动"实现国家独立，其绵延至今的**制度遗产，是民族资产阶级作为"本地化"的社会主体长期占据国家经济的主导地位。**

印度独立后，国家经济发展的主导思想是苏联模式。

按照苏联官方社会主义思想，在以农业人口为主的国家，应先发展民族资本主义，才具有在工业化大生产条件下实现社会主义的可能性。可是，农业人口为主的国家一般资本短缺，在这些国家实现工业化，急速进行"资本主义补课"，那逻辑上和实践上就需要具有天然规模优势的国家作为资本累积的主体。

虽然印度明确以西方议会民主制度作为政治制度模式，但在农业人口占压倒性优势的条件下，欲急速推进民族资本主义发展，自然倾向苏联的经济模式。这也与苏联欲南下印度洋的地缘战略一拍即合，因此两国展开了悠久的工业转移合作关系。

延伸阅读

12

印度早期的"超赶战略"

远在印度独立之前，独立运动领袖尼赫鲁就声明："我们要以最快的速度推动大型工业的发展，不过，我们应仔细选择有限发展工业类型。这些工业应该是重工业和基础工业，它们可以奠定国家经济力量的基础，在它们的基础之上可以逐步建立其他工业。"[①]

印度在1948年独立以后，通过了一项"工业政策决议"，提出了印度经济的出路是大工业，其中重点发展机械制造业和基本化工工业。尼赫鲁提出，"只有发展重工业才算工业化"，"如果要搞工业化，最重要的是要有制造机器的重工业"。[②]

---

① 参阅 [美] 斯里瓦尼桑著：《发展经济学：过去和现在》，《贸易、援助和发展》（*Trade*，*Aid and Development*），圣马丁出版社1994年版，第15—29页。

② 参阅孙培均主编：《中印发展的比较研究》，北京大学出版社1991年版。

为了优先发展重工业，印度政府把工业分为三类。

第一类：基础工业、战略工业，包括钢铁、煤炭、化肥、石油、电力、铁路、航空、通信、军工、重型机械等17项，称为17个"制高点"。

第二类：其他重工业，例如机床、化工等12项。

第三类：消费品。

印度政府规定：第一类工业只能由国家专营；第二类工业主要由国家经营，私人企业只能起辅助作用；民间企业只能经营第三类产业。

1950年成立了以尼赫鲁为主席的国家计划委员会，制定并实施五年计划。从1950年到1973年，**印度中央政府对重工业和基础工业的投资占总投资额的98.8%**，对消费品和农业的投资只占1.2%。投资总额的78%集中在钢铁、机械、化工、石油等六个重工业部门。印度政府得到的外援中的大部分也是用在重工业的投资上。

印度政府在1951年通过工业许可证法，几乎**对所有的企业都实行计划管理**。无论是开业、搬迁、扩建、生产定额、新产品开发等都要向政府申请许可证，特别是外贸和外汇控制得格外严格。在重工业和基础工业部门中建立了一批大型国有企业，**国有企业拥有全部工业生产能力的60%**，特别是在基础产业国有企业的比重非常高。**在煤炭工业中，国有企业的比重是96%，在钢铁工业中为85%，铜冶炼工业为98%**。在印度最大的20家企业中，国有企业占了18家。国有企业的人事、生产计划、经费、供销、投资建设等全部控制在政府手里。企业如有利润必须上交国库，如有亏损则由政府给予补贴。

在政府的大力扶持下，印度的重工业确实取得了较快的发展速度。和 1950 年相比，印度在 1971 年的机床产量增加了 196.7 倍，年平均增长率为 28.6%；电动机产量增加了 22.4 倍，年平均增长率为 16.1%；钢增加了 3.2 倍，年平均增长率为 5.7%；发电量增加了 9.5 倍，年平均增长率为 11.3%。经过几十年的努力，印度已经建立起了比较完整的工业体系，其中冶金、机械、电机、化工等部门都达到了相当高的水平。①

资料来源：

徐滇庆、柯睿思、李昕：《终结贫穷之路》，机械工业出版社 2009 年版。

其实，中印两国早期的发展策略因同样受苏联影响而类同。两国在差不多的时期完成民族解放运动，印度的经济基础在当时甚至比中国稍胜一筹，而且一直是地缘政治的宠儿，左右逢源，同时接受西方和苏联的援助。②

但今天，曾经先后于 1950 年被美国封锁、1960 年被苏联封锁、1989 年和 2019 年两次被美国制裁的中国，在长期面对恶劣地缘政治处境下，已跻身全球工业强国之列，并且在弱化区域差别和消除贫困社会发展方面取得了很大的成就。相对而言，印度只有少数企业

① Dubey, Vinod. "India: Economic Policies and Performance," in Enzo R. Grilli and Dominick Salvatore, eds., *Economic Development*. Westport: Greenwood Press, 1994。

② 有关印度早期对华经济基础优势分析，参阅梅新育著：《大象之殇》，中国发展出版社 2015 年版，第 316—372 页。有关中印两国近年一般人口及经济统计数据比较，参阅沈开艳，许志桦著：《印度经济分析：中印比较的视角》，上海社会科学院出版社 2016 年版。

具有国际竞争力，尽管作为民族国家已经独立 70 多年，但至今还是世界上贫穷人口最多的国家。

关于中印两国经济社会发展的比较研究已经较为充分，在我们的研究中，更注重对经济基础的根本差异的探讨。

我们认为以下的结论是清楚的。

中国方面： 20 世纪先后在中国执政的国民党和共产党都把平均地权作为基本纲领。国民党百万大军退守到台湾才实现这个纲领，而共产党则通过在大陆对农民这个占总人口绝大多数的国民群体动员完成了土地革命。

两岸华人社会都有的共同点是，下层社会在普遍参与革命的进程中，成为自给自足的小有产者，从此海峡两岸的中国都不再有绝对贫困。

接着"土改"的是，中国台湾延续并改造了日据时代的高度垄断性质的"农会"制度，形成农民组织化程度最高的体制优势，使城市产业资本得以顺畅提取农村剩余，较快地进入工业化。而中国大陆也同样依靠在农村推行高度组织化的集体经济，一方面吸纳工业化阶段产业资本内生性危机造成的巨大代价；另一方面集中劳动力，将之投入国家基本建设，替代因外部投资突然中断造成的极度稀缺资本，并为其后不同阶段的工业化提供了坚实的制度基础。

印度方面： 土地制度改革上，虽然从甘地时期就有追求"耕者有其田"的官方意愿，却始终没有实际发生过重大变革，难以为大部分的乡村人口打下良好的发展基础，不管是以前的计划经济模式，还是当前的新自由主义政策。[①]

近 10 年来，印度新自由主义政策取向基本是放宽或解除管制，但在官方意义上，它与之前的计划经济模式一样，都是从顶层开始，

---

① 关于印度的土地问题历史背景，参阅王静著：《印度共产党（毛主义者）的理论与实践研究》第一章，《土地制度的沉疴》，社会科学文献出版社 2016 年版。梅新育著：《大象之殇》，中国发展出版社 2015 年版，第 48—77 页。

只惠及人口的一部分，例如金融业自由化、发展 IT 服务业、发展资本密集产业先于制造业等。这可以理解为某种后殖民情状。

有别于中国通过暴力革命推翻以前的精英阶层，印度的独立运动是殖民模式所孕育出来的本土精英集团所推动和领导的，独立后的印度社会的财产关系没有根本的变化。因此，印度两个阶段的发展策略一直有浓厚的精英主义色彩，这也造成印度政府很难具备对下层社会的动员能力，从而导致下层社会一直缺乏发展条件。

（二）二元体制下的灰色经济

在这种"印度特色"的二元体制条件下，长期发展民族资本主义的结果，就是衍生出以非正规部门为主的、本地化的灰色经济，而精英主导的民族资本（正规经济）与本土非正规经济形成一种特殊的共生关系。这是受政府西化的上层建筑和制度规范约束的外国企业所缺乏的某种本土优势。

表现民族主义复杂性的一个鲜明的例子是：占印度人口大多数的贫穷民众无法负担昂贵的专利药物，因此，印度本土发展出蓬勃的仿制药物产业，直接"侵犯"外国企业的专利权。印度政府为了照顾贫穷人口的需要，也不愿意签订有关的国际知识产权保护协议。外国制药企业因此很难在印度本土具有竞争力。

正如前面所讲的，印度民间政治与社会经济按照潜规则运作的基本特点，使得**任何按照印度政府发布的正规制度运作的外国产业资本都会遭遇两难，只要不理解或不顺从非正规部门的潜规则，就都难以在印度市场具有竞争力。**[①]

1. 印度"经济结构高度二元化"所内生的基本特点

在印度，**能够承担正规制度的过高成本的所谓正规经济，恰恰**

[①] 据估计，大约90%的印度公司不合法地付款给政府官员。参阅沈开艳、许志桦著：《印度经济分析：中印比较的视角》，上海社会科学院出版社2016年版，第44页。

178

是必须用代表殖民文化的英语来服务西方国家消费者的 IT 及相关服务产业，例如医疗和教育服务、金融相关咨询和会计服务等现代第三产业。这是印度服务业 GDP 占比高达 57% 但在高端服务业就业的劳动力却只有约 5% 的主要原因。

客观上，这些面向西方社会需求的现代服务业必须与西方制度全面接轨，**也只有"全盘西化"，才能对西方需求"寄生性"存活！其中受益部门的精英群体，更是只能由"海归"主导。这种正规的外向型经济虽然与印度非正规部门格格不入，却是支撑国家正规制度和科技教育等部门的主要力量。**西方社会了解和认可的那个印度，也主要是这些在外向型的现代第三产业领域就业的、全盘西化的印度精英。同理，也因为被这类西化教育培养的学生很难在本国得到就业机会，遂有大量进入国际组织就业的现象。

这种少数人参与的正规部门也理所当然地难以带动国内产业，难以形成对交通、能源、水利等基本建设的投资拉动作用，也难以吸纳这个 12.8 亿的人口大国大量从农村涌入城市的劳动力，并且势必长期延续与非正规部门构成明显对立的经济社会二元结构。

印度的政府制度是联邦制，各地政府由不同党派执政，不仅财政税收相对独立，而且拥有地方立法权。此外，地方政府直接面对的是那些能够解决就业的本地化的非正规企业，对这些企业的不规范甚至不合法，也只能容忍和让步，其中权钱交易也在所难免。这也是印度政府官员腐败普遍化的原因之一。

外资企业进入印度市场，虽然需要学习印度的市场潜规则，但如果按照印度本土企业熟悉的"游戏规则"进行竞争，关系网络、风俗习惯等方面均比不上本地企业，势必处于弱势。[1] 尤其在面对某些腐败政府官员时，可能会遭受比较大的挫折。因此，总体而言，

---

① 有关印度的民族资产阶级如何建立政治经济权势网络及构筑利益聚合体，参阅楼春豪著：《印度财团的政治影响力研究》第四章和第六章，时事出版社 2016 年版。

印度的营商便利排名在全球 130 位，正常条件下难以吸引外资进入一般产业。

之所以印度普通百姓的民生依存于灰色经济，一是城市和沿海地区的私营和个体的中小企业经济如鱼得水、非常活跃，恰在于民间能够主要依靠潜规则来低成本地处理大多数负外部性问题；二是因国内资源极度稀缺，所以造成资源要素价格相对过高，**占有资源性资产的小私有经济和高度分散的弱势群体，因此不得不在应对外部资本的立场上达成一致**——越是分散的小私有经济占比高的地区，对外部资本排斥越强烈。

2. 印度联邦制政治的基本特点

印度是西方主流政治体系长期认可的"世界最大的民主国家"。此外，印度精英群体不仅能够取悦于西方的意识形态，而且能够大量向服务于西方软实力的国际组织输送英语流利的雇员。因此，西方主流舆论很少意识形态化地抹黑印度；即使有些恶劣的事件报道，也不会构成西方媒体众口一词的舆论趋势。

但是**西方制度体系在印度国内却造成两种"恶性循环"**。

(1) 恶性循环之一

一般而言，各邦上台执政的政党必须在政治上推行本地化，由于在性质和政见上与中央政府并不完全一致，中央也就难免在转移支付和财政投资等发展政策上对本党执政地区厚此薄彼。于是，很多贫困地区就因穷困而造成民众倾向于左翼政党，那些地方的 NGO（非营利组织）也有左翼政治倾向；而更贫困的地区则大都存在以土地革命为指导思想的农民游击队。

近年来，全球化的巨大代价向弱势国家转嫁，造成城乡差别严重，农民生存条件恶化，印度发生农民游击革命的邦接近 2/3，逐步形成从北部和东北部沿着印孟边境部族地区向下延伸的 T 形游击走廊。农村和山区发生暴力革命，阻滞了民间产业资本和政府投资项目的进入，反过来更加促进左翼政党发动群众，从而致使右翼政党掌控的中央政府减少了对左翼政党执政的贫困地区的国家财政投入。

这也是制度性致贫的内因——贫困人群和贫困区域的情况难以靠国家政策来缓解从而趋于恶化。

（2）恶性循环之二

由于政府面对的主要是孤独分散的农民和私人个体经济，因此其实现规范治理的执行成本过大。于是，一方面，沿袭西方制度体系造成的"政府失灵"趋势在基层治理领域非常明显；而另一方面，印度政府却能够"适应"内部化处理外部性交易成本的灰色经济运行机制，来服务于本国及本地私人资本利益群体占主导地位的"民族资本主义"的发展需求。

据此，这种政府"适应"势必造成无处不在的灰色政治运作和跑冒滴漏型的小规模贪污腐败普遍化。这就构成身处城市的知识分子群体越是强调西方模式的规范法律制度，社会反而越是演变为全面腐败的恶性循环。

与此同时，在这种高成本上层建筑的作用下，完成了原始积累的、有一定规模的某些印度国内产业资本已经被动地转向全球化，也就更强烈要求政府加强符合西方秩序的法制建设。

由此可知：非规范经济不仅与制度性腐败相辅相成，而且与要求西方法制体系的规范企业之间存在难以调和的制度演化悖论。

3. 超前于经济基础的成本高昂的政治制度

印度的二元性也反映在其高昂的政治制度上。正如很多发展中国家的民族解放运动，印度的民族独立运动是由上层精英领导和推动的。这些具有西方教育背景的精英作为主导阶级，在独立运动成功组建政府时，不仅尽可能地保留了宗主国建立的殖民模式经济基础，一般地简单移植西方政治模式来建立本国的政体，而且维持了宗主国留下的西化意识形态，以及派生于并且支撑着此类上层建筑的科技教育体系。

这种脱离本国的地方经济、社会及文化基础的中央层次的现代化上层建筑，不仅制度成本高昂，而且与本土的滞后经济基础相互矛盾和制约，结果无法形成有效的社会治理。所以，尽管印度移植西方政治体制，建立了一个全球最庞大的"形式民主"的政体，赢得西方的一致称誉，但不等于建立了一个良好的全面的管理体系。

而这高昂制度底下的矛盾颇明显。据路透社报道，2014年印度选举的耗费估计达50亿美元，是2009年大选的3倍，在当年成为仅次于2012年美国总统大选（耗费70亿美元）的人类历史上第二昂贵的选举。对于一个还存在庞大的贫穷和饥饿人口的国家而言，究竟是每隔几年花数十亿美元来进行选举游戏还是用来改善贫穷对国家的长远发展更有利？这是一个富有争议的课题。

与之对应的事实却是印度的高昂现代化政治制度并没有带来良好有效的管理，反而成为贪腐的根源。有分析指出，印度政客为了赢得选举不惜耗费大量财力，而政客靠贿选上台后，也千方百计捞回其金钱投入，这又使得贪腐问题愈加严重。[1]

这种成本极高的西方上层建筑及其制度体系，难以适应殖民地模式的薄弱经济基础，更难以对构建进行有效治理，反而必然阻碍经济基础的发展，于是构成恶性循环。

印度的这种基本体制矛盾具有政治经济学理论的普遍意义：**这种殖民者留下的西化上层建筑与传统社会的经济基础不能对应的根本矛盾，也是大多数发展中国家长期深陷发展陷阱的真实原因。**

21世纪之初，华尔街金融海啸暴露出发达国家普遍遭遇的问题：政府债务过高从而引发危机。在西方宗主国的正规部门都会因制度成本过高，造成恶性债务负担，任何发展中国家接受这种上层建筑，

---

① 有关印度民主政体助长腐败及反腐的困难之分析，参阅梅新育：《大象之殇》第六章，第238—283页。

其传统经济更是注定不堪重负。由此，大多数国家形成二元结构。一方面难以发生较快经济增长且势必债台高筑，不得不仰赖原宗主国的援助，国家正规经济部门也难以吸纳更多就业；另一方面，非正规部门维持大多数人口的基本生存，却几乎难以建立政府征税体系和实现政府法制化管理，遂演化为灰色治理——私人经济与管理部门之间普遍通过做"交易"来获得发展空间。几乎没有"油水"的农村和偏远地区则无人顾及，长期停滞在自然经济和传统社会状态，致使部族和种姓等传统制度成为基层替代昂贵政府的低成本社会治理的主要制度类型。

综上所述，**印度只是在表面形式上成为承袭着西方制度的民主法治国家**。西方人对印度的判断主要来自占就业人口5%的现代第三产业精英群体，而这一局部的、片面的、一叶障目式的判断，对于深入理解和解释印度纷繁的经济社会现象来说，显然是不充分的，至少是有失偏颇的。

4. 二元体制下的两个印度

由于二元体制这个基本矛盾的制约作用，人们仿佛看到两个印度，一面是西方眼中那个充满希望的闪亮印度——新兴市场的未来之星、蓬勃发展的IT服务业及金融市场、耀眼的宝莱坞电影、亿万富豪的创造机器；但另一面却是一个绝望的国度——数以十万计的农民因不堪负债而自杀，小农不甘被剥夺压迫而投身毛派游击队奋起暴力抗争，全球最大规模的饥饿人口，长期极度贫困，大型城市贫民窟，深入骨髓的贪腐，让人发指的宗教仇恨、性别暴力，愚昧的村落风俗、种姓制度……

而这两个印度，长期处于"低烈度内战"之中。[①] 印度的恐怖

---

① 参阅梅新育：《大象之殇》第一、第二及第五章；王静：《印度版"低烈度战争"》，《印度共产党（毛主义者）的理论与实践研究》第六章。

袭击主要源于内部，尤其是印共（毛）武装与政府军的冲突。

图3-5中的恐怖主义袭击指数①显示，印度近十年来一直处于受恐怖主义袭击的高风险国家之列。印度恐怖袭击指数在2007年是7.54，2008年上升至7.81，并受核心国家华尔街金融海啸导致的2009年全球危机影响，于当年达到8.06的历史高点，而在美欧大规模增加流动性对外转嫁成本的2010年，印度的恐怖袭击指数上升到高达8.09的历史最高水平。尽管目前稍微回落，但仍然维持在高风险水平。印度某些官员近年声称印度有能力同时打赢"2.5"场战争。除了印度眼中的地缘威胁之外，那"0.5场战争"，指的正是"低烈度内战"。

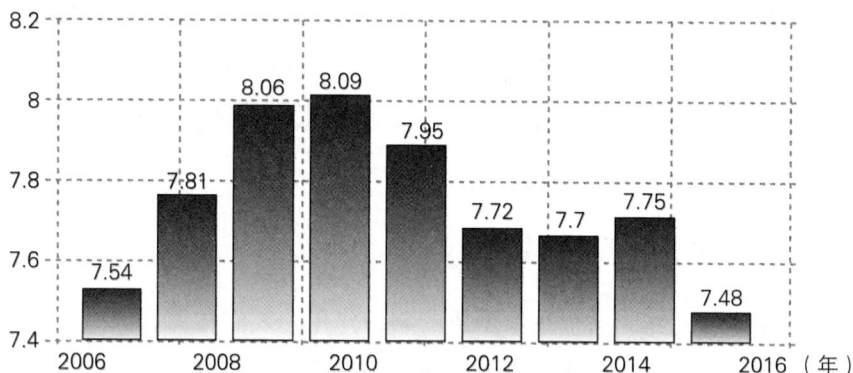

来源：全球经济指标数据网/经济与和平研究所。

图3-5 印度恐怖主义袭击指数

如前所述，印度在经济上存在正规与非正规部门的二元结构，但正因为存在庞大的非正规部门，当印度承接全球化服务业而面对全球金融资本主义带来的不稳定性（负外部性）时，可以通过维持人民生计的民间非正规部门做内部化处理，使社会及生计经济保持

———————

① 恐怖主义袭击指数是经济与和平研究所（Institute for Economics and Peace）制定的一项指数，评估某国家受恐怖主义袭击的风险。0是没有风险，10是最高风险。

基本的稳定及韧性。

（三）印度特色二元结构下的超前金融业

西方资本主义国家在 20 世纪 70 年代遭遇第二次生产过剩危机，在核心国家引领下，从 20 世纪 80 年代开始发生经济结构的阶段性调整，到 21 世纪初已经完成了从产业资本向金融资本主导的历史性演变。与这个客观过程相伴生的，就是新自由主义意识形态和"后冷战"时期形成的"币缘–地缘"新战略。

其间，**大凡更多保留实体产业资本的国家，在核心国的引领下改为以 GDP 统计体系为标志的经济增长模式，在这样的全球竞争中就都显得等而下之了**。而更多转向金融经济的、认同新自由主义的国家，则势必发生更多因跟从核心国金融化虚拟资本扩张、外资"大进大出"而引发的经济波动。对资本主义的这个从产业资本向金融资本升级的阶段性变化的复杂制度成本，后人也许会有更清晰的认识。

如上文所述，印度的第二产业以民族资本的"非规范经济"为主，主要解决了国内就业和一般民生问题。由此，相对政府管理的外资企业而言，本地企业具有明显的在地化"比较优势"，一般不受联邦政府规范法律和制度的限制。由此，如果外资进入印度只能按照法律规范走"正道"，与本地民间资本开展竞争，那就很难在"印度特色民族资本主义"为主的社会立足。总之，外资企业遭受到各种不同形式的"非经济因素"的干扰和阻挠，较难进入第二产业。

印度政府也在政策上长期保护民族资本，在制造业（2013—2014 年仅占 GDP 的 13%）和零售业等领域（2013—2014 年占 GDP 的 8%）设限较多；于是，外国投资者更多的是进入以印度股票和债券等金融市场为中心的服务业。这也是印度金融服务业超前于实体产业得到发展的客观原因。

1. 印度金融业一枝独秀

印度金融服务业领域之所以能高度开放，与外国金融资本接轨，固然有英国殖民统治留下的金融机制及服务业老底，但归根究底还是上述的二元化社会经济结构——以 IT 服务业和金融服务业为代表的那5%高度西化的精英，可以与西方资本无缝接合，没有任何制度成本或文化上的障碍。

所以，尽管在新兴七国中，近年印度的基本经济层面表现得并没有特别出众，但金融市场的表现一枝独秀，如图 3-6 和图 3-7 所示。

2008 年受华尔街金融海啸的打击，印度依赖金融自由化推动增长的方式与其本身经济基础不稳固的矛盾浮现，内部则储蓄和资本形成等宏观经济基础领域表现屡弱，对外则仍然持续面临经常账户赤字。经济增长放缓，金融市场不稳，加之印度进入新一阶段的经济改革，进一步加速自由化，放宽各种投资限制，外资"大进大出"也导致金融市场波动更为剧烈。

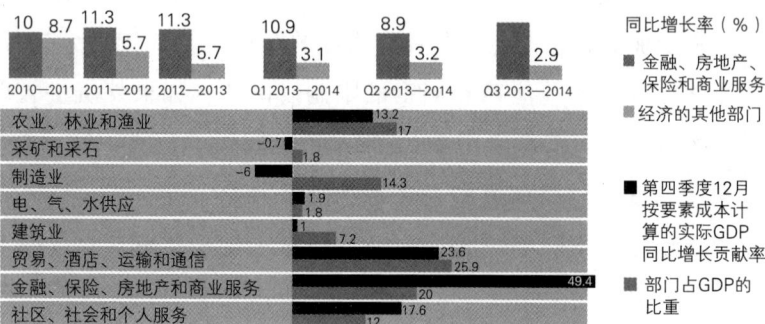

来源：印度中央统计局（Central Statistics Office, India）。

注：金融、保险、房地产及商业服务占 GDP 的比重约为20%，对经济同比年增长的贡献率达49.4%，制造业的贡献率则显示下降。

图 3-6 印度各经济部门对增长的贡献率

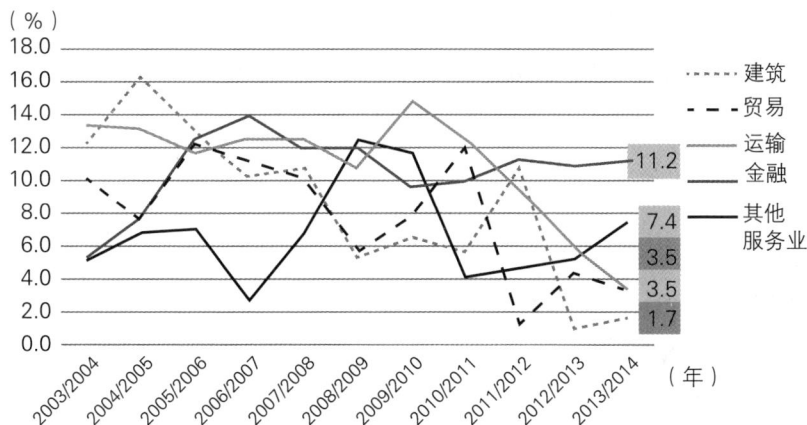

图 3-7　印度各产业部门的 GDP 增长率

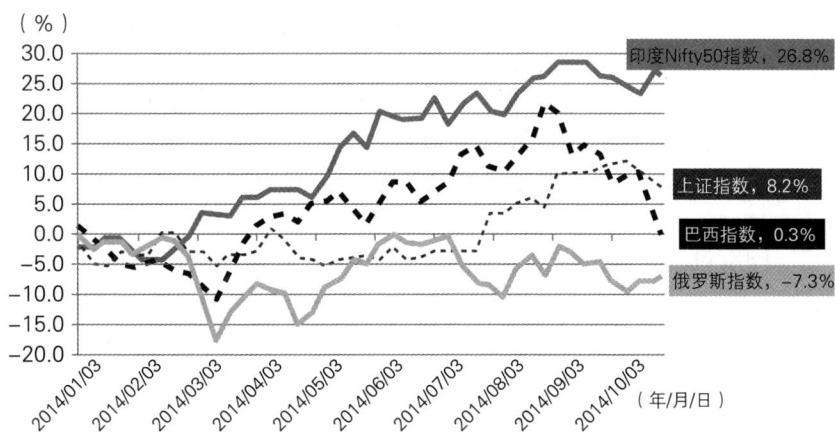

图 3-8　金砖四国比较（2014 年 1—10 月）

　　除了 2008 年华尔街金融海啸经济危机后因为全球流动性萎缩，印度股票市场曾经一度大幅下挫外，其后全球流动性随着美国量化宽松回升，印度再次吸引大量外资进入国内股票市场。**近年印度股市一直呈上扬趋势，屡创新高，基本上与美国股市呈同步之势**。其至在 2013 年 6 月预期量化宽松结束的新兴市场震荡中，印度股市只是稍微回落，不久便重新上扬。2015 年这一波的新兴市场撤资潮中，印度其至承接从金砖国家市场撤离的资金。2015 年仅 1—7 月净流入印度股市基金的累积金额就达 70.42 亿美元，而同期总体新兴市场股票基金所录得的净流出是 224 亿美元。外资大规模流入印度股市和债市逐利，使印度股市在高位徘徊，如图 3-9 所示。

（百万美元）

图 3-9　印度股市指数

2. 高速金融化下潜藏的债务危机

印度过去十多年推动依靠金融及信贷膨胀来拉动经济增长的策略，究竟有多大程度上是在推动实体经济部门的长远稳健增长？2010 年 10 月爆发的微型贷款（microlending）危机（实质是民间高利贷），戳破了西方对印度这种所谓"非集权化、高效率、低不良信贷率"的神话。西方乃至中国的新自由主义者吹捧这种自由信贷神话，其意识形态目的往往是针对中国的集中型金融体制及其对资本流动的管制。

印度金融系统的潜在不稳定性在数个方面反映出来，例如高速金融化下，银行未偿还信贷占 GDP 比值大幅攀升，2007 年超越50%，2011 年已经达到 56%，如图 3-10 所示。

图 3-10 表明，进入 21 世纪以来，印度商业银行的未偿还贷款占 GDP 之比成倍攀升。结合图 3-11 显示的信贷结构，我们能看到主要问题在于贷款中占比最高、增长最快的是基本建设贷款。

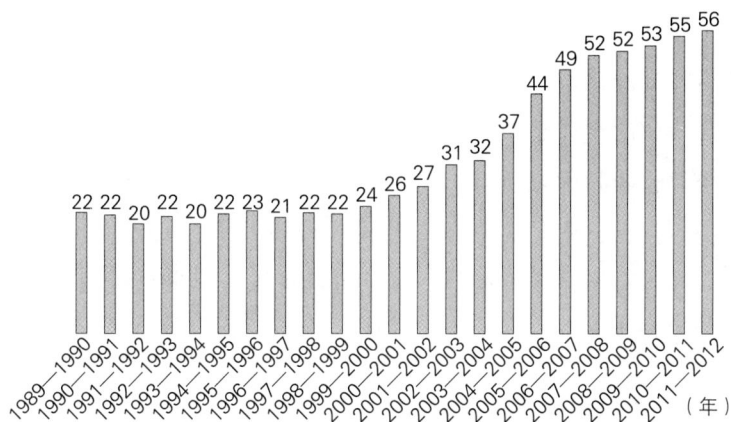

图 3-10　未偿还银行信贷占 GDP 的比例（%）

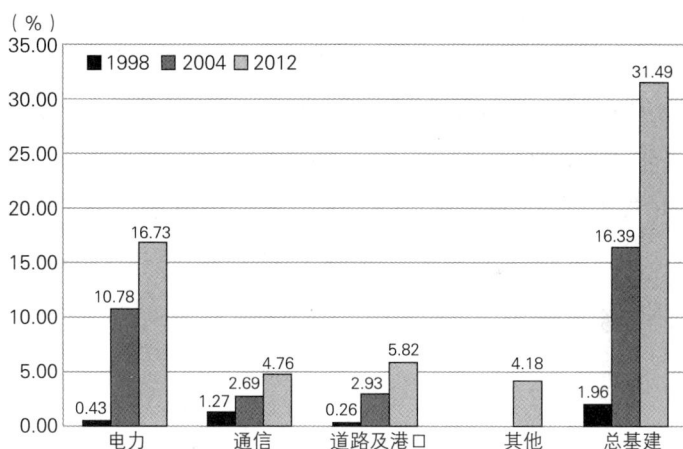

图 3-11　基础建设投资借贷占商业银行对工业借款的比例

图 3-11 表明，基本建设借贷占比 2012 年是 31.49%，约为 2004 年 16.39% 的两倍。其中，增长相对平稳的是通信，最显著的是电力，其次是交通领域。尽管这些投资增加符合印度发展的客观需求，但此类基本建设投资回收期太长，若通过商业银行贷给私人部门，则难免影响商业银行当期的盈利状况。此外，政府若在这种情况下继续推动银行系统及私人部门参与基础建设投资，就会引致银行系统承受过大压力而不稳定，银行要通过资产债务重组以改善账目。

中国在同一领域中的做法值得注意：21 世纪以来，中国一直维持投资拉动经济增长，有些年份投资对 GDP 的贡献超过 50%。但基本建设投资的主体是国有金融机构和国有大型企业；占有的土地和自然资源也收归国家所有，同时也承担大幅度增加投资形成的债务和收益。据此，中国也有基本建设投资效益低、回收期长的问题，但可以在国有经济内部调整，甚至可以在国家直接核销银行坏账的同时向银行注资。

3. 潜藏的银行债务危机

印度储备银行（Reserve Bank of India）2017 年 6 月发表的一份报告显示，印度的银行贷款呆坏账比例升至 15 年来新高。2017 年 3 月坏账比例达 9.6%，估计在 2018 年 3 月达 10.2%。各种不良贷款总计达 1910 亿美元。国有银行的呆坏账从 2014 年的 388 亿美元急增至 2016 年的 916 亿美元。

近年因为房贷活跃，印度的私人贷款与 GDP 的比例一直处于上升态势，2015 年已达 52.23%，如图 3-12 所示。一旦全球重入加息周期，因偿还贷款所产生的消费压力必然加大。

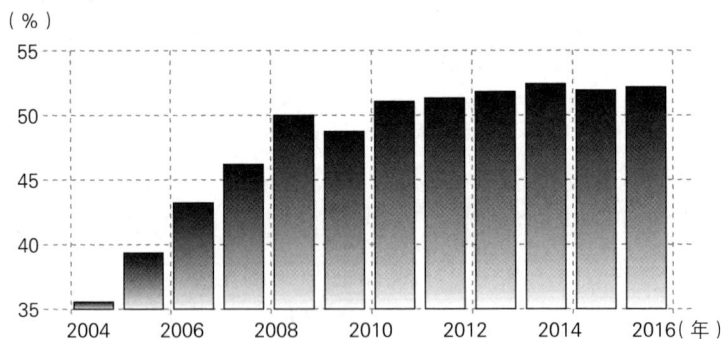

图 3-12　私人贷款与 GDP 的比率

印度银行业正面临严重的债务问题，据 2017 年 10 月 CNBC[①] 报

---

① CNBC：美国 NBC 环球集团的全球性财经有线电视卫星新闻台。

道，印度银行和印度工业发展银行均出售资产，以应付高企的债务和严重的不良贷款。其他银行各自寻求筹资方案以应对困难。

4. 超前金融化的隐忧

超前金融化的印度有蓬勃的债市，这可能会带来对债务膨胀的偏好，造成超过实体经济收益的快速债务膨胀，再加上印度的党派选举制度及地方利益输送，一旦碰上政府的扩张性基础建设政策，便容易积累更多的问题。

例如自 2009 年以来，有 8 个共耗费超过 5000 万美元建造的机场落成，竟然荒废至今，连一个航班也不曾升降，但当局坚称这是发展所必需的。而 2015 年正值地方选举年，印度总理又承诺在贫穷的比哈尔投资 4.13 亿美元再建造 4 个新机场，为其所属政党拉票。凡此种种，都令人担忧扩张性的财政及基础建设政策，究竟能多大程度有效拉动实体经济增长。

印度超前的金融化在多大程度上是一个正吹起的资产泡沫呢？

以新德里的奥朗则布大道（Aurangzeb Road）为例，这是印度最昂贵的富豪住宅区，2012 年平均每平方英尺地价高达 1.7 万英镑[①]，相当于英国最贵区域肯辛顿（Kensington）的 14 倍，而 2011 年英国、印度的人均 GDP 分别为 38974 美元和 1440 美元。[②]

这种超前金融投资拉动资产价格膨胀的模式，恐怕难以支撑印度下一阶段的发展，更何况印度外向经济的部分基本层面并不稳健。

前述印度卢比的币值贬值只是表征之一，类似的观察还可以深入到以下方面。

（1）长期贸易赤字

印度人口快速增加，但可开发的自然资源愈益短缺，这是具有

---

①　1 平方米约合 10.76 平方英尺，则此地价约为 1 平方米 18.3 万英镑。

②　梅新育：《如何评价印度经济与体制表现?》，《人民论坛·学术前沿》2014 年 6 月下。

长期制约性的基本矛盾。

自独立以来，印度国内资源和制造业生产都不能满足国内需求①，而大量进口使得经常账户大部时间均录得赤字。历史上，只有1972—1973 年及 1976—1977 年两个时期曾录得贸易盈余。自 1980年加快经济发展的 30 多年以来，印度一直录得贸易逆差，而且规模不断扩大。20 世纪 90 年代初期，苏联解体，印度失去其长期战略性援助出现国际收支平衡危机而推行自由化政策，出口额增加，贸易赤字略有改善，2000—2001 年度出口对进口的比例曾经达 88.2%，但其后还是持续下降，如表 3-3 所示。

表 3-3　印度历年出口与进口金额与比例　　　（百万美元）

年度	出口	进口	出口/进口
1997—1998	35006	41484	84.4%
1998—1999	33218	42389	78.4%
1999—2000	36920	50011	73.8%
2000—2001	44560	50536	88.2%
2001—2002	42358	52940	80.0%
2002—2003	52719	61412	85.8%
2003—2004	59361	72431	82.0%
2004—2005	83536	111518	74.9%
2005—2006	10510	15710	66.9%
2006—2007	128900	190700	67.6%
2007—2008	166200	257600	64.5%
2008—2009	189000	307600	61.4%
2009—2010	182200	300600	60.6%
2010—2011	256200	383500	66.8%
2011—2012	309800	499500	62.0%
2012—2013	305600	502200	60.8%

来源：印度中央银行（RBI）及其他。

----

① 可以对比中国 1990—2017 年平均工业年增长率为 12.37%，而印度1994—2017 年为 6.61%。

表 3-3 数据清楚地反映出印度贸易逆差在 21 世纪以来不断恶化的趋势。只要发生长期逆差，就会不断累积债务，连带压迫本币贬值，影响国内金融市场稳定。

图 3-13 中的贸易逆差恶化趋势有所改善，原因并非政策措施的作用。印度的庞大能源进口需求，是其经常账户逆差的主要原因。在 2008—2009 年度，经常账户逆差达 160 亿美元，是 GDP 的 11.11%，只是由于 2014 年中国际油价开始大幅下挫，才有效地改善其经常账户赤字情况。

（百万美元）

来源：全球经济指标数据网/印度工商部。

图 3-13　印度持续多年贸易赤字，规模呈扩大趋势

（2）外债沉重

印度企业依赖向外借贷投资，致使印度的总外债规模急速上升，在 2016 年年底达 4843 亿美元的历史高位。2017 年第一季度为 4718.52 亿美元，而同期印度的外汇储备规模仅有 4007 亿美元。

根据世界银行的数据，2013 年印度偿还利息占财政收入的 25.69%，债务负担沉重（一般国际标准危机线为 3%）。

印度评级和研究机构 2017 年的一份报告显示，印度 500 家上市的非金融企业中有 1/3 不能偿还足够的债务利息，陷入债务危机。随着全球进入加息周期，美联储缩表，美元流动性回流，印度企业

（百万美元）

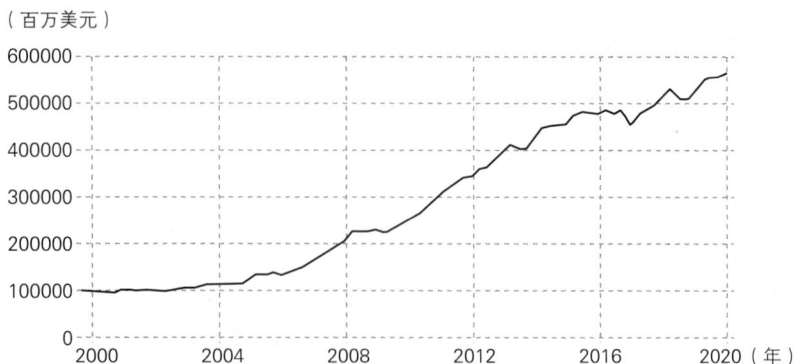

来源：全球经济指标数据网/印度财政部。

图3-14 印度总外债持续上升

的债务负担将会加重，面对经济增长放缓，可谓雪上加霜。

（3）政府高负债率

另一方面，虽然印度政府债务占 GDP 的比重，从 2003 年 84.2%的历史高位有所下降，2016 年为 69.5%，相较于日、美、欧等高度金融化的发达地区，虽然相对温和，但仍然是 E7 中比重最高的国家（巴西 58.91%，委内瑞拉 49.8%，中国 41.06%，南非 39%，土耳其 33%，印度尼西亚 25.02%）；政府以债务的手段拉动经济发展，对于发展中国家来说，难免造成隐忧。

（%）

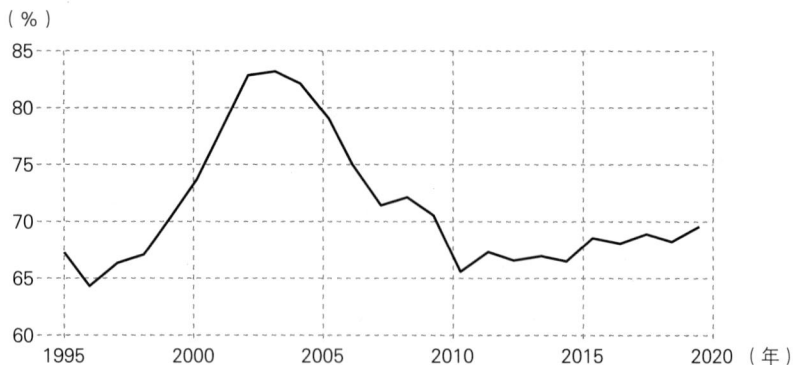

来源：全球经济指标数据网/印度储备银行。

图3-15 印度政府债务占 GDP 的比重

（4）货币贬值

自 2008 年以来，印度卢比进入漫长的下跌周期。2009—2011 年资金流入使得印度与其他新兴国家相比货币保持了相对的抗跌性。但卢比稍后还是急速下挫，2016 年 2 月触及 68.80 的历史低点，如图 3-16 所示。

图 3-16　印度卢比汇率

币值下跌有利于出口，但印度的出口，并没有因此而大幅改善，还是长期处于贸易赤字状态。而且印度企业大量向外举债，这些债务一般以美元结算。本币币值下跌，利息及还款成本无可避免地上升，增加了企业偿还债务的压力。

三、印度在 21 世纪的发展战略

目前，印度政府向人民乃至世界描述的愿景是，尝试在制造产业上打造另一个闪亮的印度。

（一）"印度制造"（Made in India）

印度发展战略最重要的依托是人口红利。目前印度拥有人口近

13 亿，其中一半年龄都在 25 岁以下，是世界上人口结构最年轻的国家之一。**目前有 60% 的人口处于适龄就业阶段，预计今后 10 年还会有超过 2.2 亿人加入劳动力大军**。据此，享受人口红利已成为印度政府重要的政策依托，如果这些年轻人能够获得就业机会，无疑会成为印度经济增长的强大引擎。

但反过来，如果不能创造大量的就业机会，就业增速没有赶上人口增长，则对这个每年新增适龄工作人数达到 1000 万人的国家来说，将出现重大社会问题。2017 年官方最新失业率为 4.9%。但经济合作与发展组织（OECD）一份报告却指出，印度 15—29 岁的人口中 30% 并不是处于受雇、教育或培训的状态之中。换言之，印度的失业或就业不足压力巨大。

一般情况下，越是产业结构高度化，吸纳就业的能力就越差。印度是发展中国家结构最高的国家，目前依赖 IT 服务、金融等高端服务业占就业人口不足 5%，难以提供足够就业机会消化大量的适龄劳动人口。沿着西方道路追求现代化的印度，只能寄望于发展制造业来大规模创造就业机会，期望能继中国后成为另一个制造业大国。印度政府期望把制造业占 GDP 的份额从 16%（2016 年）提升至 25%（2022 年），新增 1 亿个就业岗位。

但印度要发展成制造业大国，将面临一连串难题。

1. 基础建设瓶颈

印度制造业一直无法国际化的一个原因，是其薄弱的基础建设水平。印度政府计划大力发展基础设施建设以推动经济加速增长。根据 2015 年印度政府财政预算，政府将向基础建设领域增加 7000 亿卢比（约合 113 亿美元）的拨款，包括向农村基础设施建设基金拨款 2500 亿卢比，以及增加对公路和铁路建设的支持和港口及卫生的投入。同时，将为铁路和公路引入免税的基础建设债券，设立国家投资和基础设施基金。[①]

印度透露未来 5 年将在铁路网投资 1370 亿美元的计划。

同样，2016 年的印度政府财政预算（2016 年 4 月至 2017 年 3 月）再次强调，要重点扶持中低收入人口和农村人口，同时加大基础设施建设力度。对农村的投入，包括就业、基础设施、教育、农业技术和农产品市场开发等，争取 5 年内让农民收入翻一番。[②]

2016 年，印度作为意向创始成员国正式加入亚洲基础设施投资银行(简称亚投行)，成为继中国后的第二大股权成员国，共出资 83.67 亿美元，占总股比 8% 以上。[③] 同时，印度还推出了本身规模较小的区内版"一带一路"专项基金，用于投资南亚及非洲的公路、桥梁和发电厂等基础建设项目。[④]

但印度如何突破基础建设瓶颈，将是一大难关。正如梅新育总结：

> 印度政府不是不重视改善基础设施……问题是，要改善基础设施，与中国相比，印度和其他许多新兴市场经济体面临一系列难以克服的困难：基础设施发展计划本身就不现实，有竞选宣传价值，却难以落实；财政能力不足，资本短缺瓶颈制约，**也没有能力如同中国毛泽东时代那样充分动员其充裕的人力资源以化解资本短缺约束**；无休止的政治斗争、媒体口水大战，都阻滞了印度基础设施建设的步伐，**土地私有制更令印度基础设施建设陷入比中国数量多得多、程度严重得多的拆迁纠纷之中**；印度各级政府普遍存在"腐败+

---

① 《印度政府公布年度预算案》，2019 - 03 - 09，http://news. xinhuanet. com/world/2015-02/28/c_ 127529747.htm。

② 《印度政府提交新财年预算》，2019 - 03 - 09，http://intl. ce. cn/sjjj/qy/201602/29/t20160229_ 9182560.shtml。

③ 《亚投行各国话语权：中国股份超 30%一家独大印度俄罗斯前三》，2019-03-09，http://www. guancha. cn/strategy/2015_ 06_ 29_ 324999.shtml。

④ 《中国推"一带一路"印度推专项基金投资南亚非洲》，2019-03-09，http://world.people.com.cn/n/2015/0423/c1002-26892736.html。

不作为"的问题，不仅大大提高了印度基础设施的建设成本，而且令基础设施建设进展迟缓，被拖延烂尾的风险大大提高；等等。[①]

印度根据生产率调整后的劳动力成本在过去 10 年几乎没有增长，这使印度在劳动力密集型的产业中具有竞争力。但，印度需要克服上述困难才能把低成本优势转化为制造业投资和产业出口的增长。

2. 教育问题

印度是精英平民严重两极化的社会，教育也出现两极化情况。印度固然具有不少优良的大学，为全球 IT 业及科研部门供应大量优秀人才，大量能说流利英语的人口也是其优势，可是印度仍然拥有世界上最庞大的文盲人口群体，其中女性接近一半是文盲。

印度社会文化中的种姓制度、性别歧视、赤贫等现象妨碍社会流动性，如果不能打破这些陋俗，则印度恐怕无法有效释放其"人口红利"。

3. 非正规部门的两难

根据我们前面的分析，锐意发展制造业的印度政府将面临两难。

一方面，为了打造一个能吸引外资进入制造业的环境，印度政府必须规范非正规部门，创造一个外资能与民族资本竞争的环境，但这样将不可避免地大幅度增加制度成本。[②] 印度西化上层建筑（政治制度、法制等）的成本已经过于高昂且缺乏效率，如果连经济领域的制度成本也上升的话，其经济基础将更无法支撑。印度也许

---

① 梅新育：《如何评价印度经济与体制表现》，《人民论坛·学术前沿》2014 年 6 月下。

② 实际的情况是，印度不仅没有在政策上尝试发展制造业，使经济"正规化"，而且反过来想利用非正规部门的成本优势。一个例子是，政府打算修订《劳工法》，把可以豁免正规劳动保障的单位雇佣工人数目提升，即让更多企业可以进行山寨式的非正规营运。

会堕入发展中国家普遍面临的"低水平发展陷阱"。

另一方面，如果灰色经济真的被规范化，民间低成本的生计经济失去韧性，印度社会通过非正规部门内部化处理负外部性的能力下降，则印度面对全球化冲击时，由贫富差距过大演化而来的区域、族群、宗教等冲突可能会全面爆发，维持社会稳定的正规成本将上升。

而且，前面已分析过的土地制度障碍、占有资源性资产的小私有资本和高度分散的弱势群体对外部资本强烈排斥，都是妨碍印度发展制造产业的正规及非正规制度性障碍。此外，还有技术工人缺乏、文化障碍、法律程序冗长、完整的工业体系还未建立等一连串问题。印度要实现制造业大国的梦想，即使有领导人政策上的决定，实践上也还是前路漫漫。

4. 扩张性财政的隐忧

基础建设发展难免需要政府的扩张性财政政策来配合。但是，印度政府的财政入不敷出，预算赤字在 2009 年创下 GDP7.8% 的历史纪录，如图 3-17 所示。近年虽然已有下降，但在 E7 中仍然仅次于有庞大石油收益的委内瑞拉（委内瑞拉 11.5%、南非 3.8%、印度尼西亚 2.25%、中国 2.1%、土耳其 1.3、巴西 0.6%）。

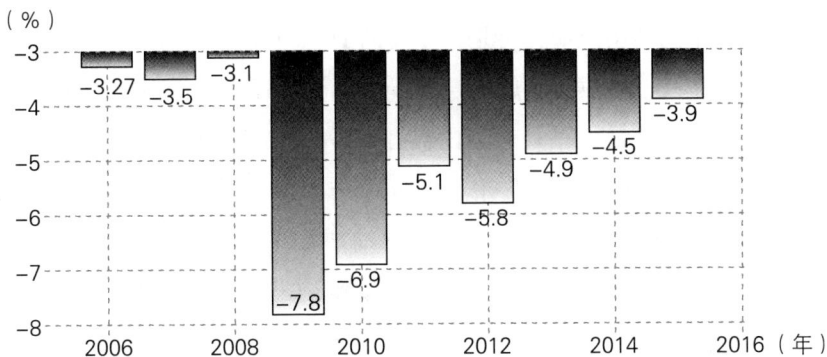

（%）

来源：全球经济指标数据网/印度财政部。

图 3-17 印度财政预算赤字占 GDP 的比重

印度政府已经把 2015—2016 年的财政赤字控制在 GDP 的 3.9% 以内，但为了削减开支，政府将大幅削减粮食、化肥、石油的补贴，比例高达 10%；而且在增加军费的同时却削减教育支出，比例高达 17%。这种财政分配的调整，可能影响大量贫困人口的生活，并削弱印度的长远竞争力。

此外，为了吸引外资，政府同时削减税收。新预算案将公司税由 30% 降至 25%，并对部分原材料关税降低 10%，以促进制造业发展。印度政府如何保持稳健的财政，避免堕入债务陷阱，仍将是一大考验。

5. 发展模式失去动力，制造业青黄不接

印度的新自由主义改革让印度企业大量向外借债。充裕的流动性进入金融、房地产、保险、建筑①等带有泡沫色彩的领域，加上 IT 服务业及采矿业的发展，共同推动了近十多年来印度举世瞩目的经济增长率。"数字印度"（Digital India）也是政府响亮的口号之一。印孚瑟斯有限公司是世界知名企业，欧美的顶级 IT 企业也出现不少印裔首席执行官。与 IT 相关的行业雇员人数约 1000 万，但对于数以亿计的劳动人口来说，这只是九牛一毛。有学者估计近年来印度的高速增长只让 10%—15% 的上层人口受惠。诚然，这些部门对整体经济也有一定的溢出效应，可是，印度的 IT 服务业及房地产等部门的发展近 5 年来已有放缓的趋势。随着国际企业迁离印度或缩减规模，IT 业已出现解雇潮，估计短期内将有 10 万人失去工作。

印度从 2016 年年初开始连续 6 个季度经济下滑，随后短暂回升，接着从 2018 年年初开始又连续 8 个季度下滑，多种经济数据创下美国次贷危机以来的最差水平。印度亟须发展制造业来创造新的

---

① 蓬勃的房地产及基础建设提供了大量就业岗位，但这些岗位一般为低薪非正规雇佣。农业低收入与多年的农业危机使大量小农涌进城镇寻找生计，使建筑行业一直维持低工资水平。

经济增长动力，但随着外资流入减缓甚至逆转流出，本国工业基础仍然薄弱，长远来看即便"印度制造"真能成功，但也是远水不能救近火。更何况，对比区内其他制造业发展迅猛的国家，印度实际上正被抛离。2017 年 5 月，印度工业产出仅增长 1.7%①；而越南在 2017 年 1 月的增幅达 7.1%，孟加拉国在 2016 年 12 月的增幅也高达 7.4%。这些国家没有什么响亮的口号，但其制造业在稳步发展，有望在这一轮的全球工业转移中接棒中国，成为新的世界制造业中心。

6. 跟跄前行的激进改革

印度要发展经济改善民生，必须多方面进行改革，但印度既得利益集团非常顽固，历来改革皆困难重重。2014 年重新执政的人民党比起国大党，与精英利益集团较少有千头万绪、纠缠不清的利益关系，而且其领导人莫迪颇有雄心壮志，以改革者自居。这对身患沉疴的印度体制本应是一剂良药。可是，人民党有浓厚的印度教民粹主义色彩，其领导者颇有好大喜功、急功近利的性格。例如，莫迪在演讲中曾经提出要把印度的 GDP 规模扩大至 20 万亿美元，即近 10 倍于目前的 2.264 万亿美元。虽然莫迪没有指明期限，但这种言辞难免使人怀疑政策制定者是否有点信口开河、脱离现实。

这种好大喜功的性格可以从印度首个高铁项目反映出来。孟买至艾哈迈达巴的高铁于 2017 年正式动工，预计于 2023 年竣工。可是据印度媒体报道，目前孟买至艾哈迈达巴的铁路持续出现亏损，空座率达 40%。这不禁令人忧虑该高铁项目未来的营运状况。究竟决策者是真正考虑经济效益，还是只是为了面子？在另一个闪亮口号"印度速度"的背后，是不是反映了印度经常出现的二元超前特性？罔顾本身的经济基础，而好骛前宗主国或先进国家的制度及生

---

① 如果我们把新 GDP 算法的因素考虑在内，那么印度的工业极有可能处于负增长状态。本来在旧算法里，制造业增长为-0.7%，在新算法下却跃升至 5.3%。

活方式，也许是后殖民性（Post-colonial）的一种症状。

可是在经济民生最急需的基础建设上，印度政府却仍未达标。例如莫迪上台以来，分别提出"印度所有家庭通电计划"和解决厕所问题的计划。可是至今印度仍然有约 3.04 亿人（占人口的 23%）未接通电力，数量为世界之最；截至 2016 年 12 月，51.6% 的印度家庭没有厕所。联合国一项调查发现，印度仍然有 6 亿人口在户外便溺；每年近 20 万儿童因为水源污染感染腹泻死亡；2017 年印度的全球饥饿指数在 119 个国家中排名 100，属于严重级别。

事实上，印度执政党急于求成的特性反映在其猛烈推行而不顾社会可承受能力的多项激进改革之上。

7. 震荡式货币改革

莫迪第一项重大改革尝试是为了便利推动基础建设发展的征地法案，可是在 2015 年因各方利益反对无疾而终。其后莫迪政府推行震荡式货币改革。2016 年 11 月 8 日，莫迪忽然在电视上宣布 4 小时后废除旧大额钞票。民众必须在限期前将持有的 500 及 1000 面额钞票存入银行账户。只要提供身份证明文件，民众也可以限额换取少量新钞。可是印度有一半人口没有银行账户，而且估计 3 亿人口没有任何身份证明文件。

可以对比数年前朝鲜推行的一次换钞。朝鲜那次换钞设定了兑换上限，实际上就是以国家手段推行强制性财富再分配。朝鲜的体制可以这样做，但尊重西方私人产权观的印度当然不能公然侵犯私人财富，所以换钞不设上限。那么这次废钞并非货币或财富再分配改革，而更多的是一次税务措施。正如上文所述，印度存在极庞大的非正规部门。从事"地下经济"的人们手上囤积大量现金，所有交易以现金进行，没有账面记录，政府无法从这些经济活动中抽税。据估计，印度的经济活动近 90% 以现金进行。把现金赶进银行体系，并推广电子支付，减少经济对现金的依赖，扫除灰色及黑色经济，政府便可以监察经济活动，从中征税。

政府也期望这次行动可达到一定财富再分配的作用。政府的构想是，很多为了避税的富人和贪污的官员宁愿让手上的旧钞废掉，也不愿意全数存进银行。如此一来，社会的总货币量将减少，无异于局部财富再分配。民众觉得这项举措可以惩罚那些避税的富人和贪官，也愿意忍受种种不便。

但结果民众饱受折腾后，99%的旧钞都回到银行体系中。估计是手上持有大量旧钞的富人利用各种途径借用贫穷民众的银行账户来存款。所以有批评者说这次劳师动众的举措，只是让黑钱洗白了（此外，所谓的消灭伪钞作用也微不足道）。

政府不承认这次换钞行动失败。毕竟钱回到银行账户，当局便可以对可疑的账户进行税务调查。财政部声称正在调查180万个这类账户，其成效有待观察，但底层群众的生计率先受影响。

由于市面现金短缺，很多小经营者因周转不灵而无法维持。人民党的官员也承认约有25万非正规部门的经营单位因此歇业。房地产部门严重受影响，大批雇员失业。高度依赖现金的农民也饱受打击。

印度经济和社会的稳定得益于非正规经济。所以不管印度的新自由主义改革如何外向激进，外部性成本及风险也可以被非正规部门消化，印度社会得以保持稳定。然而，一旦激进改革伤及非正规经济的筋骨，印度社会的不稳定性风险必然大增。这是印度改革的两难。

8. 税制改革

由于存在庞大的非正规部门、各种灰色经济、黑色经济（避税贪腐等），印度的税收/GDP 比位列全球最低水平[①]。世界银行一份报告指出：**印度的税收占 GDP 比重只有 16.6%（对比欧盟达 45%），**

---

① 另一方面印度财阀利用各种方式避减税务负担。例如，对印度的投资有20%来自避税天堂毛里求斯，可能是某些印度财阀为了避税采取迂回式投资。

纳税人口只有不到3%。此外印度实行联邦制，各邦有较大财政自主权，再加上政府体制叠床架屋，让印度全国税制非常复杂。政府税收不足，无法有效推动各种基础建设促进经济发展，以及投资改善人民基本生活水平。

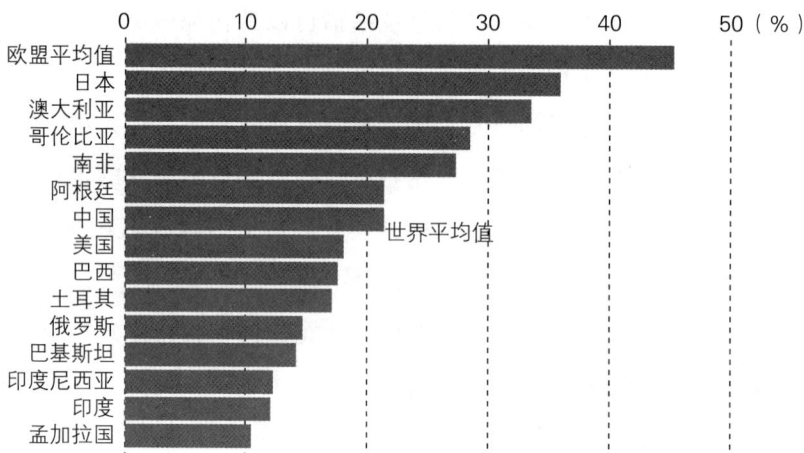

来源：《经济时报》。

图 3-18　各主要经济体税收占 GDP 之比

　　莫迪政府在废钞政策余波未平之际，又出台另一项重大改革措施，它被认为是自印度建国以来最大的税制改革。2017 年 7 月，印度开始实施一般销售税（General Sales Tax，GST），其内涵是在全国推行单一税制。印度全国实际上并非单一市场，各邦之间货物往来会征收关税，除了中央销售税外，还有各自的附加税。一件商品在供应链的不同环节上往往出现重复征税的情况。在新的全国统一销售税制下，除了 66 项外，所有商品及服务将分六级征税。政府希望统一的简单税制有助于促进经济增长。

　　可是分析者指出，一般销售税实质上是一种累退税，即底层群众受的影响大于高收入人士。而且经过多轮讨价还价，避税最严重的土地买卖及房地产最终会豁免征税，政府最终的税收将大打折扣。而中央政府承诺向各邦补偿税收减少，则可能加重中央政府的财政赤字。再者，印度各邦的经济条件差别甚大，统一税制忽略了各邦的特殊条件，情况就像欧盟统一货币及市场，结果造成发达地区与落后地区的矛盾。

一般销售税的执行并非完全简单，管辖的部门也不统一。企业需要每月填写三份报税表，再加上每年一份总报税表。而且在任何一个有业务的邦都得重复填报。有分析担心有关的会计及税务开支将加重中小企业的负担。

在野国大党副主席拉胡尔·甘地认为这次税制改革将以失败告终。

最新报道指出这次税制改革目前做成供给链和分销链出现紊乱，商业情况恶化，达到 2008 年危机以来最差水平。据报道，印度信贷增长跌至 25 年低点。2017 年第二季度印度放贷规模环比下滑达52%，说明印度工商业进入收缩期，只靠金融、房地产等泡沫部门撑门面。

在连番改革引起社会动荡的背景下，印度士兵非法进入中国的领土洞朗地区。[①] 有分析认为，这是莫迪政府为了转移国内的不满而挑起民族主义情绪。日本顺势倡议与印度联手在区内打造具有冷战色彩的所谓"自由走廊"。这对莫迪政府的地缘战略影响，恐怕是方向性的。

2017 年 8 月 22 日，印度银行业职员发起全国大罢工，抗议废钞造成银行系统的压力，并反对有关银行改革的方案。与此同时，各种社会冲突不断。如何平息印度政治家口中这"0.5 场战争"，确实是一大挑战。

---

① 详细分析参阅我们的另一篇文章《第五次全球产业大转移与霸权兴衰的冲突》。

小　结

　　印度无疑充满发展的潜力，不能简单地认为其二元化的体制结构阻碍改革，而要认识到，其在印度全球化的过程中起社会稳定器的作用，但同时也是照搬西方现代化模式的一大障碍。何况在人口资源过度紧张的压力下，印度只能靠尽可能降低社会成本，自主发展劳动力密集型的民生经济来满足本地需求，才能缓解长期贸易赤字和政府债务压力。若想达到这种效果，就需要政府权衡利弊，至少先完成民主革命阶段的土地改革。

　　如果在基本经济制度没有变革的条件下，单纯去调整只有少数人就业、使海外资本更多获益的服务业出口占比过高的经济结构，印度的外汇收入就会大幅度减少，不利于缓解长期贸易和财政双逆差的局面。这个道理，印度精英群体完全了解。然而，之所以如此强势的莫迪政府在土地制度改革上也无法执行其调整意图，是因为他们很多人与土地改革被调整的利益主体有着千丝万缕的关系。

第四章

印度尼西亚：
在新地缘格局下的区域性海洋大国

　　印度尼西亚地跨亚洲、大洋洲两个大洲，有约 2.4 亿人生活在 1.7 万个岛屿上，17 世纪初以来被荷兰人以"东印度公司"的名义殖民统治了 350 年。**直到 20 世纪 20 年代，才在海外知识分子中确立以"印度尼西亚"作为国家名称**，可见其命途多舛，晚近成国。

　　我们对其复杂国情很难做归纳，若跟着一般性资料描述，则只能简单地认为：这是一个在地理气候、族群文化、自然资源等方面都具有多样性的"世界第一大岛屿国家"。

　　立国晚、岛屿多，而且族群矛盾、宗教冲突与军人干政此起彼伏，因此，在客观上印度尼西亚难以完成所谓西方确立的现代民族国家（Nation State）概念上的国家化建设（State Building）；但也许是印度尼西亚的精英群体缺乏自主话语体系建设的努力，因此该国在殖民化制度遗产的约束下罔顾国情，继续跟从西方：先是 20 世纪 60 年代跟随美国主导的冷战意识形态，纳入军事化围堵中国的"东南亚条约组织"；后于 20 世纪 90 年代以来接轨于核心国"后冷战"阶段要求的新自由主义制度体系。由此，其在参与全球化的同时，势必发生"去中央化"，致使国家调控难以实行，经济发展多灾多难。

本书超越一般资料的描述指出：印度尼西亚发展困境是内因和外因共同造成的。一方面，西方意识形态及制度体系不可能适用于这个由住在数千个岛屿上高度分散的原住民组成的海洋国家，**其地理条件和族群文化的多元化，客观上确实难以被西方模式的现代政治手段整合为"民族国家"，这也导致其建国初期没有利用本土的资源优势"在地化"地完成国家工业化资本原始积累**；另一方面，印度尼西亚跟从核心国地缘战略、照搬西方意识形态，导致外国资本大进大出，显然利于外资通过"资源资本化"来占有本地资源经济的收益，却并不构成在本地发展产业所必需的资本积累。延宕到当代，也就势必在全球资本化的竞争中被边缘化。因而，在金融资本全球化以来爆发的 1997 年亚洲金融危机和 2008 年华尔街金融海啸中，印度尼西亚的经济都受到了严重打击。

印度尼西亚在 21 世纪遭遇经济危机以来的复杂困境，只是资源出口国在金融资本全球化恶性竞争中势必"被边缘化"的必然结果。

不过，我们在把印度尼西亚纳入 E7 比较研究的时候，只能以印度尼西亚官方公布的有关数据和公开发表的资料做分析，引述的文字也基本上属于西方主流话语。① 由此，对此类数据资料不可能涵盖的多元结构问题也就有待做进一步调查。

有鉴于此，以下分析只是初步的、粗浅的。

一、资源经济国家在全球危机下的困境

21 世纪初影响世界经济走向的一件大事，是 2001 年美国 IT 泡沫崩溃爆发危机，由此促使其资本大量流出；随之，2003—2007 年

---

① 最初同意加入本课题的印度尼西亚当地调研团队，在第一年的工作中就因私人理由退出了 E7 研究计划。在缺乏调研案例资料的条件下，E7 课题组只能使用官方公布数据做分析。

全球经济处于繁荣期，由此，全球对能源和原材料的外部需求增加。借助于此，作为资源出口国的印度尼西亚也乘着全球大宗商品价格的升浪，经济重新进入增长期。

接着是 2007 年次贷危机引发 2008 年华尔街金融海啸。其间，全球经济随核心国家资本大进大出的周期性波动而变化。美国应对 2008 年华尔街金融海啸做出的量化宽松政策虽然推动原材料价格短期飙升，但随之便在 2009 年全球危机、2010 年西方债务危机的压力下，因需求锐减而在 2012 年以后陡然下降。此后，印度尼西亚的出口结构依赖天然资源（见图 4-1），因此一旦遭遇全球经济下行、对大宗商品的需求减少，以及投机资本流出原材料期货市场，出口品价格低迷就会使贸易盈余显著下降，印度尼西亚的资源出口经济也就无可避免地受到恶性冲击。

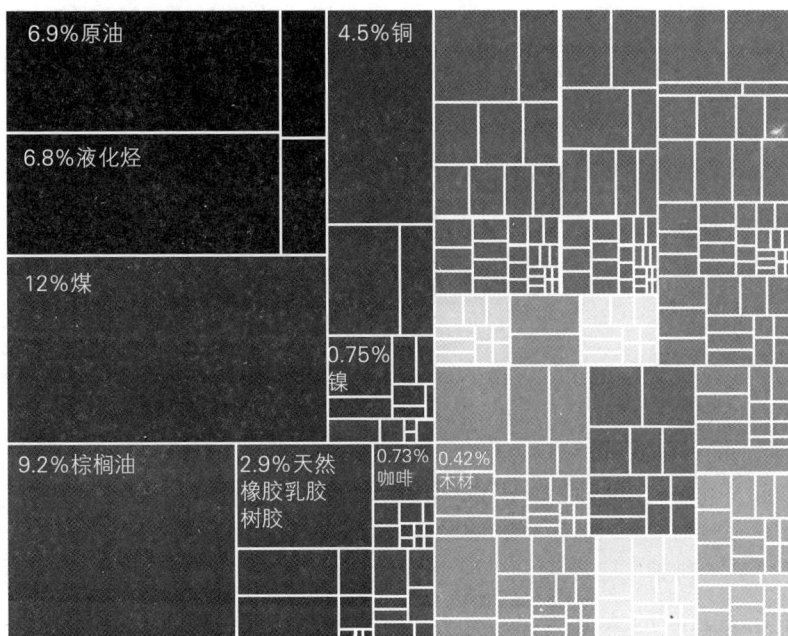

注：天然资源出口占最大份额，超过 50%。

来源：https://commons.wikimedia.org/wiki/File：Indonesia_ Product _ Export _ Treemap.jpg。

图 4-1　2012 年印度尼西亚外贸图

1. 大宗商品原材料市场价格下降

印度尼西亚作为资源经济国家，其出口物资中的煤炭、石油、棕榈油、天然橡胶等能源和资源产品，占主要出口份额。这些出口品的价格波动，在 21 世纪的金融资本时代并非由供求决定，而是由核心国家不断扩张的金融流动性进入期货市场的规模和进出频率决定。美国 2013 年停止量化宽松政策之后，进入期货市场的资金减少，能源和原材料的价格随之下跌，直接打击了像印度尼西亚这类资源出口国的经济。

2. 煤炭价格下滑

2000—2013 年，印度尼西亚的煤炭产量和出口量逐步提升，连续 14 年保持同比高增长。从 2014 年开始，随着全球经济下行，印度尼西亚的煤炭产量和出口量同时逐步下降，直到 2018 年才开始明显回升。

印度尼西亚的煤炭占出口产业比重高达 10.3%。据《印度尼西亚商报》2014 年 12 月 18 日报道，2015 年印度尼西亚政府的煤炭产量目标为 4.6 亿吨，其中出口 3.5 亿吨。2014 年，印度尼西亚煤炭国内需求目标定为 9500 万吨，预计只能完成 7000 万吨。随着国际能源需求的疲软，煤炭价格下滑较快，已从 2015 年 1 月初的每吨约 80 美元下滑至 12 月的每吨 64 美元左右。①

据彭博社（Bloomberg）消息，2019 年印度尼西亚煤炭产量达 6.1 亿吨，连续第二年大幅度增长，不断创出历史最高水平。预计已超过澳大利亚，印度尼西亚成为仅次于中国、印度和美国之后的位列全球第四的大煤炭生产国。印度尼西亚中央统计局（BPS -

———————

① 《2015 年印度尼西亚的煤炭出口目标 3.5 亿吨》，驻印度尼西亚经商参处，http://id.mofcom.gov.cn/sys/print.shtml?/ztdy/waimao/201412/20141200839085，2014-12-18。

Statistics Indonesia）统计数据显示，2019 年，印度尼西亚共出口煤炭 4.56 亿吨，同比增长 6.43%，创至少 2015 年以来新高；出口额为 214.5 亿美元，同比下降 10.44%，如图 4-2 所示。[1]

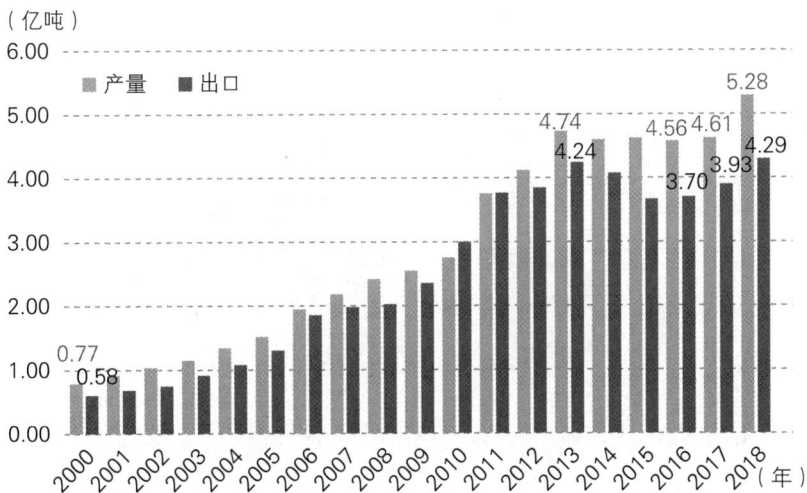

来源：中国煤炭经济研究网/金瑞期货。

图 4-2 印度尼西亚煤炭产量及出口变化

3. 棕榈油价格下跌

近年来，印度尼西亚棕榈油出口量持续增长，成为世界第一大棕榈油出口国，排第二的是马来西亚。印度尼西亚同时也是全球第一大棕榈油生产国，其总产量占到全球的 60% 左右，出口量则占到全球总出口的 55% 左右。印度尼西亚 2008—2013 年棕榈油出口量从 1507 万吨增至 2122 万吨，2014 年大幅增加到超过 2500 万吨，此后增长放缓。出口市场主要为美国、印度、中国、欧盟、孟加拉国和

---

[1] 《金瑞期货：金瑞专题报告/ 中国进口煤市场形势分析——进口煤市场专题》，2019 - 08 - 09，http://www.cngold.com.cn/dealer/jyshp/20190301f12105n4426555526.html。

巴基斯坦。但 2011 年以来，国际棕榈油价格下跌、国际需求疲软等因素，对依赖大宗商品出口的印度尼西亚产生一定负面影响，如图 4-3 所示。

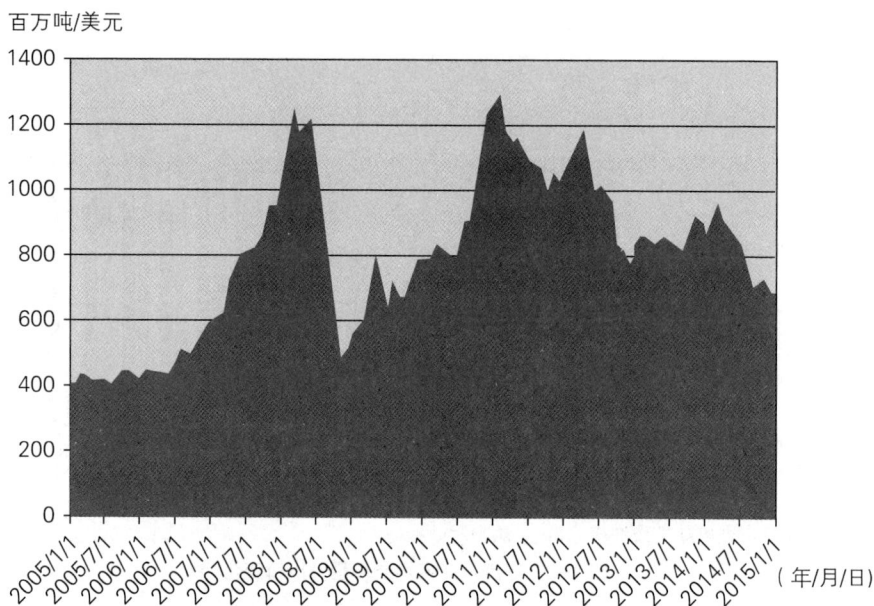

注：2011 年开始国际棕榈油价格整体下跌。

来源：https://news.mongabay.com/2015/03/declining-palm-oil-prices-good-news-and-bad-news-for-smallholders/

图 4-3　2005—2015 年国际棕榈油价格（百万吨/美元）

全球大豆供给充足、石油价格大跌、印度尼西亚生物柴油行业的棕榈油消费量不尽如人意等因素，导致棕榈油在生物柴油行业中的吸引力降低，国际需求下滑。2014 年 9 月，马来西亚棕榈油价格跌至每吨 1914 马来西亚林吉特（约合 567 美元）的 5 年低点后，2014 年以来国际棕榈油价跌幅已达 19%。①

---

① 《2015 年印度尼西亚棕榈油出口前景》，驻印度尼西亚经商参处，2014-12-12，http://id.mofcom.gov.cn/sys/print.shtml?/ziranziyuan/jjfz/201412/20141200833601。

延伸阅读

13

印度尼西亚砍伐大片森林造就棕榈油产业

目前世界上有约 20 个国家在生产棕榈油，主要生产国只有三个，分别是马来西亚、印度尼西亚和尼日利亚，这三个国家的总产量占世界棕榈油总产量的 88%，自 1980 年以来，印度尼西亚各届政府均竭力种植棕榈，2010 年，全国共有约 1200 万公顷土地种植棕榈树，约占全国土地面积的 6.3%（见图 4-4）。自 2005 年起，印度尼西亚逐步取代马来西亚，成为世界最大的棕榈油生产国（见图 4-5 和图 4-6）。

棕榈油生产加工业是印度尼西亚经济发展的支柱行业之一。根据统计，印度尼西亚棕榈油产业占出口产业的 7.3%。

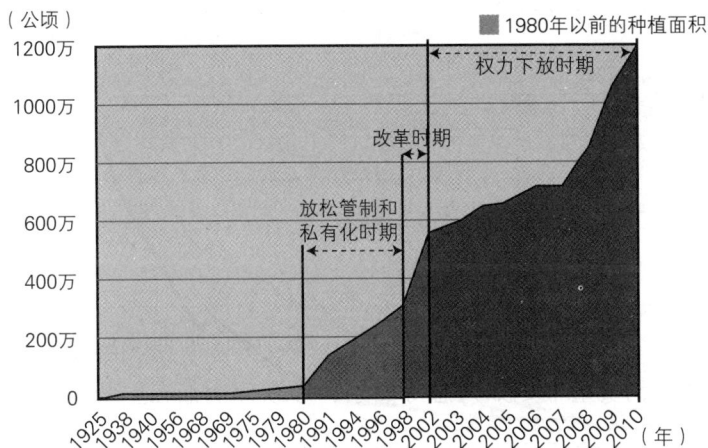

来源：https://fatwaramdani.wordpress.com。

图 4-4　印度尼西亚政权迭起与棕榈树种植面积变化

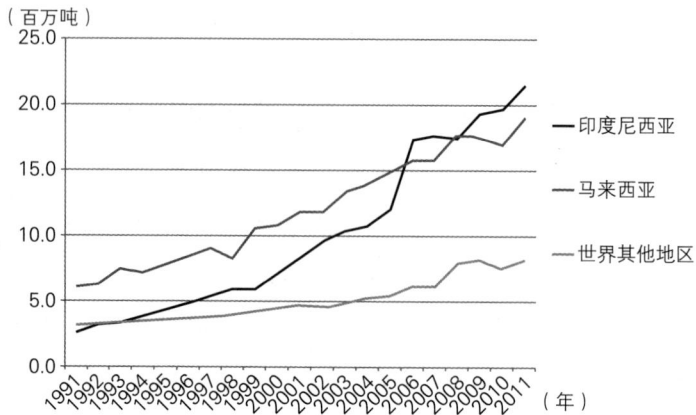

（百万吨）

注：不含棕榈仁油。
来源：联合国粮食及农业组织。

图4-5　全球棕榈油生产量（1991—2011年）

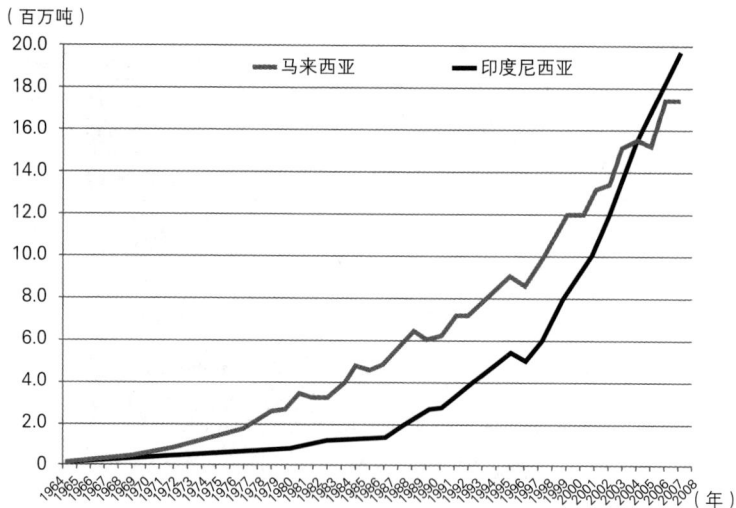

（百万吨）

来源：mongabay.com。

图4-6　印度尼西亚与马来西亚棕榈油生产量（1964—2008年）

　　根据印度尼西亚中央统计局资料，目前棕榈树种植已占到农业产值的 11.87%，2003—2006 年，棕榈树种植业的产值平均增长率为 17.8%，远高于整个农业部门 8% 的比例，同期棕榈油产量以每年约 15.3% 的速度增长，其中个体小农种植园增长最快，为 20.7%，私营部门为 15.9%。

　　印度尼西亚国内棕榈油消费增长缓慢，产品消费以食用为主。2006 年棕榈油及衍生产品产量达 1610 万吨，其中国内消费 420 万吨，出口 1190 万吨，国内和国际消费市场份额比例约为 3∶7。为促进棕榈油出口，印度尼西亚曾将棕榈油出口税率从 1999 年的超过 60% 下调至现在的零关税，但政府仍保留了 10% 的初级产品增值税。

整理：薛翠

参考资料：

《2015 年印度尼西亚棕榈油出口前景》，驻印度尼西亚使馆经商参处，2014-12-12。

《印度尼西亚棕榈油产业概况》，驻印度尼西亚使馆经商参处，2011-09-08。

《印度尼西亚棕榈油产业状况》，驻印度尼西亚使馆经商参处，2007-04-04。

二、过剩外资兴起"新圈地运动"

　　西方经济进入金融化阶段的重要特征，是几乎所有发达国家都发生金融虚拟化扩张。自从美国 2008 年采取量化宽松政策大规模向全球输出流动性来缓解本国金融危机以来，欧盟、日本相继推出不同版本的量化宽松政策，但实质性的后果只有一个——

在全球形成金融产能过剩！随之，大规模增发的西方货币被跨国公司占有，但并不用于本国的实体经济投资，而是直接用于在产业经济国家做战略产业并购，以及在资源经济国家兴起"新圈地运动"。

我们在 E7 比较研究中认识到：**若土地或其他自然资源被大规模圈占，其资源出口过程中的物流、结算等属于较高附加值的第三产业各个环节就都被跨国公司在海外完成，造成资源产品出口国留在本地的只有第一产业劳动者养家糊口的收益，客观上就没有在本地形成本国金融吸收存款的可能性**。这样，国内很难拥有自我积累能力。

这个简单而深刻的教训，值得那些开放外资进入本国资源经济领域的边缘国家认真对待。印度尼西亚就是资源经济国家被海外资本推行圈地的典型案例。

延伸阅读

14

印度尼西亚棕榈油产地的外资圈地

印度尼西亚棕榈油的主要产区在苏门答腊岛，苏门答腊岛的棕榈树种植面积和棕榈油产量占印度尼西亚总面积和产量的 80%。

根据公共数据库 Land Matrix，**在被跨国资本垄断大规模国土面积的国家排行榜上，印度尼西亚排名第二**，一共被征地 3636437 公顷，占全国面积的近 1.6%，主要种植棕榈（见表 4-1）。

表4-1　十大被跨国资本大规模占用国土面积的国家

1	巴布亚新几内亚	3799169 公顷
2	印度尼西亚	3636437 公顷
3	南苏丹	3491453 公顷
4	刚果民主共和国	2765158 公顷
5	莫桑比克	2203767 公顷
6	刚果	2132000 公顷
7	俄罗斯	1731948 公顷
8	乌克兰	1600179 公顷
9	利比里亚	1340777 公顷
10	苏丹	1269013 公顷

来源：http://landmatrix.org/en/get-the-idea/web-transnational-deals/。

　　印度尼西亚国土面积 19247 万公顷，1990 年，森林覆盖面积 12140 万公顷。过去 30 年，森林已经被砍伐 2132 万公顷，占全国面积的 17.56%（见图4-7）。其中苏门答腊、加里曼丹与巴布亚三大地区土地，在 2001—2010 年主要用于种植棕榈树（见图4-8）。

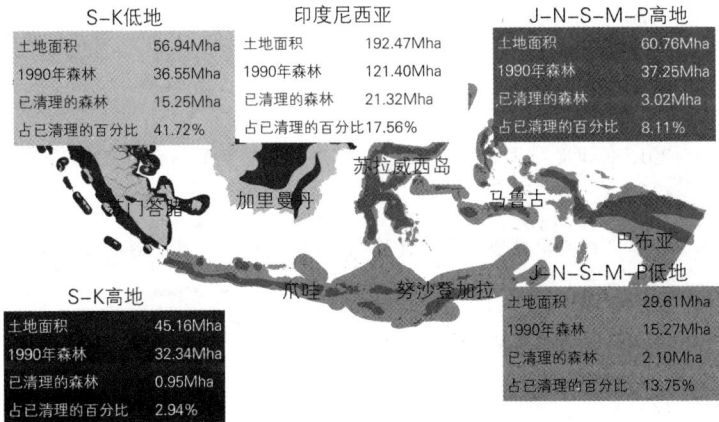

来源：mongabay.com。

图4-7　印度尼西亚森林全图

种油棕前的土地利用
2006—2010年

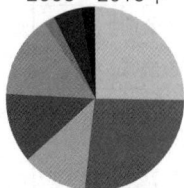

毁林后的土地利用
2006—2010年

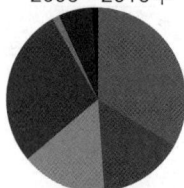

净土地利用变化
2006—2010年

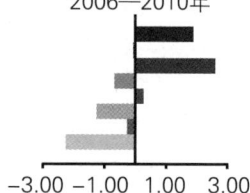

513700公顷每年
2001—2005年

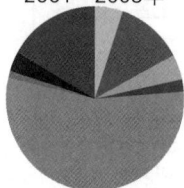

712240公顷每年
2001—2005年

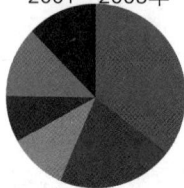

2001—2005年

295422公顷每年

453677公顷每年

山地森林   灌木和草地

沼泽森林   开阔沼泽

农林与人工林   棕榈树

裸土   农业

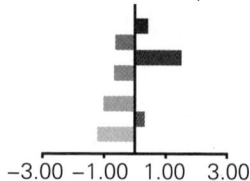

来源：mongabay.com。

图 4-8　印度尼西亚苏门答腊、加里曼丹与巴布亚地区土地使用变迁

（2001—2010 年）

整理：薛翠

参考资料：

《2015 年印度尼西亚棕榈油出口前景》，驻印度尼西亚使馆经商参处，2014-12-12。

《印度尼西亚棕榈油产业概况》，驻印度尼西亚使馆经商参处，2011-09-08。

《印度尼西亚棕榈油产业状况》，驻印度尼西亚使馆经商参处，2007-04-04。

以上专栏案例显示：依赖第一产业的大宗商品出口的印度尼西亚，确实出现了国土资源被跨国资本圈占的情况。同样依赖大宗商品出口的巴西，也出现类似情况。

下面的统计数据出自另一份研究报告，显示印度尼西亚及巴西是 E7 各国中国土被圈占面积及占国土面积比例最大的国家。

表 4-2　2012 年被外资收购土地最多的国家

国家	圈占土地（10 万公顷）	占全球圈占土地比例（%）	占该国耕地比例（%）	占该国面积比例（%）
乌拉圭	3.46	0.74	18.08	19.61
菲律宾	51.71	11.02	49.48	17.24
塞拉利昂	4.94	1.05	40.62	6.88
利比里亚	6.5	1.38	106.52	5.83
印度尼西亚	71.39	15.21	16.76	3.75
刚果民主共和国	80.50	17.15	1.08	3.43
巴西	22.55	4.80	3.29	0.29

来源：［美］鲁里·萨维奥里，P. 奥托里科：《全球土地和水源争夺》，美国国家科学院院刊，110，No. 3，第 892—897 页。

发展中的边缘国家在资本极度稀缺的条件下，大都制定了亲资本的政策。美国提出的"超级量化宽松"政策的要点是"0 利率"，欧盟国家甚至提出"负利率"，于是，**外资成本明显低于国内，这就造成发展中国家普遍制定特别优惠于外资的政策**。国土资源被外资进入大规模圈占，也可以理解为发展中国家的主流配合着核心国主导的金融资本扩张的客观需求。同理，接受新自由主义意识形态的边缘国家势必承载金融扩张的代价，而在资源主权上发生"负外部性"的一种表现形式。据此可知，这种亲外资政策的后果，是错综复杂的。

1. 外贸及出口下降

虽然近几年全球经济衰退打击了印度尼西亚的出口，但因为旺盛的内需,印度尼西亚同期还录得比较可观的增长率。其 GDP 在 2009—2012 年增长了 20.2%,可是同期信贷/GDP 比值亦上升了 7.2%,潜藏着依靠信贷膨胀拉动经济的泡沫化危机。

2012 年以后,美国不仅结束量化宽松政策,而且进入加息周期;随之发生流向发展中国家的外资收缩甚至回流,原材料和大宗商品需求显著下降,印度尼西亚依赖外资流入和本国资源出口的经济终于不可避免地减速,GDP 增长持续下降。到 2015 年第二季度下降至 4.66%,为近 5 年来季度新低,2016 年第一季度为 4.92%。同期固定投资增长速度降至 2008 年以来最低点,外贸及出口同比双双下降,如图 4-9 所示。[①]

来源:全球经济指标数据网/印度尼西亚统计局。

图 4-9 印度尼西亚 GDP 增长率

图 4-9 中曲线表明,印度尼西亚的经济增长水平在 2008 年华尔街金融海啸中下滑,其后一度反弹,但 2011 年开始持续下降。这种下降与其过度依赖出口的经济结构高度相关。

图 4-10 表明,印度尼西亚出口下降与 GDP 增长率下降都始于 2011 年;出口额到 2016 年已经跌回 2008 年华尔街金融海啸爆发时

---

① 《外部环境恶化,世行再次调低印度尼西亚经济增长预期》,驻印度尼西亚经商参处,2014-12-09。

的水平。任何缺乏基本必需品生产能力的国家都不可能减少进口，这就势必导致国际收支恶化。印度尼西亚也属于此类国家。

（百万美元）

来源：全球经济指标数据网/印度尼西亚统计局。

图4-10　印度尼西亚按月出口值

2. 资金持续流出

E7各国之中，印度、巴西、土耳其、南非长期录得贸易赤字。只有中国、委内瑞拉及印度尼西亚较长期录得顺差。但近年来印度尼西亚顺差额下跌，如图4-11所示。

（百万美元）

来源：全球经济指标数据网/印度尼西亚统计局。

图4-11　印度尼西亚贸易差额

可是与此同时，印度尼西亚的国际收支赤字恶化，资金持续流出，如图 4-12 和图 4-13 所示。

柱图清晰表明，印度尼西亚的经常项目在 2011 年以后成为净逆差，持续录得国际收支赤字，表示资金持续净流出。

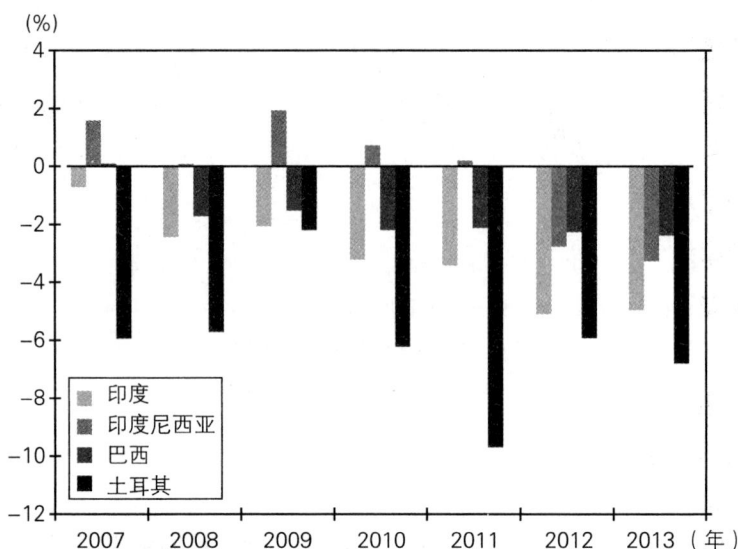

图 4-12　近年新兴国家经常项目赤字占 GDP 的比重

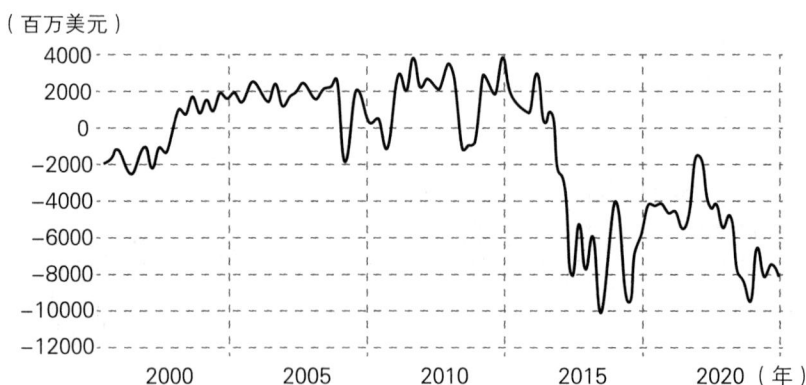

来源：全球经济指标数据网/印度尼西亚中央银行。

图 4-13　印度尼西亚经常账户近年连续录得赤字

3. 外债上升

印度尼西亚的外债曾在 2006 年回落到 1326 亿美元，可以说在 2008 年华尔街金融海啸之前都长期处于稳定的阶段，规模变化不大。但在 2009 年之后则连续 10 年快速增长，大量的外资以借外债的形式流入印度尼西亚国内。现在印度尼西亚的外债规模超过 4000 亿美元（2019 年 12 月数字），如图 4-14 所示，但近年来外汇储备最高峰时也只有不到 1320 亿美元水平（2017 年 12 月），另有不到 80 吨的黄金储备。

印度尼西亚高度依赖外资流入为国际收支融资。其国债债券的海外持有率达 33%。这种依赖外债的财政赤字和国际收支融资的方式，使印度尼西亚的货币在面对国际金融震荡冲击时相当脆弱。[①]

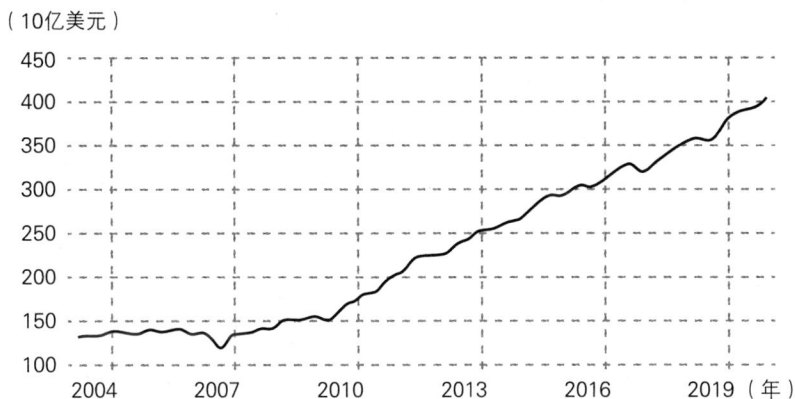

来源：全球经济指标数据网/印度尼西亚中央银行。

图 4-14　印度尼西亚外债规模持续上升

4. 币值急挫

印度尼西亚面对输入型金融危机最典型的症候是币值急挫。

---

　① ［法］热拉尔·迪梅尼尔，多米尼克·莱维著：《大分化：正在走向终结的新自由主义》，陈杰译，商务印书馆 2015 年版，第 185 页。

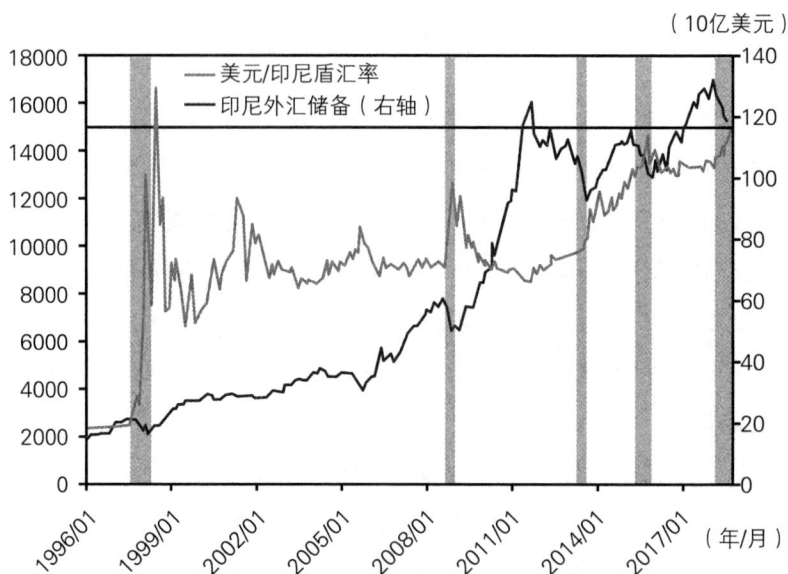

来源：https://m.sohu.com/a/252816563_ 483467。

图 4-15　印尼汇率与印尼外汇储备

　　1998 年亚洲金融危机期间，印度尼西亚盾跌至 1 美元兑 16650 的历史低位，其后逐步回升，曾在 2010 年 11 月上升至 8881 的水平。但在 2008 年华尔街金融海啸的打击下，印度尼西亚盾汇率又再次断崖式下挫。其后逐步恢复，但 2013 年 6 月美联储量化宽松结束预期使新兴国家普遍面临金融及币值震荡的形势，印度尼西亚盾再次开始下滑。2013 年 6 月 13 日，印度尼西亚央行企图通过加息手段来缓解资本外流和货币贬值的趋势，这也是所有新兴国家面临本币下跌时采取的典型市场化手段，但也大都难以走出困境。此后印度尼西亚盾跌势不止，2015 年 9 月一度跌至超过 14700，接近历史最低水平。2017 年还是在 13150—13600 低位徘徊。

　　亚洲金融危机 20 年后，印度尼西亚始终遭受输入型金融危机的困扰。这也是很多无法维护国家经济主权的发展中国家的困局。

三、印度尼西亚石油从出口转为进口引发的矛盾

印度尼西亚曾是石油输出国组织（OPEC）成员，但由于油田老化、储量衰竭，石油产量和储量不断下降，已经从出口国转为进口国。由此而引发的矛盾非常复杂甚至很尖锐。其经验教训对资源经济国家具有典型意义。

1. 印度尼西亚国内石油产量下降

近年来，印度尼西亚探明石油储量基本稳定在 6 亿吨左右，但占世界石油总探明储量的比重从 2006 年的 0.4% 降低到目前的 0.2%。如未增加新探明储量，再有 11 年的时间，印度尼西亚的石油将被开发殆尽。

2006 年以来，印度尼西亚的石油年产量降到 5000 万吨；2012 年已降至 4460 万吨。与此同时，国内石油消费量却逐年攀升，由 2006 年不足 6000 万吨上升到 2012 年的 7160 万吨，增长约 19%。从 2006 年起，印度尼西亚就成为石油净进口国，并于 2008 年退出石油输出国组织，到 2012 年，印度尼西亚石油对外依存度已经高达 37.7%。①

2. 能源对外依存度攀升

2014 年印度尼西亚政府预算案中原油产量设定为 81.8 万桶/天，实际产量不足 80 万桶/天，2015 年政府预算案设定目标为 90 万桶/天，预计实际产量只能达到 85 万桶/天。如图 4-16 所示，印度尼西亚的原油生产量呈持续下降趋势。另据印度尼西亚石油协会预计，2019 年印度尼西亚将成为能源净进口国，届时**印度尼西亚能源**

---

① 2015 年 9 月 8 日，印度尼西亚能源部宣布重新加入石油输出国组织。印度尼西亚的加入将使原油产量增加 3%，接近历史最高值。

需求为每日 610 万桶石油当量，其中石油、天然气、煤炭仅能满足
每日 604 万桶石油当量的需求。预计 2025 年印度尼西亚能源需求缺
口将扩大至每日 240 万桶石油当量。[①]

（BBL/D/1K）

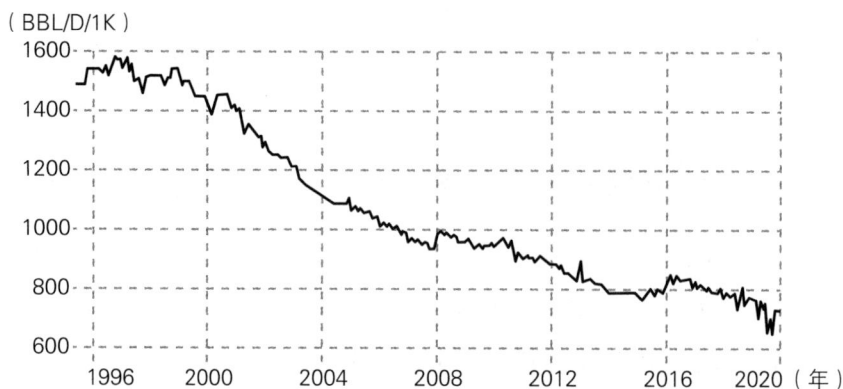

来源：全球经济指标数据网/美国能源信息部。

图 4-16　印度尼西亚的原油生产量持续下降

3. 日益不满的工人

印度尼西亚近年依赖资源产品出口和外资的经济增长并不对本
国制造业形成拉动作用，也由此缺乏相对应的就业增长。2007 年 2
月官方公布的失业率达 9.75%。政府希望发展制造业以吸纳就业。
近年，通过刺激内需，失业呈下降趋势。虽然印度尼西亚有严格的
劳动法，可是**69.8%的就业劳动力都是缺乏福利保障的非正规雇佣**。
2012 年 10 月及 2013 年 10 月，连续两年印度尼西亚爆发大罢工，数
以十万计工人上街示威要求增加最低工资及改善待遇。

图 4-17 表明，印度尼西亚的非正规就业占比从 1990 年的约
77%下降到 1996 年的约 64%；而在 21 世纪则回升到约 70%。**非正**

---

①　《国际油价下跌，明年印度尼西亚油气领域投资增长受阻》，驻印度尼
西亚经商参处，2014-12-15。

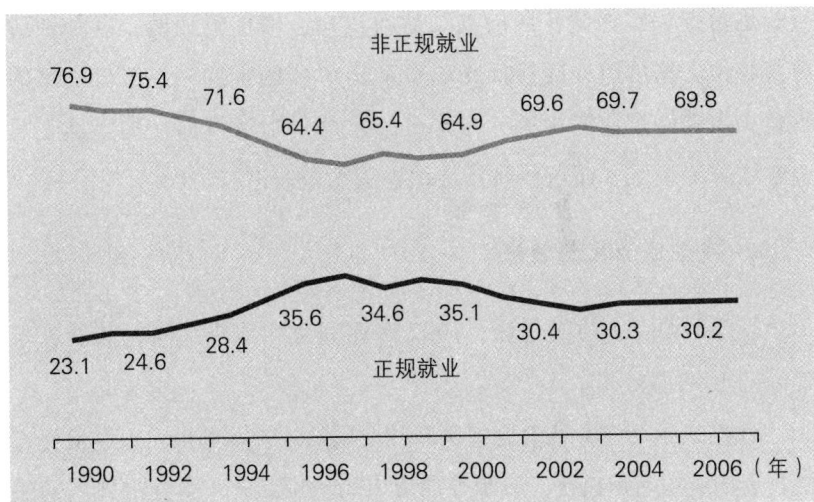

资料来源：research.stlouisfed.com。

图 4-17　印度尼西亚的就业情况（1990—2006 年）

规就业劳动力占比过高，在大多数加入全球化但被边缘化的发展中
国家属于普遍现象。虽然过去 10 年印度尼西亚录得可观的经济增
长，但贫富分化却日益严重。政府发展制造业以增加就业，但在全
球生产过剩的恶性竞争压力下，雇主往往利用外包和临时合约来绕
过严格的劳工法。其结果是近年出现日益频繁的大规模罢工。

　　譬如 2012 年 10 月 3 日，据称达 200 万工人在印度尼西亚 20 多
座城市进行大罢工。这次全国工人举行的大罢工造成雅加达、勿加
西、丹格朗、德博、茂物、巴淡、万隆、三宝龙等地的至少 12 个工
业区陷入瘫痪。印度尼西亚工会联盟估计这次全国大罢工的参加人
数至少有 300 万。在雅加达，示威工人挤满总统府、印度尼西亚大
酒店环形公路、国会大厦及劳工与移民部前，要求取消外包制度，
在勿加西，大约 75 万工人在 7 个工业区举行罢工。工人在示威中提
出 3 个要求，即要求取消外包制度，要求提高最低工资修正有关基
本生活费的条例，要求实行全国人民健康保险。

　　2014 年 1 月 12 日开始，印度尼西亚禁止出口未经处理的矿物，

目的是希望令矿物留在国内加工后再出口，增加附加值，以及创造更多职位。这项措施间接反映出资源出口国的困局——出口资源的收益只占整体产业链中的一小部分，大部分附加值都在提炼加工及金融结算等领域，而这些收益往往被跨国企业占有。

4. 通胀压力民怨日深

印度尼西亚一直有通胀，1997年亚洲金融危机期间，其通胀率曾飙升至82.4%。

随着2008年华尔街金融海啸及核心国对外转嫁危机，通过量化宽松政策造成的国际粮食、能源等期货市场价格蹿升，引发进口国通胀及燃油价格高涨，使得能源和粮食进口依存度高的边缘国家民众生活压力日益沉重，进一步加剧了社会不满情绪。2008年华尔街金融海啸后，印度尼西亚通胀率又升至12%的水平，其后有所回落，到2013年通胀水平仍然高达9%，如图4-18所示。同年6月政府减少燃油补贴，致使石油价格提升44%，柴油提升22%。2013年10月31日，再次有数十万群众响应工会的呼吁在全国各地罢工示威，要求提高法定最低工资，这迫使雅加达的最低工资提升了44%，至每月约200美元。

（%）

来源：全球经济指标数据网/印度尼西亚统计局。

图4-18 印度尼西亚的食品通胀率

5. 印度尼西亚国内石油消费补贴及其调整困境

印度尼西亚是东南亚乃至全球零售油价最低的国家之一，政府每年拨付大量预算资金用于燃油补贴。1997年亚洲金融危机发生后，时任总统苏哈托试图减少燃油补贴，随即导致油价暴涨并引发骚乱，这成为执政30多年的苏哈托在动乱中下台的导火索之一。

燃油补贴政策是指政府补贴国内外石油产品差价，保证国内消费者享用低价燃油。这项政策始于苏哈托掌权初期。在执行初期，燃油补贴政策受到了民众欢迎，中下层民众也因此能平等地享用国家丰富的石油资源。但由于贫富差距逐渐扩大，人民群众对石油产品的消费不平衡。据统计，贫困阶层燃油消费支出约为其月收入的0.2%，而富裕阶层的支出则是其月收入的7%—8%。据测算，约71%的燃油补贴被拥有汽车、摩托车等的中产阶层以上人口享用。

印度尼西亚油品的持续低价位刺激了国内油品消费，加上工业化发展的用油需求猛增，侵蚀了石油出口创汇能力，同时还需要进口大量石油，加重了印度尼西亚的财政负担。据不完全统计，仅在苏希洛总统执政的10年间，印度尼西亚政府花在燃油补贴上的财政支出就高达1370万亿印度尼西亚盾（约合1141亿美元），**2015年印度尼西亚燃油补贴开支将达227亿美元，占财政支出的15%**，成为政府的沉重包袱。

燃油补贴使印度尼西亚国内的汽油和柴油价格远远低于国际市场水平，导致燃油走私猖獗，使国家资源大量流失。据不完全统计，印度尼西亚每年因燃油走私蒙受的损失高达8.8万亿印度尼西亚盾（约7.3亿美元）。

印度尼西亚财政部预测，上调油价将每年为印度尼西亚政府节约120万亿印度尼西亚盾（约合100亿美元）的财政预算，并减少印度尼西亚经常账户赤字至少20亿美元，缓解财政支出紧张的状况。

但上调油价导致国内通货膨胀风险上升。2013年6月印度尼西亚政府调高油价后，年通胀率即上升到 8.4%。（2008 年华尔街金融海啸后，印度尼西亚通胀率曾急升至 12%，这表明发展中国家面对输入性通胀的困局。）

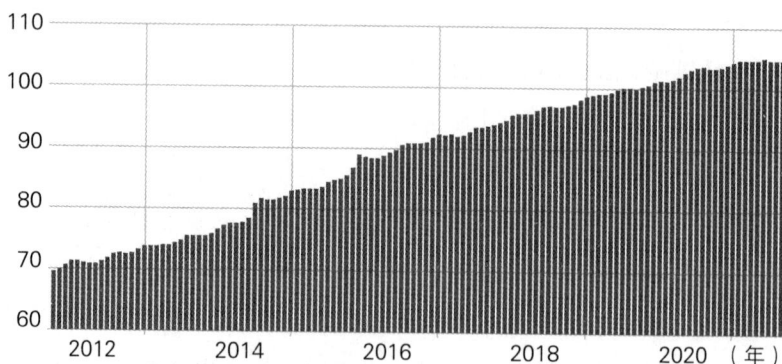

来源：全球经济指标数据网/印度尼西亚统计局；https://tradingeconomics.com/indonesia/consumer-price-index-cpi

图 4-19　印度尼西亚消费者物价指数（2011—2019 年）

油价上涨是通货膨胀的主要因素，导致企业物流、工资和生产等成本随之上升，特别是对能源依赖度较大的交通运输、渔业捕捞等行业，经营成本也将大幅增加。印度尼西亚运输业协会副主席布迪表示，此次上调油价将使运输成本提高约 10%。

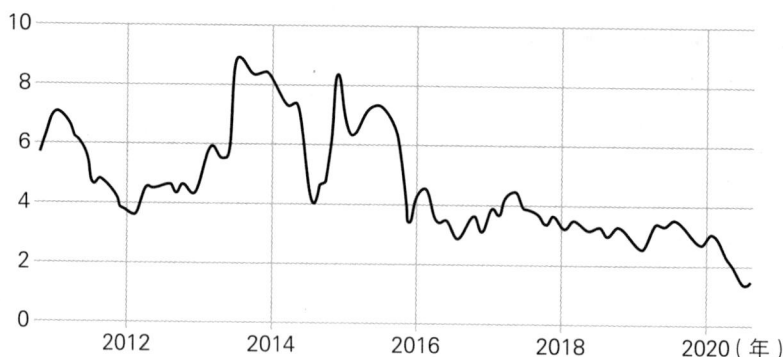

来源：全球经济指标数据网/印度尼西亚统计局；https://tradingeconomics.com/indonesia/inflation-cpi。

图 4-20　印度尼西亚通胀率（2011—2019 年）

由于经营成本上升，一些企业不得不裁员或者倒闭，导致失业率上升。对于印度尼西亚的普通民众而言，油价上涨意味着生活成本的提高，贫困人口的生活将不可避免地受到冲击。据世界银行统计，目前共有约 2900 万印度尼西亚人生活在贫困线下，油价每提高 1500 印度尼西亚盾（约合 0.13 美元），贫困率即上升约 0.7%。

四、印度尼西亚经济发展的其他制约因素

印度尼西亚近年寄希望于利用其劳动力成本优势发展成制造业大国，但困难重重。如前所述，印度尼西亚的国情和历史等基本因素存在对所谓"发展"的根本性制约，并不完全适用于西方的民族国家概念，也不能完全符合西方中心主义的国家政治建设等制度要求。印度尼西亚的经济发展，受制于多种复杂的内外部因素。

若按照一般产业资本发展的条件来看，虽然印度尼西亚**在全球前 25 位出口国中直接生产成本最低，但在物流效率方面排名第 59 位，廉洁指数排第 114 位，经商指数排 120 位**。[①] 这些都对在地化产业发展构成负面影响。与此同时，印度尼西亚也没有建立完整的工业结构，缺乏完整的本地供应链，在材料、零件和机器仪器等方面均依赖进口，即使形成劳动力密集型产业，也只能是位于低附加值端的出口加工业。总之，印度尼西亚发展制造业之路还是困难重重，如图 4-21 所示。

图 4-22 中的就业比例说明：在印度尼西亚就业人口中，居于前三位的分别是农业（占 35%）、贸易（占 21%）、社区社会及个人服务等（占 16%），排在第四位的制造业只占 13%。接下来是不足 10% 的就业领域：建筑业占 6%，运输、仓储和物流占 5%，金融占 3%，采矿、水利等占 1%。

---

① 《全球制造业转移的经济学分析》，经济观察研究院 2015-11-11。

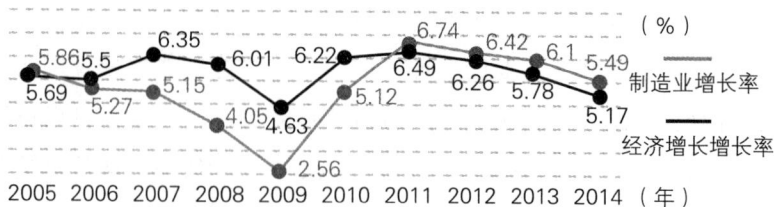

来源：http://www.thejakartapost.com/news/2014/10/15/sby-seeing-red-manufacturing-report-card.html。

图 4-21　印度尼西亚制造业增长率及经济增长率

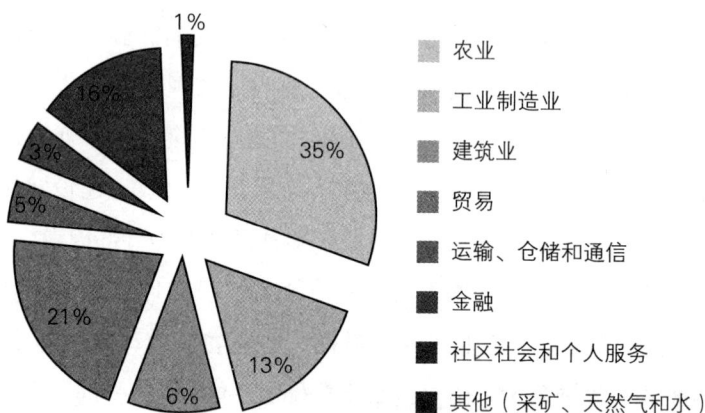

图 4-22　15 岁或以上劳动力从事产业分布（2013 年）

　　综合多种因素分析，由于经常账户较长期录得逆差、高度依赖大宗商品贸易、债券收益率与美国金融资本过度关联，印度尼西亚可谓亚洲主要经济体中最脆弱者。①

　　据《经济学人》制定的新兴市场资本冻结指数（2012 年），印度尼西亚面对资本突然流出的风险属于危险水平，在新兴七国中仅次于土耳其。国际资本市场的波动令外资流出、股市及债市震荡，融资成本升高，导致投资减少，经济增速减缓，民众愈发不满。

---

　　① ［法］热拉尔·迪梅尼尔，多米尼克·莱维著：《大分化：正在走向终结的新自由主义》，陈杰译，商务印书馆 2015 年版，第 184—185 页。

五、21 世纪新地缘格局中印度尼西亚的海洋力量展望

在新一轮全球产业大转移中，全球最重要的地缘战略核心带将不在太平洋，而是在印度洋。

不少人说 21 世纪是太平洋世纪，那只是美日本位的想象而已。从地缘战略角度来看，实际上 21 世纪是印度洋—中国南海的世纪，或者印度洋—中国南海—西太平洋世纪。这些海域布满全球最繁忙的海洋航运线，而且在接下来的数十年，对于全球经济来说只会愈来愈重要。

印度尼西亚位处南印度洋及太平洋的重要战略位置。印度尼西亚是唯一同时毗连中国南海、印度洋及西太平洋的国家。换言之，印度尼西亚位于 21 世纪地缘战略的地理中心点。

1. 锐意发展造船业

作为千岛之国，印度尼西亚海岸线总长达 95000 公里，具有发展造船业的潜能。

印度尼西亚总统乔科维（Jokowi）锐意发展造船及航运业，把印度尼西亚打造为世界级的航运强国。他提出："所有国有的船只必须本地制造。" 2005 年印度尼西亚航运部门共拥有 6041 艘船只，到 2016 年已增加至 25352 只，增幅达 310%，其中超过 90% 为印度尼西亚制造。作为拥有丰富海产资源的国家，印度尼西亚计划耗费 4.6 万亿印度尼西亚盾建造 5000 艘捕鱼船。此外，印度尼西亚也致力于发展成地区性海洋强国，正筹备建造一艘价值 6000 亿印度尼西亚盾、长 120 米的航空母舰。

2. 印度洋航运线转移与新地缘格局

其实印度尼西亚的海运潜能不仅仅在于造船业，海运是全球贸易的血脉，海上集装箱航运仍然是最便宜的远程货物运输方式。近 5

年来，集装箱船的平均运载容量已经增加了30%。目前，最大的船只最高可负载19224个集装箱。而世界各地大型的船厂正积极建造能负载达20000 TEU①的货船。技术评估组织DNV GL甚至认为负载量高达24000 TEU的货船，在技术上也并非不可能实现。②

更大型集装货船涉及的不仅仅是技术和成本问题，还有主要航运线的转移。海洋货运是全球资本主义商品流通的命脉。可以说，全球资本主义从诞生那天开始，便与海运密不可分。航运线是海洋军事力量覆盖的重要内涵。苏伊士运河、巴拿马运河、波斯湾、印度洋、马六甲海峡，乃至中国南海等，在不同历史时期成为重要的地缘战略区域。更大型的集装货船将不利于通过某些较狭窄及水深较浅的传统航线（如马六甲海峡）。开拓新的深水航运线也意味着海洋地缘力量线将发生转移，全球集装箱货运船只愈趋庞大，马六甲海峡等水浅狭长的传统航运线将不再适合巨型船只通过。印度尼西亚极有潜力发展新的深水航运线。目前，整个东亚依赖的印度洋穿越马六甲海峡航运线，将会转向从南印度洋穿越印度尼西亚进入中国南海。届时，区内地缘战略布局将出现重大改变。

也许在不久的将来，印度尼西亚将成为区内具有重要地缘战略价值的国家。一个兼具丰富天然资源、人力资源及地缘战略优势的发展中国家，其未来发展路径值得研究者密切关注。尤其是核心国在全球危机深化之际高调提出重返亚太、把军力的60%部署到中国周边，来体现其"亚太再平衡"战略；接任的政治家又发起"贸易战""科技战"等"去中国化"的策略。在迫使中国"硬脱钩"的"新冷战"地缘政治格局变迁之中，目前，如印度洋、马六甲海峡、中国南海这些海上地缘战略热点周边的国家，是世界上最重要也是最针锋相对的，它们都会主动或被动地"选边站"。这无疑将深刻影

---

① TEU：Twenty-feet Equivalent Unit的缩写，以长度为20英尺的集装箱为国际单位，也称国际标准单位。

② https://freighthub.com/en/blog/container-ships-keep-getting-bigger.

响亚洲和太平洋的地缘战略布局。

小　结

虽然印度尼西亚拥有丰富的天然资源和劳动力资源，"二战"后也曾经挣扎着改变殖民地政治经济制度，并且通过主办不结盟运动的 1955 年"万隆会议"，力图挣脱帝国主义控制第三世界之格局，然而，岛屿地理和多元文化等国情矛盾制约着西方模式的现代国家制度的构建，加之受冷战时期双寡头地缘战略的裹挟，印度尼西亚的土地改革与社会改革相继中断，至今仍沿袭殖民化时代留下的大种植园经济模式，大量出口农作物和资源产品，长期处于国际产业分工低端。

20 世纪 90 年代西方推进全球化以来，印度尼西亚也曾经靠提供廉价资源和劳动力承接发达国家的加工业，但未能改变资源出口国的境遇。进入 21 世纪以来，印度尼西亚受西方金融危机影响，经济波动和社会冲突明显恶化；在因美国结束量化宽松政策而造成一般发展中国家的能源和原材料出口价格大幅度下降的打击下，印度尼西亚也陷入国际贸易赤字与债务大幅度增加、国内通胀和财政赤字恶化的困境，这不仅直接遏制了其国内基本建设的努力，也压抑了追求全球化的传统外向型经济路径；何况这种牺牲本国自然环境以换取经济增长的发展主义道路，不可能有惠及全民的包容性经济发展。若在"新冷战"地缘政治格局变化之中做了服从于核心国的"选边站"，印度尼西亚会更多承受危机重重的核心国的成本转嫁……

综上所述，在印度尼西亚的发展路径上埋伏着发展主义陷阱的典型症状：纳入全球化派生的贸易与资本账户双赤字，及其造成的国内高通胀、汇率急剧波动、财政赤字恶化，乃至继之而来的社会及政治动荡。

第二部分

巴西、委内瑞拉、南非：
资源国的困局

导　言

E7 研究中，地处殖民化大陆（此处指美洲、大洋洲、非洲三个大陆）以资源出口为主的国家在全球危机压力下表现出很明显的"主权负外部性"——面对核心国家和半核心（半边缘）国家应对金融危机相继采取的以量化宽松为名、"成本转嫁"为实的手段，造成资源价格大起大落，资源出口国按照西方理论所做的宏观调控，几乎都反过来加深了国内危机的恶化。因此，我们把巴西、委内瑞拉、南非这三个经济上难以摆脱殖民化的国家作为一组，但仍然分国别来做分析。

其中，南美洲的巴西和委内瑞拉有三个相同特征：一是同属于殖民化国家，外来殖民人口及混血人口占国内人口超过 50%，并且外来人口在客观上也是此类国家的解殖运动的主导力量，独立后仍然是延续西方制度的社会主流；二是同样都落入"城市化陷阱"，城市人口占比高达 80% 以上，都因城市化超前、贫困人口集中于大城市，而不再有进入工业化的所谓劳动力资源的"比较优势"，也不再有政府通过社会改革形成良性治理的可能；三是同属于"殖民化单一经济模式"，资源出口占 GDP 之比过大，跨国公司把控本国资源市场形成"外部定价权"①，因而这三国无法自主地把握本国经济主权；任何党派的政治家上台，只要试图收回资源主权，则势必被西方软实力"妖魔化"，并面临西方势力各种颠覆政权的台前幕后操作。图 II-1 和图 II-2 为巴西和委内瑞拉的外贸结构示意图。

---

① 外部定价权是全球化条件下边缘化国家遭遇困境的核心机制：本国资源的市场价格由外部的霸权国的跨国公司定价，以使跨国公司能够压低资源出口国收益而在期货及金融衍生品交易市场中获取资本利润，以此保证核心国的金融资本全球通吃。

（10亿美元）

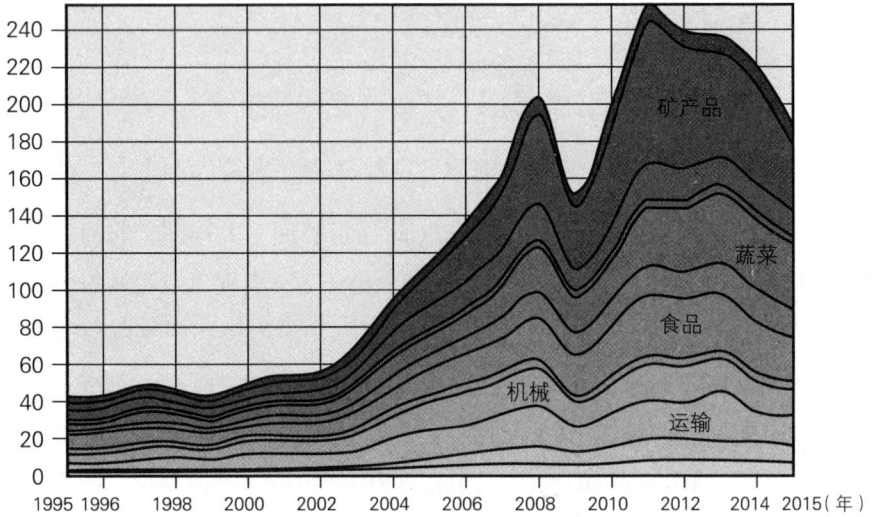

来源：http://atlas.cid.harvard.edu/explore/stacked/export/bra/all/show/1995. 2015. 2/。

图Ⅱ-1 巴西外贸（1995—2015年）

（10亿美元）

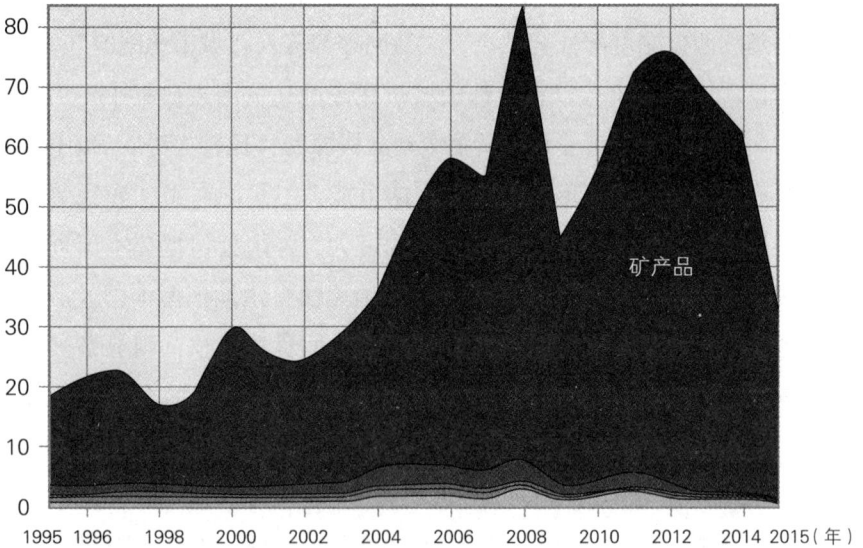

来源：http://atlas.cid.harvard.edu/explore/stacked/export/ven/all/show/1995. 2015. 2/。

图Ⅱ-2 委内瑞拉外贸（1995—2015年）

图 II-1 表明：巴西外贸结构中，矿产品占比最高，其次是蔬菜和食品；资源产品与农产品合计占据出口的 2/3。

图 II-2 表明：委内瑞拉出口结构中，矿产品占据 90% 以上，过多依靠石油，相比于巴西，更凸显其殖民化单一经济的特点。

这个特点也是委内瑞拉在核心国量化宽松政策出台之后，借助石油价格暴涨而短期暴富，随核心国中止量化宽松政策导致油价暴跌而迅速贫困化，并随即陷入社会动乱的内因。

与巴西和委内瑞拉这两个南美国家长期维持殖民化的单一资源出口型经济相似的是南非。请看图 II-3。

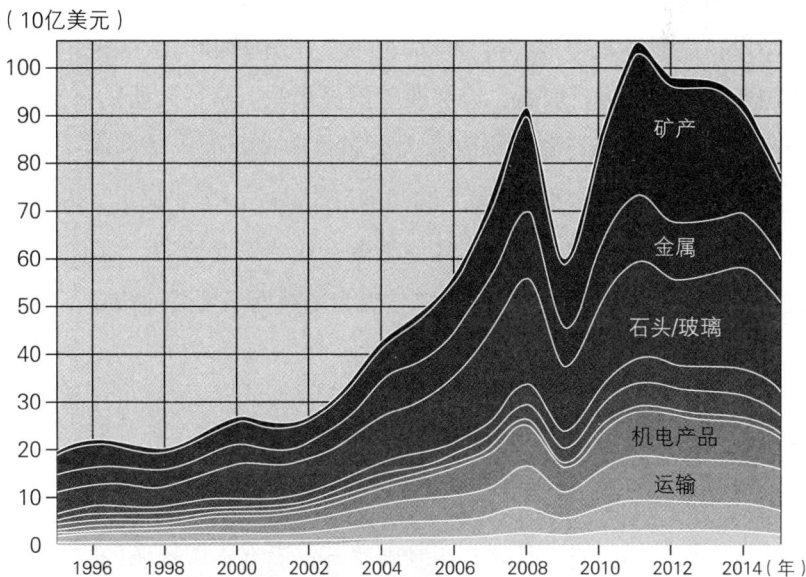

来源：http://atlas.cid.harvard.edu/explore/stacked/export/zaf/all/show/1995.2015.2/。

图 II-3　南非外贸（1995—2015 年）

图 II-3 表明：南非外贸结构中排在前三位的分别是：矿产品、金属、石头/玻璃。三者合计占据南非出口额的 2/3。这表明南非经济类似于巴西和委内瑞拉，也是典型的资源经济出口国（如表 II-1 所示）。

表Ⅱ-1 巴西、委内瑞拉、南非三国发展情况

国家	原住民人口（%）	城市化率①（%）	贫困率（%）
巴西	0.40	86（2016年）	15.4（2016年）
委内瑞拉	1.67	89（2016年）	32.1（2013年）
南非	80.2（黑人）	65（2016年）	26.2（2011年）

南非虽然在前两个占比上有所不同，但面临近似的困境。

这三国都是十多年连续执政的政府，都在21世纪初搭乘了全球金融化流动性过剩、大量资金注入原材料和能源等期货市场所带来初级大宗商品"牛市"的便车，也由此产生了表面为正、实质为负的结果：表面看是得到"搭便车"机会，利用核心国金融扩张获得本国资源出口的溢价收益，能够改善国民福利，赢得底层民众支持；但从实质看，却因资源溢价收益大大超过制造业的正常利润，而在利伯维尔场制度②作用下，私人部门的资金从本国工业流出，进入机会收益高的领域，随之是实体经济衰败，社会失业增加。简单来说，这就是经济学上所谓的"荷兰病"：因为初级商品繁荣而扭曲了经济结构，导致工业部门衰落。

随着核心国家2013年逐步退出量化宽松政策、资源出口价格急速下滑，这三国很快就陷入了资源出口国承载全球金融危机代价的困境。

更为深刻的困境，是这些边缘国家不仅没有本国资源的定价权，更没有制度建设的话语权。由此致使**核心国借危机爆发"以恶传恶"，发挥其"后冷战"话语的软实力作用，把过多承载全球危机代价、造成国家失败的责任，归罪于这些边缘国家的政府，甚或直**

---

① 数据来源于世界银行，详见 https://data.worldbank.org/indicator/SP.URB.TOTL.IN.Z.

② 利伯维尔场制度即遵循古典自由主义的经济制度，是对个人经济、思想、政治、信仰自由的保护。

接归罪于那些敢于批判核心国的政治家……

例如，受核心国家软实力攻击最严重的是委内瑞拉。其特殊之处并不在于查韦斯和马杜罗政权的社会主义政治宣传，更不在于他们用石油溢价收益组建的拉美左翼政府反美阵营，而在于他们试图跳出造成上述"负外部性"的殖民化经济地位，更因为**他们获取石油溢价收益的前提是，主要依靠底层群众的支持，以革命的名义从国际资本手上收回大部分资源主权**！所以，他们才深受跨国资本及其母国政府的敌视。

何况委内瑞拉试图通过改造被西方软实力控制的国内传媒和教育来夺回话语权，因而更加遭到西方主流传媒不遗余力的妖魔化，各种方式的颠覆策略内外夹击，而且从未间断。

巴西劳工党虽然在意识形态上也认同社会主义思想，但卢拉获得执政地位之后的国内外政策相对较温和；不过，本国对石油收益按比例分配，仍然是跨国企业的心腹大患。

尽管资源领域的主权外部性程度有别，两国的左翼政府同样受国内中产阶级及富裕阶级的敌视，不断受右翼政治运动冲击。

南非黑人政权之所以得以建立，是因为以继续维护跨国公司的资源开发权为谈判条件，"主权负外部性"相对更大；也因为政府与跨国资本分享资源收益的份额较前两国更少，所以其政权没有受到严峻的外部挑战，其领导人也得到最多西方世界的赞赏。但黑人政府却因分享收益过少，而无法兑现其结束种族隔离制度及上台时许下普遍提升底层民众福利的承诺，虽然"非国大"执政的政府仍然有其群众认受性的优势，但社会的不稳定性还是以暴力排外的形式爆发出来。

由此可见，南非在发展中国家中的典型意义——**越是在解殖运动中以放弃暴力革命的方式取得原宗主国的认可，越是更多保留殖民者的政治和经济制度，则其承载海外资本转嫁的制度成本的基础就越差**；随之必然对其他弱势群体转移自身不能承载的成本压力，由此造成的社会代价，一般都会反过来被西方话语利用，来抹黑边缘国家的政府。

综上所述，巴西、委内瑞拉和南非三国的历史经验是，**本国如果没有长远发展战略及有执行力的政府，就不可能以国家资本的力量搞出结构完整、具有活力的工业体系，也就不可能形成比较优势，不管资源多丰富，始终无法长远地、根本性地改善整体国民福利。而且，越是依赖殖民者留下的单一经济或单一类别的商品，在国际市场涨落的周期下，本国经济受到的冲击就越大。**

产业结构正如投资组合（Portfolio）一样，也需要一定的多元化以分散风险。工业体系的完整性和产业结构的多元性，应该是发展中国家追求的长远可持续发展策略。

第五章

巴西：替国际资本打工的债务国

巴西近年来再次陷入昔日高通胀、低增长的发展困局。

虽然巴西曾经成为令人瞩目的新兴国家，但经济上依附于国际资本的地位仍然没有发生根本性转变。

2011 年，巴西的 GDP 总量超越英国，排在美、中、日、德、法之后，跃升为全球第六大经济体，而且自 2001 年以来，账面上持续的贸易顺差积累了高额外汇储备。但实际上，巴西却是净负债国。

因为，20 世纪 90 年代，巴西推行金融市场私有化及自由化，吸引了大量国际资本进入。国际资本在巴西获得巨额投资收益的同时，巴西实际上维持着庞大的资本项目逆差。搭乘上全球贸易扩张的便车，尽管巴西在 21 世纪第一个 10 年曾经连续多年维持着贸易项目顺差，但随着 2008 年华尔街金融海啸引发全球经济下滑，巴西也跟其他资源出口国一样，在 21 世纪第二个 10 年重新出现大规模的经常项目赤字。

随着国际经济增长减速，原材料出口需求下降，巴西近年的经常项目再次连续录得赤字，如图 5-1 所示。

巴西 2011—2013 年国内生产总值分别仅增长 2.7%、0.9% 和 2.3%，2013 年全年巴西股市下跌了 16%，跌幅居当年全球主要股指之首。2014 年的世界杯足球赛没能提振经济，其经济在第一、第二季度先后萎缩 0.2% 和 0.6% 后，已陷入衰退。

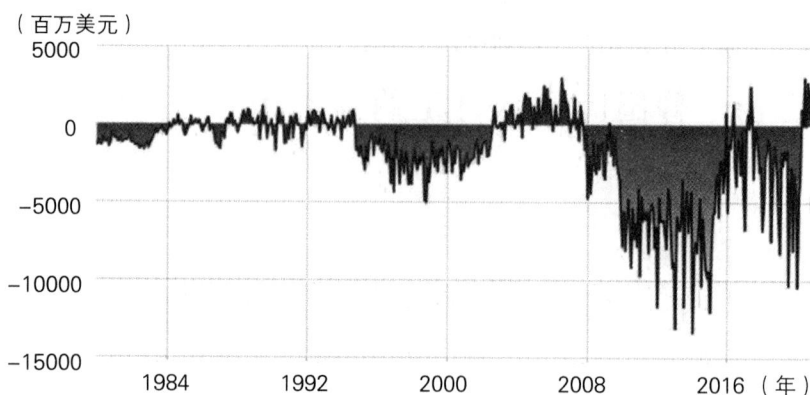

（百万美元）

图 5-1　巴西经常项目（1980—2020 年 8 月）

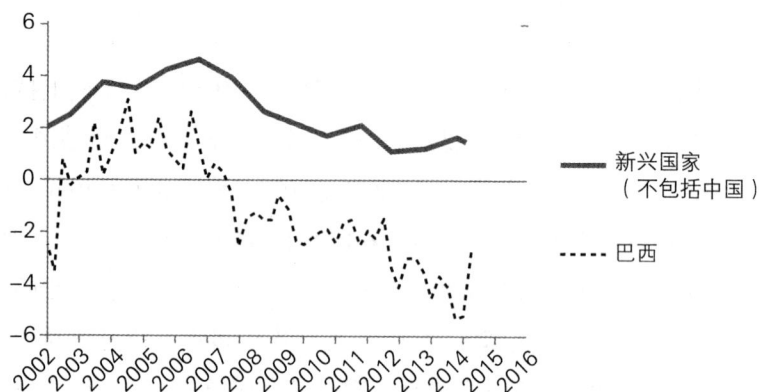

新兴国家
（不包括中国）

----- 巴西

图 5-2　巴西的经常账户与名义 GDP 之比

　　徐以升将该过程深刻地总结为："自巴西 20 世纪末选择对外开放以来，国际资本大规模涌入，推动巴西成为金砖大国，也使这个金砖大国饱受资本之苦。12 年来，国际资本涌入使巴西沦为庞大的净负债国，且因向国际资本支付高额投资收益，巴西沦为给国际资本打工的国家。国际资本在攫取巨额投资收益的同时，其大进大出的特性又使巴西资本市场反复经历剧烈波动。由此观之，巴西更像是一个由国际资本催生的牟利机器，是一个被反复吹起、刺破、再吹起的泡沫机器，在一次又一次的循环中，国际资本牢牢控制了巴西这个市场、获得了丰厚的回报。"[1]

2000—2012 年，巴西全部的贸易盈余仍远不足以支付国际资本同期获得的投资收益；即便除去服务项目，巴西 12 年的全部商品盈余仍不足以支付国际资本在巴西的投资收益；若将巴西 12 年全部的商品盈余和海外投资收益加在一起（4252 亿美元），才刚够支付4161 亿美元的国际资本投资收益。对此，徐以升的总结是"在高GDP 增长、高外汇储备的新兴国华丽外衣下，巴西实际上沦为长期为国际资本打工的净负债国"。

中国社会科学院拉丁美洲研究所经济研究室副研究员、巴西研究中心执行主任周志伟也指出，巴西的产业结构"去工业化"且高度依赖对外贸易。产业结构方面，最近 10 年的初级产品繁荣加剧了巴西的"去工业化"，工业对经济增长的贡献率不足，而 2013 年以后初级产品价格的下降使得经济增长失去了足够的支撑，经济的衰退直接造成财政收入锐减及失业率的上升。[2] 此为其当前危机的根源。

一、拉丁美洲的工业发展策略教训

进一步看，巴西作为拉丁美洲最大的经济体，也是区内工业化最成功的国家之一，本来已经建立了较完整的工业体系，却始终无法走上工业大国之路，其经验教训值得深入探讨。

可以认为，包括巴西在内的拉丁美洲各国今日的困局，很大程

---

① 参阅徐以升：《巴西真相——为国际资本打工的净债务国》，《第一财经研究院研究报告》经济金融系列第 28 期，总第 53 期 2012-05-14。

② 周志伟：《巴西会成为下一张"多米诺骨牌"吗?》，《当代世界》2016年 3 月。

度上是因为在殖民化时期遗留的单一经济结构这种内因没有改变的条件下，却遭遇外因改变——西方核心国升级到金融资本阶段的恶性扩张带来了巨大成本转嫁。

以往的很多研究也都试图给出解释。一般认为，在内外因素不利的影响下，拉丁美洲国家不仅普遍缺乏应对能力，而且奉行了有偏差的发展策略。

例如，在 20 世纪 60 年代，不少拉丁美洲国家曾经奉行所谓的"进口替代"及贸易壁垒政策，试图以此化解资本稀缺的约束，建立本国工业体系。这本身不一定有问题，毕竟贸易保护曾经是很多工业强国在发展初期采用的策略。但外资本来就是双刃剑，吸收西方资金，特别是吸纳核心国掌控的国际机构的外资，往往带有涉及主权的苛刻条件。可谓"成也外资，败也外资"！正如李晓鹏分析[①]：拉丁美洲各国发展策略的偏差不仅在于错误运用关税保护"幼苗产业"，更在于对外资的进出和利用缺乏战略性认知。

当时拉丁美洲国家一方面树立贸易壁垒，另一方面吸引外资，希望首先建立内销主导的产业，然后待产业成熟壮大后再向外竞争。但实际情况却是，因为市场保护、缺乏有效竞争，这些国内企业往往不思进取，外来投资者也没有带来先进技术或管理模式，而是单纯利用本地的廉价生产要素，以致国内产品质量长期无法提升至具有国际竞争力的水平，但本国消费者却要付出昂贵价格，经济缺乏活力（中国的汽车市场也出现类似的情况）。

本书对 E7 的更深入研究则超越了以上基于发展经济学的一般认识，指出：由于核心国的制度改革要求是符合金融资本自由进出的"去国家化"，因此拉美各国对资本缺乏适当管制，外资一方面倾向制造资产泡沫以从中牟利，另一方面则偏好寻租性质的天然资源或

---

① 李晓鹏著：《这个国家会好吗：中国崛起的经济学分析》，中国发展出版社 2012 年版。

公共服务部门。20 世纪 80 年代的债务危机及国际货币基金组织、世界银行等国际组织借此强迫施行的激进私有化、取消资本管制的所谓结构性改革，更进一步深化了这种扭曲的模式，拉丁美洲国家也因此堕入"发展陷阱"，经历了失落的数十年。

换言之，较合理的发展策略应该是一方面利用政策把外资引导至讲求技术创新、具充分竞争的实体产业部门，以促进本国产业的健康发展，并最终具备国际竞争力；另一方面，则应该限制外资进入投机性及寻租性部门，尤其是天然资源、公共服务等领域。本身具有垄断性的行业，引入外资或竞争并不会特别提升效率。当然，对投机性资本实行合理的管制也是无可厚非的。

1. 工业部门萎缩、依赖资源输出埋下祸根

我们通过 E7 比较研究认识到：产业结构单一的经济模式是殖民地化的南方国家的通病之一。

巴西曾经在 20 世纪采取进口替代政策，在 20 世纪 70 年代国民经济已经有较完整的工业体系。巴西是拉丁美洲国家中少数有较强工业产能的国家，其中某些领域甚至已跻身国际先进之列，尤其是生物燃料的研发。但其后政治动荡、国际经济周期涨落、国内债务危机等各种因素，皆使巴西没有完成工业化，成为工业强国。近年依赖国际大宗商品需求强劲、借助初级产品贸易而跻身经济大国之列。但连续十多年初级商品市场的蓬勃兴起却造成了"挤出效应"，更进一步加深了巴西"去工业化"的情况。巴西"黄金十年"期间工业增长只及 GDP 增长率的一半。如果扣除与石油采矿有关的产业，那么制造业增长率更呈下降之势。

2004 年巴西制造业占 GDP 的份额曾达到顶峰 16.5%，2012 年已降至 12%；相反，服务业占比持续上升，从 2004 年的 65%，上升至 2014 年的 71%（图 5-4）。巴西地理统计局统计数据显示，2014 年 10 月巴西工业生产总值环比零增长，同比则下降 3.6%。2014 年

前 10 个月，工业生产总值累计同比下降 3%，如图 5-3 所示。2014年 1 月至 11 月，汽车生产量累计 294 万辆，同比减少 15.5%。

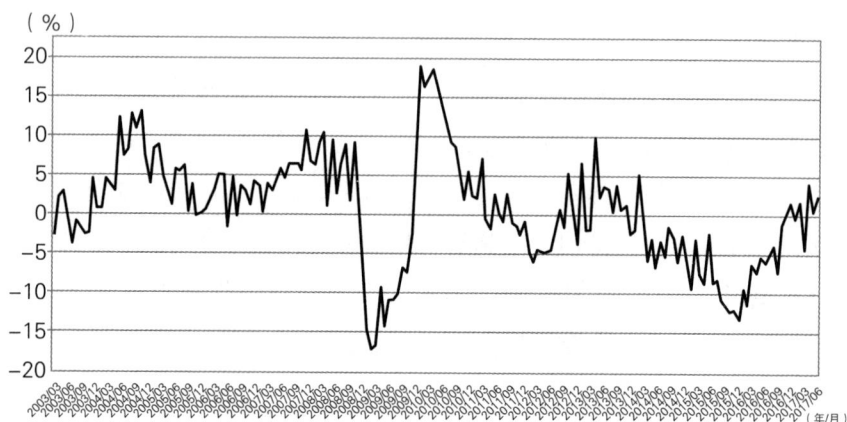

来源：http://www.ipeadata.gov.br/Default.aspx。

图 5-3 巴西工业生产增长率（2003 年 3 月—2017 年 6 月）

目前居民消费占巴西 GDP 的 60%，投资的比重仅有 18%，而中国的投资占 GDP 的比重约为 40%。此外，中国的基础设施投资占GDP 的比重约为 16%，而巴西的这一比重仅为 2% 左右。

巴西发生"去工业化"的原因之一是制造业成本急速上升：2004 年巴西的平均成本低于美国约 3%，到 2014 年约高于美国 23%（游资流入造成本国币值被高估是其中一个原因），但总劳动生产率仅提高了 1%。某研究报告把巴西与意大利、比利时并列为"最不具制造业成本竞争力经济体"第四位。[①]

巴西经济的衰退已经影响到了各行各业，据报道，"在整个亚马逊州玛瑙斯自由区里的 500 强知名品牌企业，其工厂规模和产量都急剧萎缩，比如可口可乐、飞利浦、三星、雅马哈、本田。传统的奢侈品、耐用消费品的生产企业，都在大面积关停"。[②]

---

① 《全球制造业转移的经济学分析》，经济观察研究院 2015-11-11。

② 阎彦：《巴西深陷衰退泥潭》，《第一财经》2015-08-31。

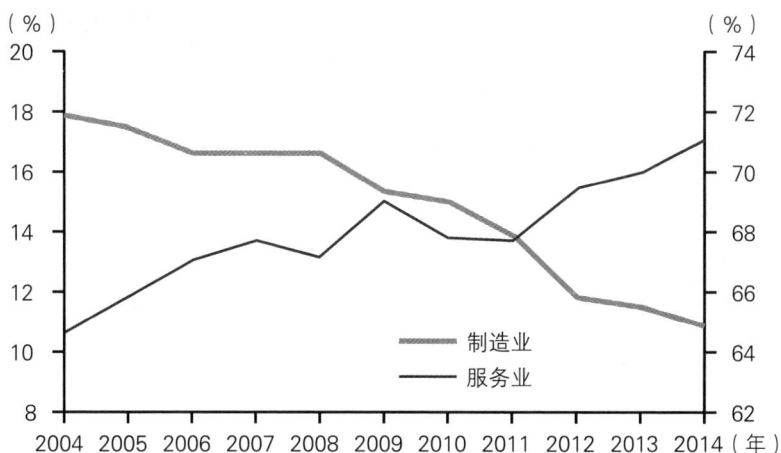

来源：http://bruegel.org/2015/11/brazil-playing-with-fire/。

**图 5-4 巴西制造业占 GDP 的比重持续下降（左轴），
服务业占比（右轴）持续上升**

巴西过分依赖出口大量资源性产品而造成产业结构性失衡。有分析指出，由于大量商品出口带来的货币升值压力，从 2010 年到 2012 年，雷亚尔的升值幅度接近 40%；从 2003 年到 2011 年，巴西的进口渗透率（国内消费品中进口产品占比）从大约 10% 提高到了 20%。

同时，21 世纪的前 10 年繁荣的经济形势也消磨了巴西进行结构性投资和改革的动力，包括对基础设施、研发、教育的增加投资，以及税收和养老金系统的改革。根据世界银行的数据，2014 年，巴西全国硬化的路面比例仅有 13%。对于大约 60% 的货运和 45% 的客运都需要通过国家高速公路网络进行运输的巴西而言，交通拥堵时有发生，不仅严重阻碍了该国的物流效率，商品的交货时间乃至交货质量往往也难以得到保障。

2. 搭便车：跨国金融资本投资粮食及能源市场造成的溢价收入

中国社会科学院拉丁美洲研究所研究员徐世澄分析："巴西前总统卢拉执政的 8 年（2003—2011 年），正好遇上世界经济发展较好的时期，巴西的矿产品、农产品在国际市场都有不错的价格。而到罗塞夫当选总统时（2012），世界经济形势已经有所变化……拉美经济增长并非来自内部，而是主要依赖原材料价格及出口，依赖中国、美国和欧洲的需求。"[①]

美国遭遇 2001 年新经济崩溃危机和"9·11"政治危机之际，恰逢中国加入世贸组织，美国产业资本大量流入中国所造就的"世界工厂"，大量进口原材料和能源。受这个特殊变化的带动，巴西的资源及大宗商品出口价格和总量一路攀升，巴西获得丰厚的外汇收入。截至 2012 年年底，巴西的外汇储备已经接近 4000 亿美元。巴西还成为 IMF 的前十大出资国之一，参与救助欧元区国家，这在拉美历史上，确实史无前例。

2010 年，巴西实现 GPD 增速 7.5%，创造 1986 年以来的最高纪录，同时在全球主要经济体中也是仅次于中国的第二高增长率。这一年，巴西的 GDP 第一次超过 2 万亿美元，人均 GDP 首次突破 1 万美元，超过英国跃居世界第六大经济体，如图 5-5 所示。[②]

因此，卢拉总统拥有足够的财力改善民生，特别是基础教育和公共卫生事业，同时构建完善的失业保险和最低工资等社会保障体系。据估算，2002—2008 年，巴西政府各种针对贫困人口的直接补

---

① 严瑜：《巴西：金砖能否重新被拭亮?》,《人民日报（海外版）》2014-10-30。

② 陈季冰：《巴西："未来之国"成长中的烦恼（上）》,《经济观察报》2014-07-14。陈季冰：《巴西："未来之国"成长中的烦恼（下）》,《经济观察报》2014-07-21。

（％）

来源：https://zh.tradingeconomics.com/brazil/gdp-growth-annual。

图 5-5 巴西 GDP 年增长率（1995—2020 年）

贴总额占 GDP 的比重从 6.9% 上升到 8.6%，贫富差距缩小。2002 年卢拉上台时，基尼系数为 0.553，到 2011 年罗塞夫继任时，已经降至 0.500，达到本国半个世纪以来最低值；同期，失业率则从 9.1% 降至 6.8%。短短 10 年里，有 3500 万人口（约占贫困人口总数的一半）脱离绝对贫困。[①]

但我们在 E7 比较研究中提出：巴西的困局是在没有进入工业化的时候就超前实现了人口的城市化，并且大部分人口集中在大城市的贫民窟中。由此，任何遵守正规法律的企业雇用城市劳动力，就都得支付其生存、教育、医疗等"劳动力再生产"的全部成本，这几乎是在劳动力市场定价之外再增加至少 50% 的成本。如果这个国家是食品和一般消费品进口国，那么劳动力成本会随着进口品的价格上涨而更进一步提升。于是，此类国家便没有可能再发展自主性的产业经济，也就难以摆脱对资源、能源和大宗农产品出口的依赖。一旦国际大宗商品市场走弱，巴西的经济便

---

① 陈季冰：《巴西："未来之国"成长中的烦恼（上）》，《经济观察报》2014-07-14。陈季冰：《巴西："未来之国"成长中的烦恼（下）》，《经济观察报》2014-07-21。

立即受到严重打击。

2012 年 3 月 1 日，巴西总统罗塞夫出席《完善建筑业劳动条件协议》签字仪式并发表讲话："面对金融危机与经济衰退，发达国家不是通过提高投资能力来摆脱危机的，而是采取货币扩张政策，把自己的问题转嫁给世界其他国家，给发展中国家，特别是新兴市场造成经济困难。"罗塞夫指出，"过去数年里，发达国家共释放 4.7 万亿美元的货币，如同制造了一场巨大的'货币海啸'……国际热钱涌入，不断推高巴西货币汇率，大大削弱了巴西工业的竞争力"。她更反驳说，"不是巴西工业缺乏效率，也不是巴西人不愿工作，而是这场'汇率战争'令巴西处于不平等的生产条件之下"。[1]

中国社会科学院拉美研究所副研究员周志伟也指出，巴西经济中很多投资非常依靠外部市场的流动性补充，最近几年，欧美国家的货币政策调整使市场的流动性进一步短缺，为也体现了外部市场对巴西经济的制约作用。[2]

当经济发展势头良好时，国际资金——包括大量投机性"热钱"——蜂拥而入，由此推高了巴西本币的币值。雷亚尔兑美元的汇率水平在过去 10 年里升值超过 100%，成为经济学家眼里全球被高估最多的货币。但随着美元流动性持续增加，且在巴西国内逐利性地无障碍进出，巴西经济的景气程度、国际大宗货物价格与投机性"热钱"演变为复杂的相互蘖生关系，汇率暴涨暴跌，国内宏观调控几乎完全失效。

2012 年以后，巴西的通胀率连续突破巴西央行设定的 4.5% 上下浮动 2 个百分点的目标区间（也就是 6.5%）。政府为了应对高通胀率，不得不使得基准利率一度升至 12.5% 的惊人数字，同期发达

---

[1] 《巴西总统批评发达国家制造"货币海啸"》，新华网 2012-03-02。
[2] 包蕴涵：《巴西经济增长遇阻》，《中国经济时报》2014-08-29。

国家的利率很少有超过 1% 的。但在金融自由化体制下，更高的利率反过来吸引更多热钱短期流入，由此形成了恶性循环，如图 5-6 所示。

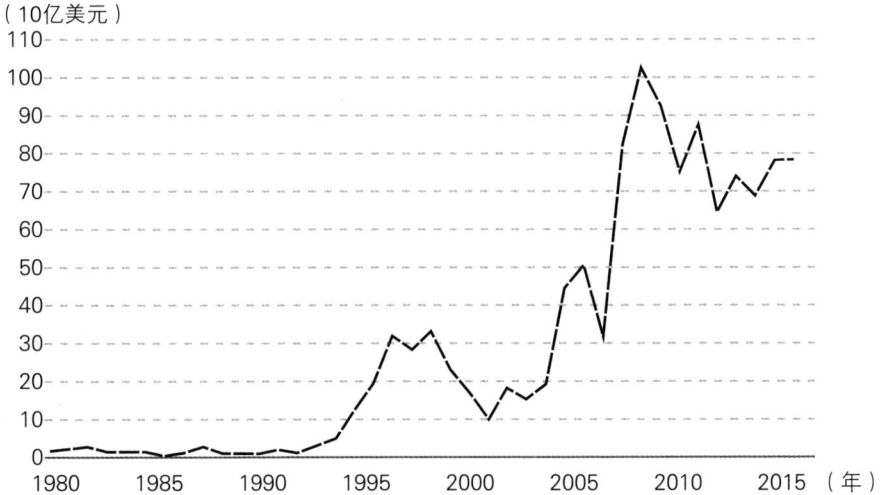

（10亿美元）

来源：https://data.worldbank.org.cn/indicator/BX.KLT.DINV.CD.WD?end=2019&locations=BR&start=1980&view=chart。

图 5-6　巴西以外国家直接投资净流入（1980—2019 年）

从 2013 年 4 月起，巴西央行连续 9 次加息至 11%。由于不断加息以期控制过高的通货膨胀，巴西也因此成为史上实施紧缩性货币政策周期最长的国家之一。政府从 2014 年 12 月起就开始采取财政货币双紧缩政策，巴西央行一年内连续 6 次加息，将基准利率调升至 14.25%，但这也未能阻止汇率急泻和通胀水平上升，如图 5-7 所示。

如图 5-8 所示，巴西的海外资本大进大出，一直发生大起大落，2010 年后更是主要净流出。

国际资本大进大出增加了巴西经济的不稳定性。当 2013 年 6 月美联储宣布可能退出量化宽松时，带动资本回流美国，致使巴西的金融及货币秩序立即遭受重大打击。

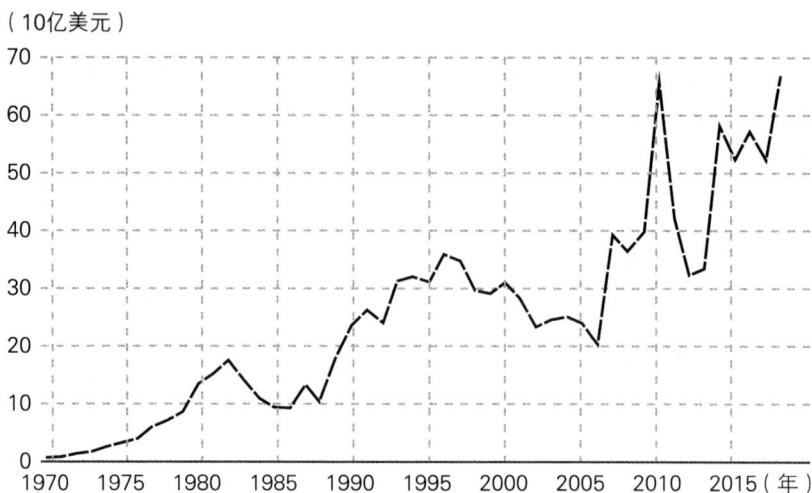

（10亿美元）

来源：世界银行。

图 5-7　2008 年以后巴西剧烈波动的短期外债

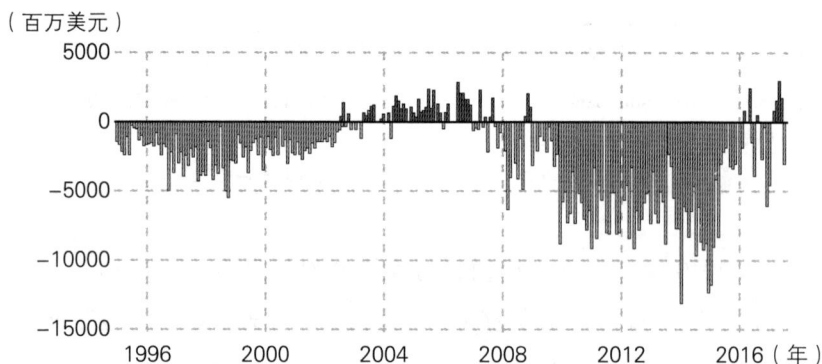

（百万美元）

来源：https://tradingeconomics.com/brazil/capital-flows。

图 5-8　巴西净资本流动（1995—2017 年 7 月）

3. 为跨国资本打工的依附型经济

2017 年 1 月 2 日，巴西发展工业外贸部（MDIC）公布的最新数据显示①，2016 年巴西外贸实现顺差 476.92 亿美元，大大高于 2015

---

① 《巴西 2016 年外贸顺差创历史最高纪录》，http://news.163.com/17/0103/07/C9RC8J6A00018AOQ.html。

年的 196.85 亿美元，创下 1989 年公布外贸数据以来的最高纪录①。据统计，2011 年巴西贸易顺差 298 亿美元，2010 年为 202 亿美元，在 2006 年最高时曾达到 465 亿美元顺差。截至 2011 年年底，巴西外汇储备余额攀升到 3520 亿美元。但风光背后，却是巴西成为净债务国，而且债务规模还在持续扩大。根据徐以升等的研究，在 2010 年第二季度，巴西国际净债务头寸高达 9757 亿美元，接近净债务 1 万亿美元大关。

2000—2011 年，巴西投资收益项逆差总量高达 3387 亿美元，巴西的海外投资收益为 774 亿美元，而国际资本在巴西的投资收益则高达 4161 亿美元，这就是巴西 12 年来总共需要向国际资本支付的投资收益，其规模是巴西储备资产（3171 亿美元）的 1.3 倍，占 GDP（2.1 万亿美元）的 20%。而巴西同期的贸易收支盈余（包括商品和服务）总规模为 1395 亿美元，商品贸易长期盈余，同期总规模为 3478 亿美元。

2010 年，巴西的国际投资净头寸高峰值达 -9061 亿美元，接近国民生产总值（GNP）的 50%，超过储备资产 3 倍以上，如图 5-9 所示。第一财经研究院经计算发现：2000—2011 年，国际资本在巴西的投资收益高达 4160.58 亿美元，而同期的全部商品贸易（资源出口）盈余，再加上海外投资收益，仅为 4252 亿美元。换言之，巴西 12 年间参加国际贸易，出口了不少珍贵资源，实际上是为外国资本服务。可以说，整个国民经济近一半是掌握在国际资本手上。

正因为这种格局，巴西经济对国际资本进出非常敏感。例如，2008 年 5 月巴西股市指数达 73516 点的高峰，华尔街金融海啸的爆发导致国际资本撤出，巴西股市在随后的 5 个月暴跌 60%；2008 年

---

① 数据显示，2016 年，巴西外贸总额为 3227.96 亿美元。其中出口额为 1852.44 亿美元，进口额为 1375.52 亿美元。

（百万美元）

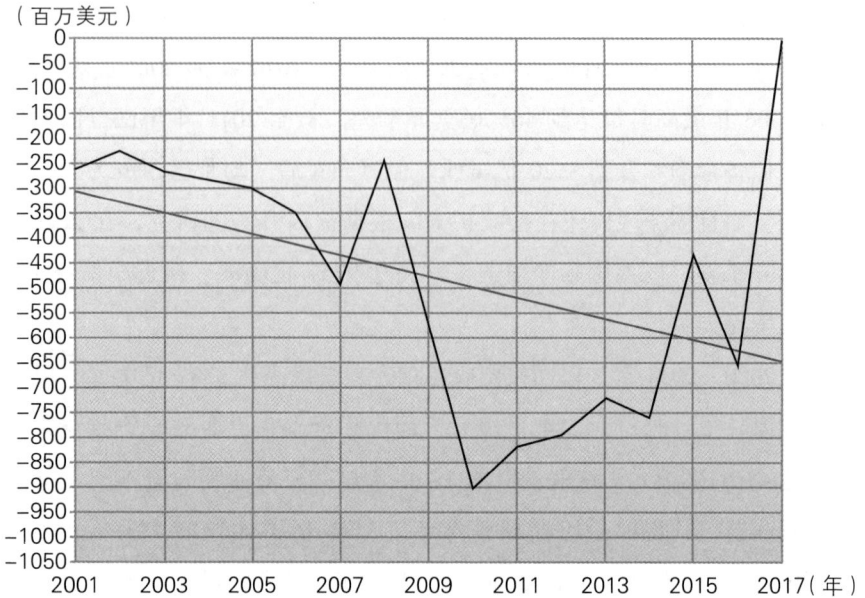

来源：巴西中央银行。

图 5-9　巴西的国际投资净头寸（2001—2017 年）

8 月至 12 月，巴西雷亚尔贬值 38%。为了刺激经济，巴西央行自 2011 年 8 月连续 10 次降息，将银行基准利率由 12.5% 下调到 7.25% 的历史低位，2012 年经济增长率下降至 0.9%。2013 年 3 月，巴西 的通胀率更升至官方设立的 6.5% 通胀上限。4 月，巴西央行在"环 球降息潮"中逆流加息，并结束了维持约一年半的降息周期。巴西 陷入高通胀和低增长率的滞胀格局。

　　一方面，随着国际大宗商品价格走低，依赖资源出口贸易的巴 西 2012 年贸易顺差仅为 194.4 亿美元，较 2011 年减少 35%，创 10 年新低。2013 年美国结束量化宽松政策，致使国际商品价格持续走 低，巴西的出口贸易顺差减少状况更难得到缓解。另一方面，巴西 的经济结构不均衡，近年增长主要依靠私人消费来带动。2012 年， 消费占 GDP 的比重超过 60%，投资占 GDP 的比重仅为 18%。消费 越是低迷，经济就越难有起色。

国际投机资本是典型的"风险厌恶型"资本，巴西等新兴市场的货币和金融资产属于"风险资产"，而美国的美元和金融资产都可以起到"避险资产"的作用。国际资本虽然在新兴市场取得高收益回报率，但是一旦国际市场出现波动，国际资本就选择抛售，撤回美国市场避险。美元一旦进入升值加息周期，对资本流动不加控制的巴西就要面对资本外流的风险。

美联储酝酿退市，自然使得巴西受到的冲击进一步加深。2013年6月4日，为遏制巴西雷亚尔兑美元快速下跌，巴西政府取消了针对国内固定收益投资的金融交易税；6月12日，巴西政府又取消了国内外汇市场方面的1%金融交易税。此前2011年，巴西政府为抑制大量短期投机资金流入巴西市场，曾对来自国外的短期资金采取了征收6%金融交易税的措施，该措施在逼退短期热钱的同时，也抑制了其他短期投资入境。[①]

更为严重的是，在经济收缩、金融波动的情况下，积累的社会矛盾也借机爆发。华尔街金融海啸爆发以来，巴西政府利用降息及减税的所谓"供给侧改革"来刺激经济，试图以借贷膨胀来拉动消费，令私人债务不断膨胀。据调查，巴西每个家庭平均收入的20%需要用来偿还债务。2013年6月，圣保罗市公交车票加价20%，触发全国百万计的民众上街示威，要求政府加大对教育、医疗等公共品的投资力度，抑制通货膨胀，惩治贪污腐败。目前巴西的GDP中投资只占19%，其中仅有2%用于基础建设，而民众平均受教育年期仅为7年。

4. 受制于外国资本及国际市场的急剧波动

巴西依靠大宗商品出口拉动经济腾飞，但同时也让巴西的经济发展过度依赖资源出口。拉丁美洲和加勒比经济委员会执行秘书阿

---

① 《抑制本币贬值，巴西取消外汇衍生品金融交易税》，http://www.cnforex.com/news/html/2013/6/13/cf0ad6e43474e02fe565a8abfa4bd402.htm，2019-09-01。

莉西亚·巴尔塞纳指出，拉丁美洲国家经济依然很脆弱。随着欧洲、中国等大经济体发展减速，需求下降，巴西也陷入经济持续低迷的泥沼。[①]

2014 年，巴西进入 21 世纪 14 年来，首次出现贸易逆差。2014年前 11 个月，累计逆差额达 42 亿美元。巴西外贸研究基金会的负责人桑托斯表示，由于世界经济增长速度放缓，铁矿石需求减少，巴西的出口量明显减少，2014 年 1 月至 11 月，其出口量仅占全国总出口量的 11.5%。2014 年，铁矿石的收官均价为每吨 75 美元，比2013 年每吨减少 23 美元。巴西的能源出口遭遇相同困境，全球原油价格已经下跌约 37%。随着美国页岩油的开采，巴西能源的市场竞争力更被削弱了。[②]

世界杯结束之后，巴西雷亚尔贬值趋势加速。雷亚尔兑美元汇率从 2014 年 9 月至 11 月下跌 17%。12 月 9 日，跌至 2.6174 雷亚尔兑 1美元，2016 年年初更破至 4 雷亚尔兑 1 美元的水平，超过 2003 年货币危机 3.95 雷亚尔兑 1 美元的历史水平，如图 5-10 所示。

比值

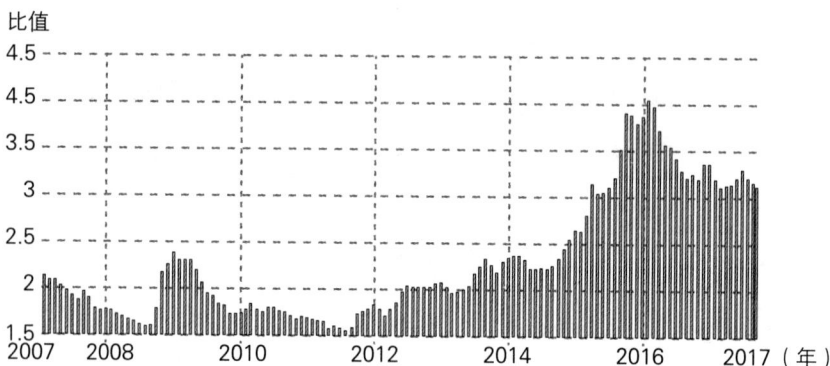

来源：https://tradingeconomics.com/brazil/currency。

图 5-10　美元与雷亚尔兑换率（2007—2017 年 9 月）

---

①　严瑜：《巴西：金砖能否重新被拭亮？》，《人民日报（海外版）》2014-10-30。

②　《巴西经济：春天在哪里？》，《人民日报（海外版）》2014-12-09。

国际资本大进大出，使得巴西雷亚尔大幅波动，2008 年华尔街金融海啸期间雷亚尔对美元贬值约 25%。

5. 通胀高企

巴西过去曾经饱受超级通胀之苦，近年更是陷入经济增长放缓、通胀率恶化的滞涨困局。

巴西地理统计局（IBGE）公布的数据显示，2015 年 11 月的年度通胀率高达 10.48%，创 12 年来最高纪录。其后，受国际大宗货物和汇率变动影响，虽通胀率略有下降，但 2016 年全年的通胀率仍然高达 6.29%，于 8 月统计的过去 12 个月的年化通货膨胀率仍达 8.97%，如图 5-11 所示。

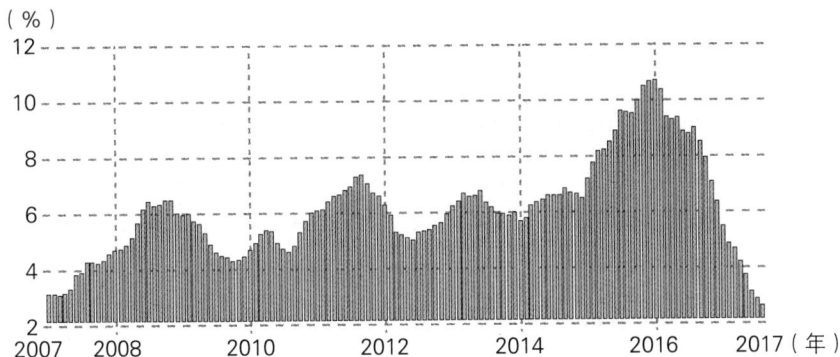

来源：https://tradingeconomics.com/brazil/inflation-cpi。

图 5-11　巴西通胀率（2007—2017 年 8 月）

究其原因，与昔日军政府时代的超级通胀处境类似。

当时巴西奉行"进口替代战略"，一方面设置高关税限制进口，另一方面给予外资优惠，促其在本地投资，期望以此发展本国的工业。缺乏国际竞争力的本国产品大部分只能通过国内消费来消化，可是巴西的遗留殖民地土地制度令财富分配高度不平等，本国大部分人口缺乏消费力。于是，当时政府采取放宽货币供应及补贴中产阶级消费的方式来促进经济。1968—1973 年，巴西平均增长率达 11.2%，1973 年更达 14%，当时被国际称誉为"巴西奇迹"。①尽管这种方式在某段时期的确奏效，但这种繁荣的幻象只是筑在流沙上的城堡，它极度依赖外国资本流入。当时欧美在"二战"后经济复苏及繁荣期所累积的资本，需要在国际寻找投资机会，巴西吸引外资的政策正好受惠于此。当国际经济形势发生转变时，这繁荣的幻象就破灭了，因石油危机而引发的全球经济危机粉碎了当时的"巴西奇迹"。其后，巴西陷入超级通胀、低增长率及高外债的困局。

那么再看巴西进入 21 世纪以来近十多年的情况，虽然经济策略不同，其实与昔日颇类似。只是这一次全球化下对大宗初级商品需求的急升及美元货币供应的膨胀导致大宗商品价格上升，巴西便搭上了此班快车。因外贸盈余及大量外资流入，巴西再一次迎来了久违的繁荣。

卢拉政府也是通过放宽信贷和补贴来促进消费的。这一次不同的是，左翼政府利用石油及原材料外贸的收益来补贴低下层民众消费。双管齐下的结果，一方面是中产阶级数量与其消费力同时增加，另一方面是低下层民众也具有了消费能力。但制造业没有相应发展，反而受资源出口扩张而出现收缩，结果巴西近年 GDP 大部分是由国内消费来支撑的。当发展中国家的政治家也像美国那样寄希望于消费拉动经济增长的时候，恰恰忽略了美国靠消费拉动经济增长的前提条件，是向制造业国家输出作为全球结算货币也是储备货币的美元……

2008 年华尔街金融海啸再一次扭转了巴西的繁荣局面。铁矿石等巴西主要出口商品的价格在 2011 年开始滑落。国际原油价格也在 2014 年开始急速下降，巴西再次陷入高通胀、低增长率及外债增加

---

① 迟玉德：《巴西衰退之谜：一个"金砖国家"的突然崩溃》，华商韬略 2016-08-17。

的困局之中。

6. 外债总额节节上升

在上述种种因素叠加下，巴西的外债再度急升。如图 5-12
所示。

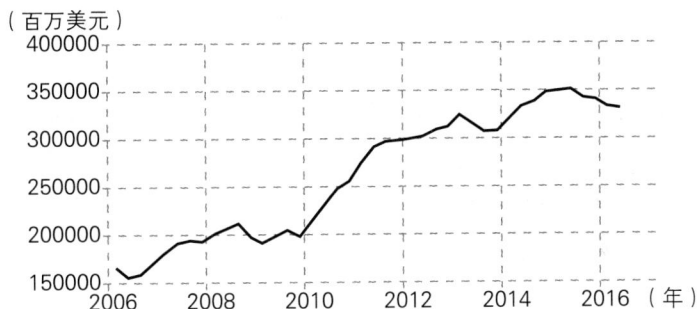

来源：全球经济指标数据网/巴西中央银行。

图5-12 巴西总外债

2015 年巴西二季度 GDP 环比萎缩 1.9%，创下逾 6 年来最严重
下滑。如图 5-13 所示。根据国际货币基金组织 2017 年 1 月 16 日公
布的《世界经济展望报告》更新内容，巴西 2016 年国内生产总值增
长率从此前预测的-3.3%进一步下调到-3.5%；2017 年 GDP 增长预
期被调整至 0.2%，较此前预测值下调了 0.3 个百分点。国际货币基
金组织同时预计巴西 2018 年经济将增长 1.5%。

近年发达金融资本国家的经济周期波动和策略调整，通过全球
资本和商品市场传导给发展中国家，加剧了一般发展中国家内部本
就紧张的经济和社会关系，并越来越多地从根本上危及国家政治安
全，如图 5-14 所示，巴西失业率在这几年居高不下。①

巴西近年的繁荣依赖国际大宗初级商品市场蓬勃。制造业占经

①　参阅董筱丹、薛翠、温铁军：《发达国家的双重危机及其对发展中国家
的成本转嫁》，《红旗文稿》2011（21），第 4-9 页。

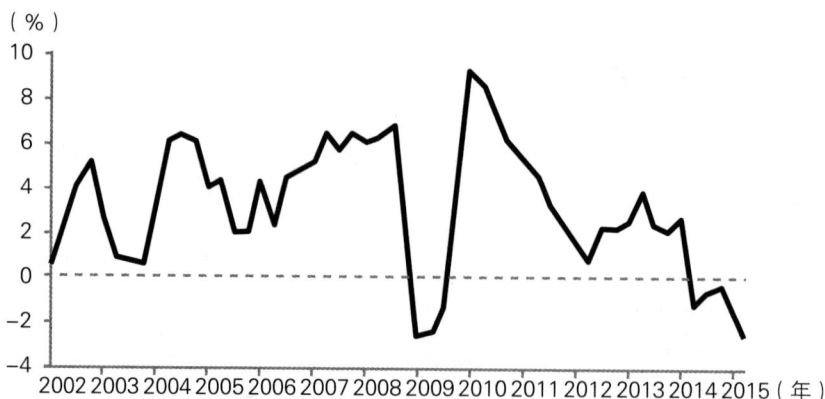

（%）

来源：http://bruegel.org/2015/11/brazil-playing-with-fire/。

图 5-13 巴西实际 GDP 增长率从 2010 年高位开始下降

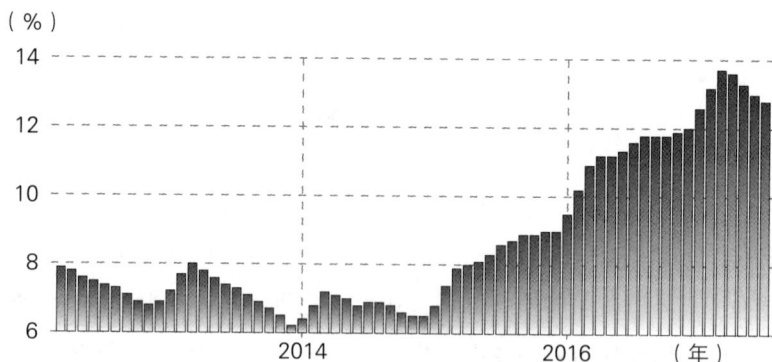

（%）

来源：https://tradingeconomics.com/brazil/unemployment-rate。

图 5-14 巴西失业率（2012—2017 年 7 月）

济比重下降，GDP 主要靠国内消费来支撑，而且国内的消费力也是靠信贷膨胀，如图 5-15 所示。一旦大宗初级商品价格滑落，加上政府为应对国际金融危机而提升利率，信贷收紧，在连锁效应下，巴西经济便快速陷入衰退。

面对经济下滑困局，巴西的社会及政治又再次趋向不稳。街头政治已从 2013 年民众抗议政府公共福利政策，变为 2015 年右翼政党借机动员民众上街，高呼执政党劳工党下台。罗塞夫遭受卢拉执

（百万巴西雷亚尔）

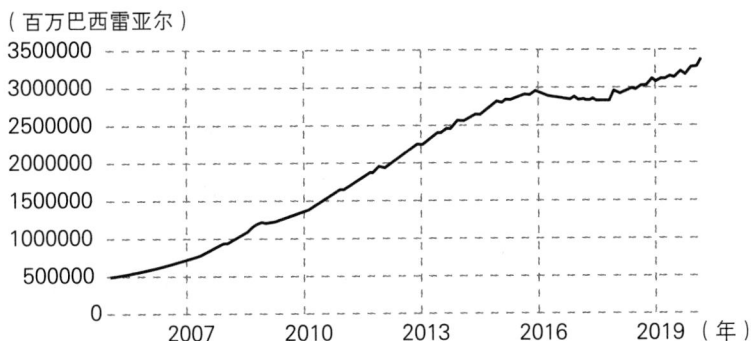

来源：全球经济指标数据网/巴西中央银行。

图 5-15 巴西私人部门信贷快速膨胀（2005—2019 年）

政时代从未出现的政治动荡之主因，乃卢拉搭上跨国金融资本投机粮食及能源市场的便车，以财政收入实施亲民生政策，缓和了 20 世纪奉行的新自由主义政策所造成的社会矛盾。但到罗塞夫当选时（2012 年），世界经济形势已经有所变化。2016 年 8 月 31 日，巴西国会参议院举行全会表决，通过了对总统罗塞夫的弹劾案。外国有评论分析称此为议会发动之政变。（参阅《专题 10 巴西近年政局动荡述要（2013—2016 年）》）

巴西再次陷入动荡，其中一个重要的外在原因，不能不被认为是殖民主义遗留之祸根，尤其是美国门罗主义（Monroe Doctrine）①之延续，下面从政治、经济、社会、文化、历史等方面综述。

---

① 1823 年，美国总统詹姆斯·门罗（James Monroe）向国会提出咨文，宣称："今后欧洲任何列强不得把美洲大陆已经独立自由的国家当作将来殖民的对象。"他又称，美国不干涉欧洲列强的内部事务，也不容许欧洲列强干预美洲的事务。这项咨文就是通常所说的《门罗宣言》。门罗主义彰显美国控制拉美的野心，乃美国扩张主义者的历史理论依据。

巴西动荡新常态：桑巴之怒

2013 年 6 月，席卷巴西全国的示威浪潮骤然升级，100 多万人涌上街头抗议，向世界展示了罕见的"桑巴之怒"。"巴西需要改变""示威在整个巴西"，随着类似的口号传遍 100 多个城市，巴西的抗议风暴在 6 月 20 日晚达到高潮，100 万人参与了示威。

2017 年当地时间 2 月 4 日至 6 日，巴西圣埃斯皮里图州（Espírito Santo）首府维多利亚（Vitoria）等多个城市因警察罢工、治安混乱，发生大规模骚乱。截至 7 日中午，骚乱已造成 75 人死亡。巴西政府已派出 1000 名军警和 200 名部队士兵前往事发地平乱，维持治安。

自 2014 年巴西经济开始进入停滞状态后，2015 年巴西经济在经历"后金融危机时代"的高增长后首次陷于负增长，全年萎缩 3.8%，通胀率高达 10.7%。与此同时，巴西政局开始动荡，反腐和政坛斗争错综复杂、日趋激烈。社会上各种罢工层出不穷，由此引发的大规模骚乱严重影响社会稳定和经济稳定，形成恶性循环，时局每况愈下。

根据巴西社会经济统计数据研究所（Dieese）发布的数据，自 2012 年起，巴西罢工次数开始增加。2012 年，有记录的罢工行动达 879 起，而 2011 年为 555 起。2013 年，罢工行动激增至 2057 起，同年 6 月爆发多起抗议活动。2016 年，罢工次数达到峰值，记录到的罢工行动有 2157 起。自 2017 年起，罢工次数有所下降，但仍高于历史平均水平。

2019 年巴西共发生罢工 1118 次，相较于 2018 年的 1461 次下降 23%。尽管次数的降幅明显，但与 2018 年同期相比，2019 年上半年罢工次数下降 36%，而下半年仅下降 3%，降幅有所变小。①

除此之外，近几年来巴西频繁发生监狱暴动事件，其恐怖血腥程度震惊世界。《华尔街日报》引用巴西的官方数据称，在拥有 2 亿人的巴西，目前约有 81 万人被关在巴西各处早已拥挤不堪、负载达到 172% 的监狱系统里。但这仍然阻止不了每年有 6.4 万人遇害这一严重的暴力问题。经济下滑，失业率激增，社会动荡，犯罪率高企，是导致监狱暴动事件频发的根本原因。

巴西国家石油公司（Petrobras）：皇冠上最耀眼的珍珠

针对巴西国家石油公司腐败案的调查始于 2014 年 3 月。最初只是怀疑该公司高管监守自盗，在外包工程时与承包商勾结，抬高工程报价以牟取巨额贿赂；随后发现许多政治家向巴西国家石油公司推荐承包商并收取好处费；直至进一步被曝出，竟然有执政联盟内的大党参与其中，以收受贿赂的方式为本党秘密筹措政治资金。

正当各界紧盯着官员腐败、弹劾总统、投票结果等时，却忽略了究竟是谁，一直在对皇冠上最耀眼的珍珠——巴西国家石油公司（Petrobras）虎视眈眈。

《石油信息周刊》将巴西国家石油公司评为世界第七大石油公司。该公司生产能力强，每日生产 130 万桶油，足以提供

---

① 《2019 年巴西罢工次数下降 23%》，2019-09-08，https://valor.globo.com/brasil/noticia/2020/02/19/numero-de-greves-tem-queda-de-23-em-2019.ghtm。

国内消费的 75%，目前钻探技术先进，能深入海底 1850 米。预计 2020 年产量将翻 1 倍，如图 5-16 所示。

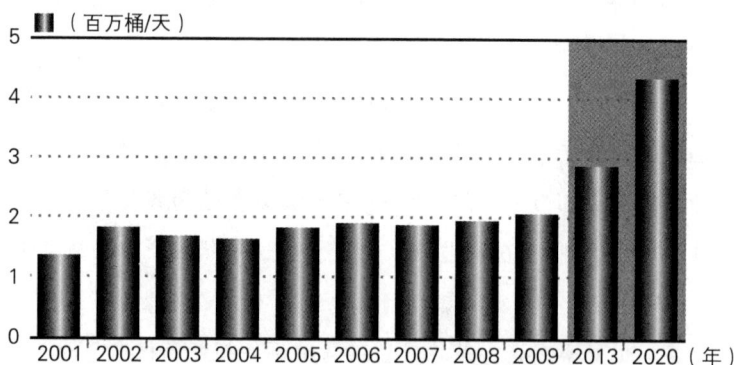

来源：https://www.oilandgas360.com/petrobras-crossroads-production-rising-will-brazils-election-slam-brakes/#。

图 5-16　巴西国家石油公司生产量（2001—2020 年）

这颗珍珠原来是国家的掌上明珠。巴西国家石油公司自从 1953 年成立之后，便享有本国开采石油的垄断权。1953 年 10 月，巴西政府宣布石油工业国有化，规定石油资源为国家所有，并于 1954 年 5 月成立了政企合一的国有企业——巴西石油公司，该公司不仅参与石油政策的制定、执行，还统管巴西石油的勘探、开发、生产、运输及企业的经营管理。

1997 年，巴西政府宣布法令，石油业实行政企分开，设立国家石油管理局（ANP），负责巴西石油政策的制定和行业监督管理。巴西国家石油公司则按照市场经济规律实行企业自主经营。巴西联邦政府有关部门与机构共持有巴西国家石油公司 51% 以上的股权。法令的颁布，意味着巴西石油公司的子公司可以与本国或外国企业合资，外国大型石油公司，如荷兰皇家壳牌集团（Royal Dutch Shell），陆续进入巴西。

2007—2008 年，巴西发现了巨大盐下油藏，全球大型石油公司，如雪佛龙、壳牌、埃克森美孚等，虎视眈眈，意图牟取暴利。

2007 年，总统卢拉恢复了巴西国家石油公司对本国石油的部分专利，时任政府幕僚长罗塞夫制定法律，给予巴西国家石油公司营运的专利权，其所有收益均拨给政府教育与医疗的社会计划。2010 年，法律规定巴西国家石油公司乃唯一开采巴西石油的合法机构，有权征收所有石油业务活动 30% 的利益。

同时，巴西国家石油公司开始与中国、印度等国家的国有石油公司合作。中国石油化工股份有限公司同意将在巴西所有业务 30% 的收入全部缴纳巴西国家石油公司。

根据 2010 年的维基解密，巴西国家石油公司征收 30% 利益这一举动引起了美国政府的疑虑，美国国务院与能源信息署（Energy Information Administration，EIA）开始代表美国石油公司游说巴西政府官员，企图改变其法律政策。当时正值卢拉第二期总统任期届满，劳工党推选罗塞夫竞逐总统。最大反对党巴西社会民主党（The Brazilian Social Democracy Party，BSDP）主张巴西国家石油公司私有化，他们推选圣保罗市长何塞·塞拉（José Serra）参选总统。维基解密文件揭露美国资助何塞·塞拉，借以保障美国利益。何塞·塞拉扬言扭转政策，重返旧模式。但罗塞夫获选总统。

巴西外交部一匿名官员指出："美国政府与石油公司拿不到合约，便攻击我们，巴西成了恶魔，就像委内瑞拉那样，他们的媒体也如此报道。""但我们政府也犯了错，对巴西国家石油公司和石油期望过多，忘记了石油是商品，其价格也会下降。"

何塞·塞拉虽然竞选总统失败，但他以国会参议员的身份，继续利用法律机制，图谋将巴西国家石油公司私有化。2016年2月24日，何塞·塞拉提出取消"巴西国家石油公司必须是所有盐下油田的唯一作业者并持有至少30%的参与权益的法定要求"，提案以40票赞成对26票反对的投票结果获得通过。2016年11月9日，巴西众议院投票通过石油法修正案。但新法案仅规定，在开发油田新区块时，巴西国家石油公司仍具有优先权。另外，保留了开发联合体需要向巴西上缴石油的比例，即原油产量的40%。属劳工党的国会议员瓦尔米瓦·普拉西代利（Valmir Prascidelli）批评，"这等于将盐下油田拱手让给跨国公司"。

总统罗塞夫被弹劾后，特梅尔正式就任巴西总统，其新任内阁名单清一色白人男性。特梅尔将巴西国家石油公司首席执行官阿尔迪米尔·本丁（Aldemir Bendine）撤换，佩德罗·帕伦特（Pedro Parente）接任。派伦特乃美国金融精英中意人物，曾任美国巨大农商企业邦吉（Bunge）巴西子公司高级行政人员，现任巴西证券期货交易所主席。

2016年9月13日，巴西新政府推出庞大私有化计划——"成长计划"（Project Growth），拍卖油气、电力和基础设施项目的运营许可，包括出售阿雷格里港（Porto Alegre）、萨尔瓦多（Salvador）、弗洛里亚诺波利斯（Florianópolis）、福塔莱萨（Fortaleza）几座城市的机场运营许可，并计划在2017年拍卖油田及水电站坝的权利，以及出售中西部和南部地区的联邦公路经营权。总统特梅尔扬言计划目的乃"去国家化"："我们需要对民间部门开放，因为国家不能什么都做。"

2017年8月23日，巴西联邦政府公布了57个特许项目私有化的计划，包括飞机场、港口、石油勘探领域、巴西中央电力公司（Eletrobrás）及国家印钞造币公司。

整理：薛翠

7. 沿袭殖民单一经济制度

著名英国历史学家佩里·安德森（Perry Anderson）在《伦敦书评》撰文《巴西的危机》，从经济结构分析劳工党陷入执政危机的原因，他认为卢拉和罗塞夫没有采取措施调整单一的经济结构，即过度依赖出口初级商品，而忽略了扩大制造业的比例。[①]

8. 复制成本高昂的西方政治与福利制度

另外，安德森从政治体制分析巴西危机，巴西采用美国式的总统制，但议会选举方式，则采用欧陆议会制的比例代表制，导致议会中政党林立，不同的政党操纵立法和行政，互相对立，这容易造成宪政僵局，通常协商方法乃执政党以金钱收买或者以内阁要职拉拢。[②] 民主运动党不仅是巴西第一大政党，更是参议院第一大党和众议院第二大党，还占据着参、众议长两个重要职位。目前，在巴西获得法律承认的政党有 29 个，其中 25 个在国会内拥有席位，数量居世界之首。

1988 年的巴西联邦宪法规定："追求福利的权利应该得到保护。"这为公共开支奠定了强有力的"棘轮效应"（Ratchet Effect）基础，

[①] 《巴西通过弹劾总统报告经济衰退腐败严重引民众不满》，中国网 2016-04-12。

[②] 舟秉鸾：《巴西左翼政权的终结》，经略网 2016-04-13。转引自 https://www.guancha.cn/PeiLi-AnDeSen/2016_04_14_356959_s.shtml。

即易增难减。自从这部宪法颁布以来，巴西联邦开支近乎翻倍，达到了 GDP 的 18%，全部公共开支超过了 40%。大约 90% 的联邦预算受到了宪法或法律的专门保护（包括养老金）。按照巴西央行发布的数据，2015 年其不含利息支付的基础预算赤字（Primary Budget Deficit）为 1112.5 亿雷亚尔（约 272.9 亿美元），相当于 GDP 的 1.88%，较 2014 年增长了两倍以上。[①]

9. 偏向白人种族主义

《美洲季刊》（*The Americas Quarterly*）总编辑布莱恩·温特（Brian Winter）分析："贫富悬殊仍然是巴西人民生活中重要的事实——这些抗议也没有不同。"他引用民意调查结果，指出所谓百万群众上街游行的"群众"明显比较有钱，肤色比较白，学历比较高。

根据《圣保罗页报》调查机构在新近圣保罗的两次抗议（一次亲政府，一次反政府）中的调查，反政府的示威者年收入高于 27600 美元的可能性比亲政府的示威者的年收入能达到这个水平的可能性高 13%。同时，反政府示威者不太可能是公务员，而更可能有自己的生意。但在那两次集会中，近 80% 的示威者都是大学毕业生（在一个只有 20% 人口完成大学学业的城市里），一半以上的示威者年收入超过 15600 美元（圣保罗只有 23% 的人能赚那么多钱）。总而言之，这表明，大多数上街的人是更富裕的白人上层中产阶级。[②]

10. 美国延续门罗主义

近代以来，拉美多场军事政变往往由美国背后策划支持，目的乃扶植亲美国的政权。

---

① 张晓添：《从黄金十年到衰退边缘：巴西危机启示录》，界面网 2016-03-09。

② T. 伊兹格塞拉：《你理解巴西政治危机的指南》，海螺社区 2016-04-18。

根据南方电视台（Telesurtv）报道，从 2000 年开始，美国已经发动 6 次拉美政变：2002 年发动军事政变企图推翻委内瑞拉总统查韦斯，2004 年发动政变推翻海地总统阿里斯蒂德，2008 年发动"市民政变"推翻玻利维亚总统莫拉莱斯，2009 年发动军事政变铲除洪都拉斯总统塞拉亚，2010 年发动警察政变反对厄瓜多尔总统科雷亚，2012 年发动议会政变推翻巴拉圭总统卢戈。① 第七次便是罗塞夫总统因议会政变被罢黜。

诺贝尔和平奖得主阿道夫·佩雷斯·埃斯基维尔（Adolfo Pérez Esquivel）认为美国总统奥马巴不应该在（2016 年）3 月 24 日访问阿根廷。1976 年 3 月 24 日，阿根廷发生军事政变，人权组织估计军事政变之后的几年，大约 3 万人被杀或者人间消失。埃斯基维尔说："那是死亡、虐待、囚禁、流亡的时代，我是那个时代的幸存者。如果你深入分析现实，就发现美国要对拉丁美洲的军事政变负责。"

英国《卫报》（The Guardian）评论《2014 真相委员会报告》："在 20 世纪 60 年代和 70 年代，巴西和拉丁美洲其他地方一样，精英和中产阶级与军队合谋，铲除被他们视为共产主义的威胁力量。"

当卢拉被警方扣押时，资深的巴西外交官萨穆埃尔·吉马良斯（Samuel Guimaraes）指出政变正在进行中，"现在所发生的一切就是国内与国际合谋摧毁劳工党，目的就是在巴西推行在阿根廷当下实行的新自由主义模式"。

社会学教授博阿文图拉（Boaventura de Sousa Santos）直斥美国插手巴西内政："美帝国主义已经回到拉丁美洲。50 年前，帝国主义只知道使用军事独裁，迫使拉丁美洲国家迎合美国利益。今天，帝国主义者已经使出其他手段为所欲为，那就是资助非政府组织经营本地发展项目，表面上捍卫民主，实际上只是作为前线，以掩护针

① 《自 2000 年以来针对拉丁美洲左派的 6 次政变》，2016-05-11，http://www.telesurtv.net/english/news/6-Coups-Against-Latin-Americas-Left-Since-2000-20160511-0021.htm。

对进步政府的秘密攻击，甚至公开挑衅的举动。"

法学社会学教授桑托斯（Boaventura de Sousa Santos）更揭露右派的金主是谁："巴西当前所有的巨额资助活动来自各式各样的基金（更具有渗透性的帝国主义的全新特质），从与美国中央情报局（CIA）相关的组织到科氏兄弟（Koch Brothers），他们资助美国最保守的政策，他们的钱主要来自石油收益，乃至北美的福音派组织。"①

巴西主流媒体将成千上万涌上街头的民众描写成英雄，反抗腐败的左翼残暴政权。获得被喻为新闻界诺贝尔奖的普利策新闻奖（The Pulitzer Prize）的著名记者格伦·格林沃尔德（Glenn Greenwald）却认为："这种街头运动由富裕阶层策动，企图推翻巴西民主成果，他们长期憎恨民主选举产生的结果，现在借着反腐败的幌子欺上瞒下地前进，与 1964 年军事政变颇为相似。"在外界的大量资助下，新自由主义政党、财团控制的媒体、保守的司法制度、石油游说集团、白人精英与右翼集团集结在一起推翻现任政府，却被主流媒体描绘成人民起义反抗腐败政权。②

1964 年的悲剧仿佛正在重演。历史学者阿尔维斯·德利马（Paulo Alves de Lima）感叹："我们正在面对一场推翻民选总统的政变。我们临近新阶段，反革命浪潮回击了，在民主制度中设置了更多限制，孕育了令人难以承受的傲慢与建制暴力。"1964 年，军队领头推翻政府，而当下的"反革命"群体则是由新自由主义政党组织勾结了商界、右翼团体、财团控制的媒体，以及高度政治化的司法机关。环球集团（The Global Group）势力庞大，旗下经营数十种报纸、杂志、电视频道、网站等，并且拥有新闻、娱乐、足球、嘉年

---

① 保罗·弗莱雷（1921—1997），巴西著名的左翼成人教育学者及教育工作者，著有《受压迫的教育学》。

② 肖邦·萨克塞纳：《政变浮出水面：使鲁塞夫、卢拉和巴西不安的阴谋》，2016 - 03 - 23，http://thewire.in/2016/03/25/acoupisintheairtheplottounsettlerousefflulaandbrazil25893。

华等专利。环球集团当年积极支持 1964 年政变，在军方当政 21 年期间牟取暴利。

另类左翼网站 O Cafezinho 的编辑罗萨里奥分析："与 1964 年相似，当前的政变图谋是由巴西最大的媒体集团——环球集团大力支持的。但与 1964 年不同之处在于，当前的政变图谋乃意识形态驱动的司法制度的结果，目的有三：第一，推翻民选总统；第二，阻止卢拉竞逐 2018 年总统选举；第三，最终将劳工党打成非法组织。"

二、历史宿命?

在 20 世纪，巴西至少有三位总统因为推行惠民政策而触犯了本国精英与美国的利益，最后下场十分悲惨。第一位热图利奥·巴尔加斯（Getúlio Vargas），他创立了巴西国家石油公司，而且给予穷人社会权益。巴尔加斯被本国精英控制的媒体污蔑贪污腐败，1954 年，他自杀身亡。

第二位雅尼奥·夸德罗斯（Jânio Quadros），他于 1961 年上台，便邀请革命英雄格瓦拉访问巴西，并且赞誉其为"南十字之秩序"（The Order of the Southern Cross）。接着，他将一家大型采矿公司收归国有。不到一年，他便被国会剥夺权力。之后辞职，原因至今未明。

第三位若昂·古拉特（João Goulart），他推行工人高薪政策、土地改革，给予所有巴西人投票权等。时任美国总统肯尼迪（John F. Kennedy）面对古巴猪湾的军事失误，开始策划推翻古拉特。根据美国国家安全档案，1963 年 3 月，肯尼迪对助手说："我们务必对巴西下手。"不久，巴西媒体抨击古拉特是共产主义者，并且批评其造成通胀高企。1964 年，受美国指示，巴西军方推翻古拉特，宣称从共产主义浪潮中"拯救国家"。

这难道是巴西乃至拉美的历史宿命?

小　结

2003—2011 年，卢拉政府搭上跨国金融资本投机粮食及能源市场的便车，由此有本钱出台亲民生政策，颇得民心；但同时延续亲跨国资本的经济体制，土地和资源性财产为跨国资本服务。"后殖民主义"的出口"再初级产业化"（Re-primarization）与"去工业化"（De-industrialization）现象同时出现。

2013—2015 年，巴西遭受国际金融资本大国调整策略，核心国家结束量化宽松之后，原材料市场价格大跌，导致几乎所有新兴国家出现本币贬值、资本外流、通胀高企、债务累加。巴西并不例外，政府应对危机改行紧缩政策，削减公共开支，增加税收，上调多种商品价格与费用。群众街头政治此起彼伏，社会动荡不安。2013 年街头政治的焦点已从民生政策转移为政治问题：2015—2016 年巴西右翼力量借由经济困境及石油公司丑闻，推翻总统罗塞夫。

跨国资本利益与大国地缘-币缘战略，始终左右着发展中国家的政治稳定性。E7 比较研究证明：包括巴西在内的拉美、非洲等前殖民地的国家，大凡跟从核心国实行了金融资本自由进出的都深陷危机。只有未被西方殖民化的中国维护了国家核心经济主权，没有实行金融自由化，只允许外资进入实体产业，并以本币增发对冲外资来推进本国信用快速扩张。由此，中国是发展中国家中唯一既完成了工业化，又由国家掌控足够庞大金融资本的经济体，尽管中国自主工业化和自主金融化过程中也有很多不尽如人意的问题。

第六章

委内瑞拉：资源主权国的困局

　　我们在比较研究中认识到：拉丁美洲国家殖民化程度的深浅，可以通过其经济结构单一化程度来考虑。单一化程度越高，贫民窟密布的城市化率就越高，也就越难以推进劳动密集型的一般商品生产，国内市场就会被外部定价从而受输入型危机影响。这是委内瑞拉堕入拉美陷阱无法自拔的内因。

　　任何维持着殖民化时代留下的单一经济的国家，只要没有改变这种殖民化结构，就没有加强国家经济主权的基础条件，那就会决定性地影响着该国的上层建筑和意识形态，不管该国在政治上选择何种制度，在意识形态上宣称何种主义，都不过是跟从了西方中心主义的一个流派。

　　据此来看，在核心国家制造全球危机、对外做成本转嫁的过程中，认同社会主义的委内瑞拉恰是由于无力改变单一经济结构并走出了其派生的危机困境而遭受重创，从21世纪的新兴国家演化成为最新的失败国家。然而，也正是由于委内瑞拉摆脱殖民化经济的努力因西方打压而"失败"，并被西方意识形态全面抹黑，其经验教训才尤其值得我们认真、客观地总结。

　　无论政府还是百姓，委内瑞拉作为参与全球化竞争的国家，在核心国实行量化宽松的政策，释放巨大流动性给金融资本，来操控国际石油价格，从而造成石油价格史无前例的大起大落的过程中，无疑会被摔得头破血流！不过，这还不是最严重的教训，最为惨痛的是落入陷阱后还不明就里地鼓与呼——中间群众被核心国家经济软实力包装的各种说法推动着参与大规模街头政治，却不知道他们所拥护的是鼓吹加强外资控制本国资源的政治派别。可见，不论最终改换何种党派执政，都不能扭转这个国家惨遭核心国蹂躏的结局。

21世纪初，查韦斯政府以和平赎买方式坚定不移地收回了石油主权。在查韦斯执政最初几年，因为政治和经济的动荡（包括2002年的军事政变及2002—2003年的以石油公司PDVSA为首的大罢工），经济发展举步维艰。直至2003年政局稳定后，才开启了委内瑞拉经济高速增长的新阶段。当然，这要得益于当时新一轮的全球化经济高增长的带动，特别是以中国为首的制造大国对原材料和能源的巨大需求。

委内瑞拉产业以石油生产为主，石油产量在拉丁美洲国家中位居第一，在石油出口国组织（OPEC）中位居第三。石油行业是该国经济最重要的支柱产业。2006年日产石油320万桶，占全球石油总产量的4%，石油年收入约1000亿美元。2006年，石油产值占国内生产总值的14.5%，石油出口占出口总额的80%。

其后不久，却碰上了2008年华尔街金融海啸，石油价格短时间内急剧下跌，委内瑞拉经济受到严重冲击。随后，美国政府为救市而直接干预市场，开启量化宽松政策。核心国家制造的大量过剩资金，直接进入石油期货市场，实现了向外转嫁通货膨胀代价的目的，又迅疾创造了石油价格短时间内跃升超过3倍的奇迹，不久前才占有了资源主权的委内瑞拉，也趁此有了继续搭乘高油价便车而崛起的历史机遇，如图6-1所示。

然而，这个油价高企的奇迹只延续了4年，核心国家于2013年渐次退出量化宽松，以及中国产能过剩，导致全球能源需求降低，全球能源和原材料市场的价格迅即下跌回原点。2014年以来，因石油收入显著减少而使财政赤字恶化的委内瑞拉面临严峻的局面，甚

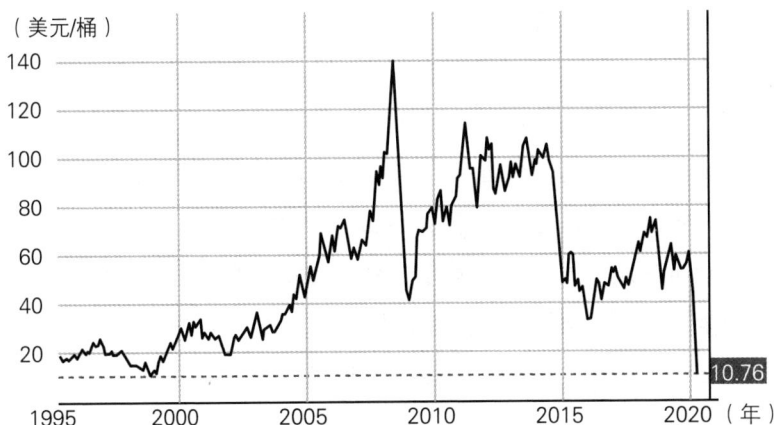

（美元/桶）

来源：https://zh.tradingeconomics.com/commodity/crude-oil。

图 6-1　WTI 原油价格（1995—2020 年）

至被认为已经到了国家灾难的地步。

由于委内瑞拉在左翼政治的拉丁美洲国家中居于核心地位，因此遭到美国不同党派当权者的一致反对。就在因美国结束量化宽松而使世界石油市场价格急剧下跌之际，美国抓住委内瑞拉石油收益大幅度下降的机会推出制裁措施。2015 年 3 月 9 日，美国时任总统奥巴马签署一份行政指令，宣布国家进入紧急状态，指称"委内瑞拉的状况对美国的国家安全及外交政策构成非比寻常的莫大威胁"。一年后，他再次宣布延长该指令一年，指令赋予美国政府有权制裁委内瑞拉，一旦发生武装冲突，可以没收委内瑞拉的资产，而委内瑞拉在美国的最重要资产是价值数十亿美元的 CITGO 石油公司。现任美国总统特朗普曾表示，委内瑞拉局势并不是其外交政策优先考虑的议题。特朗普政府认为，委内瑞拉现任总统马杜罗推动成立的制宪大会非法，美国财政部宣布对包括马杜罗在内的多名委内瑞拉官员实施制裁。2017 年 8 月 11 日，特朗普宣称不排除对委内瑞拉采取军事行动的可能性。

世界第一绝对军事强权指称一个蕞尔小国对自身构成"非比寻常的莫大威胁"，本来是缺乏说服力的，但在新门罗主义的地缘策略调整下，美国已部署打下这只"牛虻"的战役。美国总统行政指令，为没收委内瑞拉资产提供了合法性。这一切都表明，核心国家多年来颠覆这个左翼民选政府的策略已经进入最后阶段。

委内瑞拉作为主权国家参与当前全球化竞争所遭遇到的最大障碍，是核心国正进行的币缘-地缘战略重大调整。

众所周知，美国出于本身的利益及战略需求，曾经推动宽松货币政策，结果令国际大宗商品价格急升，石油一度冲上近 150 美元一桶的历史高位。通过政府更迭回收并且掌握了资源主权的国家，例如委内瑞拉、伊朗及俄罗斯，也就顺势搭了一个便车，国家获得庞大的石油收益，用于改善国内一般民众的生活。这些收回资源主权及收益的国家，自然遭受核心国跨国公司的敌视，于是核心国家的主流媒体及学术界，不遗余力地长期妖魔化这些从跨国公司手中夺回资源主权的国家。尽管委内瑞拉、伊朗及俄罗斯的政府都是经民主选举产生的合法政权，但核心国仍指责它们不民主，不符合西方的普世价值。

但不管委内瑞拉和美国怎样在意识形态上对立，两国在经济上一直以来是密切的共生关系。美国长期以来都是委内瑞拉的最大贸易伙伴，委内瑞拉出口的 40% 石油输送给美国，从美国进口的商品占总贸易额的 26%（中国是第二大贸易伙伴，这两个数据分别为11% 和 15%）。双方的利益冲突在于，委内瑞拉搭了美元流动性膨胀造成国际大宗商品价格上升的便车，之前委内瑞拉大量进口商品，使跨国公司获取了巨额收益，石油价格上升又使该国从出口中得到了大量以美元结算的收益，影响美元指数回调；委内瑞拉把赚来的美元一方面用来搞民生经济，在贫民窟中建立能够吸纳就业的中小企业，聘请在古巴相对过剩的医生、教师和技术员，来改善本国下层民众的生活水平；另一方面，在赢得广大民众的高度信任的同时，又积极改革被西方控制上层建筑和意识形态的体制弊病，大力发展社区媒体和大众教育，在美国的后院搞左翼国家同盟，试图抗衡美国在区内的传统影响力。

因此，美国一直公开而且明确地支持委内瑞拉国内认同西方思潮的舆论界和教育界，以及服务于跨国公司的买办利益集团，努力培育体制内的反对力量，试图用各种方式颠覆玻利瓦尔主义民选政权①。《纽约时报》《华盛顿邮报》等主流美国媒体长年不遗余力地做出妖魔化玻利瓦尔政府的各种夸张扭曲报道。② 这些软实力的作用，在发展中国家也形成了紧跟美国确立的政治正确来妖魔化委内瑞拉的趋势。

面对核心国公开推行的颠覆和国内经济危机带来的巨大压力③，委内瑞拉只能使用国家权力全力应对。2016 年 1 月，委内瑞拉总统马杜罗宣布国家进入经济紧急状态，5 月 13 日再延长经济紧急状态 60 天，并且进一步扩大经济紧急状态的适用范围，并宣布国家进入紧急状态。2017 年 5 月 1 日，马杜罗宣布启动制宪大会进程，重新制定国家宪法，以维护国家和平、促进国内对话、解决当前政治危机。而这些措施当然遭到反对党联盟的竭力反对，在选举前一周内连续举行抗议活动。7 月 30 日，委内瑞拉国家选举委员会表示，41.5%的选民（800 万人以上）参加了该国制宪大会选举，选出 545 名制宪大会成员

---

① 2015 年年初，奥巴马批准国务院一项 500 万美元的拨款，支持委内瑞拉的反政府组织。国会支持的国家民主基金也拨款 120 万美元，支持反对派推翻马杜罗政府。此外参阅：［美］卡尔·吉布森，华盛顿如何玩弄委内瑞拉，《读者支持新闻》，2014-02-21。

② 参阅伊娃·戈林格：《委内瑞拉：实时政变》，《反击》2015-02-02。

③ 在 2015 年 12 月 6 日的委内瑞拉大选中，由 20 多个政党组成的右翼亲美"民主统合联盟"（MUD）取得 16 年来的第一次胜利，赢得 167 席国会代表中的 109 席，加上可能与其结盟的三个原住民代表，总席次超过 2/3，足以挑战与阻止执政的"社会主义统合党"（PSUV）的任何政策，也能召集制宪与修宪大会。在多重危机夹击下，委内瑞拉社会及政局日趋动荡。2016 年 9 月，反对派号召群众前往首都进行示威，要求举行罢免总统马杜罗的公投。政治暴力事件愈益激烈，并日趋武装化，执政党执政之路越发艰难。

中的537名，另外8名原住民成员于8月1日经选举产生。① 这种坚持国家掌握主权、资源收益用于改善民生的执政党，以群众动员的方式进行政治斗争，本来没有偏离"of the people，for the people，by the people"（民有、民享、民治）② 的西方经典民主理念，但在资源主权斗争的大背景下，则被妖魔化为民主与独裁的斗争。

委内瑞拉玻利瓦尔政府的经验再次证明我们在E7研究中提出的观点：**没有经历暴力革命，而是通过与原宗主国谈判，延续原宗主国政治经济体制的方式而获得执政权力的政府，在推动社会改革时，往往遭遇原有体制内的依附跨国公司的利益集团、旧官僚、境内外跨国资本等势力的激烈反扑**，从而使得新政权改革往往难以深入，要保存有利民众的改革成果亦非易事。

马杜罗在2017年10月4日倡议创立一个原油及精炼原油产品交易的货币篮子，希望摆脱对美元的依赖，并推广至所有产油国。然而，之前曾提出类似倡议的石油产出国领袖萨达姆及卡扎菲被核心国通过战争杀害的下场还历历在目。对于金融利益仍然建立在石油美元之上的美国来说，间接策动推翻委内瑞拉现政权的政变或直接军事干预，都会被列入考虑的选项。

特朗普政府上台伊始就确立了对马杜罗政权极限施压的基调。在他看来，所谓极限施压，就是综合应用经济、外交与军事等各种资源，以严厉的制裁与军事威胁相结合来迫使对手改变行为。

2017年，当时委内瑞拉举行了制宪大会选举，尼古拉斯·马杜罗顺利当选了第二个6年任期的总统。美国方面认为制宪大会投票破坏了民主，而马杜罗则是一名独裁者，并为此对委内瑞拉启动了大规模的经济制裁，尤其是对委内瑞拉的石油部门进行了史上最为严格的制裁，禁止该国以美元来进行石油贸易结算，以此来掐断委

---

① 《委内瑞拉称41.5%选民参加制宪大会选举投票，马杜罗宣布胜利》，环球网 2019-09-29。

② 这是美国总统林肯在葛底斯堡演讲中的一句话。

内瑞拉的经济命脉。

在经济上，2017 年 8 月 25 日，特朗普签署法令，禁止委内瑞拉政府在美国发行债券，禁止其国有企业委内瑞拉石油公司在美国金融市场融资，也禁止美国银行给二者提供超过一定期限的新贷款。在马杜罗政府计划发行数字石油货币后，2018 年 3 月 19 日，白宫签署行政令，禁止美国个人在境内供应、购买和交易该货币。5 月初，在美副总统彭斯敦促委内瑞拉暂停新一轮总统大选之际，美国对委内瑞拉的 20 家企业进行制裁。5 月 21 日，在马杜罗赢得总统大选后，美国禁止公司或者个人交易与委内瑞拉政府和委内瑞拉石油公司相关的债务或者应收账款。11 月 1 日，特朗普政府宣布禁止美国公民同与委内瑞拉黄金出口等行业有关的个人和实体进行交易，以降低后者在黄金方面的收入。2019 年 1 月 28 日，美国正式对委内瑞拉石油部门进行大规模制裁。财政部将委内瑞拉石油公司在美国价值约 70 亿美元的资产冻结，随后将其转交给瓜伊多，美国国家安全顾问博尔顿甚至预测，这个行动还能够让马杜罗失去来年 110 亿美元的石油销售收入。8 月 5 日，委内瑞拉政府在美国的全部资产又被宣布冻结。

一、单一产业结构的困局

新兴七国中，南非、巴西、印度尼西亚和委内瑞拉都有国民经济过于依赖大宗初级商品出口的问题，这是南方世界殖民地经济模式遗留下来的主要困局，而其中委内瑞拉的问题最严重，几乎是完全依赖单一石油产业和石油贸易。

委内瑞拉拥有全球最大原油储藏（已探明储量为 2984 亿桶，超越沙特阿拉伯)[①]，石油与天然气之总产值高达 GDP 的 25%，石油收

[①]　此外，委内瑞拉还蕴藏像重油、油砂油、页岩油等非传统石油储备，如果能用新采油技术开采，储量估计 5130 亿桶，几乎相当于目前已探明全世界传统石油储备的总量。

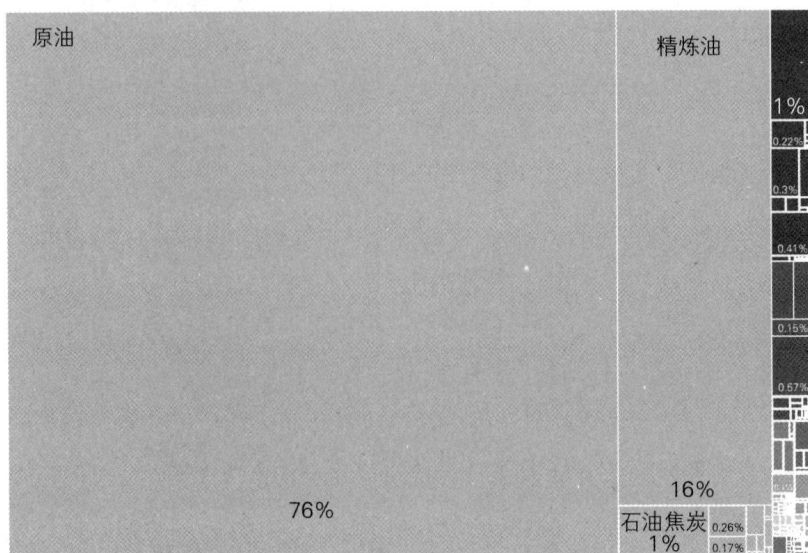

原油		精炼油
		1%
		0.22%
		0.3%
		0.41%
		0.15%
		0.57%
		16%
76%	石油焦炭 0.26%
	1% 0.17%

来源：http://atlas.cid.harvard.edu/explore/tree_ map/export/ven/all/show/2015/。

图 6-2　委内瑞拉 2015 年出口产业收益比例

入占该国总出口收益的 95%。政府近年 40%—50% 的税收预算来自石油企业出口收入，石油收益为社会发展领域的投资提供了 80% 以上的资金来源。有分析指出："委内瑞拉经济长期高度依赖石油产业，其他产业发展非常缓慢，经济结构单一，技术相对落后，国际竞争力较弱。委内瑞拉政府从查韦斯时代就迫切希望发展本国民族产业，但众多经济发展领域都需要国外的资金和技术。"

据委内瑞拉央行 2017 年 1 月披露的初步数据，2016 年委内瑞拉 CPI 暴涨了 800%，为史上最严重，与此同时经济却收缩了 18.6%，录得 13 年来最大衰退幅度；委内瑞拉 2016 年通胀飙升 800%，经济萎缩；委内瑞拉央行的一份内部文件显示，2016 年几乎提供了委内瑞拉所有硬通货的石油部门萎缩了 12.7%，非石油部门萎缩了 19.5%[1]。

---

① 《委内瑞拉 2016 年通胀飙升 800%，经济萎缩》，2019－09－29，http://news.cngold.com.cn/20170122d1702n118110490.htm。

　　而这一趋势并非一夜之间发生的，委内瑞拉政府经济顾问、委内瑞拉规划与发展部前部长费利佩·佩雷斯早在 2014 年的发言中就指出了单一经济结构对国家经济的伤害，他讲道："社会经济发展出现了一些不理想的状况。比如，2014 年 3 月的统计数据表明，年平均通货膨胀率达 60%，食品价格上涨 80%，物资匮乏指数达 30%，玉米粉、牛奶等日常生活必需品依然匮乏。又如，国家对石油的依赖性过大，非石油工业及农产品的产值正在不断下降，非石油物品的出口仅占出口总量的 3%。"①

　　查韦斯的 21 世纪社会主义特别要求经济结构的均衡发展，改变单一的石油出口经济。"但不可否认，查韦斯的改革未能解决委内瑞拉经济结构单一化的根本问题，致使国家创汇只能依靠石油出口，查韦斯也未能大力发展本国工业，基础民生商品仍几乎完全依靠进口，导致国内消费品价格长期高于发达国家。国际油价一有风吹草动，直接影响政府财政收入。"② 只要政府财政补贴下降，低收入人群就会陷入生存危机。

　　殖民化单一经济不仅阻碍国家对经济结构调整的改革努力，而且，其连带发生的对制度的黏滞效应也是明显的：只要资源出口收入成为政治家对底层社会承诺的福利来源，就会造成对福利分配的政治依赖；由此，一般加工贸易的轻型产业就会因劳动者收益低于"被动福利+被动闲暇"③ 而难以发展，贫民窟大量失业人口也难以

---

　　① 《21 世纪拉丁美洲和世界其他地区的发展态势及社会主义前景——首届墨西哥普埃布拉大学前沿理论国际学术研讨会综述》，《马克思主义研究》2014 年第 7 期。

　　② 《委内瑞拉隆重纪念查韦斯逝世两周年——前路漫长》，中国新闻网2015-03-07。

　　③ 温铁军科研团队在分析中国农村外出流动打工劳动力即使失业回到农村也不参加农业劳动的现象时，使用了"被动闲暇"的概念，认为这些劳动力在农业上得不到被外部市场定价的收益。参见《三农与三治》，中国人民大学出版社 2017 年版。

得到参与所谓的全球经济一体化发展的机会。亦即，能够参与全球经济一体化并且获利的，主要是核心国为主的跨国资本。

我们在 E7 比较研究中提出的理论归纳是：拉美和非洲在其贫民窟人口的福利被动地由政府通过占有出口收入从外部赋予，在这种条件下，政府不会自愿地将福利投入低端就业市场，而宁愿使贫民窟人口在依然贫困的情况下安于闲暇。这对大多数拉美和非洲国家奉为圭臬的发展主义是个挑战。无论建立何种现代化政治制度，或无论信奉何种西方意识形态，有一个结果是共同的：在有大量过剩劳动力资源且收入低下的条件下，不可能发展劳动力密集型产业。

二、币值急挫

委内瑞拉经济危机的主要表现是恶性通胀压力下的本国币值急挫。

在美国即将结束量化宽松的 2013 年 2 月，委内瑞拉货币就开始贬值，官方汇率从 1 美元兑换 4.3 玻利瓦尔调整至 6.3 玻利瓦尔，货币贬值将近 32%。量化宽松结束之后，2014 年 1 月 23 日，委内瑞拉政府再次将旅居海外的国民的官方汇率调整为 1 美元兑换 11.36 玻利瓦尔，一次性贬值 45%。[①]

据石油输出国组织的数据，委内瑞拉石油收入占出口总收入的 95% 以上，政府收入的一半来源于石油，石油价格自 2014 年 6 月约 115 美元/桶暴跌至 2016 年 11 月的 50 美元以下，给委内瑞拉经济带来严重打击，食物、药品等严重短缺，也使 2016 年 12 月的通胀率高达 800%，成为全球通胀最高的国家。截至 2017 年 2 月，通胀率为 741%，如图 6-3 和图 6-4 所示。通胀的高企使货币大幅贬值。

---

① 牛犁、闫敏：《新兴国家货币贬值对能源企业的影响及对策》，国家信息中心预测部 2015-01-23。

（ % ）

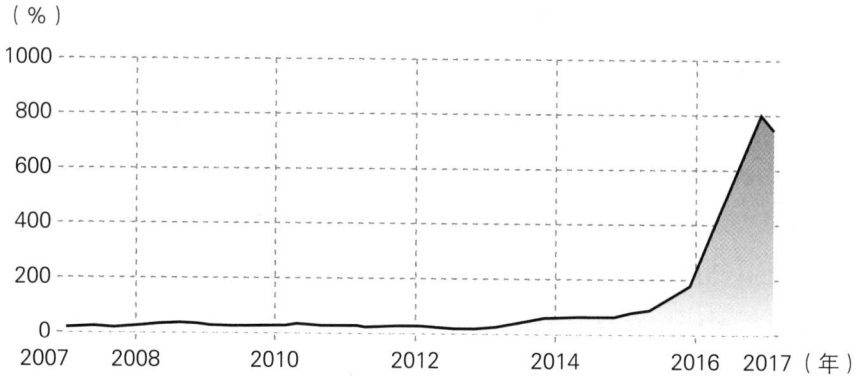

来源：https://tradingeconomics.com/venezuela/inflation-cpi。

图6-3　委内瑞拉通胀率（2007—2017 年 2 月）

货币对美元汇率下降百分比

■ 2013年5月1日—2016年3月1日
▌ 2013年5月1日—2015年6月30日

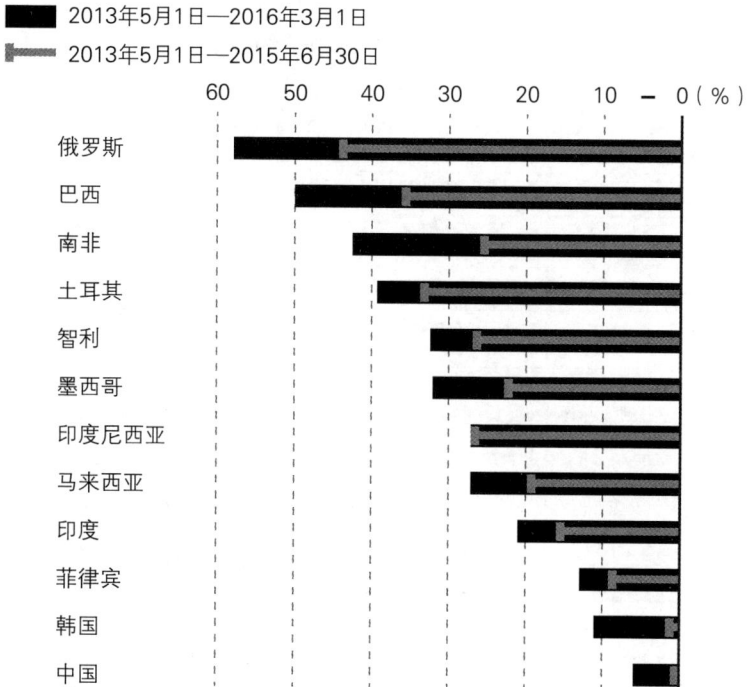

来源：https://www.economist.com/news/finance-and-economics/21693961-why-borrowing-dollars-central-business-cycle-developing。

图6-4　新兴国家货币大幅贬值（2013 年 5 月—2016 年 3 月）

图 6-4 中的数据表明的是核心国把控金融资本阶段的规律性现象，这值得边缘国重视。

但由于委内瑞拉政府在金融危机压力下实行了外币管制，官方的兑换价未必反映市场实际情况。该国黑市外汇交易猖獗，为了遏制黑市交易，委内瑞拉在 2014 年 3 月，启动了新外汇交易市场（SICADII），当时定价为 1 美元兑 55 玻利瓦尔，相当于官方汇率 6.3 的 8 倍多；另一个专门为企业购汇的 SICADI 外汇市场中，当时汇率为 1 美元兑换 10.8 玻利瓦尔（来源同上）。但据估算，2014 年实际的兑美元汇价，达 1 美元兑超过 600 玻利瓦尔。而 2016 年，外币管控在创历史纪录的通货膨胀面前已完全失去作用，追踪黑市汇率的网站 dolartoday. com 数据显示，2016 年 12 月 29 日玻利瓦尔兑美元汇率为 3107.3：1，较 12 月 13 日的 3980.51：1 略有回升，但 100 玻利瓦尔面值货币早已丧失大量价值，相当于约 3 美分。

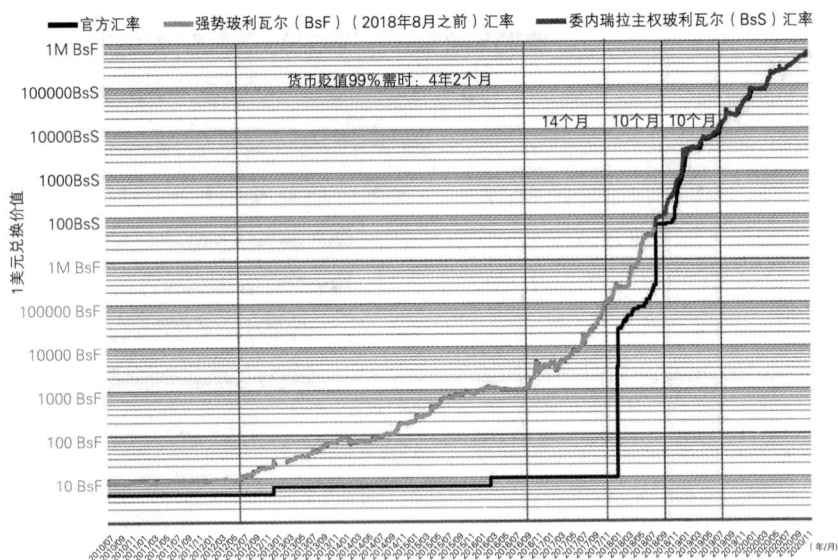

来源：https：//upload. wikimedia. org/wikipedia/commons/5/5d/Venezuela_ inflation_ on _ the_ black_ market_ %28DolarToday%29_ on_ a_ logarithmic_ scale.png。

图 6-5　委内瑞拉玻利瓦尔兑美元的实际汇价与官方汇率
（2010—2017 年）

图 6-5 中的数据表明，委内瑞拉自 2013 年美联储确定结束量化宽松政策开始进入贬值期，到 2015 年美国提出加息政策之后，则陡然发生本币恶性贬值。由于官方和市场化的两种汇率差距过大，以货币持有量作为身份标记的中产阶级在经济危机压力下纷纷对家庭资产做组合理财，遂在黑市汇率引导下加速推动民间外汇流出，并且还存在担心私人财产在国内恶性通胀中受损而势必在政治上与官方尖锐对立的因素。这也是委内瑞拉社会右倾化的内因之一！

三、外债规模扩大，外汇储备收缩

21 世纪的第一个 10 年是资源出口国家的黄金时期。由于石油收益丰厚，委内瑞拉的外汇储备在 2009 年录得 422.99 亿美元的历史高位。受惠于石油价格高企及连续录得贸易盈余，2007—2011 年，委内瑞拉的外债居然降至接近零水平。

图 6-6 中的数据表明：2012 年委内瑞拉短期净外债规模占外汇储备及主权资产值的 270%。由此可见，虽然委内瑞拉有较大借债规模，但只要政府保持较高石油收益，其外债偿还能力仍然稳健。

其后，随着石油价格波动，自 2014 年委内瑞拉的未偿还公共外债规模曾四次剧烈波动，接近 21.89 亿美元，而每次外债规模的陡升都意味着在国际石油市场中被美元流动性洗劫和绞杀。

图 6-7 显示，委内瑞拉政府仍然有较佳的偿还公共债务的能力，目前未偿还公共债务只有 5.89 亿美元（2017 年 8 月）。

但巨额的债务必然造成外汇储备的流失。据《金融时报》报道，自 2014 年国际油价下跌以来，债券持有人、商业债权人及中国方面预计已持有超过 1200 亿美元的委内瑞拉债券。[①]

---

① 《委内瑞拉 5 年来首发 50 亿美元国债：救急必需品进口资金短缺》，2019-09-28，http://www.thepaper.cn/newsDetail_forward_1593476。

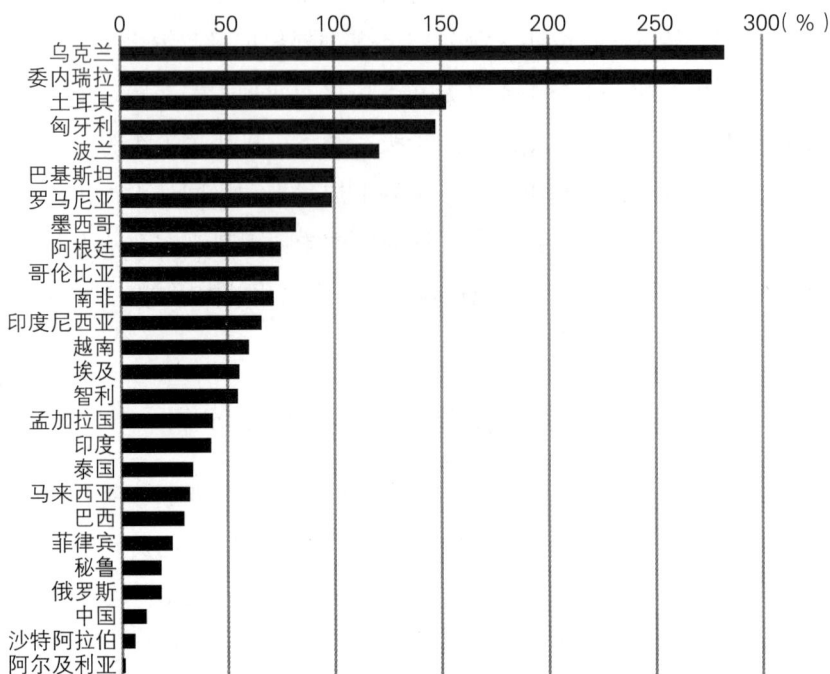

来源：http://www.economist.com/node/21585039/mobile-frameless。

图 6-6　2012 年短期净外债加外债偿还

（占外汇储备及主权基金资产的百分比）

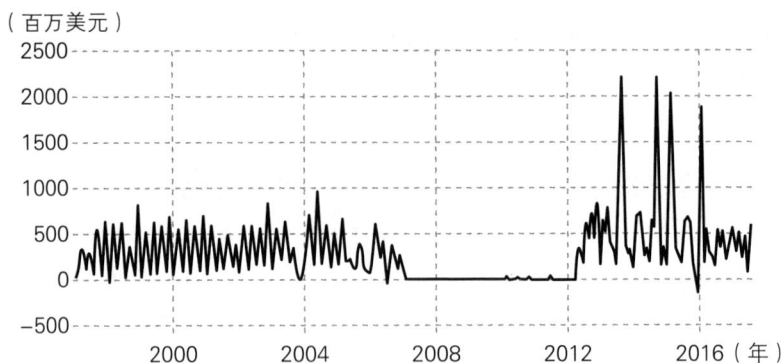

来源：https://tradingeconomics.com/venezuela/external-debt。

图 6-7　委内瑞拉公共外债（1996—2017 年 4 月）

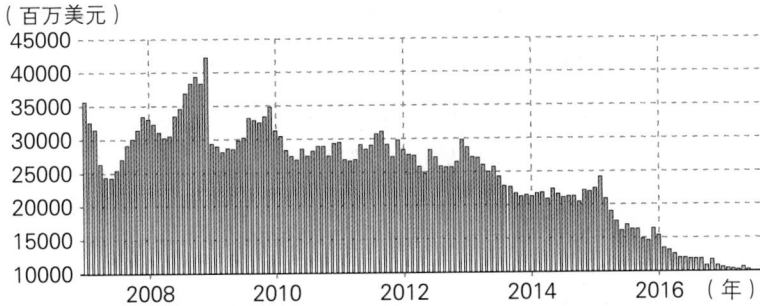

来源：https://tradingeconomics.com/venezuela/foreign-exchange-reserves。

图6-8　委内瑞拉的外汇储备（2007—2017年6月）

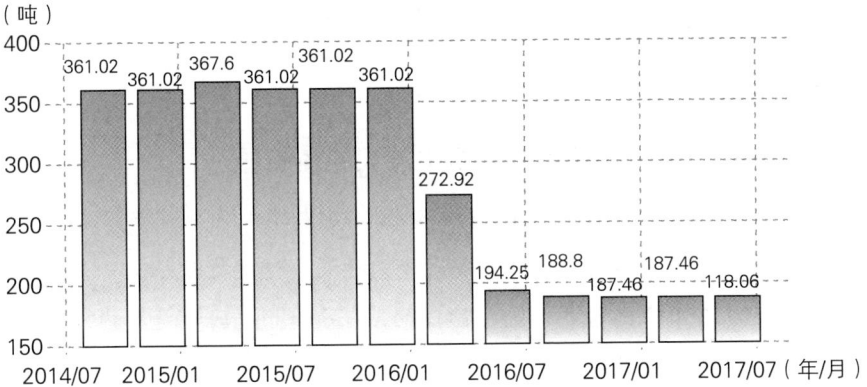

来源：https://tradingeconomics.com/venezuela/gold-reserves。

图6-9　委内瑞拉黄金储备（2014年7月—2017年7月）

　　此外，委内瑞拉最高峰时期还有372.93吨黄金储备，2016年快速下降到不到200吨。2018年11月，为防止受美元金融限制的拖累，委内瑞拉决定运回此前寄存在英格兰银行（英国央行）的约14吨黄金，这将是继2011年委内瑞拉从美国联邦储备银行地下金库等海外金库中运回国约160吨黄金后的再次遣返本国黄金的决定。在英格兰银行拒绝了委内瑞拉提出的多笔遣返黄金的要求之后，委内瑞拉的很大一部分黄金（32吨，价值约16亿美元）仍留在伦敦。尽管英格兰银行是独立的，但英国当局以"意图不明"为由拒绝了，并表示委内瑞拉当局不应获得海外资产。[1]

很明显，对方此举显然是在配合美国对委方的制裁。要知道，这批黄金虽然存放在英国的仓库里，但使用权依然在委内瑞拉手中。所以，不管对方是出于何种原因，都不应该拒绝该国运回黄金的请求。之后，美国专家给出了所谓的建议，使得该国只能通过交易黄金的形式出售。值得注意的是，该国存放在仓库中的黄金不止14吨。据悉，委内瑞拉目前还有近80吨黄金被对方"冻结"，依然无法顺利运回。[2]

延伸阅读

16

中国是委内瑞拉最大的债权国

2007年以来，中国国有机构已向委内瑞拉发放逾500亿美元的贷款，据悉约200亿美元尚未偿还。这些贷款很大一部分是以石油输出的方式进行偿还的。[3] 另外，中国也是委内瑞拉第二大石油进口国。

"受制于投资环境，委内瑞拉吸收外资规模较小，是拉美地区吸收外资最少的国家之一。联合国贸发会议2014年《世界投资报告》显示，2013年委内瑞拉吸收外资流量70.4亿美元，截至同年年底，外资存量为557.7亿美元。

---

① 《委内瑞拉遣返存英国的14吨黄金遭拒》，2019-09-29，https://baijia-hao.baidu.com/s?id=1616623457960910485&wfr=spider&for=pc。

② 《80吨黄金被"冻结"？委内瑞拉要求运回黄金被拒，那中国呢?》，2019-09-29，http://www.yidianzixun.com/article/0PI9LCX9。

③ 《委内瑞拉获中国50亿美元新贷款》，《中国产经新闻报》2015-04-29。

据中国商务部统计，2013 年中国对委内瑞拉直接投资流量为 4.26 亿美元，同年年底投资存量为 23.63 亿美元。中国投资主要集中在石油开发和组装加工领域。

2013 年 6 月 3 日，中国国家开发银行与委内瑞拉国家石油公司签署了总额 40.15 亿美元的融资协议，计划提升中委合资的石油公司 SINOVENSA 在委内瑞拉石油产量。附属签署的还有支持该笔融资的石油买卖协议及项目执行保障协议。

仅在 2013 年马杜罗访华期间，委内瑞拉就与中国国家开发银行（以下简称国开行）达成了用于住房建设、农业、工业、道路建设、电力、交通、矿业、医疗、科技等领域项目的贷款协议，用于国家的发展。

同期，委内瑞拉还与中国进出口银行签订了 3.91 亿美元的贷款协议，用于 Pequiven 公司的莫龙码头建设项目，此码头用于出口尿素和氨。

当时，中国石油化工集团（以下简称中石化）与委内瑞拉达成了注资 14 亿美元，以开发奥里诺科胡宁一区块，每天生产 20 万桶原油的合作协议。

委内瑞拉是国开行在拉美放贷最多的国家之一，涉及矿业、农业及航天电力。国开行还于 2015 年 7 月 19 日习近平访问拉美前夕，在委内瑞拉首都加拉加斯开设了办事处，是首家在委内瑞拉设立办事处的中国金融机构。有媒体报道称，据彭博数据，2007—2012 年，国开行向委内瑞拉累计发放贷款 425 亿美元，占其同期对外贷款发放量的近 1/4。据 2015 年 1 月 8 日凌晨消息，马杜罗宣布与中国达成新的双边合作协议，带来 200 亿美元委内瑞拉急需的资金。他是在与中国国家领导人会谈后对外宣布的消息，双边合作协议以能源、工业和房地产行业为中心。[1]

---

① 王琳：《200 亿美元！中委签订双边协定》，《第一财经》2015-01-08。

2016 年 11 月 17 日，中国最大的国有能源企业——中国石油天然气集团（以下简称中石油）与委内瑞拉国有石油公司达成价值 22 亿美元的协议，提高其合资公司的产量。中石油持有此合资公司的少数股权。委内瑞拉总统马杜罗与中国石油集团相关人员在加拉加斯会面后发表电视讲话称，将部分动用中国提供的最多 90 亿美元的信贷额度，将该国原油产量最多提高约 27.7 万桶/日①。

随着低油价重创委内瑞拉经济，中国进行海外放贷更加注重财政稳定和政治风险等因素。审查加强，可能令中国履行有关承诺变得复杂。中国承诺未来 3 年（2017—2019 年）向整个非洲地区提供 600 亿美元，其中很大一部分是面向重度依赖大宗商品出口国家的优惠贷款和政府支持投资。②

委内瑞拉和中国之间的"石油换贷款"协议，预计 2017 年委内瑞拉对中国的原油出口量将达到 55 万桶/日，较 2016 年增长 55%。而委内瑞拉对印度的石油出口量预计将下降 15.5%至 36 万桶/日，由于印度主要以现金支付石油费用，委内瑞拉对印度出口的减少将使该国的金融状况更加恶化。③

---

① 《委内瑞拉将动用中国 22 亿美元信贷额用于增产原油》，2019-09-29，http://futures.hexun.com/2016-11-18/86954079
② 《中国与委内瑞拉达成增产协议》，2019-09-29，http://finance.ifeng.com/a/20161124/15031939_ 0.shtml。
③ 《委内瑞拉 2017 年产油量要创历史新低》，2019-09-29，http://www.cs.com.cn/xwzx/hwxx/201701/t20170113_ 5155133.html。

四、从贸易顺差至逆差

过去十多年，在 E7 中只有中国和委内瑞拉长期保持经常账户顺差。得益于石油出口收益，委内瑞拉曾经在 2008 年第三季度录得历史最高的 177.32 亿美元贸易顺差。虽然曾经因为国际油价波动而出现短暂的季度贸易逆差，但一般能很快再度回复顺差。但持续的低油价及国内的经济动荡，终于使依赖单一石油经济的委内瑞拉开始出现较持久的逆差情况。从 2014 年年底开始，经常账户一直录得逆差。在风雨飘摇中失去财政作为后盾，政府的执政前景堪虞。

（百万美元）

来源：https://zh.tradingeconomics.com/venezuela/current-account。

图 6-10　委内瑞拉按季度经常账户差额（2003—2019 年）

五、物资短缺造成社会动荡

委内瑞拉土地资源丰富，很多大型农场被跨国公司占有，农作物产量虽然丰富，但近年市场上的粮食及日用品非常短缺，形势严峻。对此，政府甚至派出军队暂时接管厕纸工厂及电器连锁店，以确保生产及销售的正常运行。当前问题有其历史根源，委内瑞拉的产业结构源于西方殖民化在拉美形成的单一经济，以出口资源满足西方市场为主，由此往往对本国其他产业产生排斥作用。

以农业为例，在 20 世纪 30 年代，农业曾经占委内瑞拉 22% 的

GDP 及 60%的劳动力，但随着石油业的发展，大量人口涌入城市，农业人口下降至不到 10%。根据 1997 年的一项调查，340 万公顷适合耕作的土地中，只有 70 万公顷生产谷物；另外 1710 万公顷适宜畜牧的土地也出现同样情况，农牧业土地资源使用率明显不足。

此外，农业也沿袭殖民化的大种植园经济，由海外跨国公司把控着收益较高的农产品出口、物流、结算等环节，跨国公司要在国际市场获利，根本不为本国需求服务，导致本国食物及一般消费品价格高于发达国家。这种大农场制度排斥农民，造成农村人口贫困化并流入城市，形成超前城市化（2015 年城市人口占 89%，是拉丁美洲之最）和大城市贫民窟化，一般商品生产能力落后。

委内瑞拉土地上生产的粮食被跨国公司把控，不为满足本国民众需求和平抑食品价格做贡献，反而借食品价格抬升获利。例如，该国最大的私人食品生产企业 Polar 在市面严重粮食短缺的情况下，却把玉米面粉的产量削减一半。政府指责这些私人企业通过制造粮食短缺来参与动摇政权的经济战争。该国中央银行公布的食物短缺指数从 2012 年开始攀升，至 2014 年指数接近 28%，如图 6-11 所示。此后，委内瑞拉央行停止公布数字。

自 2013 年以来，食品价格持续上升。2015 年 12 月的食品通胀率为 300%多（见图 6-12）。

委内瑞拉在 2008 年也经历过严重的食物短缺。当时人们认为这是商店主故意囤积食物，意在抵抗政府的物价管制政策。

美国支持的委内瑞拉反对派、大资本及其控制的媒体，利用委内瑞拉出现的经济困难猛烈攻击查韦斯的经济政策，指责查韦斯建设委内瑞拉特色社会主义政策遭到失败，政府的资本账户管制引起了国际投资者的不满和撤离。为此，应该取消汇率与利率的管制、减少资本收益税来吸引国际资本，对因油价下跌陷入困难的国有石油公司实行私有化，限制国有银行、增设私人银行，扩大对中小私营企业贷款，重新进入查韦斯退出的美国倡导的美洲自由贸易区，

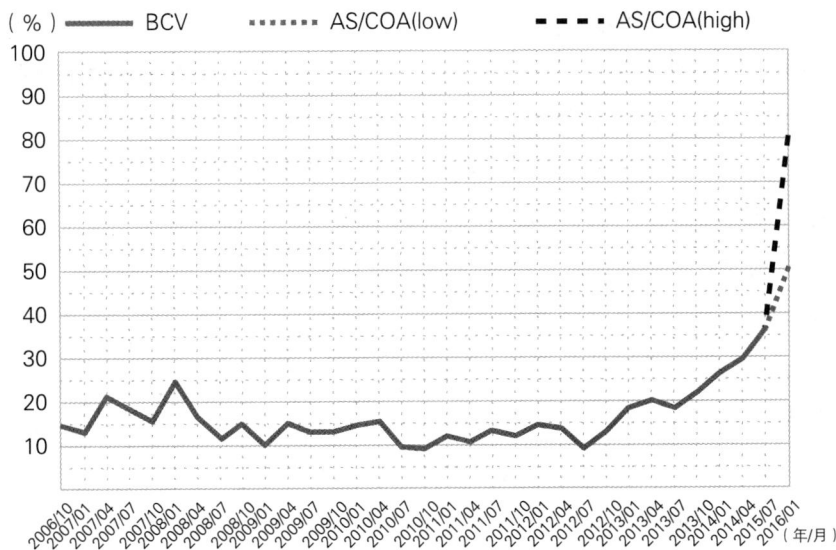

来源：https://en. wikipedia. org/wiki/shortages_ in_ Venezuela。

注：委内瑞拉中央银行（BCV），美洲协会（AS），美洲理事会（COA）。

图6-11　委内瑞拉食品短缺率

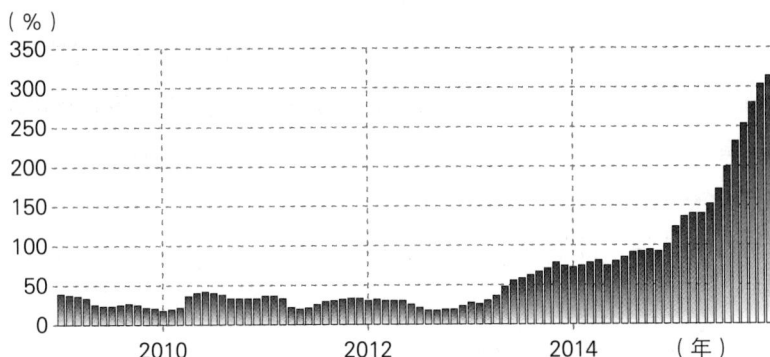

来源：https://tradingeconomics.com/venezuela/food-inflation。

图6-12　委内瑞拉食品通胀率（2008—2016 年）

向跨国公司、跨国银行开放贸易金融领域以促进经济增长。

商界及反对派则指责是政府的价格控制及外汇管制导致了经济危机。

对于 2013 年以来的这一波物资短缺危机，有分析认为：原因是一年前委内瑞拉的外汇市场中的美元供应开始减少。2013 年 2 月，市场上几乎无法买到美元，进口商为了取得美元，需要从黑市中购入远高于官方牌价的美元，造成进口物价急升，推高通胀水平。

另一方面，政府的粮食补贴造成国内粮食被黑市偷运至邻国哥伦比亚转卖图利。政府声称，近 40% 政府补贴的基本生活必需品被走私出国转卖，但也有观点认为该数字实际只有 10%。

此外，在汇率和成本的影响下，委内瑞拉进口农产品价格长期低于国内农产品价格，导致国内粮食等农产品的供给结构发生严重扭曲。总之，导致委内瑞拉成为拉美地区唯一依赖粮食进口国家的原因有多个方面。当然，这个教训让我们更深刻地认识到粮食自给对国家安全的重要性，不可一厢情愿地认为，存在经济大幅波动可能的情况下，主权国家永远可以靠外部的比较优势和国际贸易解决本国粮食问题。

委内瑞拉的玻利瓦尔政府也尝试提高本国粮食自给率，过去十多年开展粮食主权运动。虽然委内瑞拉在 20 世纪 60 年代初曾经有过土地改革，20 万农户获得分配土地，但**委内瑞拉仍然具有拉丁美洲典型的土地产权高度集中的特征，其中 70% 的耕地集中在 3% 的农地拥有者手上**。2001 年通过的《土地与农业改革法》规定，被确认非法占领及不生产的土地应该重新分配给无地农民。2005 年又提出回归农村计划，鼓励城市失业居民自愿返回农村从事耕作。2004—2010 年，政府征收了高达 300 万公顷的土地用于分配给农民。从 1999 年到 2011 年，委内瑞拉的农业生产增加了 3 倍，基本粮食（大米、玉米、豆类和高粱）和种子的自给率达到 50%。先前，委内瑞拉的种子100% 靠进口。据委内瑞拉中央银行统计，12 年来委内瑞拉农业的国内生产总值增加了 31%，而在此之前的 40 年间只增加 7%。[①]

由于农业生产自身的规律限制和供给结构调整的长期性特征，

① 管彦忠:《委内瑞拉 12 年农业生产增加三倍粮食 50% 自给》，人民网 2011-02-23。

尽管粮食主权运动取得一定的成就，但还不能从根本上改变对外部粮食供给的严重依赖，甚至还不能满足发展中的委内瑞拉的口粮需求，因为生活水平提升，委内瑞拉的粮食消耗量增加（2003—2012年的粮食消耗增长了94.8%），粮食进口需求量大幅上升，加剧了问题的严重性。

2014年开始，政府对多种基本生活必需品实行配给制，加强边境巡逻，防止粮食走私出口。2016年，随着粮食供应问题恶化，总统马杜罗出动军队监察食品加工厂，并协调物资的生产与分配。

雪上加霜的是，提供全国70%的电力的El Guiri水电站，也因为严重干旱而产电能力大降，供电量不足导致全国各地要每天轮流断电4小时，公务员也不能每天上班。

低效率的官僚体系只是问题之一，委内瑞拉的最大问题仍然是殖民主义经济留下的恶果：长期过度依赖石油出口的单一经济结构及少数人占有大量优质耕地且不用于生产粮食。由此，造成与人民生活息息相关的农业及日用品工业发展停滞，其结果是粮食及日常生活所需品都需要大量进口。

尽管问题严重，但我们在研究中也注意到，政府近年在减少饥饿人口问题上取得了巨大成就。自查韦斯执政以来，委内瑞拉的饥饿或营养不良人口从超过全国一半降至5%，儿童营养不良率下降了40%。贫穷率从1999年的50.4%下降至26.5%，其减贫的成就在世界上数一数二。这主要归功于查韦斯的玻利瓦尔革命，其主要内容是夺回国家的资源主权，把石油收益用于改善民生。

六、激进城市化制造贫民窟

委内瑞拉人口城市化率高达89%，是拉丁美洲之最，由此难免出现治安恶化及暴力犯罪急升的情况，面对当前的危机，城市爆发各种盗窃抢劫及暴力罪案，而且还出现群众抢掠超市及粮食运送车辆等事件。①

　　激进超前的城市化与伴随的大城市贫民窟化是拉丁美洲以至不
少南方国家的通病。当大量农村人口出于各种原因放弃农村地区，
涌向城市谋生时，无论是由于城市缺乏安置居所的配套能力，还是
这些贫穷人口只能投身低收入的非正式部门，结果都是城市出现大
规模的贫民窟。这些贫民窟往往成为都市治安的隐患，一旦经济出
现问题，社会不稳定性往往首先表现为暴力犯罪率急升。

　　图6-13和图6-14显示委内瑞拉近年谋杀率上升，绑架事件更
是急速攀升。这是典型的拉美城市化病。当大量人口集中在城市时，
如果正规经济部门不能吸纳这些涌入城市谋机会的人口，他们便只
能流入非正规部门，或者灰色经济及黑色经济（例如有组织犯罪）。
而一旦经济衰退，他们也没有退路，不能返乡，城市犯罪率也必然
急升。

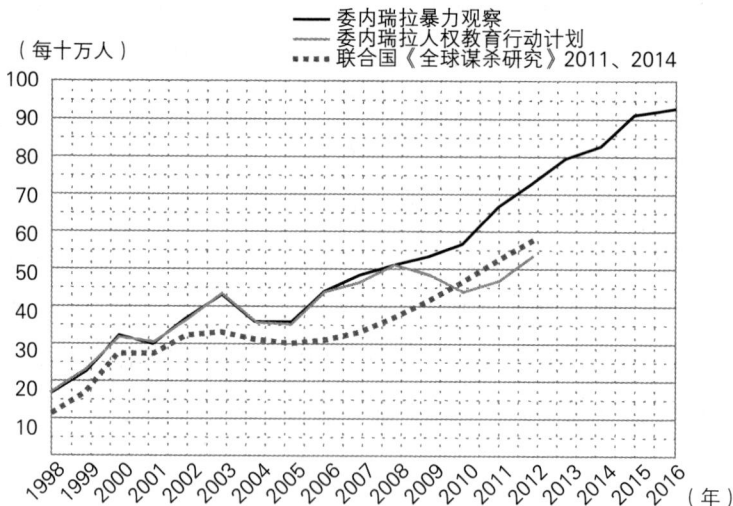

来源：https://en.wikipedia.org/wiki/Crime_in_Venezuela。

图6-13　委内瑞拉谋杀率（1998—2016年）

---

　　①　吉里斯·古普塔、亚历山大·乌纳：《抢劫和骚乱每天都在晃动委内瑞
拉》，路透社2016-06-13。

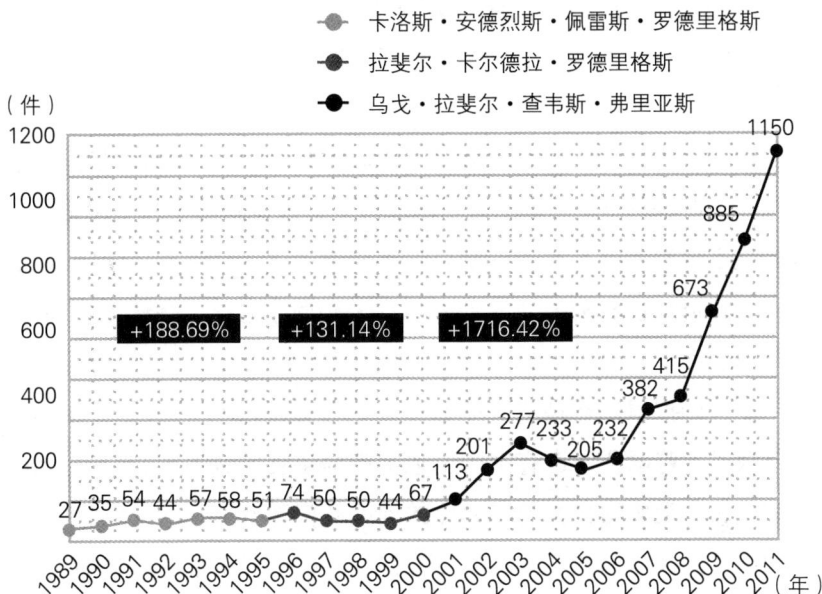

来源：https://en.wikipedia.org/wiki/Crime_ in_ Venezuela。

图 6-14　委内瑞拉绑架事件数量（1989—2011 年）

据报道，2015 年上半年已发生 2800 多起抗议事件，其中不乏由外国势力支持的右翼政治运动，尤其是互联网社交媒体上充斥大量虚假的信息及照片（很多是从不同年代全球各地的示威活动照片胡乱移植的），散播政府武力镇压示威群众的信息，试图抹黑委内瑞拉政府，以至煽动群众。这也是当代地缘战略巧实力的操作方式之一。

如果不将委内瑞拉的种种经济社会乱象纳入全球经济政治的背景下考虑，那么，以上这些事实可能都会被归结为内生性的经济和社会问题，而掩盖了**更深层的原因——委内瑞拉收回经济主权的斗争很不彻底，尤其在收回石油主权的同时，没有及时掌控跨国金融资本流动。遂在核心国家转移自身危机的过程中，承担了经济和政治的双重成本和代价，造成了输入型危机**。而国内经济和社会结构的变化，也是这个转嫁过程中的产物和必然结果。委内瑞拉没有针对金融资本阶段的西方制度做出国家对资本流动加强控制的应对措施（哪怕是像印度那样短期性地大幅度提高外汇流出的税率），在其油价下跌与外汇流出、粮食安全等问题同步发生之时被核心国全面制裁，只能被动接受灭顶之灾的命运。

同时，我们再次**着重强调：过度依赖单一经济结构以提升国民福利，最终是不可持续的。盲目仿照西方追赶成本高昂的上层建筑，也是让不少发展中国家堕入发展陷阱的原因之一。**但发展中国家利用本国的资源收益来提升国民福利，这本身在道德上及经济上都无可厚非。

委内瑞拉国民经济有三个缺乏：一是缺乏完整的工业产业链；二是缺乏对跨国公司占有本国土地生产的粮食的调控能力；三是缺乏满足国内消费的自主及多元化的国民经济基础。再加上没有内生性的可持续社会福利发展策略。若在这些属于积重难返的长期问题没有缓解的约束条件下，迅速提升国民福利，无论当时显得多么成绩辉煌，都可能只是昙花一现。

七、地缘政治大战略下资源主权国的困局

2013 年 12 月，自查韦斯逝世以来第一次举行的全国性选举，在国际石油价格仍然还能维持较高水平的条件下，执政党赢得 80% 的地区，包括大部分主要城市，这主要归功于查韦斯的玻利瓦尔革命夺回了国家的资源主权，把石油市场涨价的超额收益主要用于改善本国民生，因此深得民心。所以，尽管面对一系列的社会问题，下层社会的大部分群众还是继续支持现任政府。

这也说明，要让群众失去对玻利瓦尔革命的信任，必须从根本上打击委内瑞拉政府的财政能力。只要油价大幅度下滑，政府的财政收入大降，难以再继续推行各种改善民生的计划，这时候，只要再配合市场物资短缺的状况采取软实力进攻，那么，民众对政府的支持度也将很快下降。

2014 年，美国结束量化宽松之后，进入石油市场的流动性减少，随后国际石油价格大幅下挫，从 110 美元/桶下跌至 40 美元/桶。[①] 较长时期的低油价，客观效果就是依赖以石油出口为财政支柱的国家受到严重冲击。而**原油出口收入占委内瑞拉出口收入的 96%**，油价每下跌 1 美元/桶，政府收入就减少 7 亿美元。与之可比的是另一个石油输出大国俄罗斯也面临相同困境。[②]

如图 6-15 所示，委内瑞拉的国家财政能力取决于石油收益，随着 WTI（西得州中间基原油）及布兰特原油价格在 2014 年从当年高位急速下滑，政府的借贷信用下降，债券也同步下挫。

委内瑞拉左翼政府作为美国这只巨牛上的一只牛虻，一直是美国拉丁美洲政策的眼中钉。根据前文分析，美国过去几年最重要的地缘战略之一是建立 TPP（跨太平洋伙伴关系协定）同盟，那么玻利瓦尔主义难免成为美国利用 TPP 整合拉丁美洲的绊脚石。美国势难容忍拉丁美洲的各左倾政府的存在。由此看来，拉丁美洲的多个左翼政府相继陷入政治危机，甚至右翼势力卷土重来，虽说各有其内部原因，但时机配合之妙，很难说是纯粹的巧合。再看正当在大

---

① 如此低于开采成本的价格，不仅严重影响委内瑞拉、俄罗斯乃至沙特阿拉伯等主要石油输出国的收益，甚至对美国发展作物燃料和页岩气等计划造成压力。很难想象，如果没有美国的首肯，石油输出国组织怎能维持连本身的利益也受损害的低油价政策。

② "俄罗斯的石油产量和出口量位居世界第二位，仅次于沙特阿拉伯。2011—2013 年，俄罗斯每年石油产量为 5.11 亿—5.23 亿吨。……俄罗斯石油开采和石油加工企业的收入占俄罗斯全国税收和关税总收入的 1/4。此外，俄罗斯 1/3 的外汇收入也来自石油企业。世界石油价格的变化极大地影响俄罗斯国内生产总值的变化。石油价格与俄罗斯国内生产总值的关联性已经得到认真的研究：在 2003—2012 年的 10 年间，无论是俄罗斯以美元计算的名义国内生产总值，还是乌拉尔原油价格，都增长了近 4 倍。2009 年，石油平均价格下降 30% 也导致俄罗斯以美元计算的名义国内生产总值减少了 25%。总体来说，根据俄罗斯专家的估计，世界石油价格每降低 10 美元，就会使俄罗斯国家财政赤字增加国内生产总值的 1.4%。"资料来源：《论石油资源在俄罗斯经济发展中的作用》，人民网国际频道 2014-06-04。

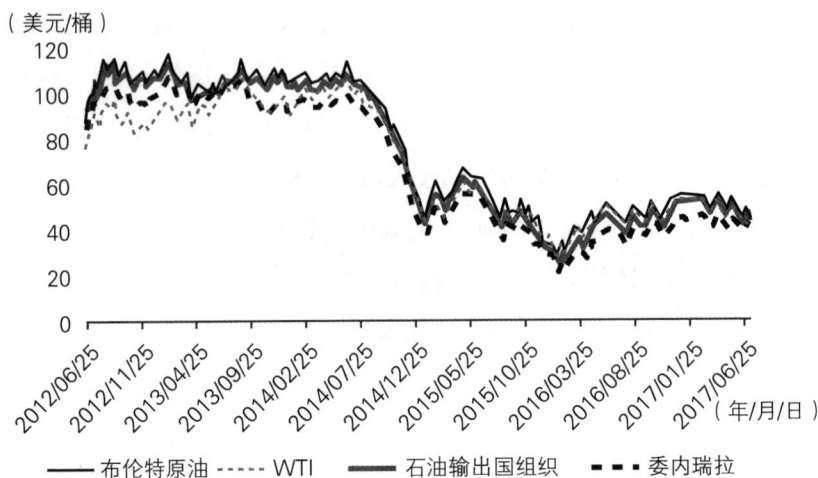

（美元/桶）

——布伦特原油 ----- WTI ——石油输出国组织 ▪▪▪ 委内瑞拉

来源：http://oilprice.com/Energy/Crude-Oil/Venezuelas-National-Oil-Company-On-Its-Last-Legs.html。

图6-15 原油价格（WTI、布伦特原油、石油输出国组织、委内瑞拉）的变动情况

指数

来源：https://seekingalpha.com/article/4079170-goldman-sachs-investing-venezuelan-sovereign-bonds。

图6-16 委内瑞拉主权债券指数（2010—2017年）

西洋的另一边，俄罗斯的普京政府被迫成为美欧的战略对立面之际，此时推倒油价，不啻是一石二鸟的策略。

当然，石油作为大宗原材料，影响其价格的波动因素很多，我们的研究中也注意到新能源及页岩油对石油市场供给结构变化的影

响，但在能源供求没有根本性地调整之前，这些因素不足以解释原油价格从 150 美元/桶左右的高位断崖式下跌到 36 美元/桶。除了上述地缘政治对做空石油价格的客观需要外，美元流动性增强也是原因之一，在全球货币整体贬值、避险预期增加时，美元指数一路上涨，客观上也造成以美元标示的石油价格的大幅下跌，这也是美国"竞劣思维"主导下对全球双重转嫁自身危机成本的方式。

八、美国能源独立策略与货币地缘战略调整

美国能推行低油价政策以打击对立的资源主权国，条件是前面分析过的战略性货币收缩及能源独立策略。此前美国炼油厂依赖从委内瑞拉进口的原油，包括产自奥星诺科（Orinoco）的油砂。油价暴增给美国页岩气革命创造了巨大利润空间，也使美国进口石油的需求下降。2007—2014 年，美国进口委内瑞拉的原油量下降了一半。连接加拿大的基石（Keystone）输油管计划同期施行，也使美国最终不再依赖委内瑞拉的石油资源。

九、新门罗主义

2013 年是《门罗宣言》发表 190 周年。美国国务卿克里 2013 年 11 月 18 日在华盛顿表示，门罗主义的时代已经终结，今天美洲国家间的关系建立在平等伙伴关系和共同责任基础上，美国不再致力于干预其他美洲国家事务。

众所周知，门罗主义是指美国以自由、民主等意识形态之名，把拉丁美洲视为自己的后院，主张美国为了维护自身的利益，有权在拉丁美洲进行政治及军事干预。在美国进行战略性调整的时刻，美国高调发表纪念门罗主义讲话，变相承认一直以来美国与美洲国家之间的非平等关系，美国为了自己的利益而长期干预其他美洲国

家的事务。此时指称门罗主义时代终结，可以反过来解读为美国新门罗主义的开始。①

新门罗主义的不同，在于减少赤裸裸的直接军事介入，而更多运用软实力（Soft Power）颠覆，利用高度意识形态化的民主、自由、人权旗帜，利用网络新媒体，动员中产阶级，尤其是受美式教育体系灌输思想、消费美式文化长大、无条件认同美国价值观的年轻人参与政治运动，推翻不亲美的政权。它的执行媒体，包括各种非政府组织、智库及基金会②。对此，正如国家民主基金会（National Endowment for Democracy）创立人艾伦·温斯坦（Allen Weinstein）所说：我们今天做的很多事情，正是25年前美国中央情报局所做的。

在美国一度热衷推动的TPP中，拉丁美洲是重要部分，美国时任国务卿克里提出所谓的"平等伙伴关系"，实际上是把拉丁美洲纳入以美国为核心的泛太平洋同盟伙伴。**我们必须在美国的新地缘部署中理解新门罗主义。**

在美国的战略分析上，现在有两个拉丁美洲：一边以古巴、委内瑞拉、玻利维亚为代表，强调国家控制资源及掌握国民经济；另一边以墨西哥、秘鲁、智利、哥伦比亚为代表，信奉所谓的新自由主义经济③，也就是一边强调资源主权，一边保护跨国企业及本国庄园式大资本的利益。（**在美国的二分战略分析里，巴西属于前一阵营。但实际上，巴西更多是中间立场。卢拉政府不过是利用资源收**

---

① 圣地亚哥·索萨：《新门罗主义》，2010-10-27，http://colombiareports.com/the-new-monroe-doctrine。

② 例如彼得森国际经济研究所（PIIE）、传统基金会（Heritage Foundation）、加图研究所（Cato Institute）等，它们通过发展中国家的智库及学术界深刻影响这些国家的政策制定。

③ 大卫·卢诺：《两个拉丁美洲：支持国家控制的集团和拥抱自由市场的集团之间的大陆鸿沟》，2019-09-10，http://www.wsj.com/news/articles/SB10001 4240527023033709045792963529514 3607。

益改善民生，但一直与美国保持较良好的政治及贸易关系，本国市场也一直对跨国资本开放，对委内瑞拉和古巴推动的玻利瓦尔美洲联盟不算抱有太大热情。）

对于分属于两个阵营的拉丁美洲，美国的战略很清楚：把目前亲资本/亲美的阵营顺势纳入 TPP，并且尽力推倒坚持经济主权的政府，最终把整个拉丁美洲纳入 TPP，确保未来整个太平洋地区及大西洋沿岸成为庞大的"美元湖"。这是关乎美国接下来 50 年乃至 100 年国运的大战略，也是新门罗主义的核心利益。

理解这一点，我们才可能明白美国与古巴外交破冰的战略用意。

封锁古巴半个世纪后，美国早已明白缺乏资源的古巴只能起到意识形态表率的作用，实际不能给美国带来多少威胁。真正的威胁来自蕴藏丰富石油资源、以石油收益支持古巴，进而组建拉美玻利瓦尔联盟的委内瑞拉。美国一边改善和古巴的关系，一边积极支持以各种手段颠覆委内瑞拉政府，最终达到完全瓦解任何独立于美国之外的拉丁美洲同盟的可能性。委内瑞拉的波利瓦尔主义政府及其发起的拉丁美洲左翼政治联盟，面对国内外敌对势力的挑战，恐怕前路将会很艰难。假如右翼重新上台执政，情况大概也如巴西一样，将会再走上出卖国家资源资产、让渡资源主权、大幅削减国民福利的旧路。

历史循环，拉丁美洲也许始终摆脱不了依附性的枷锁。

我们的研究总结了一条规律：任何具有一定地缘政治分量的国家只要收回或坚守本国的资源或货币主权，就难免触动跨国资本之利益，也势必受到跨国资本母国及本国利益集团的敌视。由此，后者就会以政治正确的意识形态之名，通过"亲核心国"及"亲资本"的主流媒体、学术及知识界，煽动群众（尤其是接受核心国知识生产所教育出来的年轻人）反对政府，并在适当时机配合核心国的经济及金融攻击，以图推翻坚持主权独立的政府，继而树立愿意让渡经济或资源主权来换得过剩资本流入的新政权。他们高举的旗帜是种种政治正确的"普世价值"（例如自由、民主等，即便其本身是在针对一个通过民主选举出来的民选政府），"人权高于主权"的普世价值表面好听，但其掩盖的实质性问题却是：关乎国家核心经济主权所代表的收益，应该是由本国人民分享，还是由跨国资本及本国代理集团瓜分？

正值委内瑞拉亟须借助玻利瓦尔革命的民众动员能力推进"本地化"之际，陡然遇到华尔街金融海啸之后美国采取量化宽松政策救市、大量过剩流动性推高能源价格的历史性机遇，遂有查韦斯得以坚持把政府财政投入下伸到贫民社区，扶持中小企业，逐步调整经济结构，增强国内农业及制造业生产能力，逐步减少对石油出口的依赖。只有这样，在面对国际经济波动及国内外的敌对势力时，方能有更稳健的基础。但随着美国 2014 年结束量化宽松政策和国内的能源战略调整，继承查韦斯政策的马杜罗总统无论主观上怎样努力，都难以克服客观上遭遇石油价格暴跌导致财政能力陡降、外债随之大幅度增加的困局，遂使国内的玻利瓦尔运动难以为继，拉丁美洲左翼联盟也没有财力维持。

据此可知，核心国成本转嫁导致的输入型危机演变为国内政治转折，是委内瑞拉及其他任何单一经济国家都应该汲取的沉痛教训。

须知，世界放弃黄金本位之后，任何不可能取得国际结算货币地位的发展中国家发行的主权货币就都只是"软通货"，遂使得各国都得主要以美元作为储备货币，并以此作为本国货币被市场接受的依据。但随着美元增发，并且向世界输出过剩流动性、转嫁虚拟资本泡沫化的代价，国际期货市场大起大落的影响，反而是那些非结算货币的发展中国家因"输入型通货膨胀"而致本币大幅度贬值。这些国家的中产阶级越是纷纷兑换美元，其国内金融资产贬值就越恶化！这已经不是左翼右翼的概念了！

这次的悲剧发生在委内瑞拉，下次可能发生在任何国家。

委内瑞拉的沉痛教训，尤其值得按照全面市场经济体制的理念推出"811 汇改"之后随即遭遇汇率大战的中国汲取。

第七章
南非：深度割裂的两极化社会

南非是典型的由白人殖民者建立的国家，被殖民者奴役的族群长期开展反抗压迫剥削的斗争，最终通过政治谈判（非暴力革命）取得了以非洲族群为主的政治主权。

但由于在国家独立过程中向原宗主国让渡了部分核心权益（主要是经济权益），因此在解除殖民统治后建立的是只有形式上独立的民主政权，实质上因缺乏完整的经济主权，资源开发收益仍然被宗主国的跨国公司占有。这导致了南非政府长期缺少财政来源，无法改善民众的生活。

对此，**借助我们提出的"主权外部性"理论，可以深刻解读南非现象**。

种族隔离结束后，新上台执政的非洲人国民大会（ANC）政府本应大量创造就业来改善底层有色人种的生活，但是，新政府20年来倾向新自由主义，其政策的设计既不是为了扩大就业率，也并非旨在促进偏向下层的收入分配，反而是导致财富被向上虹吸。究其原因，具有主权外部性特征的国家本来承袭的就是配合发达国家朝向金融资本主义阶段深化发展的意识形态，以及确保资本利益的制度设计。亦即，**西方成熟资本主义制度只是"西方的制度"；若被移植到大部分人口仍处于低收入水平的"前资本主义"国家，自然出现"制度错配"**。

曼德拉的妻子格拉萨·马谢尔（Graca Machel）指出："南非现在是一个充满愤怒的国家，危险的事态正濒临爆发边缘。"南非最底层40%的人口至今仍然只能分享经济总量的6%，种族隔离结束20年后，非洲人国民大会承诺的推动土地再分配至今进展缓慢，人们开始对他们自己选举出来的政府失去耐心。

2013年年底，南非第一位黑人总统曼德拉逝世，他获得了几乎所有西方国家的高度评价。这种包括前宗主国的众口一词的肯定，也许表明了另一种对西方更为有利的意义——**他带领国家沿着西方给定的道路在形式上结束了种族隔离，体现了西方给定的"普世价值"，但让渡了国家本应从殖民者及其跨国公司那里夺回的经济主权**。因此，跨国公司掌控资源资本化收益所内在的经济不平等仍然深刻地割裂南非社会，占人口大多数的有色人种表面上获得了被作秀拉票游戏表达的政治自由，实际上能够改善社会生活的经济自由仍遥不可及。

此外，资源丰富的南非的第一产业收益转化为金融投机的来源，还催生了巨大的金融及房地产泡沫，使南非经济对国际金融市场波动格外敏感，南非的经济以至社会正面临一连串问题的冲击。

一、货币汇率不稳

对于外向型经济，本国货币汇率的波动往往反映该国经济的稳定性。事实上，南非货币兰特自2010年以来呈持续贬值的势头，其贬值幅度在新兴国中较为显著。2013年5月，美联储确立结束量化宽松政策后，随着全球货币的币值震荡，南非兰特更是出现大幅度下挫。南非币值的贬值幅度在E7中仅次于委内瑞拉，乃主要新兴市场中最严重者之一。

二、经济增长呈下滑趋势

南非的经济增长持续下降，如图7-2所示。主要原因是近年国际

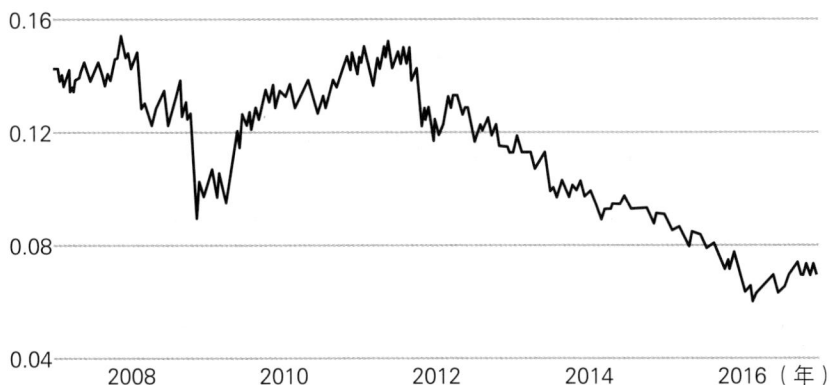

来源：currencyconverter.io。

图 7-1　南非兰特兑美元汇价

大宗商品价格下滑，这也说明南非还未发展出内生的经济增长动力。

南非蕴含丰富的铂、黄金、钻石等矿产资源。当这些资源的国际价格上涨时，南非依赖这些资源创收形成结构化的利益分配，势必排斥制造业的发展（由于缺乏投资及因商品出口蓬勃而币值过高影响竞争力）。目前，制造业人口比例只占 15.5%，采矿业也只占3%，就业机会严重不足，失业率高企。只要国际经济收缩，大宗商品价格下滑，南非经济便面临严重打击。

（%）

来源：全球经济指标数据网/南非统计局。

图 7-2　南非 GDP 年增长率（2003—2019 年）

数据表明,南非经济曾受 2008 年华尔街金融海啸重创,其后稍微恢复,但近年 GDP 增长率在低位徘徊,是 E7 中表现最差者。

(一) 经常账户和贸易差额长期赤字

南非长期录得贸易赤字,成为经济的一大隐忧,如图 7-3 所示。

（百万兰特）

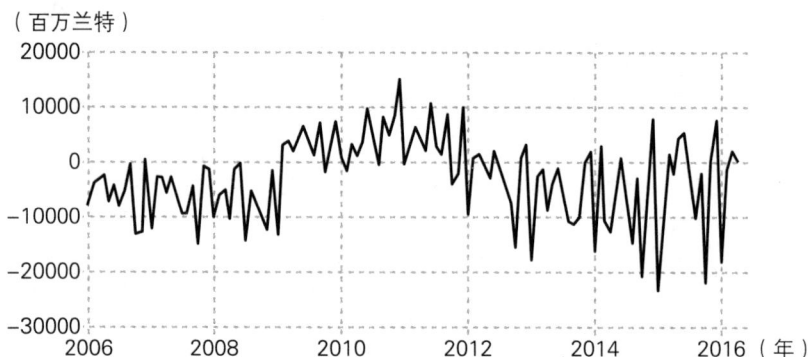

来源:全球经济指标数据网/南非国税局。

图 7-3　南非贸易差额

如图 7-4 所示,南非自 2003 年以来,经常账户一直是赤字状态,并且经济增长率越高,经常账户赤字越大。这充分说明了南非的经济增长一方面几乎完全依靠外资,另一方面本国经济占主体部分的资源和原材料出口几乎都被跨国资本所掌控,因此与中国这种经济增长率越高贸易盈余越高的国家完全不一样。

图 7-5 显示南非 2012 年的经常账户赤字占 GDP 比重在主要新兴经济体中高居第二,仅次于随后便爆发政治和军事危机的乌克兰。E7 中的土耳其、印度位列第三和第四。事实上,E7 中,除中国和委内瑞拉较长期录得贸易盈余外,其他五国都是长期赤字(印度尼西亚在某段时期曾较长时间录得盈余)。而近期,几乎只有中国继续保持盈余。而 E7 中,南非和土耳其更是持续多年录得财政与贸易双赤字的国家,经济基础最脆弱。

（百万兰特）

来源：全球经济指标数据网/南非储备银行。

图7-4 南非经常账户（2003—2019年）

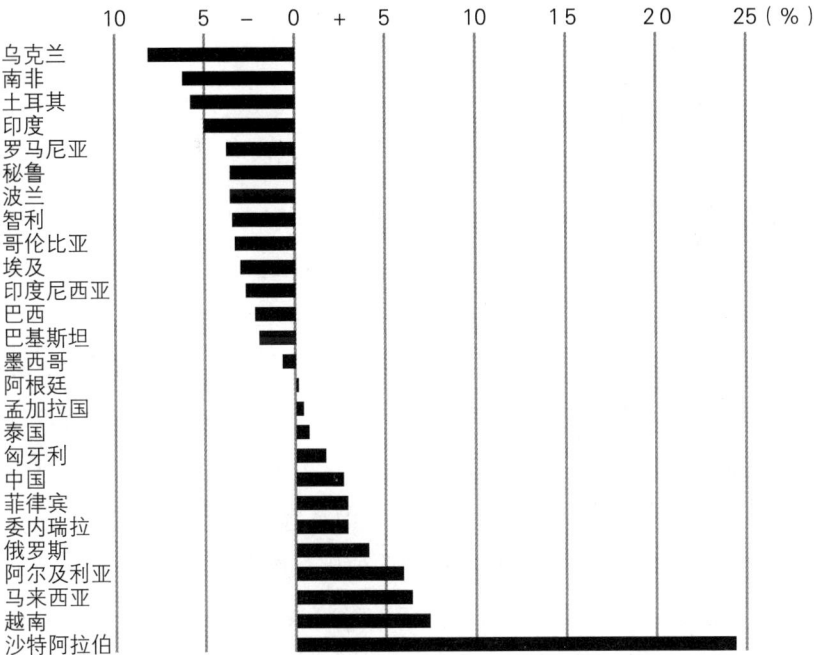

来源：《经济学人》。

图7-5 经常账户赤字（2012年占GDP比例）

图 7-6 清楚显示南非的经常账户长年赤字。在 2006—2015 年的
10 年中，有 6 年经常项目逆差对 GDP 的比值高于 5%；华尔街金融
海啸爆发的 2008 年最高，达到 7.2%。

（％）

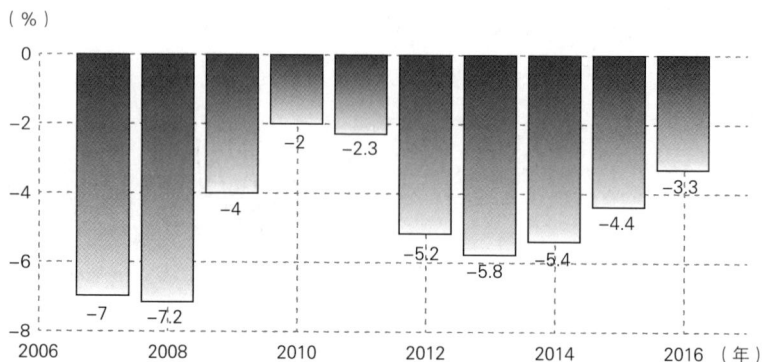

来源：全球经济指标数据网/南非储备银行。

图 7-6　南非经常账户赤字与 GDP 比值

（二）资金外流风险

图 7-7 是《经济学人》编制的新兴市场资本冻结指数，此指数
主要是量度资本停止流入某新兴市场的风险，分别以经常账户、信
贷增长及外债三方面评定某新兴市场的风险。最高风险指数为 20，
12 以上是高风险，7—12 是中等风险，0—6 是低风险。2013 年的评
测中，新兴七国中土耳其、南非、委内瑞拉和巴西都为高风险，印
度尼西亚及印度为中等风险，只有中国是低风险。2014 年指数改变
了量度值，300 是最高风险值。陷入严重危机的委内瑞拉超越土耳其
成为全球最高风险新兴市场，土耳其仍然属高风险，印度尼西亚风
险大增，南非相对下降，印度的风险值则首次低于中国。

南非依赖外国投资，但不稳定的经济及社会又令外国投资者担
心。南非一直存在资本外流风险。主要为国际金融资本服务的评级机
构也趁机落井下石，2014 年 11 月，穆迪将南非评等降至 Baa2，较垃
圾评等仅高一个级距；而惠誉给予南非的评级为 BBB，展望为负面。

新兴市场资本流入突然停止的风险指数，最大值=300

| 2012 | 2014 |

| 综合排名 | 经常账户余额 | 信贷增长 | 外债 | | 汇率 |

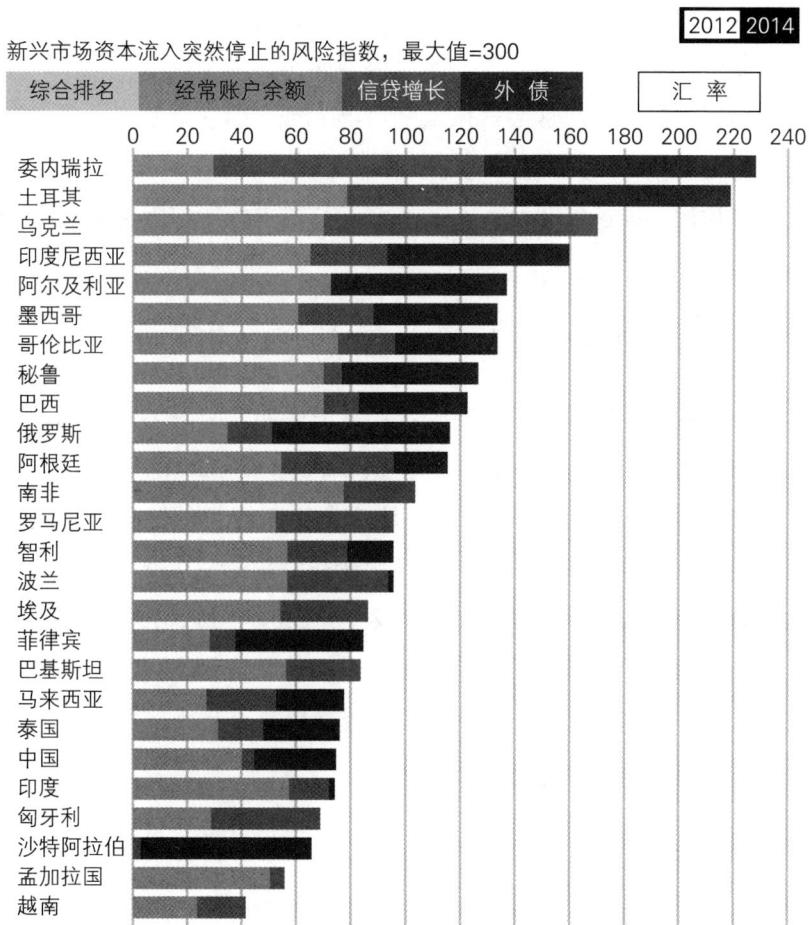

注：短期外债总额加上外债支付额占外汇储备和主权财富基金资产的百分比
来源：经济学家情报股，哈佛分析，国际货币基金组织，主权财富基金研究所，世界银行，《经济学人》。

图 7-7　《经济学人》的新兴市场资本冻结指数（2012、2014 年）

　　值得一提的是，国际金融机构评级的变化似乎总与南非国内政治的变化纠葛不断，**风险评级被工具化和政治化，操控评级也演变为政治或经济打击的具体手段**。例如，在 2016 年 11 月 28 日南非兰特兑美元周一升至近三周高位，此前评级机构惠誉和穆迪确认了该国投资级别的信贷评级，而评级机构的利多消息马上就与"南非总统祖马正面临执政党执行委员会的不信任投票"这一政治事件联系在一起。评级变化的原因是，即便祖马如预期赢得投票，但挑战会令祖马权力削弱，而这会提振金融市场人气，因为金融市场将南非总统祖马的存在视为不利因素。[①]

像信用评级这类制度，本来是由核心国主导的国际金融制度的软实力之一。

（三）外债持续上升

长期贸易赤字通常都会造成对外负债增加，如图7-8所示，南非外债自21世纪以来一直上升，从2000年的320亿美元增加到2008年的771亿美元，这可以说是一个快速增长的阶段。但随着2009年全球金融危机爆发、美国开启量化宽松的货币政策后，南非的外债随即进入一个急速增长的阶段，从2009年到2013年，短短4年外债总额几乎翻倍。接着，在美国退出量化宽松之后，南非外债在三四年中基本上保持不变，随着外资撤离甚至有所下降。但2016年之后又进入一个急速增长的阶段。

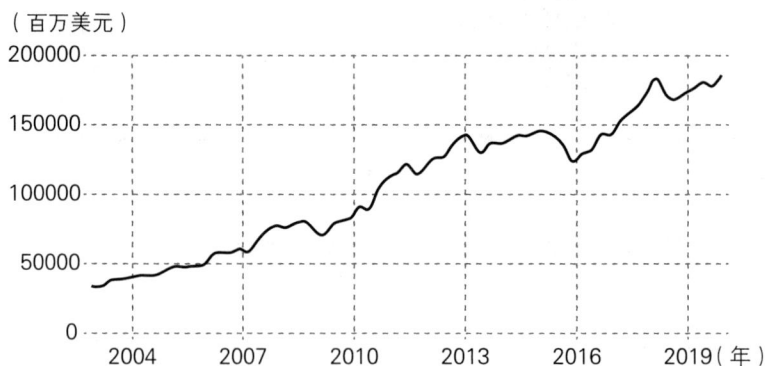

来源：全球经济指标数据网/南非储备银行。

图7-8　南非累积外债

① 《新兴货币南非兰特升至三周高位，惠誉和穆迪确认南非评级》，2019-09-29，http://money.163.com/16/1129/02/C7O05M00002580S6.html。

南非黑人在争取政治主权的谈判中，其中一项重要条件是黑人新政府承担在长年种族隔离下南非所借下的外债。

据国际法惯例，**当某国人民没有从政府所借的外债中实质获益时，这些债务便可视为恶债（Odious Debt），旧政权下台后的新政府本来没有义务要偿还旧债**，但非洲人国民大会政府为了维持外资的信心，承诺继续还债。在旧债未清却长期录得贸易赤字又高度依赖外资发展经济的情况下，南非的外债持续上升，埋下了债务危机的巨大隐患。

这是一个发展中国家的历史教训：通过谈判而非暴力革命建立的政权，往往要承接前政权的债务，并因此堕入"发展陷阱"，久久不能自拔。

三、失业及贫富悬殊持续

南非的最大问题是始终无法扭转国内贫富悬殊的顽疾，而且财富分配不均主要表现在种族的分野上。2013 年南非实质经济增长只有 1.9%，但官方公布的失业率达 25%，其中黑人人口失业率高达 30%。在某些地区，失业率更高达 60%，全国青年失业率接近 50%，农业部门的失业率也达 50%。

如图 7-9 所示，南非不仅是全球财富收入分配最不平等的社会之一，而且失业率长期偏高。正是社会财富分配的高度不平均和普通民众缺乏发展机会、长期陷于贫困，导致南非难以形成稳定的社会基础，长期暴露在经济和社会动荡的风险中，并不断地累积着风险因素。

南非官方公布失业率曾经在 2003 年达到历史高位后一直下降，但 2008 年核心国爆发金融危机后，南非经济条件恶化，失业率再度攀升，2017 年接近历史峰值，而实际失业情况可能比官方披露的更为严峻，如图 7-10 所示。

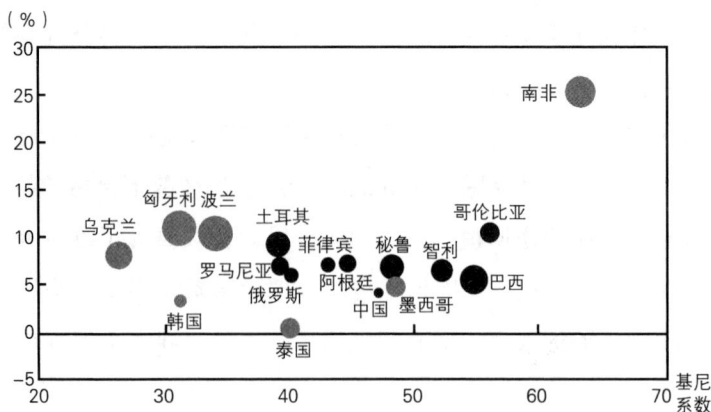

图 7-9 南非的高失业率和收入分配不平等

来源：全球经济指标数据网/南非统计局。

图 7-10 南非失业人数占劳动力之比

四、社会不安，种族阶级冲突，仇外排外情绪高涨

内部财富分配高度不平等，社会关系愈趋紧张，基层民众看不到生活改善的前景，其对社会的不满借由某些事件为导火线，经个别政客煽动，便以排外、仇外的暴力形式爆发出来。

事实上，南非排外的群众事件自 2008 年华尔街金融海啸引发全球危机以来一直不断出现。南非警方 2014 年 9 月公布的数据显示，2013—2014 年财政年度，南非共有 17000 多人被谋杀，平均每天有 47 人被谋杀。由于绝大多数的谋杀案件发生在晚上，所有城镇的店铺一到下午四五点钟就关门闭户，商业中心空无一人，如同鬼城，就连旅游胜地开普敦也不例外。[1]

2015年1月24日，南非警察总署发言人马克加里称："连日来在约翰内斯堡索韦托地区发生的针对外国人的暴力抢劫事件已经渐渐平息。不过，截至23日，已经有超过80家外国人开的商铺遭劫，至少有3人在暴力事件中死亡，另有162人被捕。"[2]

2015年3月底以来，德班、约堡等地陆续出现大规模以排外为名的暴力及抢劫事件，造成多人死亡。南非约800万祖鲁人的传统领袖兹维利迪尼和总统祖马之子爱德华相继发表排外言论，南非全国上下掀起"摧毁殖民者雕像"的风潮。

2016年5月24日和25日，自由州省的两个地区先后发生骚乱，一些黑人区的居民因对当地政府官员选举不满，用石块堵塞道路，并袭击、哄抢、洗劫了一些外籍商人经营的商店，还打伤部分外籍人士。受此波及，十余家华人店铺遭哄抢、洗劫、打砸。中国驻南非使领馆更是在6月1日发布安全提示，称南非多地发生暴力骚乱，提醒在南非的中国公民注意当地安全局势。[3]

南非出现去殖浪潮，说明**黑人群众意识到，尽管建立了一个形式上的黑人民主政权，但实质上南非的去殖化过程并没有完成。**

在南非贫民区再次出现类似昔日反种族隔离斗争的示威，说明黑人群众深刻感受到经过20年，即便是在黑人政府的统治下，经济层面的"种族隔离"也始终没有结束。

诚然，任何初步的政治觉醒虽然难能可贵，但其"政治化"过程很复杂，也很容易在西方中心主义的意识形态作用下被跨国公司

---

① 《南非华人遭遇劫杀和骚乱不断 南非是华人天堂还是地狱》，2019-10-09，http://gb.cri.cn/42071/2015/02/10/6891s4869908.htm。

② 《南非骚乱暴露社会问题》，《人民日报》2019-10-09。

③ 《南非多地发生暴力骚乱 中国驻南使领馆提醒注意安全》，2019-10-09，http://finance.ifeng.com/a/20160603/14454776_0.shtml。

支持的强势集团利用。事实上，南非近年出现的仇外情绪及排外暴力示威活动，并非南非的独有现象。我们不难发现类似的排外、仇外在世界各地，甚至在富裕的国家及城市中也会出现。这正是我们一直警惕世人要担心的全球法西斯化现象。

五、日益严重的劳资冲突

近年南非开始持续出现严重的矿产业劳资冲突，比如 2012 年 Marikana 矿场罢工导致 43 人死亡，政府更扬言考虑派遣武装"维和部队"进驻矿场。矿产业虽然只占南非经济产出的 6%，却占出口总值的 60%，也是全国最大的私营部门雇主，雇用超过 50 万名员工。矿场的数目从 2004 年的 993 座上升至 2011 年的 1600 座，总产值从 2004 年的 980 亿兰特升至 2012 年的 3700 亿兰特。但近年全球大宗商品价格的下降进一步打击了南非的矿产业。

2014 年 7 月 1 日，南非金属工人全国工会（NUMSA）约 22 万名成员在约翰内斯堡、开普敦和德班，高举着要求涨薪的标语游行。当月 14 日，在持续两周的罢工后，南非金属工人全国工会和钢铁与工程行业联合会（SEIFSA）进行谈判。在此前的罢工行动中，南非金属工人全国工会曾提出涨薪 15% 的要求。而此次罢工初始，其将条件降低至 12%，随后又降至 10%，附加每人 1000 兰特的住房补贴，以及废除劳动中介的要求。

工人要求加薪 12%，而企业开出的条件是加薪 7%—8%。工人们表示，若其要求得不到满足，将开始全面罢工，甚至"让国家陷入黑暗"。在罢工游行的工人中，有悬挂标语牌写着："Eskom（南非国家电力公司），我们希望得到应有的工资。我们夜以继日地工作，家徒四壁，而资本家们却享受着我们数百万人的劳动成果。"[1]

---

[1] 《南非超过 20 万工人罢工称要让国家"陷入黑暗"》，2019 - 10 - 09，http://world.people.com.cn/n/2014/0703/c1002-25236239.html。

南非劳工部数据显示，2014年南非共计发生88起罢工，造成61亿兰特经济损失，平均罢工时长为20天，占全部工作日损失的98.4%。罢工最多的行业是社区、社会和个人服务业，其次是制造业，最少的是金融业和电力行业。①。

2015年4月13日下午，在约堡东部的杰米斯顿，南非运输联合工会豪登省秘书恩考斯被人枪杀。在此之前，他已经收到过无数死亡威胁。事件显示南非的劳资冲突日趋严重。

2016年7月10日，据南非《每日商报》网站报道，南非第一国民银行高级行业经济师Muscat表示，南非罢工活动势头再起，矿工和建筑工人联盟协会（AMCU）再次提出铂业工人应保证有1.25万兰特基本月薪的要求，而南非金属工人联盟宣布和汽车零售组织（RMI）存在纠纷。②

六、ANC内部分裂，青年政治家激进化

由于ANC执政以来背离作为建党纲领的《自由宪章》，长年推行亲资本的新自由主义政策，黑人民众对其支持率下降，并引起党内年青一代成员的不满。

青年联盟前任主席马勒马（Julius Malema）因为激进的政治言论于2012年被ANC开除党籍。其后他创立经济自由斗士党（Economic Freedom Fighters，EFF），吸纳了ANC的一批年轻及较激进的成员，包括现任国会议员。**他们主张不谈判、直接剥夺白人土地和矿业国有化，征用这些资产的时候也不需要拿出赔偿；他们同时强烈反对外国人拥有南非土地的所有权**。马勒马在一次集会活动时演

① 《2014年南非罢工造成61亿兰特经济损失》，2019-10-09，http://www.mofcom.gov.cn/article/i/jyjl/k/201509/20150901117355.shtml。
② 《南非罢工活动势头再起》，驻南非使馆经商处，2019-10-09，http://www.mofcom.gov.cn/article/i/jshz/rlzykf/201607/20160701357763.shtml。

说："我们会接管政府。一旦我们接管了政府，我们要做的事情不是谈判，而是夺回土地，因为那些土地本来就是我们的。"马勒马还提醒南非人，随着他们的"革命运动"，不可避免地会有牺牲："或许有天早晨醒来，你会发现自己的炉子上没有面包了，那时我们就要学会自己做面包。"①

七、土地改革步履蹒跚

南非政府无法创造大量就业改善底层民众的生活，土地改革便成为敏感而迫切的政治议题。

2013年是《土著土地法》（Native Lands Act）颁布100周年纪念，该法案标志南非种族隔离的开端，法案明文禁止黑人在所谓的保留区以外建立新的农场。②在该法案的基础上，再加上日后一系列附加修订，南非白人政权奠定其种族隔离政策。不平等的法案，使占南非人口近70%的黑人只能拥有全国7%的耕地，而且一般是较贫瘠、耕作条件差的土地。黑人的传统农场被摧毁，黑人被迫迁移至拥挤的隔离区，只能成为矿场及白人农场的劳工。1960—1980年，被迫迁徙的人口达350万。

1994年，刚接管政权的ANC答允会把白人所拥有的30%耕地转移给黑人农民。但种族隔离结束20年以来，土地改革步伐缓慢。全国最肥沃的土地仍然主要集中在以白人为主的少数人手上。种族隔离政策结束后两年，即1996年的统计显示：6万个白人农场主拥有

---

① 2013年7月13日该政党在约翰内斯堡南部塞博肯举行集会活动。2015年4月12日EFF开始在Ballito组织土地占据活动，同时搭建建筑。4月13日，他们在该处发放入党申请表格，同时向成员"分配"土地。其后警察驱赶，据报一名女子在逃跑过程中被车撞死，另外两名男子也被撞成重伤。（来源：南非侨网2015-04-14）

② 克劳斯·戴宁格:《推进谈判的土地改革奏效：哥伦比亚、巴西和南非的初步经验》,《世界发展》, 第27卷（1999）, 第651-672页。

全国近 70% 的农地，并租用另外的 19%。[①]

图 7-11 清晰表明，南非的土地大部分集中在白人农场主手上，与前面讨论的巴西一样，属于前殖民地立国的典型土地经济结构。

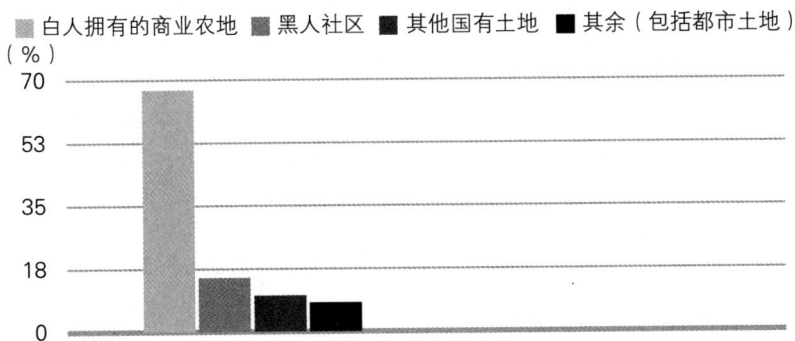

■ 白人拥有的商业农地 ■ 黑人社区 ■ 其他国有土地 ■ 其余（包括都市土地）

来源：http://qz.com/358625/south-africas-proposals-on-land-reform-suggest-a-push-to-sow-votes/。

图 7-11 南非土地分布

至 2013 年，政府从白人手上收购了 412 万公顷的土地（耗资 129 亿兰特，即 14 亿美元），并分配给 230886 名黑人农夫，但黑人获得的往往并非优质土地，而且缺乏政策配套支持。2010 年，政府的调查指出，90% 的分配土地已不再具有生产力。

2013 年的一项调查显示：45% 的被访黑人希望获得土地，其中 33% 期望获得土地以种植粮食。[②] 土地改革成为左右南非社会稳定性及发展的一项重要因素。"自 1991 年以来，有 1500 多白人农场主被杀。在一些地方，由于土地问题引发的冲突已经演变为低烈度游击战。农场主们雇用安全人员，在农场周围挖壕沟，以抵挡农民的攻击。在这种情况下，一些地区的农场主纷纷前往非洲其他国家进行耕种。"[③]

---

① http://www.africaresearchinstitute.org/publications/briefing-notes/waiting-for-the-green-revolution-land-reform-in-south-africa.

② HYPERLINK，"http://www.new-ag.info/en/news/newsitem.php?a=2961" http://www.new-ag.info/en/news/newsitem.php?a=2961.

③ 常伟：《南非农地制度改革前景展望》，《世界农业》2010 年第 9 期。

面对党内外加速土地改革的强大呼声，执政党提出更积极的土地再分配政策计划。

2015 年 2 月 14 日，总统祖马在国会上表达了期望土地改革的意愿，表示会限制农场主占有土地的面积，并限制外国人拥有土地。他说："土地成为纠正昔日种种不公正的其中一项最关键因素。"

2015 年 5 月 8 日，南非土改部长恩昆迪在国会发表预算报告时，公布了南非关于土地改革政策的一些详细信息。他表示，小型农场主允许占有 1000 公顷土地，中型农场主 2500 公顷，大型农场主最多也只能占有 5000 公顷。12000 公顷的土地占用量上限仅仅适用于"特殊类别"，包括林业、狩猎农场、可再生能源农场等。恩昆迪表示，多余的土地将会被政府按照"宪法规定的公正价格"征用并再分配。

然而，代表大农场主利益的自由前线政党表示，南非土改部长的"工作目标"，已经远远超出了之前南非政府计划的、征用 30% 农业土地的目标。仅仅是 12000 公顷的上限，已经足以吓跑很多投资者；现在更加苛刻的政策，其效果更有可能是毁灭性的。

南非政府能否顶住农场主利益及主流意识形态的强大反动压力，加速推动真正惠及基层民众的土地改革，为撕裂的南非社会打造稳态社会结构的基础条件，将决定南非社会是否会因为基层黑人民众日益不满而日趋动荡。

南非的案例显示发展政治经济学的一个重要历史现象：在缺少"革命红利"的土地分配条件下，依靠政治谈判让渡了经济及资源主权而被承认的国家，很难建立稳态的社会基础。

南非的经验显示：第一次非暴力革命无法建立一个主权完整的国家，又或者第一次革命的成果被利益集团侵蚀后，基层民众终于忍无可忍之时，便会奋起走上第二次革命之路。

南非的演变，对于片面亲资本、破坏稳态社会基础的各发展中民族国家政府，具有重要的历史启示。

结　语

新兴国家未"新"何"兴"？

上述新兴七国（E7）比较研究中的理论创新主要是两个论点：第一是"成本转嫁论"，第二是"二元结构承载危机软着陆"的作用。后者接续并对应前者：**能够让转嫁而来的输入型危机得以软着陆的载体，并非麇集于城市的现代化的正规经济部门，而是二元结构体制条件下的非正规部门。**

一、成本转嫁三阶段

总结过去500多年的资本主义发展，其成本转嫁机制一直在演变，可大致归纳为三个阶段：第一阶段是"二战"前400多年列强通过侵略、殖民等方式直接对外掠夺；第二阶段是"二战"后先发国通过产业转移获得发展中国家的低廉劳动力及资源，并转嫁成本（生态环境破坏、社会矛盾等）；第三阶段是1971年后核心国向金融资本主义进一步深化发展，借由大量增加货币供应向全球输出流动性，从中获取巨利，却同时散播危机。

现在作为深化成本转嫁的第三阶段的资本主义最新调整，是在金融资本核心区形成货币联盟，通过打造排他性的"新冷战"背景的贸易同盟，延续其在国际贸易体系中的结构性优势，而被排拒在外的边缘化国家则预期将要继续进一步承受成本转嫁造成的社会混乱和输入型危机对资源环境的破坏。

二、核心国霸权加剧成本转嫁

1991 年"旧冷战"结束，诞生了单极化霸权，20 多年后的 2015 年形成了两个体现霸权的国际体系：一是"六方货币同盟"这种币缘战略产物（参阅附录《专题 2　新核心同盟之一：核心区构建六方货币同盟》），**二是保障"治外法权"的后殖民化体系**。从其内生性的排他性及延续"二战"后地缘政治同盟关系来看，二者都属于资本主义升级为金融资本阶段借尸还魂的"新冷战"制度体系；并且与被核心国称为软实力的"新冷战"意识形态紧密配合，**更多通过教育、科研、文化、艺术等被认为西方优越的"巧实力"进入发展中国家，以实现"不战而屈人之兵"的战略利益。**

总之，"二战"之后形成双寡头分割世界的对抗性地缘政治及其冷战意识形态不仅没有随着"旧冷战"结束而死亡，反而在核心国家"单极化"霸权的主导下，旋即进入"新冷战"时代。金融资本主义虽然遭遇全球危机，但凭借霸权加剧向贫困人群和资源环境转嫁成本！在这种金融资本推进全球化的条件下，西方中心主义得到了自我复兴的机会。

新兴国家艰苦奋斗多少年，争取凭自身的努力走出危机，业已付出了沉重的代价，满以为累积了足够的筹码，可以在不试图改变全球不利于发展中国家的游戏规则的条件下，逐渐增加有利于自身利益的制度谈判权和话语构建权。

但是，"树欲静而风不止"。

如今看来，E7 中的大部分国家已经遭遇失败，剩下勉力支撑的是合计占全球人口总数约 40%的中国和印度。

作为最大经济体的中国，尽管之前曾经一再公开地表示：承认美国引领世界的地位，不挑战美国主导的国际秩序。但无论怎样"示好"，也如同"待宰肥羊"遭遇磨刀霍霍，不得不被动应对西方金融资本集团单方面改变秩序和强化其金融霸权制度的动作。

眼前的现实，是先进金融资本主义核心国主导的美元集团，单方面建构新币缘战略及意识形态体系的全球"新冷战"格局。E7 大部分已经被打回原形，发展中国家将来的道路，只能荆棘满途。2017 年 1 月 20 日，美国总统特朗普上台执政，其颠覆式的政策之一就是退出前任总统勉力推行的 TPP。这一决定在已经纳入 TPP 创始意向成员的国家中引起更多不确定性。作为美国地缘战略布局中的关键一招，TPP 的存在意义不言自明，但从特朗普新政的颠覆意义看，美国似乎已不能从中获得更多。因此，实质性地表达"反全球化"意图的"美国优先"战略的调整，势必有新的转嫁自身危机和代价的做法。2018 年，美国发起对华贸易战、科技战，以及一系列强化制裁措施，给实体经济和资源主权国家带来的伤害更大。对此，我们已经开展了 20 多年的国际比较研究仍会持续跟进。

三、二元结构的辩证关系

E7 国别研究表明，**边缘国家越是高度城市化，危机烈度越强，后果越严重！** 反之，包括乡土社会在内的非正规部门占比越高，这种输入型危机软着陆的可能性越大。

这个结论的经验依据，来自此前对中国周期性危机的经验教训分析，[①] 也来自我们这次对 E7 比较研究中对亚洲和拉丁美洲的国别比较。例如：**中国和印度都属于亚洲原住民大陆的城乡二元结构体制，乡村社会非正规就业占比较高，在应对成本转嫁带来的输入型危机中相对稳定；** 而巴西和委内瑞拉都属于拉丁美洲殖民化条件下实现了高度城市化的一元体制（委内瑞拉更是单一经济叠加高度城市化），也都在成本转嫁的规律作用下出现经济衰变、政治颠覆。

---

① 参阅温铁军等著：《八次危机：中国的真实经验（1949—2009）》，东方出版社 2013 年版。

尤为可贵的是，中国在产业资本经济高速增长的 2005 年推出了"社会主义新农村建设"国家投资计划，随即在 2007 年美国爆发次贷危机的时候提出"生态文明指导思想"。在 2013 年核心国推出量化宽松组建六国货币同盟的同一年，中国进一步推出"生态文明"战略转型；然后是 2017 年当新兴国家相继进入严重危机和经济衰退之际，中国确立了"乡村振兴"的战略投资方向，并且在 2019 年遭遇特朗普政权"去中国化"的压力下，明确指出"乡村振兴是应对全球化挑战的压舱石"。从 2005 年提出"新农村建设"战略算起，中国已经向广大农村地区投入大约 2 万亿美元，主要用于乡村基本建设和农民的社会福利，以及教育、医疗、扶贫等减少两极分化的公共开支。

显然，这与发展中国家现代化主流所强调的加快城市化，同时消灭传统部门的激进战略思想确实不一致，但是对拉丁美洲高度城市化无力承载危机代价而发生"国家失败"教训的反思之后的方向性调整。

四、新兴国家的新出路

新兴国家尚未"新"，何以"兴"？！

与其尝试在核心国主宰的霸权体系内进行小修小补，期待游戏规则会因此对新兴及发展中国家变得更公平，还不如更清醒地做出新的选择！也许是到了该真正对核心国"去依附"，即摆脱附庸关系的关键时刻了！

所谓"新"，就要在核心国霸权的压迫之下，靠制度创新来实现对"新币缘战略同盟"的去依附，这就要求区域合作板块中的国家捐弃前嫌、求同存异，缔结不同规模的地区性货币及贸易联盟，努力打造能够有效弱化输入型危机的地缘战略纵深。

自 1955 年万隆会议倡议不结盟运动以来，发展中国家在全球局势中一直处于守势，只能在先发国家所塑造的秩序与失序中被动应对，甚至挣扎求存。这个情况直至近年新兴国家推出金砖银行、亚投行（AIIB）等倡议才出现局势转变的可能（参阅附录《专题9"一带一路"与亚投行的布局与挑战》）。这些倡议的历史意义在于，新兴国家尝试走出美欧所主导的国际货币金融霸权体系，另立更有利于后发国家可持续发展、平等互惠的全球金融贸易新格局。

再如，中国的"一带一路"倡议应该主动与土耳其的能源通道战略有机整合，两国地处亚洲大陆东西两端，发展的历程有相似性，亟须开展战略对话；并且要尤其警惕核心国的软实力攻讦和巧实力运作。

可借鉴的教训是E7中的拉丁美洲案例。本来，委内瑞拉与巴西在外贸形势良好之时，早就应该联合构建南美各国以资源主权为信用之锚的区域货币体系，只可惜兄弟阋墙，功败垂成……

我们期望达到的"新兴"，是形成一个真正体现发展中国家多元化特征、较平等的全球体系。

诚然，任何新兴国家若敢于单独这样做，那就意味着改变而不是顺从西方竭尽全力强化了的、以军事霸权支撑其制度权和话语权的国际秩序，就都必然地会引发更为严峻的外部打压，如地缘战略上的围堵和遏制。同时，国内外也必然会出现各种以冠冕堂皇的普世价值为名的软实力进攻，各种花色革命的巧实力的运作……

但是，更为值得关注的是2018年以来，核心国为实现所谓的美国优先而公然强化其单极霸权地位，不仅主动发起去全球化，而且借2020年新冠肺炎疫情的世界性暴发破坏了全球供应链之机，强行推进以"新冷战"地缘政治画线的产业重构。这个前所未有的剧变使所谓的"新兴国家"概念随之解构：中国在西方体制外一直被作为边缘国家，进而被美国列为头号敌人，不得不应对以"贸易战"为名的"硬脱钩"；巴西作为与美国战略性结盟的南美第一大国，被纳入金融资本阶段半核心圈，加入了美国在2020年3月主导建立的

1+9货币互换机制;① 土耳其、南非、印度、印度尼西亚等国因在地缘战略重构中都有不可忽视的重要性，而将处于半边缘地位。历史巨变之中的新兴国家若在被迫选边站之际，不能深刻理解自身所处的"资本主义不同历史阶段"的定位，不清醒掌握自身在全球金融体系中的位置，便将难以避免被宰制之恶果。

此刻，哈姆雷特的名言在耳边响起：生存还是死亡，这是一个问题。

---

① 美联储宣布与外国央行设立临时回购协议安排。这里需要补充说明的是，早在2013年，美联储、欧盟、日本、英国、瑞士和加拿大六方央行达成了长期性货币互换协定，形成了核心圈金融联盟。此次唯独将E7中的巴西纳入，达成央行临时货币互换协议，即相当于将巴西纳入半核心圈金融联盟，必要时施以金融援手。

附　录

E7研究的宏观背景

按　语

我们对新兴七国（E7）的国别比较研究起始于 2011 年。

这一年，全球危机正在深化，西方出现深陷债务危机的"欧猪五国"；接着，发展中的实体经济国家与资源经济国家均开始遭遇经济下滑、资本外流。中国也在"第二次生产过剩"引起的实体经济向金融化经济的转型和配套制度的演变过程中，发生了非同寻常的体制变革……数年间，国际风云复杂变幻。在 E7 中，最极端的情况是"国家失败"——美联储加息带动油价暴跌，使不能摆脱殖民化单一经济的出口依赖型国家的财政和金融这两个最重要的宏观调控手段崩溃，从而使社会陷入混乱无序状态。

为了更清楚地揭示背景，搞清楚国际形势变化及各国应对过程背后隐含的核心国家向次边缘/边缘地区或国家进行"双重转嫁"的单极霸权战略实质，我们将正文中因篇幅所限未及展开的重要问题汇集成 10 个专题，作为深入了解本研究视角的补充。这些专题分析主要写于 2011—2017 年。近年来，全球局势风起云涌、瞬息万变，以下某些内容可能失去了时效性，但其分析框架还是有一定的参考价值，故不予删改，立此存照。

专题 1
2007年次贷危机以来美国的阶段性战略调整

自 2008 年华尔街金融海啸爆发以后，美国为了纾解国内的结构性危机，实行了三轮量化宽松措施，制造了大量流动性进入投机市场，引发了国际主要商品（石油、粮食、有色金属及煤铁等）价格大幅上涨。其客观结果是，把源于发达国家的金融危机通过国际金融货币制度体系转嫁给发展中国家。

具体来说，量化宽松的主要效用是解决金融机构的不良资产处置与降低资本成本，缓解流通中的资金紧张，避免更深层次的金融系统性危机爆发。但美联储增加的巨额流动性并未形成大量有效信贷进入实体经济，对实体经济作用有限。[①] 实际上，增发的美元更多进入粮食、能源和原材料市场，造成价格陡然上升，一方面向"大进大出"的实体经济国家，尤其是向未能改出单一经济的殖民化国家转嫁通货膨胀；另一方面，美国 2008 年以来推高能源价格，使价格上涨了 3 倍以上，恰好给美国页岩气留下了利润空间。而页岩气的大规模开发在 2015 年达到了自给自足，为替代进口的海外能源创造了条件，降低了美国的工业成本，促进了美国实体经济的复苏。

---

① 参阅黄胤英、王锦华:《从货币政策传导机制看美联储量化宽松对美国经济的复苏效应》,《经济学动态》2012（11）。

进而，美国又在 2014 年退出量化宽松政策、能源价格大幅度下降之际，重创了俄罗斯、委内瑞拉、伊朗等地缘战略对手；更为美元与石油"脱锚"、把中东乱局甩给思想陈旧的老欧洲、一劳永逸地打败欧元奠定了基本条件。

这种借用自身流动性过剩导致油价大起大落实现"一石三鸟"的重大战略调整，表明美国确实是金融资本阶段不容挑战的主导国家，其在金融资本与政治强权紧密结合的体制下的制度与话语创新能力，以及战略调整的自主条件，是维护其全球单极霸权地位的内生力量。

反观大多数发展中国家，连产业资本阶段都还没有条件进入，却在美国的软实力控制下，急于加入跨国资本集团要求以"去国家化"为核心内容的 TPP。正如中国民间一句俗话所说：被人卖了还帮人数钱……

要在上述风云变幻中准确把脉当前世界的发展局势，首先需要做些正本清源的工作，理解当代全球化的实质乃是"二战"后西方霸权国家美国向金融资本阶段跃升并获取收益，带动全球跟从发生变迁的过程。

一、当代全球化是全球被动卷入美国向金融资本跃升的阶段性过程

核心国家的金融深化，是当前资本主义历史发展的主要趋势，而金融深化又是货币供应膨胀的必然结果。自 1971 年美元与黄金"脱钩"，全球迈入美元流动性急剧增长的时代。20 世纪 70 年代以来，美国运用各种地缘影响力，使石油输出国组织规定石油贸易以美元交易结算，美元变相从金本位转为准石油本位，接着便发生中东战争和石油危机，原油价格急升。任何国家需要石油，便需要美元。而本身蕴藏丰富石油资源的美国，也同时限制国内石油开采及石油出口，继而主要从中东地区大量进口石油。

今天回看，很难判断这一连串事件究竟是偶然，还是美国精心

计划的紧凑地缘战略部署。但客观上，环环相扣的一连串事件效果是，美元供应急速膨胀，向全球大量输出流动性。

如图 1.1 所示，自美元脱离金本位后，美元供应一直呈指数式膨胀，而且增长的指数级不断加快。

（10亿美元）

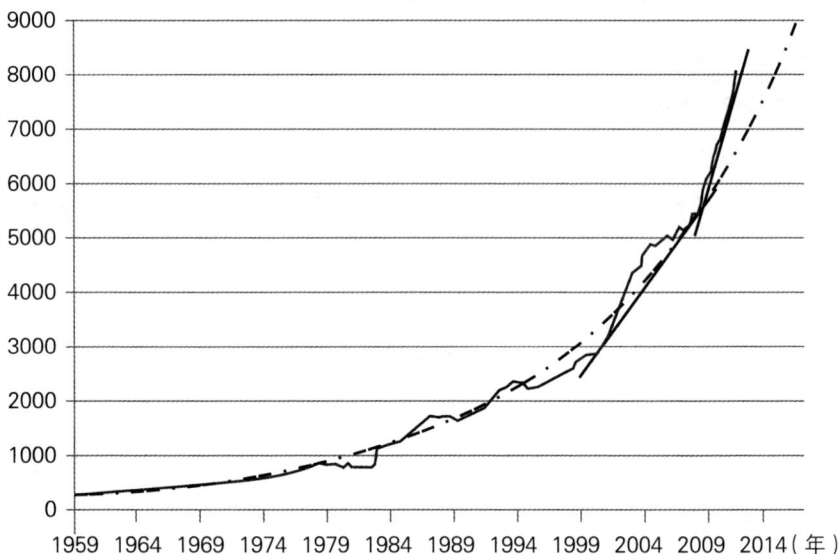

来源：http://www.todaysbetterman.com。

图 1.1 美元历年真实货币供应

美元流动性泛滥全球，使世界自布雷顿森林体系解体后再次进入迄今长达 40 余年的金融不稳定年代。经济及金融基础不稳定的发展中国家，尤其需要外汇储备作为本国货币秩序的最后保障，而世界的主要储备货币自然是美元——这不仅仅是因为美国一直占全球贸易总量的大份额，且美国是政治稳定的发达国家令各国对美元有信心（在非金本位下，货币的价值基础主要依靠主权国国力背书），最重要的是因为美国是全球第一大军事强权，也是唯一有能力控制全球贸易主要航运通道的海权大国，是过去数十年全球贸易秩序的主要维系者；因此，全球进入货币自由浮动年代后，各国对外汇储

336

备的需求并未如当时某些主流经济学理论家所预测的那样下降，反而急速增加。

　　当然，自布雷顿体系建立以来，作为全球资本主义核心国中核心之美国一直是为了自身的利益才维持全球贸易秩序，并且根据自身的发展需要而不断塑造和改变这个体系。核心和边缘，当然是不平等的关系，不仅是起跑点不一样，即使表面话语上是"平等竞争"，但两边的游戏规则和条件也存在巨大差异。

　　比如，按照一般经济自由主义的话语来表述，人们最普遍接受的一个观点就是：自 20 世纪 90 年代中期起，全球化进程开始加剧，尤其是中国这个劳动力大国全面出口导向日益融入全球化，其显著特征是美国（尤其是对中国）的贸易赤字急速上升，美国出现局部的"去第二产业化"的情况，第二产业在总产出中的占比加速下降。这个判断"有图有真相"（图 1.2 和图 1.3），故被视为一个客观的经验归纳，被中美两国的学者广泛使用。两国在同一现象的解释上各取所需：中国学者用来力证"加入全球化"的好处，美国也有一些政客以此大做文章，称美国是全球化自由贸易的受害者。

　　但这其实不过是美国内部进行产业升级、经济结构转型、加速金融深化的过程的产物。美国实际的情况是：1996—2010 年美国累计产生 6.98 万亿美元经常账户逆差，占全球逆差的 60%，但同期其对外净债务却只增长了 2.3 万亿美元，亦即在表面严重失衡的贸易赤字下，美国通过金融效应获得的收益高达 4.68 万亿美元，其中大部分为 2001—2007 年获得，为 3.86 万亿美元，占同期美国 GDP 总额的 4%。这被国际学界称为"暗物质"的国家间财富关系，其实在本质意义上表征了在当今国际经济金融体系里不同国家的不对称地位。这是新兴市场十年繁荣、表面贸易失衡背后的真正失衡。[①]

---

　　① 参阅徐以升、许元荣著：《大分化：全球经济金融新格局》，中国经济出版社 2014 年版，第 6 页。

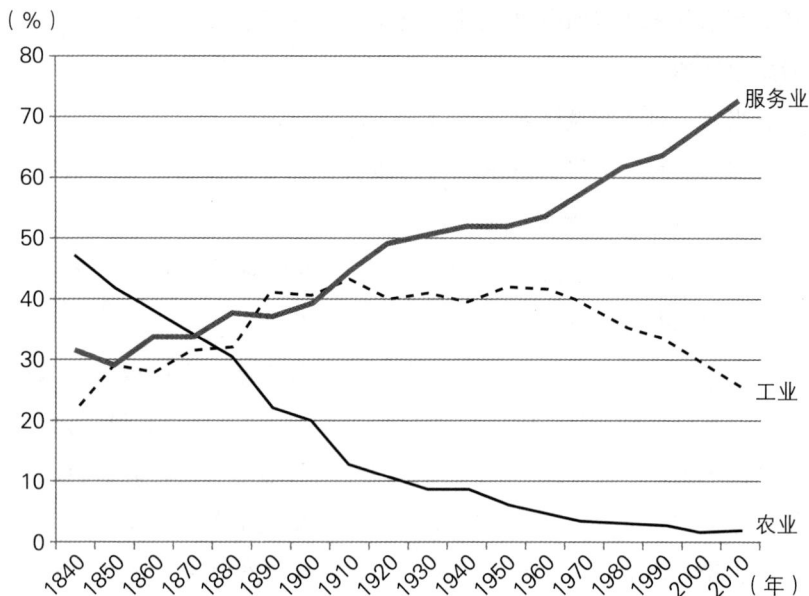

（%）

来源：https://www.minnpost.com/macro-micro-minnesota/2012/02/history-lessons-understanding-decline-manufacturing。

图1.2　美国历年不同部门产出值占总比

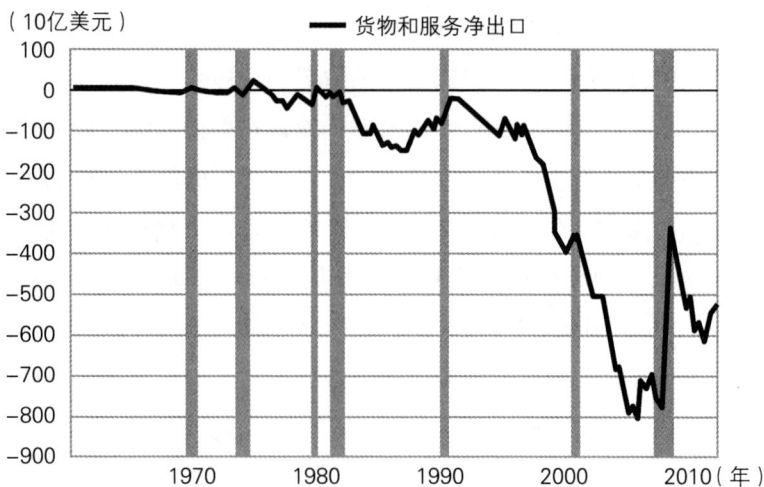

来源：美联储经济数据。

图1.3　美国商品及服务净出口额

可以说，这4.68万亿美元差额的收益，就是美国1996—2010年对全球征收的铸币税（seignorage）。更何况，美国对于那2.3万亿美元债务的履行义务有多少约束性，以什么方式来履行，都还是未知的问题。退一步讲，也不过是印更多的美钞来支付利息而已。没有一个国家有能力要求美国让渡重要资产权益来偿还债务，不像新自由主义华盛顿共识所强调债权国对债务国的绝对主宰权那样。

如果考虑美国是地球上唯一可以靠印钞票进行国际贸易的国家，那么可以断言，1996—2010年累计6.98万亿美元的经常账户逆差，全是美国对全球征收的实际铸币税。

因为，过去数十年的全球化，实质上是金融资本主导下的成本转嫁与成本承担二者互相紧扣的双重过程。一边是发达国家的核心国及其跟从国朝金融深化发展，向全球输出流动性。这些发达国家之间又有优劣之别：日本曾经一度有挑战美国霸权的鸿鹄之志，但金融泡沫爆破后在漫长停滞中挣扎，已经全面附庸于美国的太平洋战略；欧洲曾被美国战略性打压，正在艰难处理内部矛盾，面临各种危机；而作为核心国的美国，凭借其军事强权支撑货币霸权之优势，始终是最近四十多年来金融资本主义发展的先锋。另一边，在全球流动性膨胀的条件下，某些后发国家借着生产要素低廉或资源丰富的便利，在付出了重大的社会及生态代价的条件下，参与全球化贸易，经济规模得以发展起来，被泛称为"新兴国家"。

在这样的全球格局中，美国之所以能够依赖债务（维持高杠杆比）来扩充其经济及政治军事强权，其基本条件仍然是以E7为代表的发展中国家纳入全球化体系，积累巨额美元储备向美国贡献铸币税，以及贸易盈余回流美国，并且只能用于购买回报率较低的美债。而为了维持实体经济国家贸易盈余、资本持续流入美国资本市场，美国必须维护美元作为世界主要结算和储备货币的地位。（见图1.4）

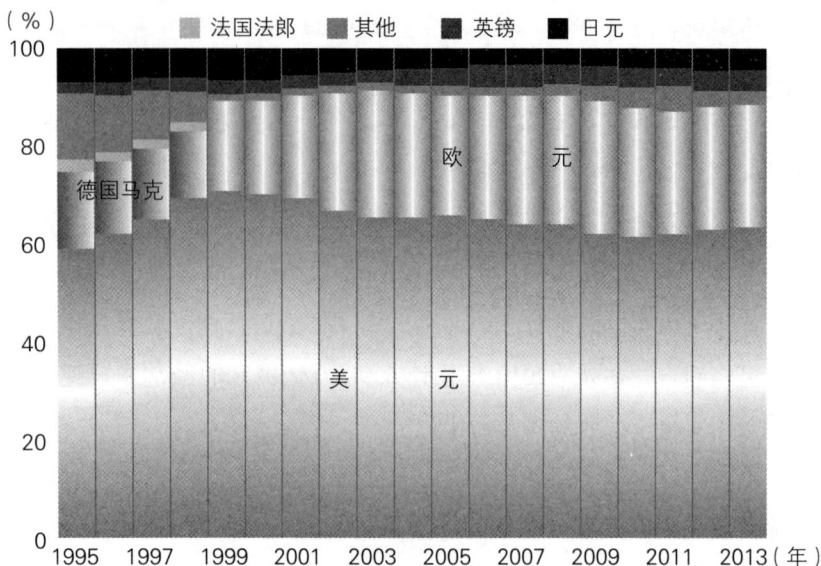

来源：http://en.wikipedia.org/wiki/Reserve_ currency。

图 1.4 世界储备货币占比及其变化

须知，同样 1 美元，发展中国家和美国投资人能获得的收益差异巨大。从图 1.5 的数据看，如果在 19 世纪初持有 1 美元，200 多年之后会丢掉 95% 的价值。即使持有美债，200 年后的收益也只有 1500 多美元。亦即，任何国家大量持有美元、美债都没有获得利润的可能。而美国投资人主要是在股票市场获得巨大收益的。19 世纪初的 1 美元股票，除掉通货膨胀因素之后在 200 年里升值近 100 万倍，今天的价值是 93 万多美元。表面看，这是通货膨胀和市场经济条件下资源配置的作用，实际上这与美联储的制度建构权直接相关。①

由此可知，以实体经济为主的国家与美国所谓"战略合作伙伴关系"的实质，一方面等于向美国"进贡"廉价资金，使美国长期成为外部资金流入最高的国家；另一方面，实体经济国家却

① 美联储是金融资本家们掌控全球的寡头组织，通过大量印发美元货币，向全球输出通货膨胀，来为金融资本创造垄断利益。

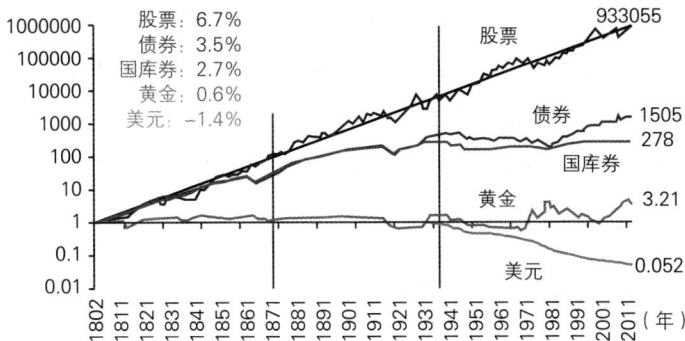

图 1.5　1802—2013 年美国大类资产的回报表现

要为此承担极高的国内融资成本，造成国内的中小型企业的发展严重受阻。例如，直到 2015 年 1 月，中国一直是美国的最大债权国，但就在向美国大量输出资本仅仅获得极低的回报率的同一时期，中国国内却出现因融资难及贷款利率高而使中小型制造业企业大批倒闭的现象。

而即便在美国内部，美联储的量化宽松政策也主要是为金融资本服务，一般美国中下层群众只搭了个没有未来的便车。高度金融化及低利率的环境，让经济增长的收益分配严重不均，普通人和政府都依赖借贷度日。有研究显示，美国的工资中位数经通胀率调整后，自 20 世纪 70 年代以来便再无显著增长。美联储的一项调查显示，40% 的美国家庭表示他们仅仅是"刚刚温饱"，60% 的家庭甚至没有足够的储蓄来支付 3 个月的生活费用。美联社和 NORC 公共事务研究中心的一份调查则显示，有 2/3 的美国家庭表示难以拿出1000 美元应付意外支出。事实上，美联储 20 年来的政策鼓励投机活动令金融和经济资源分配严重不均，美国发展成一个金融业"赢家通吃"的经济体。[①]

---

① 《美联储令美国经济陷入"赢家通吃"的模式》，2019-11-01，http://www.cs.com.cn/hw/03/201408/t20140827_ 4494379.html。

因此，当代全球化的本质乃是占据全球体系核心位置的欧美先进经济体仍然借着无限度的信贷膨胀，在全球金融化体系里进行制度寻租：一方面把成本转嫁给发展中国家，另一方面则榨取全球自然资源及实体经济国家/部门的人民之劳动成果。这就是全球化金融资本主义进入高级阶段的历史过程。

二、美国金融化长期走势

金融危机之下，美国采取所谓零利率的超级量化宽松政策，是以零成本的流动性直接注入金融市场，防止资产价格崩盘，并把不良资产转移给公众来承担，使金融部门的资产负债表避免出现资不抵债的情况（Balance-sheet insolvency）。某种意义上，这是政府公开支持代表私人金融家的美联储以量化宽松政策来转移银行家因贪婪而制造的坏账泡沫，即把之前创造出来的虚拟价值泡沫转移到大幅膨胀的央行资产负债表里。

事实上，期望已进入金融资本高度发展阶段的欧美经济大幅去杠杆化，只是人们的一厢情愿。除了作为金融海啸罪魁祸首的金融与地产的投机资本之外，欧美的总体负债比率一直处于历史最高水平（见图1.6和图1.7），这才是西方连续出现金融危机的主要内因之一。

以美国为例，其高杠杆率可以从经济的三个主要部分反映出来。

第一，美国的家庭负债率虽然从次贷危机前的高位回落，但仍然超过100%。如图1.8所示，次贷危机后，世界上大部分先进经济体，除了少数如德国、法国和日本①以外，平均家庭负债率都超过100%。这说明发达国家的不少家庭继续以举债来维持其高消费、高耗能的生活水平。

---

① 但日本的政府债务已相当于 GDP 的 220%，需要用 41% 的税收支付利息。日本央行已推行负利率。

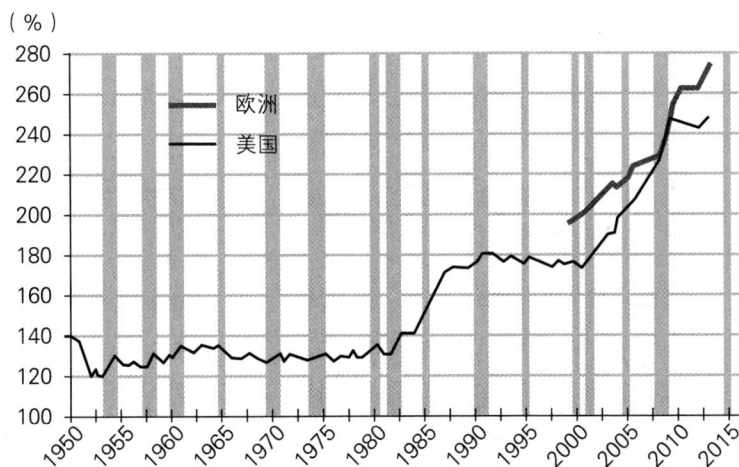

来源：http://www.allianzgi.com/en/Market-Insights/Pages/CIO-Perspective-Oct-2013-%28by-N--Dwane,-CIO-Equity-Europe%29.aspx。

图 1.6　欧美非金融负债与 GDP 比（1950—2013 年）

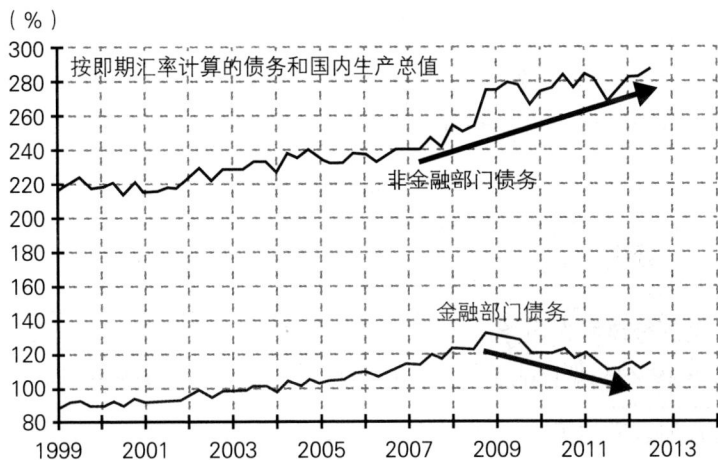

来源：http://www.gordontlong.com/2013/Tipping_Points-2013-03-17.htm。

注：金融部门债务与 GDP 的比率在 2009 年以后稍微下降，非金融部门持续加杠杆。

图 1.7　美国、欧洲、日本的债务占 GDP 比例

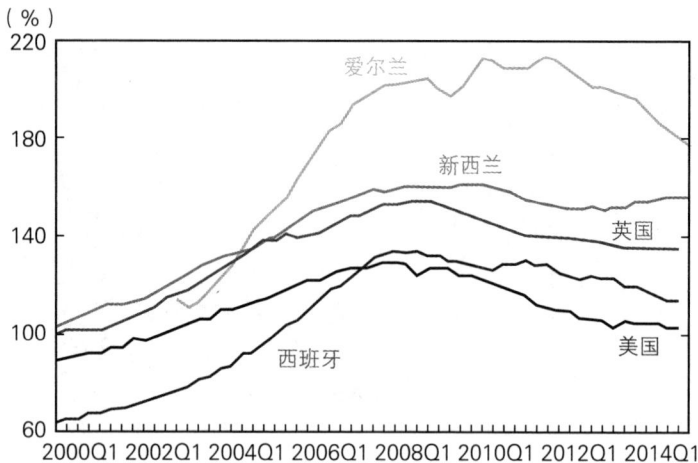

（%）

来源：http://trueeconomics.blogspot.hk/2015_03_01_archive.html。

图1.8 爱尔兰、新西兰、英国、西班牙和美国家庭负债与可支配收入比

第二，美国企业的债务增长率自2010年以来一直呈上升势头。华尔街金融海啸后，美国企业的负债率在短期大幅回落之后，于2010年再度高升，而且创下了历史新高。这要拜美国量化宽松政策下的低融资成本所赐。需要注意的是，美国的资本市场在企业大量负债的条件下能维持如此低利率，形成对美国企业低成本的资金供给，一个重要的基础条件恰恰是发展中国家中以中国为首的贸易顺差国大量向美国廉价出口制造业产品，客观上帮助美国维持了极低的通胀率。

美国整体私人债务虽然自2009年的峰值稍微下降，但仍然维持在高水平（见图1.9）。但与此同时，美国公债却大幅增长，2016年两者加起来达美国GDP的300%多。

第三，美国政府债务大幅上涨。金融危机前，美国非金融债务约占GDP的227%，2016年已达到了创纪录的250%。2007年次贷危机后，美国的政府公债急速上升，目前已达GDP的106.1%，如图1-11所示。2008年金融海啸后，美国的非金融债务整体增加了约9万亿美元。扣除美国社保信托基金（Social Security Trust Fund）

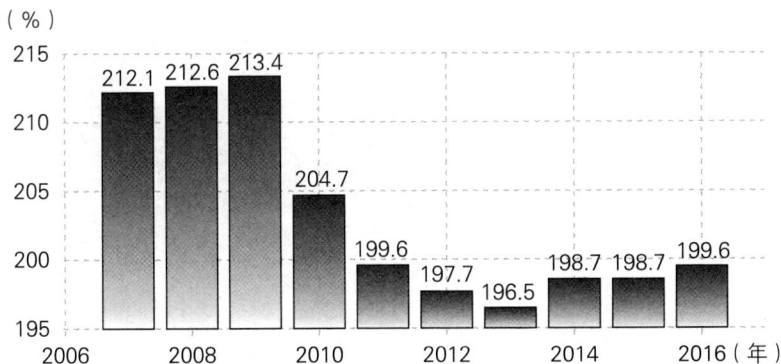

来源：全球经济指标数据网/经济与合作发展组织。

图 1.9　美国私债与 GDP 比

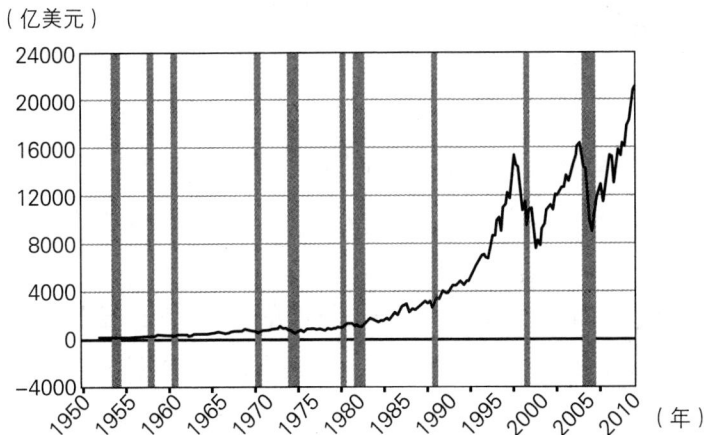

来源：美联储。

图 1.10　美国非金融企业负债创历史新高

所持有的债务，美国联邦债务在金融海啸后 6 年间上升了大约 7.3
万亿美元，增长了 140%。[①]

　　量化宽松需要一个阶段性结束，以便美国开展下一轮的战略部
署。虽然，量化宽松创造出来的流动性拯救了美国金融部门的资产

———————

[①]　《美国"去杠杆"只是一场谎言?》，2019 - 11 - 01，www. wallstreetcn.
com/node/103595。

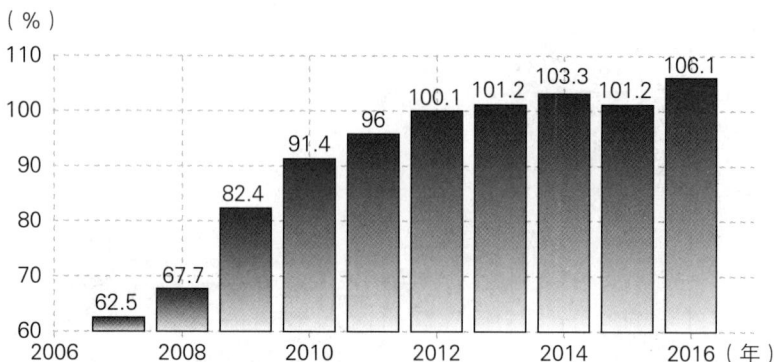

（%）

来源：全球经济指标数据网/美国公共债务局。

图 1.11 美国公债与 GDP 之比

负债表，它使得债项从私人金融部门转移到央行的资产负债表里。但这个庞氏骗局的游戏不能一直玩下去，否则总会迎来资产负债表爆破的那一刻（明斯基时刻①），而且已经创造出来还未爆破的虚拟金融价值需要像吸血鬼一样从外部榨取实体价值来支撑。实施的关键环节一是有秩序结束量化宽松，二是重返加息周期，引导资金回流美国市场。

　　美联储掌控的利率周期，一直是笼罩在国际金融市场上的阴霾。而这一片阴霾恰是西方金融资本的主力——那些大型投资银行竭力做空新兴国家的机会。一旦有机会，金融大鳄就会扑进来洗劫这些国家几十年发展实体经济辛辛苦苦积累的财富。而且，我们还看到：配合着投机资本做空的经济手段，在新兴国家内部及其周边连续发生了以各种冠冕堂皇的自由主义意识形态借口制造出来的不利政治环境。

---

　　① 以重新解读凯恩斯而著名的经济学家明斯基指出，当经济周期进入上升期时，投资者借贷投资，首先是审慎具有偿还能力的对冲性融资（hedge finance）。其后经济升温，投资者开始过分乐观，继而进行投机性融资（speculative finance），即借新债还旧债来扩张投资。随着经济过热，投资者进入狂热状态，即靠借新债来还利息的庞氏融资（Ponzi finance），最后游戏无法延续下去。当市场出现大规模的资不抵债的情况时，泡沫最终爆破，即被称为明斯基时刻。经济周期如是周而复始。

三、当前美国的战略性调整：从急速膨胀到策略性相对收缩

长期来看，美国的金融深化趋势不可逆，但也必须理解美国金融运作的规律。无论是启动量化宽松还是结束，都只是核心国家环环相扣的宏观币缘–地缘战略中的一环。

1. 货币及财政急速膨胀

踏入 21 世纪，尤其是 2007 年次贷危机爆发以后数年中，美国进入货币及财政急速膨胀的阶段。主要表现在以下几方面。

第一，贸易赤字持续扩大。经过 2000 年 IT 泡沫崩溃及 2001 年"9·11"引发的短暂衰退后，美国经济其后全面复苏，在美联储主导的低利率环境下，金融愈加深化，房贷等债务膨胀成为经济增长的主动力。与此同步的是贸易赤字急速上升至历史高峰。

第二，财政赤字迅速膨胀。与美国货币供应急升同步的是美国经济加深金融化及联邦赤字膨胀，如图 1.12 所示。尤其是次贷危机后，量化宽松的一个操作环节是联邦赤字相应急遽膨胀，在 2009 年达到 1.4 万亿美元的历史高峰值（约占 GDP 的 14%）。

第三，军事支出急增。美国的全球实力主要靠强大的军力维持，其军事开支自然是美国政府的主要支出。如图 1.13 和图 1.14 所示，"二战"后，美国的联邦政府债务与国防开支是同步增长的。

从其阶段性波动来看，自冷战结束后，美国军费曾持续下降近 10 年。1999 年欧元通行，美国为打击欧元的主权基础稳定性而介入科索沃战争，军费开始回升。自"9·11"事件后美国发动反恐战争以来，军费急速膨胀，达"二战"后最高水平。为了使美元继续在全球称霸通用，美国历届政府必然全力打击任何可能威胁到美元霸权之货币，近期例子为欧元与人民币，既不容许任何国家挑战美元独大的局面，也严禁任何国家试图改变以美元为首的国际货币与贸

易政策。这就是美国所谓的维护新自由主义国际秩序的实质，也是其必须维持强大军事力量的原因。

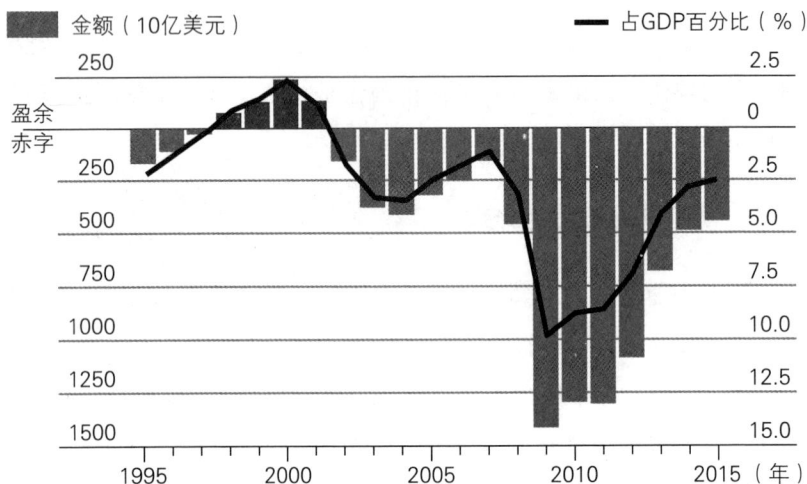

来源：The Wall Street Journal 10/15/2015。

图 1.12　美国联邦政府的财政赤字（1995—2015 年）

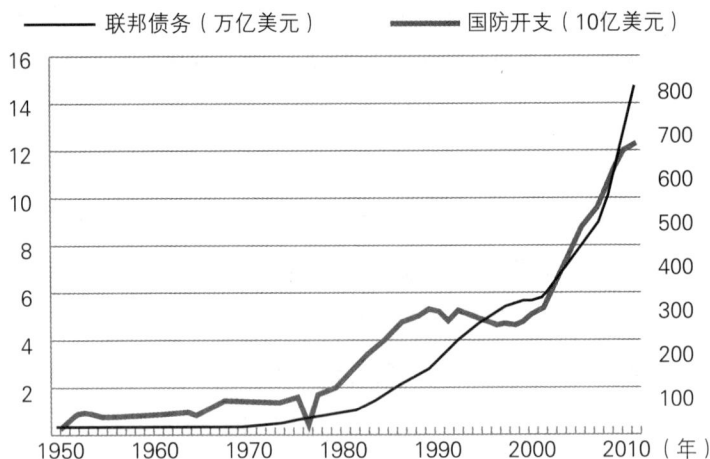

来源：http://www.nwtrcc.org/mtap13/mtap0213.php。

图 1.13　美国联邦债务与国防开支（1950—2011 年）

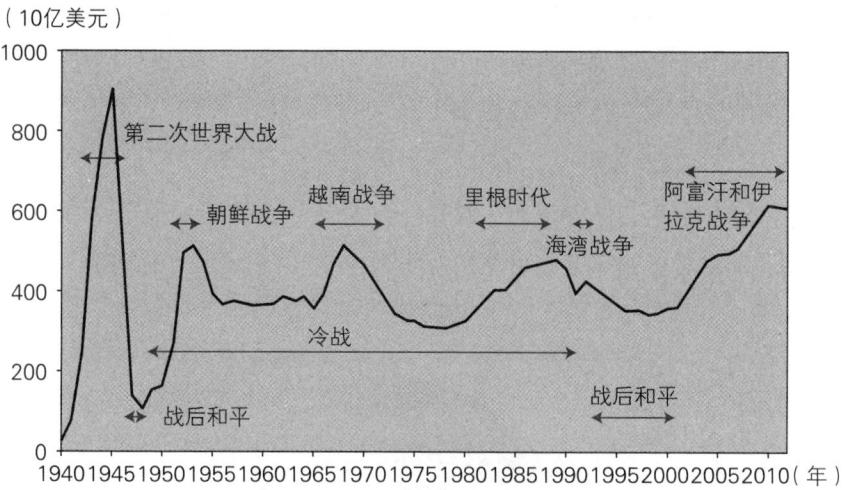

（10亿美元）

来源：https://www.sdvfp.org/us-military-spending/?doing_wp_cron=1439541912.58932805061340033203125。

图 1.14　经通胀调整后的美国军费开支（以 2005 年美元为基准）

如图 1.15 所示，2014 年美国军费支出超过全球的一半，位列第一，较紧跟其后的 10 个国家的总和还要高，拥有压倒性的全球军事优势。

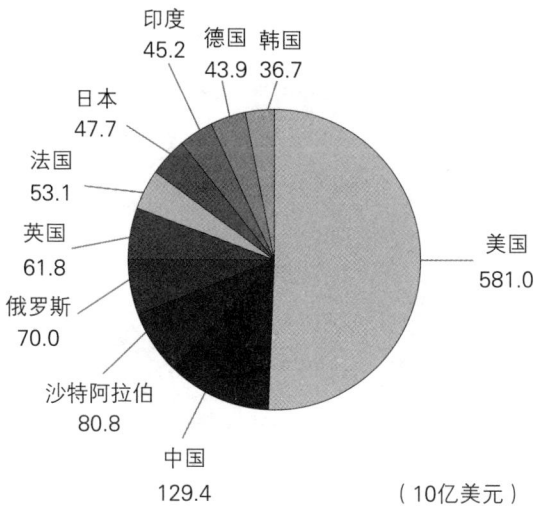

来源：国际战略研究所。

图 1.15　2014 年全球军费支出

美国军费支出在美国财政中的比重也证明了，美国是一个以军事强权来维持货币霸权的国家。以 2013 年为例，仅以实际开支而言，美国的财政支出第一位是社会福利（约 34%），第二位是医疗保健（约24%），第三位是军费（约 18%）。但前两项为刚性开支，并且有独立的税项及财政账目，并不属于联邦税收支出。扣除这两项后，实际军费是联邦政府的最主要支出（2013 年约占 57%），如图 1.16 所示。

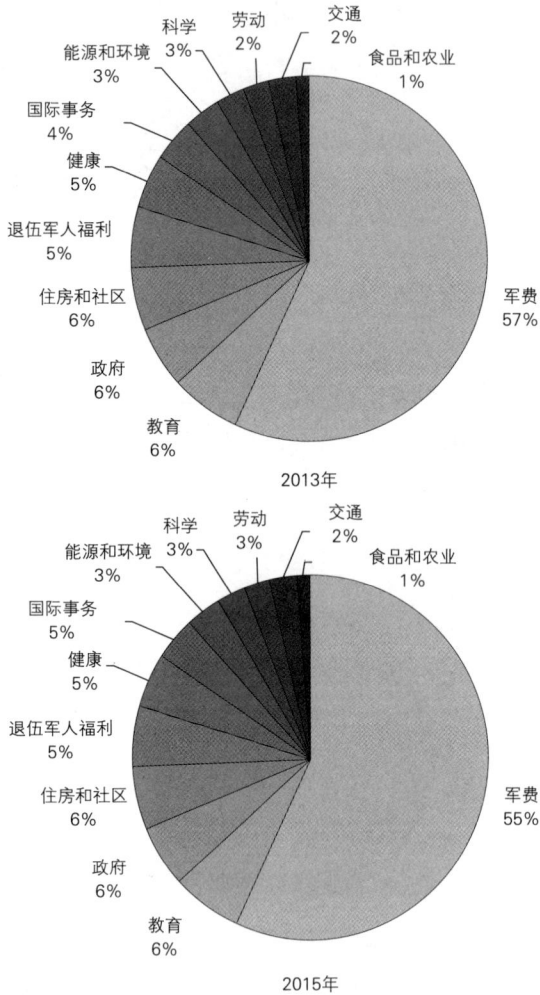

来源：https://www.sdvfp.org/us‐military‐spending/?doing_wp_cron=1439541912.5893280506134033203125。

图 1.16 2013 年及 2015 年美国联邦政府可支配预算支出

把上述美国的财政及军费支出和过去20年的全球化贸易联系起来，我们可以看到这样一幅画面：美国凭借强大的军事力量支撑其全球货币霸权及话语权，塑造一个有利于其自身的全球贸易秩序；美国输出美元流动性，换取其所需的全球资源及劳动力成果；以贸易赤字形式流出的美元，又以国债的形式大量回流美国，维持国内低廉资金成本，支持美国企业获得廉价资金在全球进行竞争，并收购新兴经济体有价值的资产，并加速其金融化；而国债又支持政府的财政支出，继续维持其绝对的军事优势。

2. 从大幅扩张到货币及财政的相对性收缩

本书认为，美国正在从过去十多年的绝对扩张转向相对收缩阶段。主要表现在以下几个方面。

第一，联邦预算赤字在2009年触及1.4万亿美元的历史高位后开始财政收缩，至2014年大幅缩减至4833.5亿美元。

第二，美联储在2013年年底开始减少量化宽松规模，收缩货币供应，2014年10月正式结束量化宽松，并在2015年12月正式重新启动加息周期。

第三，2016年12月15日，美联储宣布加息25个基点，将联邦基准利率提高至0.5%—0.75%，并预计2017年加息三次。值得指出的是，本次利率决议获得一致通过。利率决议公布之后，美元指数扭转跌势开始上扬，非美货币与现货黄金则纷纷回落。2017年加息步伐预期将更快，特朗普承诺将通过减税、增加开支和减少监控来促进经济增长。①

但本书同时强调，这些调整不应被解读为美国的战略性收缩。具备庞大粮食生产力和丰富自然及能源资源的美国，本来是最具备

---

① 《美联储加息之锤终于落地 美元"一飞冲天"》，2019 - 11 - 09，http://money.sohu.com/20161215/n475919350.shtml。

自给自足条件的富裕国家，但无论当前美国如何进行战略性调整收缩，它也不会退回为一个以正常方式参与世界贸易的国家，更永远不可能走回昔日孤立主义的路线。美国的问题并非在于它在可见的未来仍然是世界第一大强权，而是其霸权地位不容挑战的特殊性。奥巴马多次提醒世人美国的"例外主义"（exceptionalism），即意味着它不受一般的国际规范约束。[①] 美国所谓的特殊性，直接来说，就是其作为全球的单极军事强权及金融霸主，是唯一有能力利用货币及金融在全球进行制度寻租的国家。

所以，即便某些学者很敏锐地注意到美国近年的相对收缩态势，并归纳为美国的战略性调整和转向，但本书认为，分析美国当前的调整时，不能忽略其强大的金融利益集团。美国的金融部门这几年有一定的去杠杆化，但也只是为下一阶段的再扩张做准备的策略性调整。次贷危机后，美联储为救市所做的努力，实际上使得美国的金融部门比危机前更强大。

因此，我们认为不宜过分评价美国再工业化的努力，更不能忽略美国始终站在金融资本主义的顶峰，并且始终是全球金融深化的先锋。在金融资本虚拟化扩张到最终发生"内爆"之前，金融资本总有急速扩张的冲动，这是金融的本质。无论是美国的"再工业化"，还是当前的相对收缩，都只会为下一阶段的美国金融再扩张铺路。美国的货币及金融利益，决定美国始终会是扩张性的，而美国接下来数十年利益的关键，就是怎样对主要新兴经济体进行"美元化"。

四、美国页岩气能源革命的影响

这几年影响全球地缘及贸易格局的一项因素，是美国本土的页岩

---

① 《关于美国"例外主义"的分析》，http://readersupportednews.org/opinion2/277-75/38812-focus-the-bloody-legacy-of-american-exceptionalism。

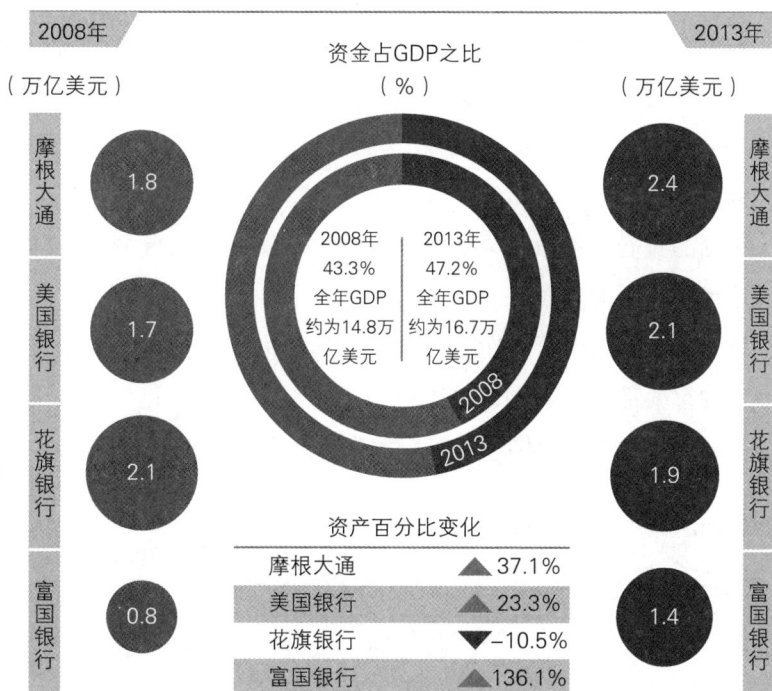

图 1.17　美国主要金融部门的资产总量

注：美国主要金融集团（如摩根大通、美国银行）2013 年的资产问题大都比 2008 年显著增加；同期，美国金融资产无论从绝对资产值还是占 GDP 的份额来看，实际上都比 2008 年危机前更庞大。

气能源革命。美国蕴藏丰富的石油资源，但迫于环境保护的压力，或是为了本土石油储备，又或者是为了扩张货币供应向全球输出流动性，美国从 20 世纪 70 年代开始限制国内石油的开采及出口。近年美国的能源政策全面扭转，从依赖进口转为能源独立。美国对本土、离岸及北极圈地区的石油钻探限制渐渐放宽。美国及加拿大推动 Keystone 管道计划，把加拿大的原油通过管道输送至美国并加以提炼。尽管这些沥青砂（tar sand）的提炼比一般原油会多释放 17% 的温室气体，可谓污染性的燃料，在美国国内也有反对声音，但美国的战略需要势将压倒一切。根据美国能源信息署（EIA）的《2012 年能源展望》，美国2010年的能源自给率已达78%。[①]《BP2035世界能源展望》的数据显示，2015年北美从能源净进口区域转为净出口区域，美国将在2021年实现能源自给自足。[②] 美国将实现"能源独立"，因此比欧洲、日本、中国等其他主要经济体享有更大的能源安全优势。

美国的页岩气革命将在多方面产生深远影响。主要分为全球经济及地缘政治两大层面。

第一，改善美国贸易赤字。如图1.18所示，能源进口是美国贸易赤字的重要部分。美国未来不仅可以大幅减少能源进口，甚至将成为主要的天然气输出国。这将大大改善其庞大的贸易赤字。

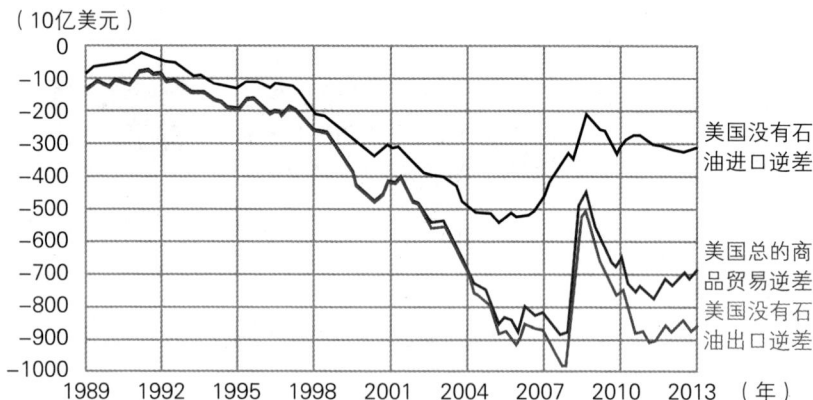

来源：http://www.eia.gov/todayinenergy/detail.cfm?id=17191。

图1.18 石油进出口对美国商品贸易赤字的影响（1989—2013年）

第二，创造就业及带动本土制造业复兴。自2005年以来，由于大规模开采页岩天然气，美国的天然气成本下降了50%。目前，中国、法国和德国的天然气成本超过美国的3倍，日本更是达到美国

---

① 参阅陈晓晨、徐以升著：《美国大转向：美国如何迈向下一个十年》，中国经济出版社2014年版。

② 《巴黎枪声书写石油欧元的开始——中国处在十字路口》，北京均衡博弈公共战略研究院2016-03-23。

的4倍。这使得美国的电价成本低于其他主要出口国，使其能源密集产业成本产生优势。据估计，美国的综合制造业成本已低于巴西，并与俄罗斯、东欧基本持平，而中国相对美国的制造业成本优势已经下降到5%以下。①

据估计，2012—2015年，页岩气将为美国经济创造1180亿美元的收益，并提供87万个工作岗位。② 美国未来的能源价格优势将助力本土的制造业复兴。一方面减少了美国的进口依赖，另一方面，美国有望重新成为制造业大国，甚至增加出口。两者结合将改善美国的贸易赤字。

第三，从中东战略性撤离。美国自20世纪70年代开始从世界各地主要是中近东地区大量输入石油，构建了全球83个军事基地大部分位于石油主产区和运输通道的地缘战略，由此，石油贸易结算主要使用美元，形成美元锚定石油贸易的金融资本扩张战略。这个战略延续到新世纪美国高调重返亚太的新战略之际，发生了美元对石油的"脱锚"。

因为自20世纪90年代开始，美国从中国等新兴国家输入大量商品，目的是向全球输出更大量的美元流动性。整个东亚的工业化国家和地区共同构成"西太平洋美元湖"，并将美元作为贸易盈余再回流美国的国债市场，因此成为美国前几大债权国。这才是美国必须保证对亚太战略控制的根源。

如今美国已经实现能源独立，摆脱了中东地区的石油依赖。于是，中东对于美国的战略重要性显著下降。这个阶段中，美国一方面把主要军事力量向亚太转移；另一方面以反恐之名强行推进军事单边主义，造成伊拉克、叙利亚、也门等国分崩离析，连带发生沙

---

① 《全球制造业转移的经济学分析》，经济观察研究院2015-11-11。
② 王林：《页岩气或为美创造87万就业机会》，《中国能源报》2011-12-15。

特与伊朗的对立冲突……把中东地区推进永无止境的军事冲突的深渊。① 只要能够以硝烟弥漫的中东沼泽地拖住思想陈旧、缺乏统合意志的老欧洲，也就压住了欧元崛起的势头。

第四，巩固战略性同盟。美国因为页岩气革命带来的石油资源出口能力，将有助于巩固其与日本及欧洲等盟友的战略性同盟关系。日本和欧洲期待从美国得到稳定的能源供应，这将把美日欧绑定在稳固的战略性同盟关系之中。美国近年所巩固的战略性同盟主要有两种：一是在货币秩序层面的六方央行货币同盟；二是贸易同盟。

美国从中东战略性军事撤离（但政治上却不断挑起冲突制造混乱），并且减少从中东输入石油，逐步实现能源自给；将来有可能影响其对沙特阿拉伯、尼日利亚等石油输出国的影响力，美元有可能主动改变20世纪70年代确立的锚定石油的战略，导致该地区石油贸易的"去美元化"。

美国要维持美元霸权，就必须确保以美元为中心的全球货币及金融秩序。为此，美国需要一方面汲取2007年的教训，防患于未然，预防美元系统出现流动性危机，其相应制度安排是六方央行货币同盟；另一方面，美国必须强化太平洋及大西洋两大区域的"美元湖"，其相应制度安排本应是《跨太平洋伙伴关系协定》（TPP）及《跨大西洋贸易与投资伙伴关系协定》（TTIP）之类的贸易协议。

然而特朗普在2017年当选美国总统，并于上任后宣布美国退出

---

① "9·11"后的14年，有研究报告指出：美国的单边主义"反恐战争"实际令区内局势更加混乱。对比反恐之前，暴力恐怖袭击增加了6500%，死亡人数增加了4500%。美国军事介入的地区，恐怖主义袭击更为严重。经济及和平研究所（Institute for Economics and Peace）的2014年报告指出，美国的军事介入导致地区的权力真空，结果不同的军事派系抬头，引爆暴力军事冲突。如果人们相信美国发动"反恐战争"的目的是减少恐怖主义的威胁，那么美国的战略可谓彻底失败了。参阅：Paul Gottinger, "Despite 14 Years of the US War on Terror, Terror Attacks Have Skyrocketed Since 9/11", *Reader Supported News*, 11 September 15。

TPP，阻断了美国主导的全球金融化进程。靠打着民粹主义旗号上台的特朗普是美国政治精英集团的圈外人。所以，原有的精英阶层对特朗普口诛笔伐，并试图弹劾推翻他。而商人出身的特朗普试图以重商主义来维护美国的利益，这未必符合美国金融资本集团的利益。特朗普和传统精英集团经过一番磨合后达成某种共识，还是最后屈服，有待日后局势发展来看。

专题 2
新核心同盟之一：核心区构建六方货币同盟

　　如果说量化宽松是核心国家转嫁危机成本的一种手段，那么，美联储退市、再度进入加息周期，对于非核心国家而言将造成外资回流美国，引发本币贬值、恶性通胀乃至资本市场崩盘等后果。

　　此外，由于与霸权国家结盟的半核心地区——欧盟及日本，随后也被允许采用量化宽松政策来缓解金融危机，因此，西方世界短期流动性过剩将会因美联储政策的转变而转化为流动性短缺。于是，在经历了金融海啸导致全球危机的教训之后，西方主要金融资本国家形成了新的币缘战略同盟。

　　众所周知，"二战"后建立的布雷顿森林体系主要内容是美元以黄金为基础，形成固定汇率，其他货币之间不存在竞争，以避免重演"二战"前各国货币贬值的恶性竞争。1971 年，布雷顿森林体系重构之后，国际货币体系进入混乱时代，主要特征是美元与黄金"脱钩"、浮动汇率、美元以外货币之间的无序竞争、缺乏协调性的全球金融调节机制。在后布雷顿时代，美联储大量增加美元供应，美国开始全面朝向金融资本主义阶段跃升。与此同时，1972—2012年，世界各国大量爆发货币和金融危机，国际货币金融体系经历了无序的 40 年。从资本主义的历史进程来看，这是核心国向金融资本主义进阶的一个过程。

经过 40 年的磨合，当全球化进程引爆的金融危机愈演愈烈，又蔓延至欧美核心地区时，迫使既是盟友又是竞争对手的核心国进行制度调整。2013 年 10 月 31 日，以美联储为核心的全球主要六家中央银行达成长期货币互换协议，构建核心国之间的流动性互换协作网络。

将此事件与前后关联事件联系起来：2013 年 6 月，美国传出即将退出量化宽松的报道，随即引发新兴国家的金融危机，大量外国资本流出，导致新兴国家本币币值和国内股市迅速下跌，同时，其国内融资成本随通胀率提高而上涨。这个向新兴国家转嫁金融资本扩张危机的成功试验，促使 2013 年 10 月 30 日这一具有排他性的货币联盟正式形成；并且在其运行一年之后，美联储于 2014 年 10 月 31 日宣布量化宽松政策正式停止。

这是金融资本主义的一次重大制度调整，也标志着全球化金融资本主义又进入一个新阶段。

国际金融战略研究专家徐以升等指出：过往某国爆发危机，要么像俄罗斯和阿根廷那样违约，要么被迫接受苛刻的条件以获得 IMF 的救助，只有极少数像墨西哥那样和美国关系密切的国家，才可以得到美国的直接救助。但 2008—2011 年的美欧危机，美联储和其他发达国家的央行进行货币互换，避免了西方金融体系的崩溃，这种货币互换操作在过去牵涉核心国的利益时也曾发生，但现在的规模更庞大，而且 2013 年 10 月达成的协议，使这种货币互换长期化，并且不设上限。

六方央行货币互换操作

这一新体系的主要内容是：以美联储为首，美国与欧盟、英国、加拿大、日本和瑞士的央行进行货币互换，形成一个无上限的流动性互换协作网络。具体操作机制如下。

·当某国需要美元流动性时，该国央行与美联储互换货币，由该央行把互换额度下的美元借给其管辖范围内的金融机构。

·美联储并不是贷款的对手方，外国央行承担其发放给管辖范围内机构贷款的信用风险。

·该货币互换交易是结构化的，美联储不承担任何汇率风险。

·美联储不必为换入的资金支付利息，但承诺将这些外币资金存放在外国央行，而不是用于放贷或者进行投资。该央行根据协议日后归还美元。

·在交易的结算日，外国央行向美联储支付利息，这笔利息等于央行将美元借给本国金融机构的利息。

实际上，与美联储签订货币互换，如果规模提高，甚至到无上限，那就意味着这个国家实际上并不需要积存巨额外汇储备；即便保有外汇储备，在出现危机时，也没有必要出卖资产变现，来应付国内市场的美元需求。

参考资料：

徐以升、郭荣、单景辉：《透视美联储与各国央行之流动性互换》，第一财经研究院（内部报告）2013 年。

徐以升：《从"牙买加体系"进入"大西洋体系"》，《第一财经日报》2013-12-03。

徐以升：《新兴市场应测试美联储货币互换》，《第一财经日报》
2013-07-08。

这种机制的好处是该国可以用低成本、低风险获得美元流动性，
以注入本国金融体系，同时维持本国货币汇率的稳定。货币互换意
味着货币互换联网内的货币流动性可以随时相互调动，并且以其国
内的资金价格结算，不受国际价格的影响，同时以那些不发生流动
性短缺的国家的资金价格决定流动性调度的价格。更关键的是，当
一方发生金融危机，出现临时流动性短缺时，不必让任何一方资金
离开，就可以在货币互换网络内当即化解——当然，这些只限于在
金融资本的核心区。

如此一来，全球货币体系便形成类似沃勒斯坦世界体系理论所
揭示的中心—边缘关系。可以发现，一个新的"核心—半边缘—边
缘"格局正在形成：美元依然处于最中心位置，是核心中的核心，
与围绕它的欧元、英镑、日元、加元、瑞士法郎组成核心货币体系；
其余意识形态兼容的经济体因可以和这六方央行进行较大规模的货
币互换，具有次中心属性；而其他依附于核心国、可以和核心央行
进行有限度货币互换的国家，例如墨西哥、巴西（依附于美国）和
东盟（依附于日本）等，成为半边缘；至于被排斥在外，未能和核
心货币央行进行互换操作的其他经济体，则处于边缘地位。①

这实际上就形成了一个按意识形态来划分的全球货币层级，意识
形态化"等级"越低的央行，未来应付危机的能力就越低，或者说
抵御风险的成本就愈高。这也是大多数国家的金融当局往往比其他部
门更亲美、更认同美联储为"全球央行"而主动跟从的客观原因。

---

① 我们的分类与徐以升等略有不同。他们以美国为核心，欧日等为次中
心，其他为外围。

由此可知，西方模式的资本主义发展到金融资本阶段势必具有更多排他性，因为其所形成的游戏规则本身就具有"竞劣机制"特征。

IMF 近期的一篇研究统计了自 1980 年以来近 150 个国家的资本流动情况，得出一个结论：资本流动不管在先进经济体还是发展中国家，抑或在任何时期，都同样是反复无常的。① 作者的弦外之音是：世界就是如此，大家只能接受。但研究同时也有另一个发现：尽管先进经济体资本流动的各个组成部分的波动性同样大，但由于先进经济体具有更多的资本流入，可以局部抵销资本流出，降低净资金流入的波动性。IMF 的作者将此归因于先进经济体的金融灵活性及创新能力。但我们不能忽略：核心区金融创新的灵活性，往往是以外围地区的被动性为代价的。

过去 20 多年，发展中国家为了防御可能的金融危机，努力累积了庞大的外汇储备，但它们辛辛苦苦并且以极高成本（压抑国民福利、损耗环境资源等）所构建的外汇储备防御体系，其对危机的防御效力，实际上不如五家央行与美联储签订的长期货币互换协议。处于外围的被动角色的新兴国家，日后将继续承受国际金融无序波动的压力。

延伸阅读

18

全球流动性缺乏监控管理

六国央行货币互换凸显了当前全球体系的两个主要问题：第一，国际货币体系的严重不对称；第二，全球流动性缺乏良

---

① J. 蓝多恩、R. 达塔古普塔、J. 瓜哈多、P. 托帕洛娃：《资本流动不定：随时随地》，国际货币基金组织工作报告 2013-08。

好的监控和管理。

一旦爆发金融危机，各国都需要美元流动性。因此，布雷顿森林体系所确立的美元超级地位至今仍不受挑战。而且，美国国内经济情况和宏观经济政策不仅主导了美元海外流动性的供给，还在很大程度上决定了其他国家货币的流动性，有很强的"溢出效应"。

虽然美联储成为事实上的"全球中央银行"，美国享受美元作为主要国际货币的好处，包括部分美元滞留在国外形成的铸币税，但美国却并不承担"全球中央银行"的责任和义务。其他国家，虽然各自对本国流动性环境可以监测，但是全球范围内缺乏协调监测。过去的经验说明，各国央行（特别是美联储）各自为政，很可能造成全球流动性泛滥或者紧缩。

参考资料：

徐以升、郭荣、单景辉：《透视美联储与各国央行之流动性互换》，第一财经研究院（内部报告）2013 年。

上述货币同盟与全球流动性问题的讨论，本来应该形成的结论是有必要加强国际合作，形成调控全球流动性的"总阀门"。可是，核心国六方货币联盟明显不是着眼于稳定全球流动性的大局，而是服务于集团利益，否则，很难想象作为全球第二大经济体、最大新兴国家的中国，以及全球第五大经济体、第二大人口国家印度，竟然都被排斥在外，而且这种排他性的西方金融资本联盟已经深刻影响到了地区稳定。

支持这个判断的材料有很多。

例如，中日韩在 2008 年年底签署扩大货币互换协议，其后，2012 年 5 月，东盟与中日韩（10+3）协商，把《清迈协议》的区内货币互换基金规模增至 2400 亿美元，建立预防性紧急贷款制度。本来，按这个方向发展下去，完善 10+3 的多边货币互换机制，对于稳定区内经济秩序具有莫大好处，也符合日本利益。但随后便先有美国高调宣布重返亚太，要在区内推行"再平衡战略"，并明确表明美国要做主导太平洋地区的力量。紧接着，日本提出"国有化"钓鱼岛，右翼政治势力抬头。此后，日本全面调整其亚太外交策略，以至于中日关系跌落低谷。

同期发生的是，日韩也因为独岛问题关系日趋恶化。日本政府以中断货币互换协议作为报复手段。何况，两国部分货币互换协议在 2012 年 9 月到期后自动解除，700 亿美元互换额度缩减到 2008 年危机前的 130 亿美元。2013 年 7 月，日韩双方 30 亿美元互换协议终止，至此双边互换规模清零，仅剩在东亚外汇储备库合作机制中的 100 亿美元。[①]

也就是说，东亚现在的形势转变为中日韩各自在区内进行双边货币互换的竞争。如果日本的右翼势力不是恃着有美国为首的六方货币联盟作为后盾，恐怕东亚区内的局势不会演变成当前的僵局。

如今，全球金融核心区形成具有排他性的货币联盟，再一次重蹈与冷战同步的布雷顿森林体系的覆辙。本来是为了避免恶性无序竞争导致悲剧性恶果而共同形成的国际货币稳定机制，现在却变成某些金融资本强国为了巩固自身利益而以邻为壑，这当然会加重核心区对边缘国家的成本转嫁，恶化全球的不平衡。

---

① 徐以升：《日本重拾单边战略，中日东亚货币竞争来临》，《第一财经》2013-12-15；徐以升：《东亚一体化已告中断》，《战略观察》总第 90 期 2013-01-07。

专题 3

新核心同盟之二：TPP——殖民主义的"去国家化"

美国确立"亚太再平衡"战略后，借助制度建构权的软实力和话语权的巧实力在以实体经济为主的发展中国家推行"去国家化"，试图以最低成本实现金融资本霸权的全球战略目标。2016 年 2 月签订的 TPP 就是一个很好的例证。虽然其后美国新总统特朗普就职不久即宣布退出 TPP，但这并不影响本文所做的分析，也不意味着美国在侵犯其他国家主权上将有所收敛。我们保留有关 TPP 分析的原文，日后类似的制度安排以其他方式再次出现时，本文的分析可以作为参考。

从其针对中国"挑战"的战略及其预期的利益来分析，TPP 乃21 世纪制度建构权与话语权之争，是霸权国家占据高制度设计、软实力的意识形态制高点的产物。TPP 埋下了主权外部性的祸根：半殖民化的治外法权。

相对于 1944 年为战后美国工业化大生产占领世界市场而确立的GATT（关贸总协定），以及 1994 年为了产业资本全球化而确立的WTO 而言，当前 TPP 的实质在于金融资本阶段要求世界各国实现

"去国家化",① 接受霸权国家控制的跨国公司的资本权力大于本国的国家主权，类似于重建殖民化时代靠着"炮舰政策"推行的"治外法权"，以此来推进泡沫化金融虚拟经济向全球扩张，并且同步转嫁危机，维护单极霸权地位。

根据有关披露，发展中国家纳入 TPP 有三个"去国家化"承诺需要特别关注。

一是对主权国家赋权货币产生的金融信用做"去国家化"承诺，以实现跨国资本"无边疆"地自由进出任何国家。

二是对主权国家法律体系的"去国家化"承诺，以保障跨国公司不受投资所在国的法律制约，相当于重申老殖民主义时期的"治外法权"。

三是对主权国家安全基础的"去国家化"承诺，切断政府与国有资本的关系，取消政策优惠就意味着国有企业在危机爆发时不承担国家逆周期的调控任务。

WTO 所代表的多边全球化，实际上已经步入难以继续发展的极限。接下来，全球格局将转变为核心国掌控的排他性贸易区域化。美国积极推进 TPP、TTIP，加上原有的 FTA，致力于建立太平洋及大西洋的排他性贸易及政治战略同盟，实质上将取代目前谈判陷入胶着的 WTO。正如陈晓晨和徐以升的分析：

美国本来的算盘是通过自由贸易主导全球经济，并且推广美国的价值观。然而，十几年来的实践并没有让美国达成全部设想。中国受惠于全球自由贸易，已经成为"世界工厂"，尽管此间也付出了巨大代价。从某种意义上说，中国是美国全球化、自由贸易战略

---

① 大多数发展中国家是借助第二次世界大战削弱了宗主国的军事控制能力而得到独立主权的。其中，大凡通过与宗主国的谈判交易形成的政权，则其国家化进程尚无自主完成的条件，其本身已经具有内生性"主权残缺"的负外部性问题。此时纳入 FTA（自由贸易协定）则意味着弱化甚至让渡国家经济主权，有"去国家化"的作用。

的赢家。① 世界经济重心越来越转移到亚太地区。欧元区则在这十几年间从无到有，发展壮大，并挺过了欧债危机。与此同时，美国却经历了产业空心化，并受到金融危机的打击……正因如此，为了在后危机时代重塑美国对国际经济的"领导地位"，美国正在经历一个巨大的转向：从推动自由贸易转向推动规则贸易，用以美国标准设计出来的规则来达到扩大贸易、推动其影响力、推进其价值观的战略目标。为此，美国希望将其自身的规则作为新的国际贸易与投资规则。

对上文，我们认为很难简单说中国是单方面的赢家，尽管中国付出了环境急速恶化和国民福利发展被压抑的沉重代价，成为第一工业产能国，以其经济总量成为世界上举足轻重的新兴国家。诚然，美国本以为可以借自由贸易完全打开中国资本市场的大门，并发挥本身的金融优势，全面支配中国经济，但中国政府一直坚持不全面开放资本市场，不肯让渡经济主权，结果成就了中国加工贸易型的制造业。

但正如前面的分析，我们必须结合美国金融资本主义全面升级的视角，才能理解美国在第一阶段全球化通过贸易逆差洪泄巨量美元进入全球实体经济，其目的是让实体经济国家的经济产出不同程度地"美元化"。虽然中国的发展也许出乎美国的意料，但是，从美国的战略分析，无论如何，目前是调整其贸易政策以更好服务于美国的币缘战略及维护其金融霸权的新阶段，其核心目标正是产业经济和资源经济国家的经济主权。因此TPP的要求比WTO更直白、更赤裸裸，就是要求加入者向以美国为首的跨国金融资本让渡更大的经济主权，乃至于管治权，实质无异于"去国家化"。

---

① 中国理论界的主流认为中国是自由贸易的赢家，这似乎偏向于国内资本角度。我们认为，发展中国家参与全球化实际上没有赢家，中国对金融霸权国家长期做"双重输出——商品输出和贸易盈余输出"，留下的只是资源环境破坏和劳工福利损失。

一、针对中国"挑战"的 TPP 战略及其预期利益

TPP 源于新西兰、新加坡、智利、文莱四国倡议的跨太平洋战略经济伙伴关系协议，美国接过来做了符合美国霸权需求的战略提升，定位其为与区内军事部署并驾齐驱的经济战略。换言之，美国一边在亚太区公开拉拢军事小北约，一边打造美国主导的亚太区经济北约。[①]

1. "新冷战"思维下战争话语与 TPP 的相关性

美国重返亚太与 TPP 在战略方向上是一致的。因此，不难理解美国政府在推动和宣传 TPP 时爱用一种冷战甚至是热战式的战争话语。据报道，美国国防部部长卡特 2015 年 4 月 6 日在亚利桑那州立大学演讲中说，就最广义的再平衡战略而言，TPP 与再造一艘航母一样重要。其后，美国参议院军事委员会主席、资深参议员约翰·麦凯恩（John McCain）在 7 月 21 日也说，TPP 相当于 10 艘航空母舰，如果美国能成功建立 TPP，美国将大大提升应对中国挑战的能力。而美国前总统奥巴马则形容贸易是现代战争的一种。

只有回归冷战思维，才能理解美国这套关于航空母舰与 TPP 相关性的战争话语，其中所针对的敌人非常清晰——中国。[②]

---

① TPP 的 12 个始创成员国 GDP 总量占全球的 40%，相互间的贸易额占全球总额的 26%。据报道，新加坡总理李显龙在接受财新传媒采访时直白地说："贸易从来不是纯粹贸易。贸易也是'谁是你的朋友、谁是你的盟友'的一种表达方式。"

② 美国哥伦比亚大学经济学家巴格沃蒂（Jagdish Bhagwati）认为美国牵头推动 TPP 的动机就是对付中国，他称"TPP 是一种歧视性的多边贸易安排。目前而言，虽然美国并未在官方层面把 TPP 这个经贸安排与'亚太再平衡'这个政治军事安排相提并论，但二者的联系显而易见，TPP 就是'亚太再平衡'战略的经济支撑点。与此同时，新加坡、马来西亚、越南等亚洲国家加入 TPP，也含有配合美国'亚太再平衡'，争取让美国继续加强在亚洲存在以制衡中国的意味"。引自《安倍访美谈判的 TPP 协议究竟是个什么鬼？》，《清华金融评论》2015-05-06。

明白背后的"新冷战"思维，就明白以战争话语来表述一份所谓的贸易协议，在一个霸权国家声称维护和平的时代并不显得奇怪。

TPP 的真正悖论是其措辞及实质内涵之间的矛盾：一方面，从表面的战争话语上看，TPP 是不欢迎中国的高级俱乐部，中国被设定为敌对方；另一方面，美国官员却多番暗示不排除中国最终有可能加入 TPP。

2. 中国纳入 TPP 的利益测算

只要我们理解，如果将中国排除在外，TPP 对于促进贸易的中短期实质利益并不如美国宣扬的那么大，那么就不难明白，美国的目的是希望用自己制定的游戏规则把中国乃至其他新兴国家最终纳入其主宰的贸易秩序之内。

彭支伟和张伯伟在论文《TPP 和亚太自由贸易区的经济效应及中国的对策》中估算了不同的自由贸易方案对亚太各国的实际 GDP 及福利的影响，如表 3.1 所示。

表 3.1　不同 FTA 方案对主要 APEC① 成员 GDP 和福利的影响

国家	实际 GDP（%）			福利（亿美元）		
	TPP12	TPP13	FTAAP	TPP12	TPP13	FTAAP
中国	-0.14	1.21	1.86	-40.58	194.45	252.11
美国	0.37	0.5	0.46	452.41	608.38	540.75
日本	0.4	0.9	0.95	185.46	455.02	473.01
韩国	-0.27	-0.74	4.75	-25.74	-70.74	318.55
新加坡	0.8	1.29	1.34	15.98	26.70	28.17
马来西亚	3.45	4.91	5.93	35.95	56.46	63.31

---

① APEC：亚洲太平洋经济合作组织。

国家	实际GDP（%）			福利（亿美元）		
	TPP12	TPP13	FTAAP	TPP12	TPP13	FTAAP
印度尼西亚	-0.17	-0.36	1.11	-6.35	-13.39	35.88
越南	5.93	8.93	13.51	28.66	41.39	57.39
菲律宾	-0.09	-0.26	1.8	-1.70	-4.66	1715
泰国	-0.34	-0.75	4.77	-10.93	-24.86	112.46
澳大利亚	0.61	0.85	0.91	46.87	65.53	74.12
新西兰	1.14	1.27	1.5	14.89	16.39	20.30
加拿大	2.19	2.28	2.19	236.96	244.46	235.06
墨西哥	2.87	2.93	2.87	217.39	217.07	209.46
智利	0.76	1.1	1.23	9.86	14.06	16.07

注：TPP12——目前成员，TPP13——中国纳入TPP，FTAAP——亚太自由贸易区。
来源：彭支伟、张伯伟：《TPP和亚太自由贸易区的经济效应及中国的对策》，《国际贸易问题》2013（4），第83—95页。

特别值得注意的是，估算显示：如果把中国纳入TPP，美国所获得的实质利益将是非常巨大的（TPP12：452.41亿美元；TPP13：608.38亿美元）。所以，美国实际上是口硬心痒，表面上是要抗拒中国，但实质上是希望最终把中国及其他新兴国家以符合本身利益的游戏规则纳入TPP。

换言之，这本质上是一场企图先发制人、关于未来制度建构权的软实力之争。所谓21世纪最先进的贸易协议，实际上是企图在高制度、软实力的外衣下再现殖民化时代的"治外法权"。

二、新世纪的制度建构权与话语权之争

在理解TPP的战略目标的同时，也需要分析其作为制度建构基础的话语权。

1. 自由贸易的话语意义及其实际作用

TPP 制定者自诩 TPP 比 WTO 更接近理想中的自由贸易原则，因为 WTO 是降低关税，TPP 却是取消所有关税。但正如英国《金融时报》所指出的：协议要取消数以千万计商品的关税，但就算只是部分取消也要花几十年。成员之中，最大的阻力可能来自美国，其政府要取消 1.8 万项商品的关税。例如，日本的进口小汽车关税将在 15 年内从 2.5% 降至 2.25%，降至为零需要几十年，进口卡车关税要再过 30 年才能彻底取消。按这样的蜗牛速度，TPP 实质上不比现在实施的双边或多边区域贸易协议有更多优势。

再举例来说，越南的纺织品出口美国，关税为 18%—36%。TPP 的零关税承诺对越南具有很大的优惠，但根据 TPP 的要求，产品由原材料到加工都必须在 TPP 成员内完成，才能享受零关税。但越南的纺织品原材料大部分来自中国，越南很难在目前的 TPP 范围中找到可以替代的供应链。[①] 那么所谓零关税优惠，对于以制造业为主的发展中国家来说，实际上是可望而不可即的海市蜃楼。

请看彭支伟估算不同的自由贸易方案对亚太各国进出口的影响，如表 3.2 所示。

表 3.2　不同 FTA 方案对主要 APEC 成员进出口的影响

国家	出口（%）			进口（%）		
	TPP12	TPP13	FTAAP	TPP12	TPP13	FTAAP
中国	-0.32	6.68	10.78	-0.53	8.69	14.91
美国	3.7	4.88	6.27	2.66	3.46	3.54
日本	2.16	4.76	6.71	2.04	5.78	6.34
韩国	-0.13	-1.32	9.31	-0.56	-2.09	14.41

① 《TPP 达成基本协议，中国怎么破？》，新浪专栏 2015-10-08。

国家	出口（%）			进口（%）		
	TPP12	TPP13	FTAAP	TPP12	TPP13	FTAAP
新加坡	2.17	4.07	4.49	2.13	4.1	4.4
马来西亚	4.7	7.08	8.54	8.13	11.36	13.98
印度尼西亚	-0.33	-0.99	7.34	-0.77	-1.66	10.44
越南	6.58	9.26	15.11	15.09	21.26	32.74
澳大利亚	3.18	4.54	6.48	3.37	4.64	5.62
新西兰	4.59	5.2	6.9	5.91	6.55	7.69
加拿大	5.26	5.47	5.6	6.79	7.02	6.76
墨西哥	0.92	1.29	1.89	11.25	11.19	10.89
智利	2.39	3.09	3.69	3.54	4.43	4.89

来源：同表 3.1。

当然，在目前的阶段估算，任何一份自由贸易协议所带来的经济效益都存在很大的不确定性。但从上面的初步估算可见：TPP 对于区内主要经济体进出口的影响，可能实际上并没有宣传的那么大；甚至可以说，这份具有一定排他性的协议对成员的利益，比不上其他更具包容性的协议，例如亚太自由贸易区（FTAAP）或区域全面经济伙伴关系（RCEP）。

2. 新世纪制度建构权与话语权是要害

高调的话语措辞和真实的收益之间可能存在的落差说明，对于美国而言，TPP 的战略意义并不如宣传的那样，是因为自由贸易而带来收益，实际上，这是关于 21 世纪国际制度权的斗争。

奥巴马在一份声明中说："当我们逾 95% 的潜在客户都住在美国以外时，我们就不能任由中国这样的国家为全球经济订立规则。这些规则应该由我们自己来制定，为美国产品开拓新市场，并设定标准去保障工人和保护我们的环境。"

奥巴马的指向是包括中国在内的所有新兴国家。显然，说中国有能力单方面制定全球的贸易和经济规范是夸大其词。一直以来，中国参与国际组织更多是要遵守及内化并非由中国单方面制定的国际规范，所以奥巴马的话我们更应该逆向来理解。

奥巴马的真正意思其实是不容许新兴国家或发展中国家改变一直以来由核心国家、近年来更是由霸权国家主导游戏规则的状况。换言之，问题的关键是究竟 21 世纪的全球制度权，应该像 19 世纪及 20 世纪那样继续掌握在核心国手上，还是新兴乃至发展中国家也有权参与，共同制订更平等互利，而且能兼顾各国实际情况的国际制度。

读者若明白了这是游戏规则的延续而不是创新，便好理解 TPP 谈判过程中措辞与现实的矛盾。

而事实上，TPP 涉及的不仅仅是国际贸易制度，而是更广泛的金融资本主义高级阶段下整个经济制度及相关的社会制度。在 TPP 协议的 30 章里，除了第 1 章的《初始条款及一般定义》外，其余 29 章中只有 5 章直接和传统的贸易范围有关，其他的章节涉及金融、信息、知识产权、企业、政府对经济的管理、公共品及公共福利等多方面。简言之，TPP 是为了适应金融资本主义高级阶段而推行的新制度安排，其辐射的影响力，可以说非常广泛和深远。

3. 透明度问题的背后

TPP 谈判缺乏透明度这一点一直被参与谈判的成员猛烈批评。有关谈判超过 5 年，其间条款内容极度保密，公众、媒体和民选议员对协议内容一无所知，只有少数政府高层官员和跨国大企业以作为市场利害关系人（stakeholders）的理由获准阅览协议文本，并能够讨价还价，对细节施加影响力。奥巴马共有 28 个贸易顾问委员会，覆盖航空航天、农业、化工、制药、服务、金融、科技、工业标准、电信及电子商贸等领域，均由大企业和贸易组织主导。

如果这真的是一份高规格、符合大多数人利益的协议，那么为什么谈判过程中的协议细节会如此不透明？归根究底，TPP协议的谈判，还是以核心国的跨国企业利益为主导。①在整个谈判的过程中，被蒙在鼓里的美国国会议员只能对整个一揽子立法投赞成或反对票，不得提出任何修订案。难道这算是民主的体现吗？

日本早前批评亚投行缺乏透明度，所以拒绝参与谈判。但是日本参与TPP便无异于自己打脸。而长期研究全球贸易的诺贝尔经济学奖得主约瑟夫·斯蒂格利茨（Joseph Stiglitz）批评TPP协议与自由贸易无关，而是贸易管控，代表了每个国家最强大的商业集团的利益，由它们来管理各成员国间的贸易投资关系。他甚至认为一些条款会限制公开竞争，阻碍自由贸易。美国著名学者诺姆·乔姆斯基（Noam Chomsky）更直指：说TPP是一份自由贸易协议简直是个笑话；它实际上是具有极端保护主义倾向、限制贸易自由的措施，其核心与贸易无关，而是投资者的权益。②

三、主权外部性：半殖民化的"治外法权"

在核心国和后进国的全球产业链竞争本来就不平等的现实条件下，以平等竞争之名，解除后进国政府调控经济的能力，等于以隐蔽的方式设置了某种形式的主权外部性。

1. 去国家化的ISDS

TPP协议中一项最富争议的条款是"投资者—东道国争端解决机制"（Investor-state dispute settlement，ISDS），即外国投资者如果认为东道国政府的某些措施影响其当前或潜在的未来利益，可以绕过东道国的法律框架，对该国政府提出法律诉讼，索取赔偿。换言

---

① 美国企业每年在政治游说工作上的开支达到26亿美元。

② ［美］诺姆·乔姆斯基：《TPP是一种新自由主义袭击》，2019-11-10，http://www.salon.com/2014/01/13/chomsky_ tpp_ is_ a_ neoliberal_ assault/。

之，投资者在某国投资，不受该国法律所规范。一旦出现争端，不在当地根据该国的法律体制来寻找仲裁解决。

这意味着外国投资者实质上获得某种"治外法权"，这无疑是对一国主权的侵蚀。亦即，TPP 协议设置了某种主权外部性。

目前 WTO 或各种双边、多边贸易协议下的贸易纠纷仲裁，还是以主权国家为主体。而 TPP 容许企业作为经济主体僭越国家主权，企业可以不受当地法律规范而起诉该国政府。这基本上是在全球化趋势下，遵从了跨国公司以各种形式摆脱东道国的行政和法律规定的意愿。如今通过 TPP 把这种趋势制度化，这究竟是历史的进步，还是倒退？

这份号称 21 世纪最高标准的贸易协议，在 ISDS 方面实则也并无新意。如果我们不善忘历史，就会记得中国在半殖民时代，也曾经出现租界这种外国人享有"治外法权"的制度。TPP 无异于在接受外国直接投资的东道国里设置了一个经济租界。

虽然有分析认为，TPP 条款设有严格的规定来限制仲裁委员的行为准则，要求 ISDS 受理案的所有流程公开，而且有些规定限制了外国投资者"起诉"政府监管法规的条件，所以预计实施起来难度大。诚然，ISDS 将来的实际运作究竟如何，现在只能推测，毕竟，国际上的仲裁最后还是看控辩双方背后的国家实力。但是，就制度设计的本意而言，无疑是要设置某种形式"治外法权"的主权外部性。

甚至日本人也能感受到这种主权外部性。有日本学者指出，TPP 是美国继 1853 年派"黑舰"强迫日本开放并签订《日米修好通商条约》(1856 年)、1945 年美国军事接管日本及 1951 年《旧金山条约》以后，再一次对日本主权的侵蚀。[①]

---

① 参阅萨奇·美藏:《TPP 及其批评者的介绍和请愿》,《亚太日报》2013 (11)。

事实上，跨国企业利用美国的贸易及投资协议，至今已索取了超过 30 亿美元的赔偿，主要是涉及环境、能源和公众健康。而目前还有 140 亿美元的索偿要求正在处理中。知识产权法也成为美国企业防止对手占领市场的强盾。最突出的例子是三星被裁决需赔偿苹果公司 9.3 亿美元（仍在上诉）；苹果公司同时向美国国际贸易委员会（ITC）申请禁止三星产品进口美国。

2. 金融无边疆：解除国家信用货币化功能

值得注意的是，ISDS 是配合金融全球化的重要机制。

ISDS 的"涵盖投资"（covered investments）项目超越了传统上的实体投资。根据美国的双边投资及贸易（BIT）概念，投资更多是指金融投资，这符合美国作为发达金融资本国家的利益。包括知识产权的无形资产权益则是在新经济下的延伸概念，而 TPP 的投资更包括了投机性金融资本。传统的投资者一般在实体资产受到当地政府影响时寻求补偿，例如，该国政府的"国有化"政策导致不动产（土地与厂房等）损失等。传统上的实体投资起码从长远而言对东道国经济会有所贡献，因此其合法权益应该获得当地法律的保障，而 TPP 框架下的投资则不考虑它对东道国的经济是否会造成伤害。

金融投机性资本自由进出，在多空操作之中利用各种危机获利，转移利润，却不顾及对当地的冲击和影响，这就是当前金融全球化的现实图像。任何坚持经济主权、维护宏观调控能力、维持有效管治的主权国家，在某些环节上都有可能对这种"自由"构成限制。

虽然 TPP 许可国家在经济危机时采取适当的救市措施，但是被 ISDS 机制引入了灰色地带。为什么这么说？比如中国香港在 1997 年或内地在 2015 年 6 月份采取的救市措施，导致外国投机性金融资本因为部署做空而失利，跨国公司可以通过 ISDS 申请赔偿。

事实上类似情况已经发生了，却没有引起注意：中国采取救市措施之后，立刻被欧美金融界指责为央行政策"不透明"。西方当然知道，中国央行是中央政府的金融政策部门，不是美国那种私人银行家组成的美联储。难道一个国家根据其经济主权采取宏观调控措施之前都要预先向在市场上兴风作浪的金融大鳄们广而告之不成？再考虑协议强调的"反汇率操控""金融自由化"等理念，TPP 实际上是要求解除那些仍然有能力维护经济主权的国家防御全球过剩流动性冲击的逆周期调控能力。

简言之，资本就是资本，它的存在就是为了最大化地获利。这是投资者的特权（investor's privilege）。所谓 TPP 代表全球化金融资本主义阶段的"先进性"，在于它的核心已不是一般商品的自由贸易，而是核心国利用其货币霸权地位大量制造全球金融流动性泛滥，趁机牟取巨额利润。

3. 扫清发展中国家尚有竞争力的国有资本

如果仔细研究 TPP 条款，不难发现其内含的贸易管控关系是不对称的。这是一份为保护核心国的产业优势而量身定制的 FTA，即其条款更有利于核心国的优势产业进入其他国家的市场，并且阻止对方政府采取适当措施来保护及扶育本土的产业来和核心国优势产业竞争，从而避免未来出现潜在竞争对手。而纵观近代产业发展的历史，很少有国家的优势产业开始发展的时候不是得益于政府的政策性扶助或保护。

换言之，这种金融资本阶段的新的制度安排，是把核心国优势产业当前的"比较优势"，制度化为长期的"绝对优势"。

例如，TPP 协议在平等竞争的名义下专门限制国有企业，取消对国有企业的政策支持、财政补贴和其他优待。一方面可能阻断政府依靠国有企业承担国家经济安全责任，弱化国有企业配合政府在遭遇经济危机时发挥逆周期调节作用、服务公众长远利益的能力；另一方面，核心国优势产业因此而扫清了所有竞争对手。

众所周知，发展中国家大多数在殖民时期惨遭剥夺，只在少数有条件通过革命剥夺宗主国跨国资本的国家，建立了由政府部门掌控的国家资本，只有以国家之力或特殊的保护措施，方能打造一批较具国际竞争力的企业，而这些企业不仅在内成为政府推进逆周期调节和实现宏观调控的主要载体，在外也足以和核心国的大型跨国企业在国际上形成竞争。而如果加入 TPP，则意味着预先阻断发展中国家的政府对国有企业的政策保护，这难道不就是相当于为核心国的优势产业扫除对手吗？

退一步说，次贷危机后美国政府的救市本身就属于国家补贴的一种形式。假如美国的战略性部门及其企业在资本市场遭遇失败，美国会允许外国金融集团趁着市场价格的"自然"低谷来收购国内的重要企业吗？美国深知其中的利害，对于经济主权，可谓寸步不让，但对于要纳入 TPP 的发展中国家则恰是反其道而要求之。

四、高制度设计、软实力的意识形态制高点

TPP 是 WTO 协议、新西兰—新加坡自由贸易协定（ANZSCEP）等 FTA 的进一步升级和扩充，而且制定了更高的标准。其"门槛"之高超越当前其他普通投资贸易协定。其中除了贸易自由化之外，TPP 还涉及经济立法、金融改革、环境保护、劳工权益、知识产权和竞争中立等多方面，每一方面都是高标准。

有评论认为，TPP 的标准之高，甚至连日本等发达国家都存在是否可以达标的问题。[1] 当然，为了达成协议，还是少不了妥协。

那么，这是否真是一份名副其实的体现高标准的先进制度贸易协议呢？

起码在生态保护方面，环保人士不会认同。在两千页的条文中，尤其是第二十章《环境》中，居然没有提及如何应对气候变化及改善

---

[1] 陈惟杉：《中国对美国推动 TPP 持开放态度》，《中国经济周刊》2015-10-20。

当前效率低下的环境监督机制，而是仅仅表示"成员承认转变为低碳经济需要集体行动"。据《金融时报》报道，美国环保组织塞拉俱乐部（Sierra Club）的执行董事迈克尔·布鲁恩（Michael Brune）就认为，TPP 协定全文对"气候变化"只字不提，不配称其为 21 世纪的贸易协议。其《环境》章节的许多规定软弱无力，没能为协定的支持者提供任何保护。学者指出，《环境》章节成了环保主义者的噩梦。① 关注互联网信息自由的人士也担心 TPP 将会是对国际互联网自由的最大威胁。例如，假设有人通过互联网来揭露某些企业的不当行为，有可能被检控。

正如上文的分析，我们如果从 TPP 的当前政治意义高于中短期经济意义来理解，就会明白 TPP 在措辞高度和实质内涵之间的落差。事实上，TPP 只有最终把新兴国家纳入核心国家主导的贸易系统，才能完全实现它对核心国家的长远的潜在的经济利益。

全球霸权国家公开指出：TPP 的当前核心战略意义涉及更多制度权之争。这是一份为保护核心国的产业优势，尤其是金融资本优势而量身定制的高制度设计，它的战略意义在于为核心国取得意识形态制高点，进一步利用教育、媒体和人文社会研究等方式丰富其话语软实力，以便能倒逼新兴国家向符合核心国利益的方向进行体制转换。而事实上，不少事事以核心国的软实力宣扬为"政治正确"的新兴国家知识分子及其舆论工具，迫不及待地歌颂 TPP 的先进性及高标准，纷纷呼吁要趁此良机倒逼新兴国家进行内部改革，想尽办法也要进入这个高级俱乐部。

总而言之，新兴国家不应该被 TPP 的高调话语所迷惑，而要继续走自己的路，以自主创新的方式保持本身已有的制度优势，以适当的速度、为了本国的长远利益而进行良性改革，并且以平等、互

---

① 《TPP 协议全文内容细节公布细数条款细节中的"魔鬼"》，观察者网 2015-11-06。

利、照顾各国特殊情况的原则来组成各种区域性贸易协议。如是，方为上策。

小结：币缘战略下新世界体系的"后冷战"意识形态

通过 2、3 两个专题分析可知，冷战结束 20 多年后形成的"六方货币同盟"这种币缘战略产物，以及 TPP 这种保障"治外法权"的后殖民化体系，从其排他性及延续"二战"后的地缘政治同盟关系来看，仍属于资本主义升级进入金融资本阶段之际需要构建的"后冷战"制度体系；并且与被核心国称为软实力的"后冷战"意识形态紧密结合。这些体系并非无源之水，而是冷战时期上层建筑和意识形态在新世纪的翻版。

也就是说，冷战意识形态不仅没有随着冷战结束而消亡，反而在金融资本主义遭遇全球危机、加剧向贫困人群和资源环境转嫁成本的条件下得到了自我复兴的机会。

人们对这种冷战体系在新世纪的"复兴"不应该感到陌生。因为我们可以在刚刚过去的 20 世纪的历史经验中找到类似阴魂不散、借尸还魂的教训。

最鲜明的例子，莫过于"一战"中形成的法西斯主义并没有在"一战"后随民主制度普及民族国家的兴起或社会主义国家诞生而消亡，反而变本加厉，结果只隔了短短的 20 年便带来了更惨烈的数亿人伤亡的第二次世界大战。同理，虽然西方同盟自诩为民主自由斗士，但有识之士都明白，冷战及其意识形态实际上服务于"二战"客观形成的双寡头瓜分世界的传统地缘政治，是在核威慑竞争中多次把人类推向毁灭边缘的愚蠢斗争，且不计朝鲜战争及越战中死亡的平民人数，仅看冷战中败北的苏联，10 年间人口减少了 600 多万，可见这场斗争的惨烈程度，不亚于任何"热战"。

尽管教训如此惨痛，但仍阻挡不住西方中心主义政治家继承罗马奴隶制的殖民化遗产，继续推行愚昧的冷战意识形态的政治教化。

于是，"后冷战"体系还是在金融资本主义的危机中借由这次重大的损人利己的"制度创新"而复活。

当人类已经有足够生产力去解决全世界贫穷问题的今天，当富裕社会只要拿出他们过度丰裕的物质享受的一小部分，就足以大大改善全世界大部分贫穷人口的生活之时，发达国家政治家却把创造力放在建立和延续一个确保能延续其因殖民化而形成国家竞争优势的制度之上。

当联合国的千禧目标已铁定失败之际，当全球每日因为战争和饥饿而死亡的人数绝不少于历史上任何一个时期的今天，我们却只能战战兢兢地目睹一个纳入"旧冷战"意识形态的新币缘战略同盟形成。

综观历史，金融与军事暴力总是如影随形。[①]

回顾两次世界大战的根源，金融资本不受抑制地膨胀与法西斯主义的兴起有着密切的关系。今天，金融资本主义发达国形成了币缘战略同盟。为稳定全球风险性日增的金融体系，货币与流动性互换协议应由全球主要国家，尤其是新兴国家共同参与。但核心国在掌控旧的国际金融工具——世界银行和 IMF 之外，另外形成西方的六方货币同盟，明显地带有强烈的排他性。它表面是货币金融同盟，但实际上是具有排他性的政治同盟。

再看，核心国稳定了内部金融货币秩序，同时积极在全球展开新的地缘军事战略部署，而且处处以冷战思维设定敌人、打击对手。今天我们看六方货币同盟，有如目睹"六方轴心国"形成。与此同时，全球地区性冲突硝烟不断，有识之士不能不忧虑核心国之金融与军事战略结合的"金融军国主义"，大有祸延全球之势……

---

① ［美］大卫·格雷伯著：《债：第一个 5000 年》，孙碳、董子云译，中信出版社 2012 年版。

货币霸权战略冲突下欧元的困局

欧债危机、中东战乱和新兴市场金融危机（例如中国 2015 年股灾）并不是孤立发生的个别事件。它们其实都是全球货币战略冲突的症候。唯有在深层的币缘政治层面着手分析，方能看出当前全球纷乱局势背后的一连串线索。

美国经历"9·11"后十年的反恐战争，当前做出重大的地缘战略调整，自有其深层原因：美国和欧洲这个战略盟友，乃至和中国这个曾经一度被绑在耦合关系中同床异梦的贸易伙伴，在新时期的币缘战略上出现了利益冲突。美国无论何种政党执政，都要维护美国的核心利益，那就是以国家强权保障私人银行家获利而必需的强势美元地位。因此，美国的政治及军事核心战略也必然是极力维持美元的全球霸权。这是当前金融资本主义发展的主要矛盾。

所以，美国的核心战略是要打压所有能挑战美元霸权的新兴货币，包括自己的盟友。20 世纪 80 年代用广场协议打垮了日元，当时的打击目标还有德国马克。"二战"后西德和日本是战败国，没有完整的主权，之后搭美国的军事战略便车再度变成工业强国。日元在 20 世纪 80 年代一度有能力挑战美元，美国便要日本金融"切腹"，日元便被轻易击败。而德国幸免于难，乃因两德统一的历史机遇，西德增发的货币用来对应地货币化东德乃至苏联和东欧国家的庞大实体经济。诚然，吸纳东德的工业产能及居民消费，延迟了德国的金融化，才没有走上日本的金融泡沫化之路。而在德国完成统一消化了东德的工业产能后，法、意等西欧国家也乘苏东货币体系解体之势，加入了以西方货币来货币化苏联、东欧庞大实体经济的获利大潮——相当于美国支付成本获得的西方阵营的冷战胜利，留下的和平红利被欧洲获取。

于是，1994 年，欧盟在成熟的条件下成立，1999 年欧元区正式成立。

但是，没有哪一个国家的顶层设计比美国更理解货币的本质和机制。美国看准欧元有先天缺陷，那就是缺乏作为主权货币所必需的内部政治统一性。于是，美国积极介入南斯拉夫科索沃战争，就是冲着欧元去的。在 1999 年欧元诞生之际，美国在欧洲的火药库巴尔干半岛煽风点火，无异于放大欧洲的政治不稳定性，尤其是挑起欧洲和俄罗斯之间的矛盾。因此，美国似乎是通过科索沃战争来凸显欧元的先天缺陷的：信贷基础主权的不确定性、矛盾性及不稳定性。

欧元最大的问题，其实不是希腊或"欧猪五国"（PIIGS），那只是表征。

众所周知，欧盟的制度矛盾是有统一的货币政策（如利率），却没有协调的财政政策，难以在区内针对不同经济体的实际情况进行微调，结果造成强者愈强的局面。像美国和中国这种有强大中央政府的政体，一旦某地区或部门出现问题，联邦或中央政府可以超越局部利益进行调节平衡（尽管还是有一定的利益倾斜）。这次希腊危机凸显的却是：一旦欧盟内部出现矛盾，主导的还是强国的利益。这方面已经有过不少分析了，但大部分研究者都忽略了美国对欧元的战略性打压相对地加剧或放大了欧元区的内部矛盾。

欧元的真正问题是它承载了两种矛盾的功能与期望（或者说利益）。

金融资本阶段的主要矛盾，是不同金融利益集团的竞争。欧元甫一问世，立即形成了欧洲的金融利益集团与美元集团的对抗。这中间牵涉到庞大的利益调整。但欧元的先天缺陷和美国的打压，令欧元始终无法享受美元的信用优势，不像美元般可坐享全球铸币税，在全球贸易中进行制度寻租。于是欧元资本只能靠内部收益来维持欧元资产的收益率。像欧洲债权人对政府财政收入欠佳的"欧猪国家"提供主权信贷这种掠食性借贷（predatory lending），跟美国房贷公司针对缺乏储蓄能力甚至稳定收入的 NINJA（no income, no job and asset，无收入、工作和资产者），连哄带骗说服他们签下根本没有能力偿还的房贷，两者本质一样，都是金融资本为了增加自己的收益，不惜埋下债务危机的定时炸弹。但次贷危机爆发后，美国可以靠量化宽松向全球输出流动性来化解内部危机，欧洲的量化宽松却主要由内部来消化。

先撇开内部缺陷不说，欧元能否成为重要的储备货币，有两个决定性因素。首先是它能不能成为全球主要商品的贸易结算货币。欧洲实际上是全球最大的经济体，其覆盖的经济总量超过 18 万亿美元。而且，欧盟也占了全球贸易的最大份额，其后才是中国和美国。可是欧元流通 15 年，到 2014 年仍然只占世界货币储备的 22.2%（在 2009 年美国金融危机后短暂达到最高的 27.6%），美元至今还是占压倒性地位的国际储备货币，至今还超过 60%；全球资金结算中，欧元只占 28.3%，美元则以 44.64% 的份额仍然高居第一位，① 美元还是世界主要大宗商品的结算货币，尤其是占第一位的石油。

欧元当然渴望成为主要商品的结算货币。第一次海湾战争，欧洲盟友普遍支持美国，因为当时美国并没有拿下伊拉克总统萨达姆·侯赛因并接管伊拉克。后来萨达姆扬言要推动以欧元来结算伊拉克的石油贸易，这就等于挑战美元的石油本位，真正触动了美国的神经，因而被美国支持的伊拉克政权处以绞刑。在第二次海湾战

---

① 根据环球银行金融电信协会（SWIFT）2015 年 1 月 28 日的公告。

争时，德、法等欧元区主要国家并不支持美国动武。这也不是出于什么道义，而是萨达姆推动欧元结算石油贸易的倡议恰恰符合欧元想成为世界主要结算及储备货币的鸿图。同样试图将结算货币从美元改变为欧元的还有伊朗、朝鲜和俄罗斯，所以美国视伊朗和朝鲜为"邪恶国家"。这其实跟宗教、文明、意识形态也没多大关系。不少人已经指出：美国在中东最亲密的盟友沙特阿拉伯比起伊朗，在宗教上更保守、在政治上更专制、在社会上更压抑女性及外来劳工的人权，而且是极端保守伊斯兰主义 Wahhabbism 的输出者，[①] 但只要符合美国利益，这一切都无碍它成为美国的亲密盟友。

十年之后，利比亚的卡扎菲更"大逆不道"。他不仅提倡石油去美元化，甚至要甩开欧元，倡议以黄金为基础、以本国丰富的石油储备为后盾成立非洲货币同盟。这等于同时触动美元和欧元两大货币霸权的利益，所以这一次，法国等欧洲国家便积极参与军事行动，推翻这位梦想打倒巨人的堂吉诃德了。

说到底，在金融资本阶段的国际币缘-地缘政治里，鲜见正义之师，有的只是各自的利益盘算。

俄罗斯近年倡议建立欧亚贸易区，整合贯通欧洲和中亚的苏联成员国。换言之，整个亚非欧大陆的核心区将变相成为"欧元湖"（Euro lake），其连锁效应可以很大。如果以欧、俄、中亚为核心，再联结上中国、中东及非洲，美元在整个亚非欧大陆的影响力将大幅下降，只剩下"泛太平洋美元湖"（Pacific Dollar lake）。这才是影响美国接下来 20 年、50 年乃至 100 年国运的重大地缘格局重组。

因此，欧洲和俄罗斯走得太近并不符合美国的利益。美国必然不惜一切离间欧俄。唯有明白这一点，我们才能理解乌克兰事件的意义。美国已经不是第一次为了自己的一时利益而培植及利用极端

---

① 查尔斯·皮尔斯：《是时候阻止沙特人了》，《时尚先生》2016-05-24；理查德·福克：《沙特阿拉伯与王室有罪不罚罪》，《中东之眼》2015-10-06。

分子，昔日较突出的例子是阿富汗的塔利班、基地组织拉登，最近的例子是"伊斯兰国（ISIS）"。这一次美国支持乌克兰的法西斯极端组织搞了次实质上的政变，把一个合法的民选政府拉下台，[①] 引爆乌克兰内战，把俄罗斯推向欧洲的对立面，切断了欧俄货币同盟的可能性。虽然客观上有把俄罗斯推向中国的作用，但人民币羽翼未丰，还不是自由兑换货币，在国际上只是新起之秀，较容易对付。[②]

所以，欧盟的困局是欧洲精英缺乏政治勇气造成的。因为只有在外交上与美国保持适当的距离，在军事上摆脱北约、成立欧洲联军，才能在货币上有明确的策略，推动欧元成为与其实力相符的国际结算及储备货币。这也难怪，欧洲从来就不是统一的政治体，由28个国家组成（欧元区19个成员），有24种官方语言，根本没有可能形成强大一致的意志来自立于美国之外。

于是，欧元只能是被美国打压和规定界限的区域货币。

欧元无法成为主要国际商品的结算货币之一，则没有可能挑战美国的全球储备货币地位，也无法在全球进行制度寻租，享受全球铸币税的庞大利益，那就只能在内部榨取弱国来维持金融收益率。这正是欧元的困局。

希腊这些基础较弱的国家，不惜靠高盛弄虚作假也要跻身欧元区，结果却因为缺乏竞争力，资金流向法兰克福，堕入了传统产业萎缩、信贷却不断膨胀的陷阱中，在低成本借贷条件下，靠借钱维持虚假的经济增长。在一个赢家通吃的森林法则主宰的金融世界里，希腊成为金融化洪流的输家。欧盟为了确保欧洲金融资产的价值，坚持以紧缩政策迫使希腊放血还债，令其陷入紧缩衰退（austerity depression）的恶性循环。

---

① 罗伯特·帕里：《乌克兰的新纳粹党》，《联合会新闻》2014-04-20。
② 美国地缘战略专家布热津斯基早在1997年出版的《大棋盘》中已指出美国为了本身的战略利益必须对欧亚大陆施行美国霸权，防止俄国、中国或伊斯兰国家等任何欧亚对手崛起。为此必扩张北约，把欧洲紧紧置于北约之下。

　　欧元本意是要成为可以与美元并立的世界性储备货币。但欧元甫一创立，美国便暗中打压。欧元区诸国跟跄走来，终于继美国房贷危机爆发后陷入主权债务危机，欧元同盟甚至有瓦解之可能；而且，即使目前勉强维持，也要付出巨大成本，恐怕在长久的将来也不能挑战美元的地位。不难理解，对于美国来说，只要有任何威胁美元价值的因素出现，必定坚决打击。

専題 5

美欧中战略关系分析（2015）

当前世界的复杂性在于：美国继续深化金融资本主义，不惜用各种手段来维护其货币及金融市场霸权，欧洲正在急速转向金融化，愈发与美国发生利益冲突；而具有世界上最大工业产能的中国，也因为核心国大量输出流动性及应对输入性危机而"被金融化"，在工业产能及国内流动性过剩的状况下，若要按照西方模式推动本国货币的国际化，就难免成为美元霸权的另一潜在对手……总而言之，要掌握当前乃至未来的全球局势，需要从金融霸权竞争，以及金融与实体经济之间的关系来入手分析。

一、三大货币各自的利益目标与币缘关系

1. 三大货币各自的利益目标

美元：极力维持美元的全球霸权，为此要阻止任何强势货币崛起成为足以挑战美元的全球性货币，甚至不惜利用军事及政治等各种手段打压。对此目标有利的战略：巩固"美元湖"——美洲自由贸易区、TPP，乃至大西洋自由贸易区。最理想的目标是打垮欧元，并把各大新兴经济体美元化。

欧元：企图成为足以挑战美元的全球性货币。为此要巩固欧盟，

在欧元区内打造优质的金融资产池，成为避险资产，吸引全球资金流入。对此目标有利的战略：与俄罗斯结盟，利用俄罗斯把中亚整合成欧元区的附属经济区域；趁美国撤出中东，建立石油欧元，收纳中东成为欧洲的后院，再加上北非，使整个环地中海区域成为庞大的"欧元湖"。

人民币：面对产能及流动性的双重过剩（工业、商业、金融三大资本过剩），亟须输出工业产能，推动人民币国际化，以便向金融为主的第三产业升级。对此目标有利的战略：中韩、中澳、亚洲自由贸易区、"一带一路"（制造业向中亚、南亚、中东、非洲推进）。

未来 10 年的全球政治经济演变，简单来说，主要就在美元、欧元、人民币这三大货币湖的币缘-地缘战略博弈碰撞中开展。

2. 三大货币之间的关系

美元霸权过去 10 年以及当前的主要对手是欧元。欧洲作为全球第二大金融资本集团是美国当前的主要打击对象。

人民币是美元潜在的长远的对手。中国是美国的中、长期打击对象；但美国仍然需要中国的廉价商品来维持美国的低通胀，因此，近期美国对中国主要是软实力控制和巧实力挑起局部冲突。

目前的形势是美国主动两面打击，欧洲处于守势，中国在夹缝中求进。

二、当前的全球币缘-地缘局面

1. 美、欧、中、俄主要战略关系

表 5.1　全球主要战略关系比较

	美欧	欧俄	中美	中欧	中俄
货币霸权	竞争	暂不存在竞争	中期及长远将出现竞争	中长期将出现良性互补竞争	暂不存在竞争

	美欧	欧俄	中美	中欧	中俄
产业结构	竞争	互补互利	短、中期产业结构互补	短期互补，但中长期将渐渐出现竞争	互补
政治制度、意识形态	相容	不完全兼容，但可以联盟	难相容，竞争	不兼容，但不至于对立，可以合作	相容，但俄罗斯的欧洲身份情结与东方取向矛盾
地缘及币缘利益	欧洲愈来愈感受到美国的战略打压，日趋对立	共同面对美国日益明显及尖锐的离间及打压，合作对双方有利	冲突	美国划定了美洲及太平洋的势力范围，剩下的中亚、中东及非洲将成为中国和欧洲的竞争场所，包括货币及资源上的竞争	面对共同对手美国，利益一致；但长远而言谁主导中亚将成为中俄的矛盾
军事关系	目前是军事同盟，但长远而言北约将矛盾深化。欧洲将寻求军事自主独立	乌克兰问题紧张局面暂时纾缓，在打击"ISIS"问题上军事合作，在中东问题上趋向合作	紧张	不对立	可以合作

2. 当前币缘–地缘热点

（1）美国利用"ISIS"等在中东制造乱局来扰乱欧洲，继续利用乌克兰离间欧俄，对欧债危机煽风点火。

战略目标如下。

短期：防止欧俄结盟。压制欧元，打压欧洲经济发展，防止欧元区内形成优质金融资产池，全力阻止欧元成为可以与美元分庭抗礼的全球主要储备及贸易结算货币。

中期：利用 TTIP 把欧洲纳入美国主导的体系，使欧元成为美元的附庸。

最理想结果：欧元解体，欧洲再次成为美元势力范围。

（2）美国利用日本及南海诸国来牵制中国。

战略目标如下。

利用 TPP 阻止亚洲贸易一体化及货币同盟出现。打压人民币，使其不能上升为区域性强势货币。推动中国完全开放资本账户，美国金融资本自由进出牟利。

最理想结果：使中国经济殖民化、美元化；中国失去有效管治，缺乏强大的中央政府和国家资本推动足以抗衡美国利益的政策。

三、美欧中各自的战略优点及弱点

1. 美国

优点：拥有美元霸权，军事强势，拥有雄厚的软实力和巧实力；仍然是全球资本高附加值的主要创新源头；政府有清晰明确的战略思维，国家政策与资本利益高度一致，群众支持国家，精英对国家忠诚，政治稳定；资源丰富，本来是最有条件自给自足的丰裕国家。

弱点：愈趋向金融化，隐含系统风险愈大；体制成本高昂，需要庞大的全球资本流动维持；同时开展大西洋、太平洋两个金融战场，容易犯战线过长的战略错误。

2. 欧洲

优点：全球最大的经济体、经济结构较完整及多元化。

弱点：欧元的主权信用基础不稳定；欧盟欠缺政治统合性，国家之间有利益矛盾，宏观战略不清晰；政治家、精英和群众对美国战略打压缺乏清醒认知；能源供给更多依赖教派对立、政局混乱的中东地区和"后冷战"意识形态对立的俄罗斯。

欧洲政治精英过去十多年的表现缺乏连贯长远的战略思维，总是处处被美国牵着走，陷于守势。甚至对美国打击欧洲的战略仿佛懵然不知。例如，美国军事打压利比亚、叙利亚，"项庄舞剑，意在沛公"。欧洲竟然凑热闹，以为可以取代美国在中东地区的影响力，结果捅到了马蜂窝。"ISIS"正如以前的拉登，愈来愈多的证据显示其是美国制造出来的工具，欧洲情报机关（也许除了MI6）[①] 以至政治精英可能至今还是懵然，起码是束手无策。

当然，欧洲强国也有本身的帝国主义行为，例如法国出兵并分割马里。

3. 中国

优点：政府有较清晰明确的战略，具有世界最大的工业产能、完整的工业结构，具有广阔的大陆战略纵深。

弱点：经济上对外贸易依存度过高，金融上对美元依赖度过高，这种双重逆向选择正在重归"依附性"。主流深受美国软实力熏陶，看不清自己的处境；内部结构性矛盾严重；所依赖资源及市场均在美国的战略覆盖下。

美国现在虽然是大西洋、太平洋两条战线同时开展，但对中国

---

① MI6：Military Intelligence 6，英国陆军情报六局的简称。

的战略性打击力度，绝不会弱于过去十多年对欧洲的打击，而且因坚持冷战意识形态而手段可能更赤裸裸。

应该避免像某些分析家那样过于强调美欧的对立，一厢情愿以为中国可以作壁上观。两边逢迎，趁鹬蚌相争，渔人得利，是不切实际的实用主义想法。如果欧元解体了，欧洲人的日子也不会过得很差。可是一旦人民币解体或中国经济彻底美元化，中国民众将会很惨。当然，指的是只能留在中国的国民，而不是那些到时早已席卷资产、携眷移居美欧的精英们。

中国的困窘处境，也是新兴国家的处境。或者反过来说，那些无法维护货币及经济主权的新兴国家当前的困局可谓前车之鉴，一旦中国无法维护其货币主权，也将无可避免地面对拖垮了众多发展中国家的债务陷阱。

专题 6
中国2015年股灾背景及过程

外资乃至本土的投机性资本企图做空新兴市场股市牟利，已经是公开的秘密。从 2009 年 7 月到 2014 年 6 月底，19 个最大新兴市场的资本净流入总量达到 2 万亿美元。其中有大量重兵屯聚在最大的新兴市场——中国。估计在 2015 年股灾前进入中国的热钱达 1 万亿美元。

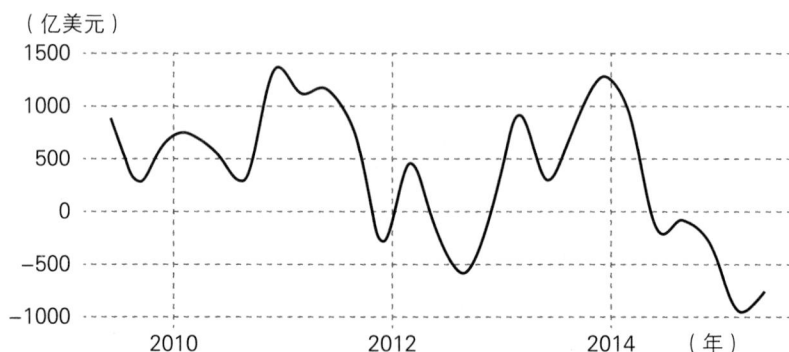

图 6.1　中国季度资本流动情况

2013 年 6 月美国量化宽松预期结束引发新兴市场金融动荡。中国因为具有良好的基础条件及资本项目管制，无论是金融市场还是币值，都能保持相对稳定，所以没有受到冲击。

但 2013 年以后的几年间，中国内部发生了变化，一方面经济愈趋金融化（乃至去工业化），另一方面，国内的金融市场变成半开放状态，更容易受国际金融市场涨落的冲击。2015 年夏季爆发了股灾，蒸发掉 20 多万亿元人民币。个中原委，我们归纳为：资本账户半边敞开，国内市场与国际金融涨落渐趋接合……

一、中国的金融化之路

21 世纪第二个 10 年开始以来，"产能过剩"（而不是经典马克思理论中的一般性生产过剩）这个在 20 世纪的中国很少落地的概念，在官方文件上出现的频率越来越多。同期，则是伴随实体产业下滑同步发生的金融"加杠杆"促推资本市场扩张。

中国于 1992 年提出建立"社会主义市场经济新体制"的改革目标。此前，全国先后开放粮食等其他产品价格，1992 年一次性地放弃全部票证制度，启动经济货币化市场改革。1993 年 12 月，国务院颁布了《国务院关于金融体制改革的决定》，随后，证券、期货、房地产三大资本市场全部开设，但不对外。

1998 年东亚金融风暴以来，中央政府直接出手，以国债投资于基本建设为内容，形成 21 世纪初各地借全球产业重新布局大潮竞相低成本吸引外资的基础，并由此出现连续 17 年的投资拉动型高增长，使中国一跃成为制造业大国和全球第二大经济体。在发展过程中，中央政府采取以国企承载国家基本建设投资，地方政府作为招商主体大力吸引外资的形式，虽然极大地节约了政府与资本之间的交易成本，但也种下了矛盾，不仅造成日益严重的生产过剩和生态环境恶化，而且因对私人部门构成"挤出效应"而被指责为"国进民退"，由此而有对市场和民资、外资让步的一系列改革。

比如，中国政府为应对东亚金融风暴这一输入性危机，持续采用扩张性财政手段向四大银行发行特别国债，大规模投资内陆基本建设。但由于中国尚未开放外资进入国内资本市场和货币市场，这种面对输入性危机强化国家银行资本的措施属于官方逆周期干预、直接出手做多，使得中国在东亚金融风暴中幸免于难。① 然而，中国利用国家金融资本进行逆周期调控的做法，被西方国家称为与"Capital Flow"（资本自由流动）相对立的"Contrl Control（资本控制）"；由此，西方从一般意义上要求中国开放市场，转变为更多强调中国金融开放。

到 2001 年加入西方主导制度话语权的 WTO 之际，中国已经大体完成了全面市场化取向的改制，最核心的经济部门国有商业银行从 1998 年开始进行商业银行改制，② 至此也已经形成商业银行的基本架构。在接下来的 2003—2007 年美元扩张带来中国经济高增长阶段，中国四大国有商业银行中有三家相继完成股改上市，余下的中国农业银行也在 2010 年完成"A+H"两地上市。四大行的资产与中国的经济体量同步快速增长。

2002 年，中国经济结束通货紧缩进入高速增长，又因外汇增加而对冲增发本币，带动国内资金大规模增加，就这样拖着中国进入金融资本过剩初期阶段，恰与已经进入金融资本高级阶段、亟须面向全球寻求超额收益的金融资本核心国的全球化扩张需求对接。③ 中

---

① 温铁军、计晗、张俊娜：《中央风险与地方竞争》，《国家行政学院学报》2015（4）。

② 此前中国四大国有银行（中国工商银行、中国农业银行、中国银行、中国建设银行）是国家财政直接管理的专业银行，1992 年开放市场经济以后，将政策性金融和商业性金融分离。这一时期金融秩序混乱，形成大量不良资产，造成银行资本严重不足。1997 年年底召开了第一次全国金融工作会议，提出成立华融、信达、长城、东方四大金融资产管理公司，将对应的四大国有银行不良资产剥离，为其商业化改制铺平道路。

③ 世界资本主义体系在 20 世纪后半期已经发生核心国家从产业资本阶段向金融资本阶段的跃升。任何体制下的金融资本扩张都具有本质上的共性，即追求流动性获利而推进经济虚拟化，当前，这些特征得以借助互联网创造的虚拟空间和数字结算瞬间获取巨大利益而被冠以"现代金融"，愈益取代以"存贷汇兑"为主要业务、以服务实体经济为目标的传统银行体系。因此，金融全球化是世界上所有可称为金融资本的特殊利益集团的基本要求，美联储代表其利益也属题中之义。遂有伴随着金融全球化而出现的"金融资本无祖国"的投机做空趋势蔓延全球。

国外汇大量增加，只能回流美国的国债市场而形成对美国债务经济的直接互动，反过来加速了中国的金融深化过程，最终造成了中美双输博弈——2008 年华尔街金融海啸爆发并引发全球经济危机，那边美国用量化宽松化解了危机，这边剩下中国面对自身的资产泡沫危机。

回望这个历史演变过程可知，中国全面产能过剩的挑战，既因中国加入全球化而延宕了爆发，从而拖延了中国经济虚拟化、金融化的步伐；又因中国加入全球化而加重了复杂性，越来越表现出"输入性"特征和内外呼应"去实向虚"的倾向。

这个中国百年工业化进程中前所未有的重大挑战，不仅是我们理解中国 2012 年至今的去工业化趋势所应具有的背景知识，也是客观分析 2015 年股灾的一个立足点。

二、2015 年股灾的宏观背景

随着金融深化，政府本希望国内股市能发展成一个有秩序的融资市场，并且打造优质的人民币定价金融资产池，配合同期大力推行的金融资本国际化，但事与愿违。从 2003 年开始算起，中国政府在 10 年中创造了 3 倍于前一届政府的投资规模，拉动 GDP 实现了连续 10 年的"黄金增长"的同期，资金却逐渐从实体经济析出，大量进入房地产，使地产和房市严重泡沫化。2012 年开始的新一轮实体经济下滑周期中，大量资金涌入投机领域，导致资产泡沫急剧膨胀，也属势所必然。2014 年以前的房市，2014—2015 年的股市和债市，2015 年股灾之后的房市，都是资产泡沫膨胀的重灾区。

1. 2012 年以来实体经济持续疲软

曾经高度依赖出口和投资的中国经济从 2012 年开始持续疲软，出口①及消费均陷入低迷。生产者价格指数（PPI）已经连续 3 年下

---

①　2014 年消费对中国 GDP 的增长贡献比例为 50.2%，投资为 48.6%，出口的贡献最低，只有 1.2%。传统的三驾马车中，出口明显失速。

降，虽然其中一个原因是全球大宗商品价格下跌，但也反映出中国的结构性产能过剩及工业领域疲软等问题。2015年8月，制造业采购经理指数（PMI）初值为47.1，连续第六个月低于50.00的临界值，创上一次危机2009年3月以来最低，显示制造业正在加速下滑，经营形势不断恶化。此前公布的各种数据及经济指数也呈现出下降趋势，经济出现疲态。此外，代表投资的信贷数据恶化，社会融资规模放缓，企业中长期贷款创18个月新低，企业需求相当疲软。

"趋势性力量与周期性力量叠加，使中国宏观经济面临失速的风险，部分区域和部分行业超预期的塌陷导致中国经济的脆弱性步入新阶段，未来有效需求不足和局部问题的恶化随时可能触及中国经济社会发展的底线。"[①]

2. 2014年开始，金融资产泡沫加速堆积

从2014年年底开始，中国股市高歌猛进。2014年年初IPO审批解冻至2015年上半年，中国已有345家公司上市，并且有超过1000家公司在排队候审。[②] 上证指数在半年内翻了一倍，如图6.2所示。在2015年6月的峰值上，沪市和深市的规模达到10万亿美元（约为GDP的100%），综合市值让中国成为仅次于美国的第二大股市。

大量民众被吸引投入股市交易，2015年共有2亿人开通股票账户，加入这场史无前例的金融狂欢。据世界交易所联盟（World Federation of Exchanges）数据，2015年6月前的几个月内，上海证券交易所股票成交额与总市值之比超过5倍；6月初中国股市的融资（投资者借入资金购买股票）规模达到人民币2万亿元左右，较一年前增加了近4倍。

---

① 刘元春、阎衍：《经济增速筑底关键期到来 今年面临四大深层次风险》，中证网2015-06-20。

② 王维丹：《今年A股最差IPO表现：国泰君安四天涨77%》，华尔街见闻2015-07-02。

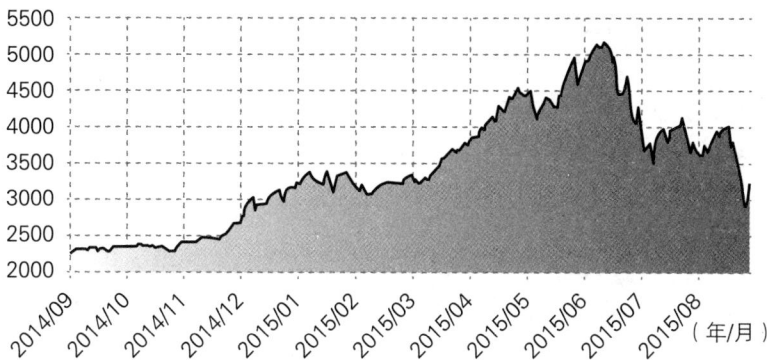

图 6.2　2014 年 9 月—2015 年 8 月上证指数

2015 年，中国债券市场也成长为全球最大市场之一，达到 6 万余亿美元。[①]

金融资产泡沫越堆越高，大有"山雨欲来风满楼"之势。

3. 2015 年货币供给双重紧缩

从背景上看，2015 年年初，当股市在一边高歌猛进，中国国内货币供给同时发生了内生性与输入性紧缩。

（1）"去杠杆化"调控政策导致金融及货币内生性收缩。

2015 年上半年，一方面是股市的货币政策相对宽松，继续助推牛市，另一方面是实体经济面临着实际的货币紧缩。随着连续十多年依靠投资拉动增长，以及近年金融化加速，中国经济已经出现过度杠杆化的情况。鉴于中国需要进行平稳有序的去杠杆化，作为政府重要调控手段的金融机构开始进行表外业务清理。在银行借贷紧缩及整体性去杠杆的冲击下，社会融资规模和货币供应增速回落，金融处于内生性收缩。对此，中国人民大学经济研究所的刘元春和

---

① 对此有不同估算，一说 6.6 万亿美元，见 http://news.10jqka.com.cn/20150828/c581335968.shtml；另一说为 6.3 万亿美元，见 http://www.nbd.com.cn/articles/2015-07-30/934758.html。

阎衍有精准的描述：

2015 年 1—5 月全社会融资总额累计同比增速为-19.7%，比去年和前年同比分别下滑 13.6 个百分点和 50.3 个百分点。与此同时，货币供应出现明显回缓，2015 年 1—5 月 M2 增速仅为 10.8%，是近 5 年来新低……同时信贷市场和资金市场循环的各类参数也出现回落，表明金融内生性紧缩现象普遍存在：一是货币流通速度的线性趋势回落明显，2015 较 2010 年累计回落 14%；二是与货币流通速度相对应的工业企业资金周转率也出现趋势性回落……

过快的债务增长及企业债务和地方政府债务过高的问题在 2015 年开始与生产领域的通货紧缩相叠加，导致"通缩与高债务效应"出现，局部风险恶化和蔓延的程度随时可以加剧，对宏观经济带来的内生性紧缩效应也将更严重。按照我们的估算，中国总体债务与 GDP 之比到 2014 年和 2015 年将分别达到 242% 和 252%。其中企业债务率到 2014 年和 2015 年将分别达到 169% 和 179%。这种高债务率与通货紧缩相叠加，直接导致债务风险大幅度上扬，甚至局势恶化。2015 年以来激增的各种信用违约事件证实了这种可能。据不完全统计，从 2014 年 4 月到现在，共有 575 只债券被降级。其中"ST 湘鄂债"成为国内首只在公募债券市场上的本金违约债券，"天威债"成为首只国有企业在公募债券市场上的违约债券。这标志着中国风险全面向纵深发展。

实体经济的贷款需求及商业银行的风险控制，导致当前定位的稳健货币政策不稳健，货币条件指数紧缩，金融对于实体经济的渗透性大幅度下降，货币政策明显偏紧……

2013 年"城投债"违约，2014 年"超日债"违约，到 2015 年"天威债"违约，标志着中国债务风险开始全面蔓延，传统的"借新还旧模式"处于崩溃边缘，宏观"去杠杆"与微观企业减负成为左右中国未来调整与重整的关键。地方债务的置换、资产证券化的全面启动，以及利用股市启动的宏观"债转股"，成为中国金融结构性转换的关键，并左右着近期中国宏观经济的景气和风险。股市在短期的快速回落所带来的宏观冲击将大大超越以往水平。如何驾驭目前中国这个脆弱的宏观去杠杆支点，如何在完成股票市场战略性融资和制度完善的同时，保持股票市场相对平稳运转，已经成为当前宏观调控的核心任务之一。事实上，下半年，宏观经济的触底反弹、宏观政策的再次微调、IPO 规模的全面放量、房地产市场的超预期回升都会触动中国股票市场脆弱的神经。

（2）大规模资金外流导致输入性通货紧缩。

正如前述，2001—2011 年，中国外汇占款的高速增长令基础货币供应脱离实际经济需求而急速膨胀。其后，随着美国量化宽松政策的间断及后来的正式退出，中国外汇占款与基础货币供应的比例下降，中国实际上发生输入性通货紧缩的情况。这个问题在 2014 年后，尤其是 2015 年年中变得格外严峻。

据估算，截至 2015 年 7 月底的前 13 个月里，19 个最大新兴市场经济体的资本净流出总量达到 9402 亿美元。根据资金流向监测机构 EPFR 的统计，仅 2015 年 6 月 10 日前的一周之内，新兴市场基金资金流出总量达 93 亿美元，创下自 2008 年金融危机以来的最大单周流出规模，其中 71 亿美元从中国股票基金流出，是新兴市场基金遭遇的 7 年来最大的一次资金外流。与此同时，新兴市场外汇储备日均下降达 580 亿美元。[①] 有研究估计，直至 2015 年 5 月，中国已累计沽出价值 1800 亿美元的美国国债，同期日本只沽出 94 亿美元。减持美债可以有多种原因，其中一个原因是随着资金大规模外撤，央行需要沽售美元资产买入人民币。其后，中国股市指数出现大幅度走弱。2015 年 11 月底，人民银行外汇占款减少 3158 亿元人民币，是有记录以来单月第二大跌幅。据国际金融协会（IIF）当时的报告，中

---

① http://finance.sina.com.cn/money/fund/20150612/155922419742.shtml。

国第三季度资本外流为创纪录的 2250 亿美元，第四季度估计为 1500亿美元，全年资本外流规模估计将达到创纪录的逾 5000 亿美元。

以上几方面表明，股市的虚火越来越缺乏足够的支撑条件。

三、2015 年股灾进程

2015 年 6—8 月，中国股市先后发生了两次暴跌。

1. 股市第一波下挫

中国证监会于 2015 年 4 月新推出几项股指和全面做空机制。有分析认为：

"当前我国股市最大风险在于，有了股指期货以后，通过金融衍生品做空大盘的利益极为巨大，这已经不是对个股的做庄，而是对大盘的做庄。6 月 29 日，沪深 300 的期指总成交是 39753 亿元，而相关股票成交是 7040 亿元，股指期货成交量已远远超过股市股票成交量。这背后的盈亏是按照成交量乘以涨跌点数计算的，股指期货的盈亏超过股票很多倍，股票可以成为操纵股指的工具，对其中的联合做空必须有所重视。这些联合做空的手段就是场外融券和掉期。一些机构和私募通过融券和掉期，可以得到额外的利益。这对大盘多方而言，构成了巨大的不对等威胁：场外的掉期和融券，由于资金不离开操作人的账户，其保证金和利息都比场外融资要容易得多，成本低得多，空方和多方严重不对等；而且在信息层面，融资的信息容易被挖掘，场外的掉期和融券则秘密得多，信息上也严重不对等。因此，如果没有严格的限制，空方总能突袭多方获取暴利，尤其是对知识水平不足而导致使用金融工具保护自己利益的散户来说更是如此……"[1]

---

[1] 张捷：《应加大对做空市场的监管规范力度》，《中国证券报》2015-07-02。

机制具备了，另一方面需要弹药。据场外配资公司人士估计，场外配资规模为 1.7 万亿—2 万亿人民币，远高于证监会的估算。[①] 2015 年 6 月 18 日，彭博新闻社的数据显示：美国最大的跟踪人民币计价股票的 ETF 的做空意愿已经升至流通股数的 16%，创下历史纪录，做空赌注较上月翻番。[②] 至此，市场做空的机制和弹药皆已具备，就差有人扣动扳机了。

2015 年 6 月 12 日中国股市达到最高点 5178，仅仅经过 11 个交易日，便一路暴跌 1331 点到 6 月 30 日的 3847 点。众多网民大呼股灾，此后又跌到 7 月 9 日近 3300 点的水平，不到一个月，市值蒸发掉约 18 万亿人民币，如图 6.3 所示。7 月 6 日沪港通双向为净卖出，沪股通卖出 133.85 亿元，港股通净卖出 14.57 亿元。国外资金纷纷逃出中国股市。

图 6.3　2015 年上证综合指数

---

① http://www.yicai.com/news/4671226.html。

② 三峰:《A 股股灾，金融战中隐现索罗斯魅影》，深察智库 2015-07-04。

这还发生在中国政府一系列的救市政策之下。

6月27日，央行宣布降息0.25个百分点，同时下调部分银行存款准备金率。这是一记罕见的组合拳，上一次出现是在2008年全球金融危机达到最高潮时，可见政府已经认定这次股灾的严重性。

其后《财经》报道，7月4日下午，国务院召集会议商讨应对之策，消息指政府斥资1.7万亿元人民币救市。

高盛估计中国政府动用了近1400亿美元，以避免股市出现崩盘式下挫。而有业内人士估计，包括社保、证金公司和其他入市机构投资者在内，救市资金达到2万亿元人民币到3万亿元人民币的水平。

2. 股市第二轮下挫

2015年8月21日，美股跌幅达5.8%，是2011年9月以来最大跌幅。全球股市应声暴跌。随着国际石油及大宗商品价格暴跌，新兴市场的股市、债市及汇市均遭到抛售，大有回到2008年华尔街金融海啸的前兆。

接下来的星期一（8月24日）开市，中国股市在众新兴市场中所受冲击最大，上证指数重挫8.49%，创2007年2月来最大单日跌幅，是1997年以来A股历史上的第三大跌幅，蒸发掉2015年年初以来的涨幅。

8月25日中国央行宣布，从8月26日起，金融机构一年期贷款基准利率下调0.25个百分点至4.6%；一年期存款基准利率下调0.25个百分点至1.75%。9月6日起，将下调金融机构人民币存款准备金率0.5个百分点。政府连续两个月在股市大幅下跌后推出双降，可见形势之险峻。

在2015年的两次股市下挫中，中国付出了高昂的代价避免了股市崩盘。

四、谁制造了做空中国的机会？[①]

谁制造了做空中国的机会，这个问题似乎前文已经给出了答案。但那只是个别机制上的，有必要用更长远的眼光来观察此问题。

客观地讲，西方金融资本一直在试图寻找做空中国资本市场的机会，已经做了至少 5 年准备。这本来就是公开的秘密。[②] 但做空力量的多年努力并不成功，主要是因为 2013 年十八届三中全会之前中国的金融资本交易还没有对外开放。此前，中国只有外资 QFII（合格的境外机构投资者）政策，由于审批额度很小，投机资本不足以兴风作浪，金融大鳄只能把巨额资金囤积在香港，把港股指数炒到全球最高的 25000 点以上，反过来又造成香港经济只能饮鸩止渴地更多依赖资本市场，不断推升其对内地经济的寄生性；而香港越来越严重的寄生性金融资本经济如同美国一样，不可能创造就业，遂派生出香港普通年轻人机会很少的问题。于是，各种势力借香港社会衰落之机兴风作浪也就难以避免。这不是那些街头政治家及其背后巧实力玩家所热衷的自由选举或法制问题，问题根源在于香港金融资本膨胀，实体经济中空，社会财富分配日趋贫富悬殊。

自从 2008 年美国政府为救市不断推出超级量化宽松以来，金融流动性长期以零利率对外攻城略地大规模扩张。其中，注入期货市场的过量资金推高原材料、能源和粮食价格，意味着向这些基础商品的进口国转嫁了通货膨胀。

这时，中国这样的全球最大原材料和能源进口国就发生了难以抑制的通货膨胀，间接造成国内资金利率上涨，压迫实体经济的利

[①]　参阅温铁军等编著：《居危思危：国家安全与乡村治理》，东方出版社 2016 年版，第 69—74 页。

[②]　《外资五步骤做空中国路线图 郎咸平：高盛太可怕》，凤凰网资讯 2012-12-02。

润空间并促其衰落。这反过来又使得国内各地官方和民间全都渴求"廉价外资",派生出大批新自由主义制度的拥趸。于是,对外开放资本市场成为国内新兴资产阶级的改革呼声。为此中央政府推出沪港通、深港通,以及施行了上海自由贸易区率先开放海外金融资本等举措。沪港通之后,深港通、QFII 和 RQFII(人民币合格境外投资者)大扩容及 A 股纳入国际指数等系列开放举措,都被提上日程。

其中,上海自由贸易区是中国 2013 年 9 月设立在上海的区域性自由贸易园区,于 2015 年 4 月正式启动本外币一体化的自由贸易账户金融服务。随之,沿海甚至内地中心城市也紧跟上海步伐,跃跃欲试。

而多空大战的机会和条件,至少相当一部分可以归因于这些资本项目开放。其实,这些所谓的资本项目对外开放,都与沿海地区强烈要求实现"去中央化"(De-Centralization),以便由那些从来就不承担还债责任的公司化地方政府直接对接廉价外资有关。

回顾 2008 年,那届中国政府采取 4 万亿救市措施的做多还能奏效,原因在于那个时期还没有放开国内金融管制。再回溯到之前 10 年的 1998 年,当时的政府启动国债投资加强中央调控也是在做多,也还有效。同理,也是因为那个时期中央管理体制上财政金融还不分家,中央政府依然严格掌控金融资本。两届政府先是有效防范了1997 年东亚金融危机,后来则有效防范了 2008 年金融海啸,并且曾经在过去的两个 10 年中,有效地防止了国际金融资本做空中国这个公开的企图。

2013 年,西方用退出量化宽松这个似是而非的题材点燃投机资本炒作,导致巴西、印度、俄罗斯等新兴国家纷纷陷入股灾及本币大幅度贬值。幸运的是,此时的中国虽然有了进一步开放外资的说法,但还没来得及去做资本项目的深改,所以又幸免于难。

不过,2013 年年底以后,一方面在实体经济下滑的压力下,民间资金自发地析出制造业涌向投机领域;另一方面,中国官方政策也开始大规模转向西方模式的金融资本经济。就在这个阶段上，当局大力推出融资融券、金融期货、场外融资等利于衍生品发展的交易工具。同期，又发生了房地产危机造成的资金析出地产投机、转而大量进入股市等客观情况，这给了国内外金融资本联手做空中国经济的历史性的机会。

可以对比的是中国 2007 年发生的股灾。

那次，美国次贷危机引发华尔街金融海啸之前，中国先发生了恶性股灾，从 2007 年 10 月的 6124 点，跌至 2008 年 10 月的最低点 1664 点，下跌幅度超过 72%，市值蒸发了 22 万亿元，股民人均亏损达 13 万元。[①] 当时股市熊气弥漫，套住了所有进入中国的热钱不能回流到美国。由此，中国股灾成为次贷危机的流动性短缺连带引爆华尔街金融海啸的诱因之一。

而到了 8 年之后的 2015 年，这一次 6 月股灾，中国股市蒸发了超过 7 万亿元的财富，又套住了大笔海外热钱，但仅仅诱发了 8 月份的美国股市短暂暴跌。根据沪深两大交易所的官方统计数据，从 2015 年 6 月 12 日至 2016 年 6 月 7 日，A 股总市值蒸发超过 25 万亿元，人均 24 万元，上证综指跌幅超过 4 成。据国家统计局数据显示，2015 年中国 GDP 约 67.67 万亿元，沪深两市一年蒸发的市值相当于 2015 年 GDP 的 1/3 还多。[②]根据国家统计数据，2014 年年末国家外汇储备 38430 亿美元，2016 年年末国家外汇储备 30105 亿美元，两年损失了 8325 亿美元，约 1/4（见图 6.4）。之所以与 8 年前迥异，究其制度原因，在于美国与其他金融资本核心国家 2014 年 10 月形成新的货币协定足以熨平波动。

---

① 《2008 年中国股灾十八年不遇 股民人均亏损达 13 万》，《中国证券报》，http://news.cctv.com/financial/20081224/104792.shtml。

② 《股灾周年祭：A 股市值蒸发 25 万亿 人均 24 万》，新浪网 2016 年 06 月 11 日，http://finance.sina.com.cn/stock/t/2016-06-11/doc-ifxszfak3535841.shtml。

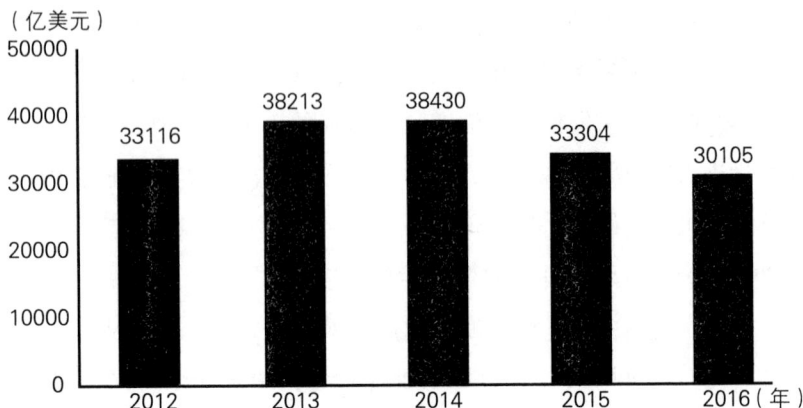

（亿美元）

来源：国家统计局，http://www.stats.gov.cn/tjsj/zxfb/201702/t20170228_ 1467424.html。

图 6.4　2012—2016 年年末中国外汇储备

因此，中国 2015 年的股灾到底是谁干的？这无疑需要外资和中国的内资互相密切结合才能实现。但这并不是说内外资本在某个投资家的主持下开个会、要求大家在主观上密切配合那么简单，而是符合客观趋势的结果：中国的金融资本只需强调市场原则，明确拒绝或暗中扭曲中央政府逆周期调节的决策，并且按照金融集团的利益要求政府去搞全面"深改"。于是，在推出能够大量吸纳过剩货币的衍生品交易之后，终于必然地发生了符合金融资本市场及虚拟资本运作规律的内外配合。

"金融资本无祖国。"因为异化于实体经济的金融资本，是非在地的洗劫全世界的资本力量。因此，只要能够虚拟化扩张，使利润最大化，只要能够靠多空大战来套利，金融资本就会把世界上任何地方搅得周天寒彻。

从这个角度看，2015 年中国股灾的实质就不那么难理解了。

所以，2015 年中国股灾究竟是不是外资"空军"在操盘，根本不重要。在股灾爆发前山雨欲来，中国股票基金出现大规模"走资潮"（资本出走），究竟只是外资看淡中国和平撤退，还是外资的战略安排，抑或是向国内的金融大鳄发出信息，这些都不重要。反正金融资本无边疆国界，金融精英也无国籍，最终是不会对任何社会或国家怀有忠诚的。

有趣的是，这次大股灾堪称一面照妖镜，各路专家各执一词。某些经济学家和金融权威说"市场神圣不可侵犯"，政府为防止资产价格过度贬值干预救市就是"暴力"。意思是说：利用金融手段把你剥夺得一无所有，是温柔文明的屠宰，即使你被宰光了，也应该感到这是神圣市场秩序所恩赐的灾难，而阻止其发生，就是对神圣市场的暴力……高盛方面的专家说：最有效的是让市场自然大跌，释放流动性，然后才会再有购买力进场。

但资本市场遭血洗后，谁手上还有资金趁低捞货呢？还是让我们来温习一段尚未远去的历史吧。俄罗斯在 20 世纪 90 年代的历程可以简单归纳为：①被金融化；②金融货币大危机；③实体资产被超低定价；④资产被贱价收购。对照可知，策动金融灾难，把几十年积累的美元储备赚走，还只是第一步；货币本身不是财富，只有把实体资产贱价收购了，那才叫真赢了。

这次股灾，只是一个开始。

専題 7

中国债务的四个层次

中国当前的债务问题可以从四个财政主体层次来分析：地方政府、企业、个人（家庭）和主权国家。

一、地方政府债务

中国制度的特点是中央承担最终风险条件下的地方政府公司化竞争。

中央与地方之间长期存在税权矛盾。所谓改革，实质上是中央对地方"放权让利"，越是发达的地方，其政府公司化程度越高，其投资和债务风险越是上交中央。可见，中国的体制下，任何地方的债务和金融坏账无论有多严重，地方政府都不会破产；其风险上交、集中到中央，则促进了国家主权信用扩张——对应赤字增发国债和外汇占款增发货币。地方政府及其经营的企业因此享有无形的中央政府信用保证，所以地方有强烈的债务扩张冲动，致使资产负债表迅速膨胀，地方政府和国有企业非金融企业部门的负债规模、资产负债率和债务杠杆率均大幅提升。2011 年后，大量经济主体的资产负债表出现恶化情况。[1]

---

① 参阅赵巍华、徐以升著：《旧格局与新周期：全球金融周期下的中国经济》，中国友谊出版公司 2015 年版。

2014 年 9 月 21 日，国务院下发《国务院关于加强地方政府性债务管理的意见》，规定地方政府截至 2014 年年底的存量债务余额应在 2015 年 1 月 5 日前上报中央，将存量债务分类纳入预算管理；统筹财政资金，优先偿还到期债务。这实际上就是中央政府承诺替地方偿还部分债务。

有分析估计，地方政府上报的 18 万亿元人民币地方债务，其实只及实际债务的 30%—40%。其后有报道称，截至 2014 年年底，中国地方政府总体债务规模达到 24 万亿元人民币，其中 15.4 万亿元人民币属于地方政府负有偿还责任的债务，较 2013 年激增 4.5 万亿元人民币（41%）。

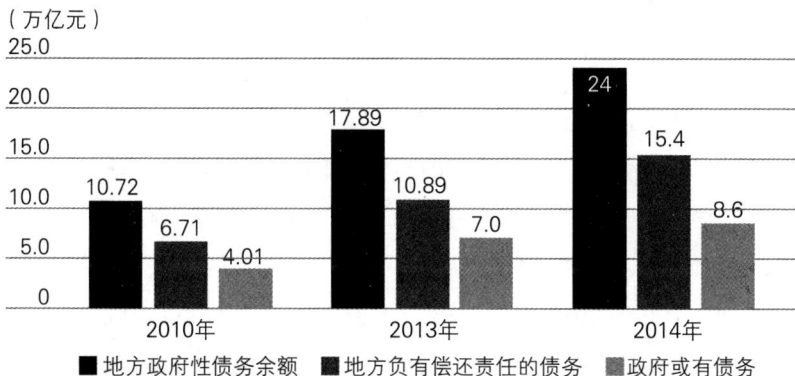

来源：http://finance.chinaso.com/detail/20150831/1000200032725261440975907411752847_1.html。

注：政府或有债务含政府负有担保责任的债务和政府承担救助责任的债务；2013 年全国地方政府性债务余额为 2013 年 6 月底数据。

图 7.1　2010 年、2013 年、2014 年地方政府性债务余额变化

为了防止地方债务危机演变为系统性风险，财政部在 2015 年 3 月批复地方 3.2 万亿元的置换债券额度，用新债置换旧债的方式，允许地方把一部分到期的高成本债务转换成较长期的低成本地方政府债券，为地方减少利息负担超千亿元。这次置换债务的操作实际上是中央银行间接向地方投放基础货币，等于中国政府用一次类似

量化宽松的方式，纾缓了一场迫近眉睫的地方政府债务危机。但以长债换短债只是争取时间的权宜之计，金融创造出来的价值，最终还是得靠实体价值来支撑，否则危机始终会爆发。

2015 年 8 月 29 日，全国人大常委会表决通过《国务院关于提请审议批准 2015 年地方政府债务限额的议案》。新华社披露，根据该议案，2015 年地方政府债务限额锁定 16 万亿元，预计债务率为86%，明确将债务率不超过 100% 作为地方政府债务的整体风险警戒线。

二、企业债务

根据标准普尔的估算，中国的企业债务融资市场（包括企业信贷、企业类债券和企业非标融资市场等）的存量规模在 2014 年已经超越美国成为全球第一。[①] 2015 年 7 月底，国有企业总体债务规模达 71.3 万亿元，同比增加 11.2%。

《中国国家资产负债表 2015：杠杆调整与风险管理》指出：2008 年之前，中国非金融企业的杠杆率一直稳定在 100% 以内，全球金融危机后，其加杠杆趋势非常明显。其中，资产负债率从 2007年的 54% 上升到 2014 年的 60%，上升了 6 个百分点；其次，非金融企业负债占 GDP 的比重从 2007 年的 195% 上升到 2014 年的317%，上升了 122 个百分点；最后，2008—2014 年，非金融企业杠杆率（反映债务占 GDP 的比重，与前面负债占 GDP 的比重略有不同）由 98% 提升到 149.1%，猛增了 51% 以上。如果不考虑地方政府融资平台债务，杠杆率虽只提高到 123.1%，但也上升了 25 个百分点以上。

中国非金融企业部门杠杆率水平在所比较的国家中是最高的，

---

① 参阅赵巍华、徐以升著：《旧格局与新周期：全球金融周期下的中国经济》，中国友谊出版公司 2015 年版，第 16 页。

其隐含的风险值得关注。[①]

三、个人债务

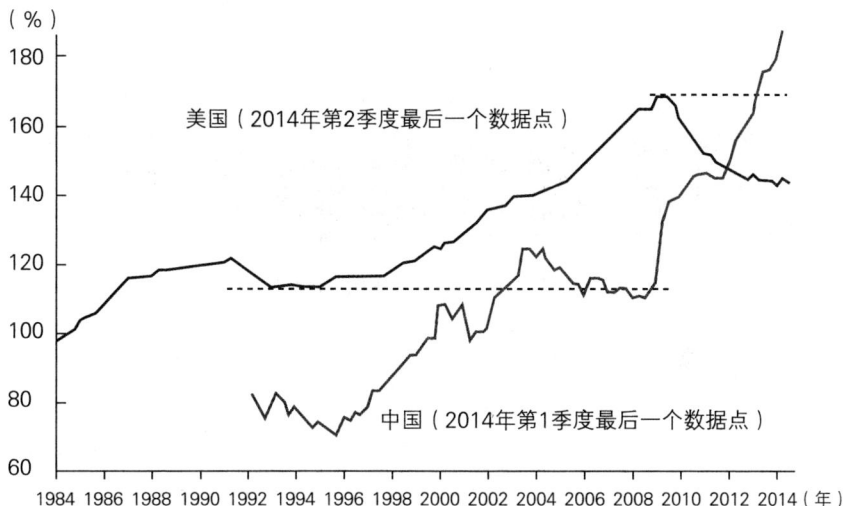

图 7.2　中国的私人非金融部门债务与 GDP 之比

2015 年 7 月，中国的私人部门借贷存量规模已达 90 万亿元人民币的历史水平。私人非金融债务/GDP 的值超越英美等发达金融国家，近 200%，如图 7.2 所示。部分企业已出现债务违约的情况。2016 年 5 月 IMF 的一份研究警告，中国的银行账面上有 1.3 万亿美元的企业贷款，如图 7.3 和图 7.4 所示。其中背负近 1/6 总债额的企业的收入连利息都不足以支付。据报道，中国金融管理当局正防止影子银行将数以万亿计的高风险贷款包装成投资产品。[②] 债务置换计划或不良贷款证券化，可能衍生长远的问题。

---

① 李扬等：《中国国家资产负债表 2015：杠杆调整与风险管理》，国家金融发展实验室 2015-07-24。

② 雷贤达：《中国债务水平难持续》，爱盈利网 2016-05-12。

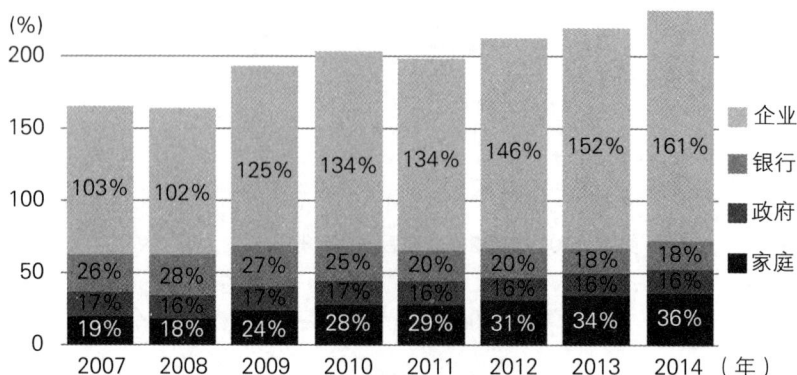

图 7.3　中国未偿债务占 GDP 比例（2007—2014 年）

企业
银行
政府
家庭

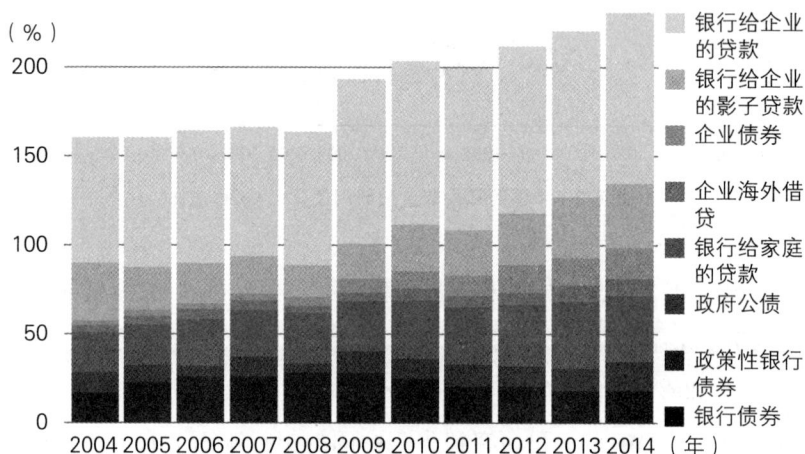

图 7.4　中国债务总量与 GDP 之比（2004—2014 年）

银行给企业的贷款

银行给企业的影子贷款

企业债券

企业海外借贷

银行给家庭的贷款

政府公债

政策性银行债券

银行债券

四、主权债务

《中国国家资产负债表 2015》指出：按宽口径匡算，2014 年中国主权资产总计 227.3 万亿元，主权负债 124.1 万亿元，资产净值为 103.2 万亿元。考虑到行政事业单位国有资产变现能力有限及国土资源性资产使用权无法全部转让，以窄口径来统计，中国的主权资产将由 227.3 万亿元减少到 152.5 万亿元。由此，窄口径的主权资产净值为 28.4 万亿元。整体而言，中国经济整体杠杆率过去 6 年增加了 65.7%。

该份研究报告得出的结论是：中国国家负债率上升与全球危机和国内经济下滑密切相关，一旦经济增长速度长期持续下滑并致使"或有"负债不断"实有"化，中国的主权净资产的增长动态有可能逆转，因而不能掉以轻心。

专题8
中国人民币国际化的两个取向与两难困境

一、人民币为什么要国际化？

中国的困局在于过去20年的旧发展模式已走到尽头，国内一般制造业产业的利润率下降，甚至趋近于零；同时，中国积累了大量的流动性，金融利益集团开始抬头，推动经济金融化及人民币国际化。过去20年中美关系一直处于畸形状态——中国在美赚取大量贸易盈余只能以国债的形式回流美国，为美国金融资本提供低廉资金，再涌入中国投机牟利，实质上使中国加速了"被金融化"。大量的美元涌入中国，以外汇占款形式的货币增加供应，中国的基础货币供应实际上处于被动地位。当产业利润率下降，资本离开制造业，而货币供应却仍然增加时，在没有对应的实体经济增量的情况下，便催生房地产、股市等资产泡沫，包括现在各方热烈讨论的农村土地流转。在很多伪经济理论及意识形态包装下，其利益本质仍然是通过土地私有化、货币化以至于金融化，维持货币供应增加，更重要的是确保人民币定价资产的价值。

因此，金融资本在国内过剩条件下走出国门，亦即人民币国际化，是经济发展到一定阶段的客观规律使然。

本来随着中国经济占全球经济的比重日益增长，以及亚洲日益成为全球最具发展活力的地区，中日韩与东盟诸国整合为平等互利互补的自由贸易区，并建立亚洲货币联盟，是最符合亚洲长远发展利益的战略，但这意味着美元在亚洲的影响力下降，且直接冲击了美国的核心币缘战略。

为维护美元霸权，美国高调重返亚太搞再平衡，炮制钓鱼岛冲突，暗中支持日本右翼势力再上台，令 21 世纪初《清迈协议》所展望的 3+10 亚洲货币同盟胎死腹中，以此保住了美元在亚洲的地位。此外，美国更积极推动排他性的 TPP 等，确保美洲、太平洋、大西洋继续成为庞大的"美元湖"，这可是关乎美国未来国运的核心战略。而中国作为回应提出的"一带一路"、亚投行倡议，则是要突破美国太平洋同盟的围堵，依托广阔大陆纵深，在大陆和海洋交接的边缘开拓次海权，尝试在亚欧非大陆打造一个"人民币湖"（RMB lake）（"一带一路"的相关问题将在下一专题进行分析）。

二、人民币国际化的两个取向

比较来看，人民币崛起和欧元崛起之初遭遇的困境几乎是一样的。

任何一种崛起的区域性货币如果想进一步走出去拓展为世界性货币，都会不自觉地挑战美元的地位。但在这个过程中，新兴货币又不具备美元已经有的从外部捞取利益的优势，就只能加速内部的金融深化，通过内部去维持整个金融化的收益率，确保内部较大的金融收益，维持货币定价资产的价值。中国金融利益愈想国际化，整个国内经济就要更加被金融化。

人民币国际化，同时承担着两个目标、两种不同的利益。

首先是"一带一路"，部分是输出中国的产能——输出基础建设及工业化模式，拓展区域化的平等互惠贸易伙伴关系，它可以促进中国国内制造产业的发展，为此，它需要配套的区域性国际金融及货币制度安排。这就像"二战"后美国为了向全球输出商品，建立了布雷顿森林体系。中国发起亚投行、丝路基金、金砖银行等，必须配合人民币与区内货币互换协议，打造一个非美元贸易结算的体系——人民币国际化的第一步是区域性国际化而多于全球化。这要靠中国开拓多边的战略性伙伴关系，打造一个区域性的"人民币湖"。

其次，人民币国际化也无可避免同时内涵性地承载着国内金融集团的利益扩张目标。大规模的基础建设及国际贸易，本来就需要复杂的信贷、融资、结算等金融服务。人民币国际化所带来的庞大利益也有可能使金融集团过度膨胀，不惜一切加速推动中国的金融深化，试图打造优质的人民币定价金融资产。但如果金融过度膨胀，反制实体经济，则有可能催生美国的次贷泡沫及欧债危机之类的大规模金融危机。

综合来看，既要使用金融工具推进"一带一路"，又要有效控制金融集团的过度扩张，这对于中央政府的深改设计来说，是个难度很大的挑战。

三、人民币纳入SDR[①]：挑战或大于收益

震动全球的"811汇改"被认为是朝向更加市场化机制的改革。其后11月IMF宣布人民币将于2016年10月纳入SDR货币篮子，权重在美元（41.73%）及欧元（30.93%）之后第三位（10.92%），但强调中国需要在三年内实现汇率机制完全市场化。

SDR是IMF的国际货币单位，它源于凯恩斯在布雷顿森林会议上所建议的全球货币设计。理想中，它的权重应该反映各国参与国际贸易的实际情况。凯恩斯的构想是建立一种稳定的国际货币，防止某一国货币独大，并预防长期结构性国际贸易失衡的情况。但美国一心通过布雷顿森林体系建立美元霸权，自然反对这种构想。"二

---

① SDR：Special Drawing Rights，特别提款权。

战"后，美元成为一枝独秀的国际储备及结算货币。布雷顿森林体系结束后，美元汇价根据美国的币缘战略及国内经济状况大幅涨落，国际货币体系进入混乱期。一篮子 SDR 本应该取代单一货币发展为稳定的国际货币。理想上，SDR 是国际贸易结算的单位，并成为各国央行之间的结算及储备货币，但在美国不愿意放弃美元霸权的现实下，当前 SDR 并没有很大的实质功用，甚至称不上是货币的一种。虽然 IMF 曾经数次向会员国分配 SDR，但直至 2011 年 1 月，SDR 仍不足全球储备货币量的 4%。所以，2016 年 10 月 1 日，人民币正式被纳入 IMF 之 SDR，虽然普遍认为这是首次确认人民币的国际地位，但并不会猛然增加国际对人民币作为储备货币的需求，对中国短期而言，象征意义多于实质利益。

有趣的是，美国近年在多项国际事务上均对中国严厉批评甚至施加压力，唯独在人民币纳入 SDR 的问题上表态支持。众所周知，中国多年来一直维护货币主权，顶住美国要求人民币升值的压力，避免中国的出口部门受挤压，更是为了防止大量流入中国屯兵的投机性资金借着人民币兑美元汇率升值套利。但人民币纳入 SDR 对中国的货币权益来讲则是一把双刃剑。与远期的利益相比，近期如何保住货币主权完整是对中国更大的挑战。因为通过支持人民币纳入 SDR，推动中国加速开放资本项目，让美元资本可以自由进出，从中国金融市场波动中获利，同样符合下一阶段美元的战略利益。

又因为开放资本项目同时夹杂了中国国内金融资本扩张的利益冲动，所以，中国将出现一个复杂的多方博弈局面，中国国内的工业、金融部门及国际金融资本三者之间，到底会形成什么样的关系呢？从基本面看，当前全球人民币作为外汇储备，比率只有 1.1%，需要增加约 3300 亿美元的人民币资产需求，才能达到与日元相当的水平；但中国外贸直接以人民币结算已达 26%，而且，随着全球人民币存款增加，对应的人民币金融产品需求亦会上升。另有分析指出：到 2030 年，亚太区的 GDP 将占全球 40%，亚太区的中产阶级将占全球 2/3，中国的中产收入群体将由目前的 3 亿人增至 6 亿人，中国以至于亚太区将拥有全球最庞大的商品消费市场。到那个时候，人民币能否成为区内的主要贸易及金融产品结算货币呢？如何解决其与美国战略目标的冲突呢？这大概是预测未来十多年亚太乃至全球局势的最关键性因素了。

在危机四伏的狂热金融化之路上，人类要摔倒多少次，才会最终学到教训？中国会有幸成为例外吗？

专题 9

"一带一路"与亚投行的布局和挑战[①]

　　"一带一路"是中国为满足内部的工业产能及新崛起的金融资本外开拓空间之需求而提出的倡议。中国高度重视 20 世纪 30 年代西方生产过剩大危机引发世界大战的教训，明确提出和平发展的思想，但"一带一路"的提出也仍然触动一些大国的神经。

一、"一带一路"倡议触动传统大陆帝国和当前海洋霸权国家的神经

　　中国自汉唐以来对西方的贸易，为伊斯兰世界在西亚和中亚大陆的兴起提供了沿着商道扩张势力范围的利益驱动。长期处于贸易逆差造成的白银危机压力下的欧洲，为开拓绕过伊斯兰世界的东方贸易路线进行航海拓展，最终变成海洋强权，由此开启了世界近代史。西班牙、荷兰、英国交替成为海权大国，最后是美国。

　　顺着这条历史脉络，中国如果只是提出"一路"，那还只是传统的陆权倡议；但提出"一带一路"，就涉及大陆和海洋交接边缘的次海权的问题。

　　放眼全球，能称为大陆型大国、拥有足够陆权纵深的国家只有

――――――――――

① 　本专题执笔人为黄钰书。

三个：美国、俄罗斯和中国。

以中国来看，不能只搞内陆的丝路，因为这不可避免地要借助俄罗斯的势力范围。曾经作为18—19世纪新兴帝国的俄罗斯，其战略重心一直倾向欧洲，东方在其战略中只占次要位置。所以前几年油价大升、形势大好时，俄罗斯对中国的丝路倡议态度若即若离。而且，俄罗斯也曾经提出成立欧亚贸易区，等于是希望由它来整合贯通中亚的苏联成员国和欧洲。说白了，就是俄罗斯认为轮不到中国来整合中亚。但美国插手乌克兰危机后，俄罗斯被迫与欧洲交恶，同期美国主导压低油价，俄罗斯才不得不转向东方，认真对待中国的倡议，变成貌似真正的战略伙伴。一旦和欧洲关系改善，俄罗斯还是会转向欧洲。因此，不管眼前中国和俄罗斯的利益关系有多密切，也绝不能把鸡蛋放在一个篮子里。

毫无疑问，陆权海权兼顾必然会触动海洋霸权国家的神经。地缘政治利益向来是美国最重要的考虑因素，因此，美国势必通过各种策略加强对中国的打压。譬如，在明的一面，挑起东亚的地区冲突，以及调整与"一带一路"沿线国家的外交策略（如伊朗就是中国"一带一路"上的重要环节，现在，美国与伊朗达成核问题协议，有可能就是美国基于地缘政治利益，考虑平衡中国在区内影响力的因素而做出的政策调整）；更重要的是在暗的一面，加强和中国内部的资本利益集团（包括执政集团内外）结盟，夺取未来中国发展政策的主导权。

二、复杂东盟：中国的海运命脉与海上丝路的起点

东盟是中国海上丝绸之路的起点，直接关系中国的海运命脉，但地缘关系格局自"二战"后一直为美国所主导。

面积狭小的新加坡出现了一位在国际上有如此分量的政治家，李光耀的历史角色很耐人寻味。但是不管李光耀被吹捧得多么有政治智慧，主要还是源于新加坡的特殊地缘战略位置。近代新加坡的

繁盛始于英国东印度公司建立商站。英国人选择这里,自然是因其极具地理战略价值。新加坡扼住马六甲海峡之咽喉,是控制欧非亚大陆海运通道的战略重地,也手握着中国乃至整个东亚产业体系的能源生命线。

处于弹丸重地的新加坡很清楚自己的生存之道。西方人推崇李光耀,因为他是最坚定的冷战斗士,自 20 世纪 60 年代就高调宣布支持美国介入东南亚。奥巴马甫一上任,李光耀极力劝美国重返亚太,搞战略再平衡。他不光是嘴巴上说,还给予了实际协助,比如给美国提供军事港口,协助美国在东盟区内的军事部署,并获得整个亚太地区最先进的美国军备(某些装备规格甚至超越日韩)。

这应该称为新加坡的现实生存策略,也就不由中国抱任何幻想。中国自邓小平以来数代领导人都和李光耀颇有交情,李光耀还曾提倡亚洲价值(即威权政治+高效能政府+政府公司主义),但是新加坡始终不会成为中国的盟友。

因此,中国渴望打开另一条无须经过马六甲海峡、从中国西南部接通印度洋的货运通道,例如,促成泰国百多年来一直想开通的克拉运河,或者帮助缅甸、马来西亚等国建造大型港口,再以铁路连接中国西南,在区内建立港口同盟等。目前,无论是试图高铁换泰国大米,还是在缅甸进行基础设施投资,实际上都是在和新加坡背后的美国角力,形势都不明朗。此外,中国正式租用巴基斯坦的瓜达尔港,这样就可以绕过地缘形势复杂的印度洋,把中东的原油经巴基斯坦直接输入中国(但是基础建设成本较高);另一条路线选择是南下阿拉伯海,借道斯里兰卡,这样就在印度之外多开辟一个印度洋的中转港口。

总之,东盟是中国倡议的海上丝路的前线起点,但也是形势最复杂的区域,是除了日本外,美国影响力最根深蒂固的地区。

三、亚投行与"后布雷顿"美元体系的调整

1. 亚投行的战略意义

中国虽然成为重要的资本输出国,却没有一个政治同盟,也没有一个金融同盟在背后支撑。只有这几者相辅相成,大规模对外投资才能相对安全,缺乏政治与金融组织的支持与协作,结果不一定理想。

关于政治同盟,中国碍于"后冷战"地缘政治而一直刻意地回避;而关于金融同盟的新动作,则主要体现在金砖银行和亚投行。由此来看,金砖银行和亚投行是中国配合资本输出而启动的跨国制度建设。

和之前的动作组合起来看,金砖银行+金砖国应急基金、亚投行+丝路基金与接下来成立的上海合作组织银行,客观上是在另起炉灶,与在"二战"后建立的美国主导的布雷顿美元体系分庭抗礼。这也客观上使得中国成为继大英帝国特惠贸易体系和美国布雷顿体系以后,第三个有能力主导全球性金融贸易体系的国家。当然,在可见的将来,这些协作组织还不可能取代布雷顿美元体系,最多只能是某种程度的博弈。

2. 亚投行面临的美元挑战

美国几年前为了防止有利于中日韩合作共赢,直接威胁美国货币利益的亚洲货币同盟的出现,高调重返亚太,搞所谓的再平衡,不惜扶植日本右翼势力重新执政,形成围堵中国的太平洋同盟圈,又打造 TPP 以确保太平洋地区继续成为消纳美国货币增发的"美元湖"。但 TPP 谈判进展缓慢,而中国应对性地提出亚投行,虽然美国极力劝阻欧洲和亚洲的盟友参加,但在短短一年之内形成了浩大的阵容。

二者进度差异明显的一个原因是，TPP 谈判系以美国的利益为核心，而对于谈判国来说，区内降低关税所带来的边际效益，实质上可能比不上输出基础建设及相关的融资和金融服务。

美国本来是为了排斥中国而搞 TPP，却因此被一个重要的国际金融组织排除在外，这当然会使美国尴尬。当英、德、法、意、瑞等欧洲盟友宣布参加亚投行后，奥巴马召开了紧急国家安全会议，可见美国视亚投行的成立为威胁国家安全的大事，因为它实质上挑战了美国战后主宰全球的金融霸权。所以，亚投行的诞生也促使了美国加速 TPP 谈判，并且在某些原则和策略方面做出调整，使得 TPP 最终在 2015 年 10 月完成谈判。

根据报道，欧洲国家中首先决定参加亚投行的是瑞士，但瑞士是和中国秘密谈判，并要求延后公布，才使英国成为第一个抢先宣布加入亚投行的欧洲国家。瑞士和卢森堡这两个很少参加国际组织的金融国也参与其中，表明了布雷顿同盟内部确实出现了问题。我们不妨称之为布雷顿森林体系的特里芬难题：美国已经开始和其领导的同盟组织出现冲突。

当然，美国的盟友们并不是要放弃布雷顿美元体系这条船，而是在单极霸权疲态毕露后，为了保险，多买一张船票。更何况，"一带一路"覆盖的，本来就是英、法、意等老牌帝国的传统势力范围。

3. 亚投行能取代布雷顿森林美元体系吗？

布雷顿森林体系的建立是为了配合美国输出过剩的工业产能和资本，欧洲当时亟待战后重建，因此当时欧美双方利益是一致的；1971 年美元与黄金脱钩，美国大规模输出流动性，虽然对整个资本主义世界的实体经济都打击甚大，但是美欧的金融集团利益仍然是一致的。然而，近年双方的根本利益已经开始出现矛盾。美国领导的国际金融组织无作为，跟不上全球的新形势、新需求，客观上需要产生另一个全球性金融合作组织。

2013 年 10 月美国主导构建的六方央行流动性互换同盟，预期可以有效防止欧美再出现大规模流动性危机。但这只是预防性的，现在全球新局势需要主动性的倡议。被美国资本利益主导的 IMF 和世界银行（及其实质上的分支亚洲开发银行），也因为美国不愿放弃其否决权而停滞不前，明显变得僵化，难以改革，跟不上全球格局重整的新形势。

中国能否趁此时机，领导建立新的全球性金融联盟呢？这无疑是前所未有的巨大挑战。

中国牵头组建的亚投行，可谓部分地呼应了全球对金融创新的现实需求。然而，总体来看，虽然未来 10 年内，人民币成为一种重要的国际货币基本不是问题，但除非有新的重大因素出现（比如 20 年爆发毁灭性的全球战争，主要资源枯竭），否则人民币未必能在 20 年后挑战美元的地位。

在产业资本主义阶段，一种货币的力量取决于一国之政府与民间组织生产和创造的能力；但在金融资本阶段，信用货币的信用来源主要是国家政治和军事强权。据此来看，美元作为世界信用货币的强势态度，当然首先取决于其庞大的军事力量。美国的军事开支占了全球军费的四成到五成，位列世界第一，比紧跟其后的 10 个国家加起来还要多，原则上可以在两大洋上同时打两场战争（虽然最近开始调整这个军事原则）。

"二战"以来，美国一直是全球资本高附加值的创新源头，并且由官方统筹推进的、高度组织化的军工科技所引领。从化工、半导体、电影、电视、航空、电脑、金融、商贸模式、生物科技、互联网到智能手机，绝大部分促进产业扩张的资本高附加值创新都源于美国。美元价值的最根本基础除了独占鳌头的军事政治强权之外，就是美国的垄断性提升资本附加值的创新能力。

在这个意义上，美国更像从前的罗马帝国，靠强大的军事力量榨取周边地区的资源和奴隶的超额剩余，只是美国比罗马更全面更优胜。罗马的核心基本上只消费而不事生产,输出的只有斗兽场、竞技场和大浴场等奢华文化,大量输入各种奢侈消费品。美国则靠印刷低成本的美钞换取世界各地的资源,支持其国民的高消费,撑起被世界当作自由民主样板的现代化高生活水平。

在中国成为全球资本高附加值的创新源头之前,中国的货币就不大可能挑战美元,甚至欧元的地位。比较来看,美国自 19 世纪末成为全球第一大工业产能国,也是在 50 年后才成为金融主导国,其间还经历了两场世界大战。

中国一直强调,亚投行等只是世界银行和亚洲开发银行的补充,不排除合作关系。按照矛盾论原理,将来能压垮美元的,估计只有愈益虚拟化的美国金融体系本身。

四、从亚投行成员国看西方同盟阵营关系重新调整

亚投行创立,美国最尴尬的是"二战"后建立的同盟阵线首次出现众叛亲离的局面。美国严词批评欧洲盟友,英国也高调回应;韩国和澳大利亚被压制无法加入,但最后一刻还是跳上了末班车;结果只剩下急于借此历史机遇恢复军事地位的日本和本来就不着急的加拿大。美国领导的同盟阵线第一次在重大问题上出现了根本分歧。

如前所述,美国领导的国际金融组织开始出现特里芬矛盾。那么美国领导的西方政治同盟,是否也出现了矛盾呢?

首先在俄罗斯问题上,欧洲盟友,尤其是德国,很难同意美国的强硬态度。德国的利益本来就和俄罗斯分不开,当然,美国并不真的想和俄罗斯开战。美国在各地缘板块的战术都是分而治之,即在区内挑起主要力量之间的矛盾,然后就可以从中渔利。如果欧洲和俄罗斯结盟,整合成一个强大的欧俄和中亚,那不符合美国的利益。所以美国不愿意欧洲和俄罗斯走得太近,美国借乌克兰危机挑起事端,而且态度强硬,就是要把俄罗斯推向欧洲的敌对面。换言

之，美国的欧洲政策，很难再与欧洲的利益完全一致了。欧洲各国在亚投行上公开与美国决裂，可能也反映出盟国对美国的欧洲政策有一定的不满。

其次，北约问题。北约是美国海权战略的附属旁支。北约的利益与欧盟的利益，是否还能保持完全一致？

最后，亚太地区。韩国和澳大利亚本来是美国围堵中国的重要棋子及TPP的重要成员，但它们最后还是为了自身的长远利益加入了亚投行；只有日本因得到加强军事扩张的机会而表示自己是美国最忠实的盟友。

韩国一直以来的竞争对手都是日本。只要朝鲜半岛统一，韩国无论在人口、军事和工业产能上都将足以挑战日本。为此，中国是韩国的重要贸易伙伴和政治支持者。中韩不仅签订了自由贸易协议，甚至将来在统一的问题上，韩国最终也需要中国的支持。而美国实际上不想朝鲜半岛统一，以免亚洲演变成稳态的三足鼎立，日韩成为直接的竞争对手。更何况朝鲜半岛一旦统一，愿意放弃核武器吗？恐怕它最终会选择在军事上独立于美国。所以美国的亚太政策与韩国的利益很难说是一致的。

日本也一样。日本是个狭长的岛屿，资源稀缺，想成为强国必须建立海权向外拓展。日本在19世纪末打垮了清帝国的海军，然后战胜了沙皇俄国，成为一方霸主，下一步想挑战新兴的海洋强权——美国，但战败并被军事接管，从此成为美国海权的附庸。现在，日本同样面临资本过剩问题，同样渴求输出基础建设产业，其国内的资本集团渴望日本加入亚投行。事实上，1997年亚洲金融危机后，日本就倡议成立亚洲稳定基金，让日本成为领导亚洲的金融力量，结果被美国否决了。日本主导亚洲开发银行，最后还是要仰美国的鼻息，区内每年8000亿美元的基础建设需求，亚洲开发银行只批出135亿美元，表面说辞是环保、人权等高标准，实质是要配合美国的政策。现在，日本右翼集团表面上是为了意识形态，而实际上为了重建日本军事大国的地位而坚持站在美国背后。短期来看，美国的海权战略与日本的军事扩张利益一致，但长期来看就很难说。

总之，世界的利益集团变得多样化，美国领导的同盟集团内部矛盾日益加深。中国怎样在其中找到发展的机会，需要很大的智慧和谋略。接下来的 10 年，中国外交需要主动的思考和策略。

五、亚投行的话语建设：急需内生社会公义的理念

美国在 20 世纪 50—70 年代，输出的是配合冷战地缘控制的发展意识形态。世界银行主导的发展主义遭遇发展中国家普遍高债务危机而破产后，美国 80 年代开始将外交话语改为民主自由制度变迁。尤其是海湾战争后，拿着大棒子送上美式自由民主，成为美国的地缘政治意识形态主调。但美国过去 10 年出兵伊拉克和阿富汗，引爆了永无止境的地区冲突，不仅造成数百万人死亡和数百万难民的代价，还亲手栽培了基地组织阿尔盖达、"伊斯兰国（ISIS）"这些殃及西方的怪物。"大棒子+民主自由"的话语，已经没有多少说服力了。这几年，美国的外交意识形态悄悄地转为"大棒子+安全"，即指面对日益严重的地区冲突（虽然这些冲突的大部分根源都是美国），需要美国的强大军事力量介入。

而"一带一路"的意识形态，是和平发展。即搞好基础建设，促进经济发展，自然会减少冲突，变得和平。无疑，和平发展，要比美式的"大棒子+安全"更靠谱。毕竟，贫穷和不公义，是极端主义的温床。但输出基础建设的发展主义，也有可能导致区内各种社会问题爆发。如何避免亚投行重蹈世界银行那种破坏环境和原住民稳态生计系统的错误？如何令基础建设带动在地化的包容性和可持续发展？换言之，怎样避免亚投行和丝路基金沦落成另一对 IMF 和世界银行？虽然中国这几年输出基础建设援助时强调必须有利于当地的实质生计，但不足以在道义上挑战美国的所谓"民主自由"。

那么决定"一带一路"成败的关键，是核心价值的话语竞争力。

中国必须形成一套内生性的社会公义论述，来应对 20 世纪 80 年代以来已经在世界上占据统治地位的民主自由话语及其外推的制度变迁软实力。

当然，中国内部正在以城市化吸纳过剩产能，面临 30 年发展主义所带来的贫富分殊、环境恶化、腐败等社会问题。发展生态文明，只能基于多元化社会的包容性和可持续发展之中，而构建和谐社会，也只能建立在符合公义的社会财富分配之上。

可见，具备深厚的社会公义理念和丰富的文化多样性视野，不仅可以在本国落实生态文明战略，只有建成内生性和谐社会，才会有国家崛起、民族复兴。否则，并不足以挑战西方的自由民主意识形态话语和地缘战略。

因此，中国的知识生产者需要把中国经验中的积极因素提升为一套可以输出的东方（或乡土社会）式社会公义论述，才可以把"一带一路"上升为具有全球意义的话语软实力。

换言之，"一带一路"需要更深厚的社会公义思想和文化内涵。否则，它面对亚非欧大陆上的多样民族、多元化文明，在遭遇地区冲突时，将显得苍白无力。

综上，中国推进"一带一路"，甚至推动金砖银行的成败在于话语权，当前亟须内外兼修，自省谋变。

专题 10

巴西近年政局动荡述要（2013—2016年）[①]

一、2013年6月街头政治

2013年6月，不同政治立场的巴西民众走上街头，抗议社会公共政策，其导火线是公共交通费的上涨。[②]

后来抗议浪潮席卷全国，超过100万的巴西人走上城市街头，参加抗议活动的大多数是中学生和大学生。他们的诉求日益广泛和多元：要求政府抑制通货膨胀，惩治贪污腐败，改善医疗、教育等公共服务。抗议者批评政府在世界杯上花费137亿美元，整体投资已经超过165亿美元，占年度财政收入的9%，仅比教育年度预算的190亿美元少一点。这是有史以来"最昂贵的"世界杯，投资金额是上一届南非世界杯的3倍，绝大部分项目超出预算，场馆投资的总成本中有超过85%来自公共资金。[③]

---

① 本专题由薛翠整理。

② 徐世澄：《巴西缘何会爆发大规模抗议活动？》，2013-06-19，http://www.hswh.org.cn/wzzx/xxhq/lm/2013-06-19/21409.html。

③ 陈季冰：《巴西："未来之国"成长中的烦恼（上）》，《经济观察报》2014-07-14；陈季冰：《巴西："未来之国"成长中的烦恼（下）》，《经济观察报》2014-07-21。

此后，巴西国内对世界杯的抗议之声此起彼伏，罢工不下百次。2013 年联合会杯赛期间，数十万巴西人走上街头并与警察发生冲突。一幅标语上写道："第一世界的足球场，第三世界的学校和医院！"

罗塞夫的支持率一度跌落至 30% 以下，竞选连任时，也仅以 51.6% 的支持率险胜。

二、2015 年街头政治浪潮

2015 年 3 月、4 月及 8 月的三次街头政治浪潮，显然不再针对社会民生政策，而改为要撼动刚获连任的罗塞夫政府的权威，甚至推翻劳工党的执政地位。

1. 3—4 月①

据巴西《圣保罗页报》报道，3 月 15 日，巴西全国 26 个州和联邦区至少 152 个城市爆发了反对总统罗塞夫及劳工党的示威游行，据估计，有 100 万—150 万民众走上街头，抗议石油公司的腐败丑闻及总统的经济政策。

参与游行的大多数是中产阶层，其中以白人为主。他们指责巴西石油公司高管长期以来收取回扣、参与洗钱、收受承包商贿赂并用作给执政党的政治献金等问题。在野党派说，这些受贿行为发生于罗塞夫担任巴西石油公司总裁期间，深信总统对受贿行为知情，要求弹劾总统，并且要求总统及其代表的劳工党下台。罗塞夫予以否认，检察总长经调查后也称排除了总统涉案的嫌疑。

自从巴西石油公司贪腐丑闻曝光以来，包括议会议长、议员和前政府高官在内的数十人陆续被曝涉案，涉案金额已超过数十亿美元。徐世澄分析，由于丑闻牵扯数十名政客，该案实际上已不单纯

---

① 李继东：《经济停滞让巴西乱象不断》，《人民日报（海外版）》2015-03-21；《巴西百万人大游行要求弹劾总统》，BBC 新闻 2015-03-15；《巴西数十万人再次上街抗议政府腐败》，BBC 新闻 2015-04-13。

是经济丑闻，而升级为政治问题，轰轰烈烈的示威游行背后带有右翼的政治诉求："巴西的右翼势力在背后支持一些组织，要巴西总统下台。"据巴西《环球报》报道，巴西反对党社会民主党领导人内维斯出现在抗议人群中，加强了反对者的力量。

4月12日的游行规模，组织者称仍有150万人上街，警方则称只有69.6万人。

2. 8月[①]

报道称，8月16日民众走上街头，在首都巴西利亚、第二大城市里约热内卢、第一大城市圣保罗以及巴西各地城镇游行抗议，高喊"罗塞夫下台"。据警方估计，至少有41万民众在全国数十个大小城镇示威抗议；主办方则说参与示威活动的人数达66万人。

巴西某调查公司所做民调显示，2/3的巴西人支持弹劾总统。据英国《卫报》报道，少数激进示威者甚至认为如果总统拒绝下台，发动军事政变也在所不惜。此时，距离罗塞夫以微弱优势成功连任还不到一年。

3. 2015年12月，巴西国会对总统罗塞夫展开弹劾程序

2015年12月2日，巴西国会众议院议长库尼亚宣布接纳议员呈请，对总统罗塞夫展开弹劾程序。弹劾呈请由一群知名律师起草，转交在野党派议员提交议院。呈请书指责政府应为巴西石油公司腐败丑闻负责，并指责罗塞夫隐瞒政府的实际开支。12月8日，众议院成立弹劾案特别委员会，并以229票赞成和199票反对通过了弹劾报告。该报告认为2012—2014年总统罗塞夫违反财政法，在未获得国会批准情况下，擅自向国营银行贷款，隐藏日益增长的财政赤

---

① 林思含：《抗议示威又来了罗塞夫撑得住吗?》，《人民日报（海外版）》2015-08-20；《巴西数十万人示威抗议总统贪腐要求罗塞夫下台》，中国新闻网2015-08-17。

字，犯有渎职罪。罗塞夫在总统府发表全国电视讲话称，弹劾呈请"完全缺乏基础"，重申自己并无不当行为，并批评此举是右派试图发动"政变"。

4. 2016 年 8 月，总统罗塞夫最终被弹劾

踏入 2016 年，巴西左派、右派除了涌上街头示威游行分别支持及反对罗塞夫，还在法院和议会对垒，巴西政局几度动荡。

2016 年 3 月 4 日，前总统卢拉遭到警方强制传讯，配合腐败案调查。2015 年 3 月，巴西联邦警察正式对 2014 年曝光的巴西石油公司腐败案展开代号为"洗车行动"（Operation Lava Jato）的调查。该案指巴西国家石油公司高层利用外包工程大肆收受贿赂，或将贿款作为政治献金输送政党，涉案金额高达 400 亿雷亚尔。至少有三个政党与石油公司的贪腐相关：民主运动党（PMDB），进步党（PP）以及执政党劳工党（PT）。民主运动党的几大领袖，如副总统泰梅尔、众议院议长库尼亚和参议院议长雷南，都深陷腐败丑闻。

3 月 16 日，罗塞夫紧急任命前总统卢拉出任内阁部长。3 月 18 日，巴西联邦最高法院一名大法官裁决中止政府对卢拉的任命。

3 月 29 日，巴西第一大政党民主运动党正式宣布该党退出罗塞夫总统领导的政府。在罗塞夫政府 31 名内阁部长中，民运党占 7 席，仅次于执政的劳工党。

4 月 11 日，巴西国会众议院弹劾委员会以 38∶27 的投票结果通过了针对总统罗塞夫的弹劾动议。4 月 17 日，众议院以 367∶137 多数票通过对罗塞夫的弹劾议案。

5 月 5 日，最高法院决定剥夺库尼亚的联邦议员和众议院议长职权。据闻，库尼亚至少收受了巴西国家石油公司推荐承包商 500 万美元的贿赂，而且被查出在瑞士信贷银行拥有多个账户，往来金额巨大，证据确凿。他还被指利用职务之便，使道德委员会对其审理延期六次。2015 年 12 月，库尼亚曾试图和执政劳工党进行交易，以

否决反对派弹劾总统的申请为筹码，阻止道德委员会做出对他不利的判决。然而，在遭执政党拒绝后，他便宣布接受反对派弹劾总统的申请。

5 月 12 日，巴西国会参议院以 55∶22 的投票结果通过了针对总统罗塞夫的弹劾案，罗塞夫被强制离职长达 180 天，副总统特梅尔出任代总统。

8 月 31 日，巴西国会参议院举行全会表决，81 名议员以 61 票赞成、20 票反对的投票结果，通过了对总统罗塞夫的弹劾案。巴西首位女总统罗塞夫最终被弹劾，代总统特梅尔正式出任巴西新总统。

引用资料：

1. 周志伟：《巴西会成为下一张"多米诺骨牌"吗?》，《当代世界》2016-03。

2. 张晓添：《从黄金十年到衰退边缘：巴西危机启示录》，巴西财经人文观察 2016-03-09。

3.《巴西通过弹劾总统报告经济衰退腐败严重引民众不满》，中国网 2016-04-12。

4. 冉秉鸢：《巴西左翼政权的终结》，经略 2016-04-13。

5. T. 伊兹格塞拉：《你理解巴西政治危机的指南》，海螺社区 2016-04-18。

6.《兔死狗烹：库尼亚下台》，巴西财经人文观察 2016-05-05。

7.《女总统罗塞夫被弹劾特梅尔正式就任巴西总统》，中国新闻网 2016-09-01。

图书在版编目（CIP）数据

全球化与国家竞争：新兴七国比较研究／温铁军等 著. —北京：东方出版社，2021.2

ISBN 978-7-5207-1749-6

Ⅰ.①全… Ⅱ.①温… Ⅲ.①国际竞争力—研究 Ⅳ.①F11

中国版本图书馆 CIP 数据核字（2020）第 222161 号

全球化与国家竞争：新兴七国比较研究

（QUANQIUHUA YU GUOJIA JINGZHENG：XINXING QIGUO BIJIAO YANJIU）

作　　者：温铁军等
责任编辑：李　烨　袁　园
出　　版：东方出版社
发　　行：人民东方出版传媒有限公司
地　　址：北京市西城区北三环中路 6 号
邮　　编：100120
印　　刷：北京市大兴县新魏印刷厂
版　　次：2021 年 2 月第 1 版
印　　次：2021 年 3 月第 3 次印刷
开　　本：660 毫米×960 毫米　1/16
印　　张：27.75
字　　数：348 千字
书　　号：ISBN 978-7-5207-1749-6
定　　价：78.00 元
发行电话：(010) 85924663　85924644　85924641